녹색 전환

지속 가능한
생태 사회를
위한
가치와 전략

이 도서의 국립중앙도서관 출판예정도서목록(CIP)은 서지정보유통지원시스템 홈페이지(http://seoji.nl.go.kr)와
국가자료종합목록 구축시스템(http://kolis-net.nl.go.kr)에서 이용하실 수 있습니다.
CIP제어번호: CIP2020020267(양장), CIP2020020268(무선)

녹색 전환

지속 가능한
생태 사회를
위한
가치와 전략

환경부 엮음

최병두·구도완·김수진·이상헌·하승수·김해창·조공장·박진희·김선희
추장민·한상운·윤순진·김도균·구자인·진상현·심창섭·이소라 지음

The Green Transformation
Values and Strategies
for Sustainable Ecological Society

한울
아카데미

녹색 국가를 향한 길, 한국 사회의 녹색전환

해방 이후 70년이라는 짧은 기간 동안 대한민국은 세계 최빈국에서 GDP 12위의 경제 국가로, 권위주의 국가에서 민주주의 국가로 변모했다. 경쟁력 있는 산업화와 안정된 민주화를 동시에 달성한 대한민국은 비슷한 발전 방식을 추구하는 아시아 다른 국가들의 부러움의 대상이다. 최근 들어 코로나19에 대한 효과적인 대응은 그간 축적된 국가적 역량의 산물이라고 할 수 있다.

코로나19 이후 한국의 국제적 위상은 그 이전과 비교할 수 없을 정도로 높아질 것으로 보인다. 코로나19의 대응 과정에서 보여준 국가 역량은 대한민국이 제1 세계로의 도약 가능성을 보여주는 징표일 것이다. 이러한 시점에서 우리는 산업화와 민주화의 단계를 벗어나는 한국 사회의 새로운 발전 궤적을 적극적으로 모색해야 할 것이다. 여러 궤적 중에서 새 유형의 국가는, 환경 국가라고 부르든 녹색 국가 혹은 녹색 사회라고 부르든, 인간과 자연의 공존과 조화를 추구하는 것이 되어야 할 터이다. 기후변화와 같은 환경 문제는 인류 생존의 미래를 위협하는 지구 정치의 쟁점으로 떠올랐고, 미세먼지와 같은 환경 문제는 국내 정치 지형에서 폭발력이 가장 큰 쟁점 중 하나가 되었다.

산업국가가 경제성장을 통치의 정당성 기초로 삼는다면, 복지국가는 부의 분배를 통해 지배의 정당성을 확보한다. 현재 환경 문제는 한국 사회의 핵심 의제로 부상하면서, 국가에게 그 해결을 요구하는 국민들의 요구가 갈수록 커지고 있다. 이는 환경 문제 해결이 국가 통치 행위의 주요한 정당성 기반이 되어가고 있음을 말해준다. 이렇듯 현재 우리는 녹색 국가로의 전환이 요구되는 시대적 상황 속에 놓여 있다.

이러한 시점에서 『녹색전환: 지속 가능한 생태 사회를 위한 가치와 전략』의 발간은 반가운 일이 아닐 수 없다. 이 책에서도 잘 지적하고 있듯이 녹색전환은 좁은 의미의 환경 정책만으로 결코 실현할 수 없다. 녹색전환은 종합적이며 거시적인 작업이다. 녹색전환은 인간과 자연의 관계를 지배-종속 관계로 사고하는 근대 서양철학의 이원론적 인식론을 넘어서는 것은 물론 사회경제 시스템의 혁신적 변화를 요구한다. 즉, 한국 사회의 녹색전환은 사람들의 인식의 영역에서부터 국가, 시장, 시민사회 영역에 이르기까지 녹색 가치가 주류로 자리매김하고 내면화될 때 비로소 실현된다.

이 책은 17명의 전문가들이 참여하여 녹색전환의 이론, 전략 및 이행 방안을 함께 탐색한 결과물이다. 인문사회과학자뿐 아니라 계획학, 공학 등 학문적 배경이 다양한 학자들이 참여하여 불명확했던 녹색전환을 개념화하고 이를 실천할 수 있는 방안을 여러 분야에 걸쳐 제시하고 있다. 이 책은 한국 사회의 새로운 미래 비전을 고민하고 찾는 모든 이들에게 유효한 나침반이 될 것으로 믿어 마지않는다.

끝으로 쉽지 않는 연구 작업임에도 기획위원장으로 연구 방향을 잘 이끌어준 최병두 대구대 명예교수를 포함한 17명의 저자, 자문위원, 연구 전체를 총괄하고 지원해 준 한국환경정책·평가연구원에 각별한 감사를 표한다. 이 책의 출간을 계기로 한국 사회에서 녹색전환을 위한 논의가 풍성해지길 진심으로 기원한다.

2020년 5월 20일
환경부 장관 조명래

한국 사회의 녹색전환을 위하여

지난 몇 달 동안 코로나19의 대유행(팬데믹)과 이로 인한 사회경제적 위기로 전 세계가 공포와 불안에 휩싸여 있다. 이번 사태에서 이 같은 엄청난 결과가 초래된 것은 여러 원인이 있겠지만, 크게 두 가지로 볼 수 있을 것이다. 우선 이번 사태가 발생하게 된 생태적 요인이다. 코로나19가 중국 우한에서 처음 발현한 계기에 대해 아직 정확하게 규명되지 않았지만, 분명한 점은 자연 상태에서 진화한 신종 바이러스가 숙주인 야생동물을 통해 인체로 옮겨온 것이라는 점이다. 이처럼 야생동물이 인간에게 치명적인 새로운 감염 질환을 매개하는 이유는 자연 파괴와 환경오염으로 야생동물의 서식지가 급속히 줄어들었고 이로 인해 이들이 인간과 접촉할 기회가 늘어났기 때문이라고 하겠다.

다른 한편 중국 우한에서 발현한 코로나19가 전 세계로 확산되어 인간에게 치명적 결과와 사회경제적으로 엄청난 손실을 초래하게 된 것은 사실 이의 확산을 막지 못한 사회정치적 요인 때문이라고 하겠다.

여기에는 새로운 바이러스성 감염 질환에 대한 사람들의 안이한 의식과 태도에서부터 초기에 철저히 대응하지 못한 여러 국가들의 정치·정책적 한계에 이르기까지 다양한 세부 요인들이 포함된다. 이러한 두 가지 요인, 즉 코로나19라는 변종 바이러스가 자연에서 진화하여 야생동물을 통해 인체에까지 전염되는 과정에서 작동한 생태적 요인과 도시봉쇄를 포함한 국가적·세계적 통제 정책에도 불구하고 이의 확산 과정을 막지 못한 사회적 요인은 서로 분리되어 작동하는 것이 아니라, 상호 밀접하게 관련되어 이번 사태를 유발·증폭시킨 것으로 파악된다.

코로나19 사태가 앞으로 얼마나 더 큰 충격을 줄지, 그리고 어떻게 진정될지에 대해 예측하기란 쉽지 않다. 하지만 분명한 사실은 이번 사태가 다소 진정된다고 할지라도 앞으로 언제든지 재발할 수 있으며, 또한 이번과 유사한 바이러스성 전염병이 언제든지 등장할 수 있다는 점이다. 그리고 이번 사태가 진정된 후에도 우리는 과거와 같은 생활양식과 사회구조로 돌아갈 수 없을 것이라는 점이다. 이번 사태를 겪으면서 우리는 이러한 환경전염병을 치유할 수 있는 의료 기술 및 인프라의 혁신과 더불어 일상생활에서 이를 예방할 수 있는 새로운 행동 양식의 준수가 중요하다는 점을 절실히 깨달았다. 그뿐 아니라 장기적으로 지구적 생태환경 문제에 대처할 수 있도록 기존 사회구조를 근본적으로 혁신하여 새로운 생태 사회로 나아가기 위한 어떤 거시적 전환이 필요하다는 점을 이해할 수 있게 되었다.

돌이켜 보면, 우리는 급속한 경제성장을 위해 근대적 산업화와 도시화를 촉진하면서 환경 문제를 외면하고 심지어 방조해 왔다. 우리나라의 대표 산업도시인 울산에 가면 '공업탑'(정식 명칭은 '울산공업센터 건립 기념탑')이 세워져 있다. 이 탑은 1962년 울산군이 공업지구로 지정된 것을 기념하여 세운 것으로, 우리나라에서도 '산업혁명'이 시작되었음을 알리는 탑이라는 의미를 지녔다. 이 탑에는 "공업 생산의 검은 연기가 대기 속에 뻗어나가는 그날엔, 국가와 민족의 희망과 발전이 눈앞에 도래하였음을 알 수 있는 것입니다"라는 문구가 새겨져 있다. 당시 검은 연기는 농업국가에서 산업국가로, 저발전에서 발전으로, 낙후된 경제 상황에서 고도 경제성장으로의 전환, 즉 '산업적 전환'을 상징했다. 그 후 60년 가까이 지나면서 이 탑은 철거하거나 이전해야 한다는 주장도 있었지만, 현재 역사적 의미를 간직한 주변 지역과 어울리는 시민공원으로 탈바꿈되고 있다. 이제 이 탑은 과거 우리나라의 산업적 전환 또는 산업혁명에서 또 다른 전환, 또 다른 혁명이 필요함을 깨닫도록 해준다. 우리는 이 전환을 생태적 전환 또는 '녹색전환'이라고 부를 수 있을 것이다.

최근 심화되고 있는 미세먼지에 대한 경각심에서 알 수 있는 것처럼, 이제 검은 연기는 경제성장이나 물질적 풍요의 상징이 결코 아니라 환경오염과 신체 질환이라는 부정의 상징이 되었다. 이에 따라 경제성장을 최우선으로 했던 산업도시는 생태적 건전성을 전제로 한 탈산업도시로 새로운 발전을 추구하고 있다. 시민들의 의식에서도 환경 문제를 경제성장을 위해 수용할 수밖에 없다는 산업 시대의 의식에 대한 거부감이 점점 강해지고 있다. 이에 따라 여러 유형의 시민운동들 가운데 환경운동은 국내뿐 아니라 세계적으로 폭넓은 참여와 지지를 받으면서 지구적 기후변화에서 생물 다양성 보호에 이르기까지 다양한 주제들에 관한 주장과 실천을 전개하고 있다.

그동안 시민들은 일상생활에서 경험하는 깨끗한 물이나 에너지의 이용, 그리고 미세먼지나 쓰레기 문제 등 자원·환경 문제를 해결할 주체는 국가라고 인식해 왔다. 물론 점점 심화되고 있는 환경 문제의 해결을 위하여 국가의 역할은 더욱 중요해졌지만, 고도로 발전한 탈산업

사회에서 환경 문제, 나아가 생태적 문제는 단지 협소한 의미의 환경 정책만으로는 해결될 수 없다. 이는 여성 문제가 여성에 대한 지원 정책만으로 해결될 수 없고, 성인지 감수성이 사회의 전 영역으로 확장되고 내면화될 때 해결 가능성이 더욱 높아지는 것과 같다. 또한 복지국가는 누구나 인간다운 삶을 보장받아야 한다는 가치가 사회의 전 영역에서 주류화되도록 하여, 단지 소득의 불평등과 일자리 조건의 개선만이 아니라 의료, 교육, 주택, 연금 등 광범위한 사회보장을 제도화할 때 성공할 수 있는 것과 같다. 우리 사회가 경험하고 있는 환경 문제 또한 녹색 가치가 정치, 경제, 산업, 문화, 과학기술, 교육 등 국가의 모든 정책 부문과 시민사회의 전 영역에서 주류화될 때 해결될 수 있을 것이다.

'녹색 가치'가 주류화되고 내면화된 사회로의 전환을 '녹색전환'이라고 할 수 있으며, 녹색전환을 통해 새롭게 등장한 사회를 '녹색 사회'라 할 수 있을 것이다. 물론 '녹색 가치'가 정확히 무엇을 의미하며, '녹색 사회'가 과연 어떤 사회인지를 분명히 묘사하기란 쉽지 않다. 녹색 가치는 그동안 우리 사회가 경제성장을 최우선시하면서 얻고자 했던 산업적 가치, 즉 화폐 가치와는 달리, 인간의 생존을 존중하면서 자연과의 상생 관계 속에서 지키고자 하는 생태적 가치, 즉 생명 가치를 의미한다. 녹색 가치는 아직 제대로 정형화되지 않았으며 앞으로 우리가 자연·환경과의 관계 속에서 만들어가야 할 가치이다. 또한 녹색 사회는 어떤 고정된 상을 상정하는 유토피아가 아니라, 혁신과 발상의 전환으로 끊임없이 진화해 가는 변증법적 사유와 실천 속에서 생성하고 발전해 나가는 사회를 의미한다. 녹색전환은 바로 이러한 녹색 가치를 전제로 녹색 사회를 추동하는 이념이자 전략적 수단이라고 할 수 있다.

이 책은 어떻게 하면 녹색 가치가 우리 사회의 주류 가치로 자리매김하게 할 수 있는가, 그리고 녹색 가치에 기반하여 자연과 공진화하면서 지속 가능하게 발전하는 녹색 사회를 만들어나갈 수 있을 것인가라는 문제의식에서 출발했다. 관련 전공자 17명은 지난 1년간 여러 차례 저자 워크숍을 통해 주제와 내용을 선정하고 조율했다. 논의 결과, 저자들은 4부, 17장으로 책을 구성했다.

1부에서는 주로 녹색전환의 개념과 이론을 다루었으며, 그중에서도 1장은 이 책의 전체적인 지향점을 확인할 수 있는 글이다. 1장의 저자는 인류세Anthropocene라는 새로운 지질시대의 맥락에서 녹색전환을 이론적·거시적 수준에서 검토하고 있다. 인류세 논의에 따르면, 인류가 자연에 필적할 만한 '지질학적 힘'을 가지게 되었으며, 이로 인해 지구 환경에 돌이킬 수 없는 변화를 초래했다는 것이다. 따라서 인류세 담론은 현재 인류가 지구 규모의 생태 위기에 처해 있으며 그로 인해 인류 문명이 한계에 놓여 있음을 분명히 한다. 저자는 인류세를 맞이하는 대안으로 녹색전환의 필요성을 강조한다. 그리고 녹색전환의 방향으로 사회-자연 관계에 대한 이원론적 인식을 넘어서는 것과 함께 사회경제 체제의 혁신적 재구성을 주장한다.

2장에서는 녹색전환과 유사한 개념을 검토하여 우리 사회의 녹색전환 가치와 방향을 제안한다. 저자는 지속 가능한 발전, 생태적 현대화, 지속 가능성 전환, 정의로운 전환, 전환마을 등과 같은 서구의 논의뿐만 아니라 1980년대 국내에 출현하여 발전한 생명평화 담론까지를 검토한다. 그러면서 저자는 기계문명, 산업자본주의, 인간 중심의 지배적인 사회 패러다임을 비판하고 성찰하며, 녹색전환을 생태적 한계 안에서 지역의 살림살이를 살리는 대안 체제를 만들어가는 장기적이고 근본적인 과정으로 정의한다. 그리고 녹색전환의 방향으로는 생태 민주주의, 생태 평화, 생태 사회적 발전 등을 제안한다.

3장에서는 환경 국가라는 개념을 활용하여 국가 간 비교 연구를 수행하는 동시에 우리나라의 위치를 확인한다. 환경 국가는 환경 관련 규제나 조직을 갖추고 환경 공공재를 공급하는 국가를 의미하는데, 오스트리아, 영국, 스웨덴, 프랑스, 독일, 핀란드, 네덜란드, 덴마크 등이 확립된 환경 국가 영역에 속하며 한국은 신생 환경 국가에 해당한다는 것이다. 저자는 합의적 정치 문화와 성숙된 복지국가의 환경 성과가 높다는 점을 강조한다.

4장에서는 논의의 초점을 한국 사회로 한정한다. 저자는 우리나라의 국가적 특징을 신자유주의적 개발 국가로 규정하고, 이를 넘어설 수 있는 녹색전환 전략을 제안한다. 저자가 제안한 녹색전환 전략은 그린 뉴딜, 보편적 기본 소득 제도, 미래 세대를 고려한 정치 시스템, 토지의 공유 자원적 성격 확대, 생태계 용량을 고려한 개발, 개발 패러다임에서의 도시 편향성 시정 등이다. 이러한 전략을 통해 신자유주의적 개발국가에 의한 이중의 수탈, 즉 자연과 사람에 대한 수탈을 동시에 해결할 수 있음을 강조한다.

1부의 내용이 이론적·거시적 수준의 논의라면, 2부에서는 우리나라 사회 발전의 주류 영역이라고 할 수 있는 정치, 경제, 정책 형성 문화, 과학기술, 국토 계획, 남북한 환경 협력 등에서 녹색전환을 위한 전략을 제안한다.

5장에서는 한국 사회의 녹색전환을 위해서는 의회정치의 녹색화가 중요하다는 점을 강조한다. 특히 저자는 기후변화 등 환경 문제에 다수대표제(소선거구제)보다 비례대표제를 선택한 나라가 더욱 민감하게 반응한다는 점을 들어, 한국 정치를 녹색화하는 수단으로 비례대표제 도입을 주장한다. 즉, 각 정당의 득표율에 따라 의회 의석을 배분하는 비례대표제가 녹색 의제를 중심으로 한 정당의 의회 진출에서 유리하다는 것이다. 비례대표제에서는 새로운 정책을 중심으로 정당 투표를 모을 수 있으며 젊은 세대, 여성, 녹색 가치를 추구하는 집단의 의회 진출 가능성이 증가한다는 것이다.

6장에서는 녹색전환의 전략으로 경제 영역의 녹색화를 주장한다. 저자는 환경을 파괴하면서 성장하는 경제에서 환경을 보전하면서 풍요로움을 실현하는 경제로 녹색 경제의 방향을 설정한다. 그리고 경제의 녹색화를 위해서는 녹색 삶의 원칙을 내면화하고 실천할 것을 강조한다. 또한 저탄소 대안 경제의 실현을 위해서는 탄소 포인트 적극 도입, 기본 소득 도입, 탄소 배출권 거래제와 탄소 금융의 활성화, 환경세(탄소세) 도입, 독일에서 적용된 재생 가능 에너지법 도입 등을 주장한다.

7장에서는 국가의 주요 정책이 형성되는 과정에서의 녹색화를 강조한다. 이는 정책 형성 문화의 녹색화라고 할 수 있다. 특히 저자는 먼저 개발하고 사후에 환경 문제에 대응하는 개발 중심 문화, 정책 수용자와의 소통 문화의 부재 등이 환경 갈등을 불러일으키는 정책 형성의 문화라고 지적한다. 따라서 참여와 협업을 통한 신중한 정책 형성 문화, 투명하고 책임성 높은 정책 형성 문화, 개발·환경·사람이 조화로운 정책 문화 형성을 대안으로 제시한다.

8장에서 저자는 과학기술의 녹색전환을 제안하기 위해 그간 진행된 녹색 화학과 과학기술 거버넌스에 대한 논의를 검토한다. 특히 안전한 화학물질 디자인, 재생 가능한 물질을 사용하는 제품 개발, 에너지 최소화 화학물질 디자인 등을 강조하는 녹색 화학 사례를 통해 과학 분야가 환경 위기 속에서 어떻게 연구 내용을 전환할 수 있을지, 그리고 이러한 전환이 다른 과학 분야에도 좋은 영향을 미칠 수 있음을 강조한다. 또한 기후 위기, 에너지 고갈 등 지구촌이 직면한 위기는 전통적인 과학과 기술 지식, 전문가 지식의 불확실성을 높이고 있다고 말한다. 이에 따라 전문가와 관료 중심의 과학기술 정부로부터 전문가, 비전문가와 정부 관료 등으로 구성되는 과학기술 거버넌스로의 전환이 과학기술의 녹색화를 실현하기 위한 주요한 전략적 수단이 될 수 있다고 주장한다.

9장에서는 기존의 개발 및 토건 중심의 국토 발전에 대한 의문을 제기하면서 국토 계획 또는 공간 환경의 녹색전환을 강조한다. 1972년부터 수립되어 추진된 국토종합계획이 국민소득 증가, 국가 기간망 및 사회간접자본 확충 등에 기여했지만 동시에 지역 간 격차, 환경오염 및 난개발 등 다른 국토 문제를 체계적으로 생산해 냈다는 것이다. 따라서 저자는 이러한 문제를 해소할 수 있는 새로운 국토 발전 패러다임을 제안하는데, 패러다임의 핵심 요소로 국민의 삶의 질 개선과 행복의 증진, 생태적 지속 가능성, 지역 균형 발전, 국토 계획과 환경 계획의 연동, 토지 윤리를 반영한 토지 이용 등을 강조한다.

10장에서는 대한민국을 넘어 녹색전환의 범위를 한민족 전체로 확대해야 한다는 점을 강조한다. 북한이 당면한 경제난을 해결하기 위해 개발 중심의 경제정책을 수립한다면 북한의 환경 문제는 더욱 악화될 것이며, 이로 인해 남한 지역의 환경에 미치는 잠재적 위험성은 증대될 수밖에 없다는 것이다. 따라서 남북한 환경 협력을 통해 북한 환경의 지속 가능성과 회복력을 높이고, 북한 주민 또한 안전하며 쾌적한 환경에서 삶을 영위할 수 있는 녹색전환이 필요하다는 점을 강조한다.

2부가 우리 사회의 주요 영역을 중심으로 녹색전환을 논의했다면, 3부에서는 법, 거버넌스, 토의(숙의) 민주주의, 지역사회 조직화라는 수단을 어떻게 녹색전환을 위해 활용할 수 있을까를 논의한다.

11장은 법을 통한 녹색전환을 논의한다. 저자는 녹색 사회로의 이행을 위한 다양한 수단 중에서 법이 매우 유용하면서도 중요한 수단임을 강조한다. 그러면서 헌법의 녹색화를 주장한다. 즉, 기존의 인간중심주의적 헌법이 생태주의적 관점과 타협 가능성이 있다는 점을 논의한다.
또한 녹색전환기본법의 제정을 주장한다. 그리고 이 기본법이 한국의
정치, 경제, 사회, 환경, 문화, 교육, 노동 등 제반 영역에서의 녹색전환
을 위한 기본 방향을 규율해야 한다는 점을 강조한다.

　12장에서는 거버넌스 기구의 녹색화와 녹색 거버넌스의 주류화를
통한 녹색 사회로의 이행 방안을 제안한다. 저자는 녹색 거버넌스의 주
요 운영 원리로 생태적 정의와 숙의를 특징으로 하는 생태 민주주의를
강조한다. 그러면서 현재 우리나라에서 운영되고 있는 녹색 거버넌스
인 녹색성장위원회, 국가기후환경회의를 검토한다. 저자는 우리나라
의 이러한 녹색 거버넌스가 그 나름의 성과를 내고 있다고 평가한다.
그러면서 현세대의 단기적 이익을 넘어 시간과 공간, 종의 경계를 더욱
확장해서 미래 세대와 지구 차원의 다른 생물종의 이해까지도 헤아릴
수 있는 방향으로 나아가야 함을 강조한다.

　13장에서는 시민 참여에 기반을 둔 토의 민주주의가 어떻게 환경 갈
등의 해소에 기여할 수 있는지를 논의한다. 토의 민주주의는 대의 민주
주의가 안고 있는 민주주의의 결핍 문제를 해결 또는 보완하려는 정치
적 실험으로 꾸준한 관심을 받아왔다. 특히 참여자들 사이의 평등과 강
제 없는 자율적 대화를 핵심 원리로 하고 있기 때문에 경제성장 및 시
장 논리에 의해 주변화된 생태 환경, 비인간 생물종, 미래 세대, 지역 주
민, 사회적 소수자들의 이해를 공적 논쟁에 참여시키는 장점이 있다.
저자는 지역사회에서 실행된 공론 조사 사례를 통해 환경 문제 해결에
있어 토의 민주주의가 갖는 가능성을 확인하고, 이러한 방식이 녹색 사
회로의 이행에 기여할 수 있음을 주장한다.

　14장에서는 농촌 사회 조직화를 통한 녹색 사회 이행을 논의한다.
저자에 따르면 한국 사회는 급속한 산업화 과정을 거치면서, 농촌은 국

가와 시장, 도시에 의존하는 사회로 전락했으며, 자연과의 관계에 있어서도 단절된 상황에 놓이게 되었다. 따라서 자립성 및 자치성을 키우고 자연과 공생하는 농촌 사회를 만들기 위해서는 지역사회의 다양한 주체들이 협력하여 선도적인 자치단체 모델을 만들 필요가 있음을 강조한다.

4부에서는 녹색전환이라는 관점에서 현재 우리 사회의 주요한 환경 현안이라고 할 수 있는 기후변화, 미세먼지, 폐기물 문제 등에 어떻게 대응해야 하는지를 논의한다.

15장에서는 기후변화라는 지구적 환경 현안에 우리 사회가 어떻게 대응해 왔는지, 그리고 향후 어떻게 대응해야 하는지를 논의한다. 특히 환경운동 단체들이 주장한 친환경 녹색 담론을 정부가 공식 의제로 받아들인 출발점이라고 할 수 있는 이명박 정부의 저탄소 녹색 성장을 분석했다. 분석 결과, 저자는 한국은 여전히 기후변화 대응 및 저탄소 녹색전환이라는 측면에서 과거에도 그랬고 현재에도 책임 있는 국가의 모습을 보여주지 못하고 있음을 지적한다. 그리고 기후 악당 국가라는 오명에서 벗어나기 위해서는 정부가 다른 사회 개혁만큼 환경 개혁에도 관심을 가져줄 것을 요구한다.

16장에서는 현재 한국이 마주하고 있는 가장 심각한 환경 현안 중 하나인 미세먼지 문제를 다룬다. 한국 미세먼지의 국내외 원인을 확인하고, 정부 정책의 대응 현황을 검토하여 향후 미세먼지 정책이 나아가야 할 방향을 제안한다. 저자는 지역별 미세먼지의 정밀한 측정, 수송 부문에서의 더 강력한 저감 정책, 산업단지 배출 실태 파악 및 관리, 농축산 부문의 암모니아 저감뿐 아니라 각종 저감 정책의 국민 참여를 높이기 위한 사회적 소통 강화를 대안으로 제시한다.

17장에서는 인간이 생존하기 위해 활동하는 과정에서 필연적으로 생산될 수밖에 없는 폐기물 문제를 다룬다. 폐기물을 제대로 관리하지 못할 경우 인류의 정주 환경을 오염시킬 뿐 아니라 자원 및 에너지 고갈 문제를 불러일으킬 수 있다는 측면에서 폐기물은 매우 중요한 환경 현안이다. 저자는 이에 대한 대안으로 감량, 재사용, 재활용 등의 선순환 구조를 만들어내는 그린 액션과 폐기물의 최적 활용을 위한 그린 인프라 구축을 제안한다. 또한 자원순환 과정에는 다수의 이해관계자들이 얽혀 있기 때문에 이들의 동참을 이끌어낼 수 있는 정책 설계가 중요하다는 점을 강조한다.

이상으로 이 책에서는 이론적·거시적 수준에서부터 실천적·미시적 수준에 이르기까지 녹색전환의 다양한 층위를 검토해 보았다. 부족하나마 그간 은유적 표현에 가까웠던 녹색전환을 이론적·실천적 수준에서 좀 더 체계화했다는 점에서 이 책의 의미를 찾을 수 있다. 후속 연구를 통해 보완해 나간다면 한국 사회의 녹색전환을 위한 연구와 정책 토대를 구축하는 데 적지 않은 기여를 할 수 있을 것으로 보인다.

이 책의 집필에는 인문사회과학에서부터 정책학 및 공학에 이르기까지 학문적 배경이 다양한 학자 17명이 참여했다. 집필 초기에는 저자들의 학문적 간격에서 오는 불일치 문제를 해결하는 것이 쉽지 않았다. 하지만 여러 차례의 저자 워크숍과 별도의 편집위원 모임을 통해 미흡하나마 녹색전환이라는 키워드를 각 장에 녹여 넣을 수 있었다. 또한 저자들의 서로 다른 학문적 배경이 오히려 독자들에게 폭넓은 지식과 정보를 전달하는 것은 물론 글 읽는 재미를 더해줄 것으로 본다.

이제 이 책이 나오게 된 과정을 간단하게나마 소개하고 출판에 이르기까지 도움 준 이들에게 감사 인사를 드려야 할 것 같다. 이 단행본 작업은 환경부의 수탁 공모사업인 "지속가능한 한국사회의 녹색전환을 위한 전략 및 이행방안 마련연구"(2019년 6월)의 일환으로 추진된 것이다. 환경정책 전문 국책 연구기관인 한국환경정책·평가연구원KEI을 책임 연구기관으로 하여, 집필진 및 자문위원을 선임 또는 위촉하고 기획운영위원회(위원장: 최병두 대구대 명예교수)를 구성했다. 이후 집필진과 자문위원이 참여하는 워크숍을 여러 차례 진행하면서 단행본의 체계, 각 장의 내용 및 논리적 일관성 등을 맞춰나갔다. 따라서 각 장마다 책임 저자가 있지만 어떤 측면에서 보면 공동의 작업이기도 했다.

이 책을 집필하고 출간하는 데 많은 분의 도움을 받았다. 누구보다 조명래 환경부 장관께 감사의 마음을 전한다. 조명래 장관은 바쁜 업무 일정에도 불구하고, 환경부에서 진행한 첫 번째 기획운영위원회 워크숍에 직접 참여하여 높은 관심을 보여주었다. 그리고 여러 자문위원이 직접 혹은 서면으로 귀중한 의견을 보내주었다. 자문위원으로 강금실 변호사(법무법인 원), 노진철 교수(경북대), 문태훈 교수(중앙대), 이정전 명예교수(서울대), 이창곤 원장(한겨레사회경제연구소), 임현진 명예교수(서울대), 한상진 교수(울산대), 홍덕화 교수(충북대)뿐 아니라 환경부 관계자분들도 좋은 의견을 주었다. 저자들은 자문 의견을 최대한 반영할 수 있도록 노력했다.

또한 이 책의 연구 및 출판 과정에서 개최되었던 기획운영위원회와 중간 발표 워크숍 그리고 편집위원회의 등에 직접 참여하거나 도움을 준 환경부 담당자들께 감사드린다. 환경부 담당자분들은 집필진의 연구 작업과 책의 출간 과정을 꼼꼼히 챙겨주면서 실질적으로 많은 도움을 주었다.

책임 연구기관인 한국환경정책·평가연구원의 구성원들도 많은 도움을 주었다. 윤제용 원장을 포함하여 김호석 지속가능전략연구본부장, 정우현 사회환경연구실장, 김태형 디지털소통협력팀장은 책이 나오기까지 1년 동안 크고 작은 배려와 함께 격려를 아끼지 않았다. 또한 정행운 연구원, 김수빈 연구원, 강선우 연구원, 오규림 연구원도 많은 도움을 주었다. 특히 회의 준비부터 원고 취합, 퇴고에 이르는 모든 과정을 함께해 준 정행운 연구원에게는 특별한 감사의 말을 전한다. 그리고 윤문을 도와준 어규병 선생, 한울엠플러스㈜의 윤순현 차장, 깔끔하게 편집 작업을 해준 이진경 팀장에게도 고마운 마음을 전한다.

끝으로 책임감 있게 자신의 역할을 다해준 모든 저자께 특별히 감사 인사를 전한다. 당연한 말이지만 저자들의 책임감이 없었다면 이 책은 완성되지 못했을 것이다. 이 책이 저자들의 바람처럼 한국 사회를 좀 더 지속 가능한 생태 사회로 만드는 데 작은 역할이라도 할 수 있기를 기대해 본다.

2020년 5월 20일
저자들을 대표하여 최병두·김도균

1부 녹색전환의 개념과 이론

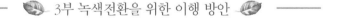

3부 녹색전환을 위한 이행 방안

4부 녹색전환을 위한 환경현안 대응

1부
녹색전환의 개념과 이론

인류세를 위한 녹색전환[*]

최병두

1. '도래하는' 인류세

오늘날 인간은 일상생활을 영위하는 도시나 지역을 훨씬 넘어서 육지 지표의 대부분, 나아가 심해에서 대기권, 심지어 우주 공간에 이르기까지 지구환경과 생태계 전체에 지대한 영향을 미치고 있다. 달리 말해 인간이 지난 몇 세기, 특히 20세기 중반 이후 몇십 년 동안 행한 활동은 지구에 지질학적 규모의 지울 수 없는 흔적을 남겼다. 엄청난 자원을 소모하는 산업화와 대규모 도시화, 지구 시스템에 광범위하게 영향을 미치는 과학기술의 발달, 기하급수적으로 증가한 인구와 이들이 소비하고 버린 각종 폐기물의 누적, 도시 건축물과 사회간접시설을 건설

---

[*] 이 글은 「인류세를 위한 녹색전환」, 《공간과 사회》, 30권 1호(2020, 통권 71호)를
    수정·보완한 것이다.

하여 사용한 후 버려진 폐콘크리트 등 건설 폐기물의 방치, 자연 상태에서는 잘 썩지 않는 비닐과 플라스틱 등 화학물질의 개발과 남용, 그리고 원폭과 원전에서 방출되거나 폐기된 방사능 물질의 침전 등은 지구의 지층 구조에 인간이 만든 층서학적 기록으로 남을 것이다. 인간이 초래한 이러한 지구환경의 변화는 과거엔 경험하지 못한, 거대하고 돌이킬 수 없는 결과라는 점에서 '인류세Anthropocene'라고 지칭할 수 있는 새로운 지질시대의 도래를 알리는 증거라고 할 수 있다.

'인류세'는 노벨상 수상자인 대기 화학자 파울 크뤼천Paul Crutzen이 2000년에 제안한 용어이다(Crutzen, 2002). 크뤼천은 오늘날 인류가 자연에 필적할 만한 '지질학적 힘'을 가지게 되었으며, 이로 인해 지구환경이 돌이킬 수 없을 정도로 변화했다는 점을 드러내려고 했다. 또 이 용어는 인류가 자연환경을 훼손함으로써 지구 시스템의 대혼란과 더불어 인류의 생존 자체를 위협할 수 있는 심각한 반격을 유발하고 있음을 보여준다. 인류세의 개념은 지질학과 지구 시스템 과학에 기반을 둔 과학적 사고의 산물로 등장했지만, 제안된 지 20년이 채 되지 않아서 자연과학에서 나아가 사회과학 및 인문학 전 분야로 확산되어 지구환경의 변화와 이를 추동한 자연-사회 관계에 관한 새로운 융합 담론을 만들어내고 있다(해밀턴, 2018). 이 용어는 2010년대 중반 국내 지질학계에 소개되었고(김지성·남욱현·임현수, 2016), 이를 전후하여 사회 이론 및 인문학 분야에서 열띤 논의가 시작되었다. 인류세가 아직 공식적인 지질시대로 인정받은 것은 아니지만, 이 개념은 전 세계적으로 대중매체의 폭넓은 관심을 끌면서 확산되고 심화되는 지구적 생태 위기에 정책적·실천적으로 어떻게 대처해야 할지를 성찰할 것을 촉구하고 있다.

우리는 인류세의 개념이 기존의 환경 관련 개념들에 비해 훨씬 강력한 생태적 성찰을 요구한다는 점에서 그 유의성을 인정하면서 인류세의 도래에 대처하는 생태적 또는 사회-자연적socio-natural '녹색' 전환 방안을 모색해 보고자 한다. 물론 개념의 불확실성이나 이로 인해 초래된 논쟁 때문에 현재 우리가 살고 있는 시대가 인류세인지에 대해 의문을 제기할 수 있다. 그러나 분명한 점은 현 시대가 인류세라고 불리든 그렇지 않든 간에 우리는 지구적(지질학 또는 행성적) 규모의 생태 위기에 처해 있음이 분명하다. 달리 말해 현재 인류는 지난 1만여 년 동안 지속된 안정적 기후 조건과 여타 지구환경 덕분에 문명의 거대한 발전을 이룰 수 있었던 홀로세에 더는 살 수 없는 상황, 즉 지구적 생태 위기로 인해 인류 문명이 한계에 처했음은 분명하다. 이러한 상황은 기존의 홀로세에서 발전한 인류 문명이 정점에서 드러내는 절대적 위기로 이해할 수 있으며, 동시에 새로운 지질시대의 도래를 알리는 중대한 계기로도 인식할 수 있다. 요컨대 오늘날 인류는 인류가 초래한 지구적 생태 위기로 인해 지구와 인류의 운명을 결정하는 갈림길에 서 있다고 하겠다. 인류 문명사의 마지막 한계에 도달하여 절벽 아래로 떨어져 몰락할 것인가, 아니면 이에 대한 진지한 성찰과 실천적 전환을 통해 새로운 생태 문명의 대안 세계로 나아갈 것인가?

이러한 의문에 답하기 위하여 이 장에서는 '인류세'와 '녹색전환'의 개념을 바탕으로 오늘날 인류가 처한 지구적 생태 위기의 특성을 살펴보고 이에 내재된 두 가지 근본 문제로서 서구의 근대성에 함의된 사회와 자연 간 이원론적 인식론의 한계, 그리고 이러한 근대성에 기반을 두고 산업화·도시화를 추동했던 자본주의적 사회-자연의 문제를 고찰하면서, 사회-자연 관계에 관한 대안적 인식론과 녹색전환을 위한 사회생태적 과제들을 논의하고자 한다. 우선 인류세에 관한 논의에서 제시한 지구적 생태 위기 특성을 '행성적 한계'와 관련하여 살펴보고 이러한 생태 위기를 해소하고 진정한 의미의 '인류세'를 맞기 위하여 녹색전환이 필요함을 주장한다. 인류세를 위한 녹색전환에는 지구적 생태 위기를 초래한 인간의 의식과 사회구조의 근본 변화가 필요하다는 점에서 사회-자연 이원론의 한계와 이를 극복하기 위한 새로운 인식론을 논의한 후, 자본축적을 위해 무한 성장을 추구하는 자본주의 경제체제의 사회생태적 모순을 설명하면서 이를 해소하기 위한 사회 각 분야의 녹색전환 과제를 제시하고자 한다.

2. 지구적 생태 위기와 녹색전환

1) 인류세, 지구적 생태 위기 시대

인류세 논의의 주요 논제 가운데 하나는 인류세의 시작 시기에 관한 것이다. 새로운 지질시대의 구분은 이를 위한 기준 설정, 시대별 특성 분석, 시대 간의 차이 규명 등을 전제로 한다. 이러한 점에서 인류세가 언제 시작되었는지가 아직 합의되지 않았다는 점은 인류세의 개념 자체를 모호하게 한다. 그러나 인류가 새로운 지질시대에 진입했음을 인정하든 않든, 그리고 새로운 지질시대를 무엇이라고 지칭하든 인류세의 개념을 둘러싼 논의에서 분명한 점은 우리가 지구적 생태 위기 시대에 살고 있다는 점이다. 물론 인류세에 관한 개념 정의에서 일부 학자들, 특히 자칭 '생태적 근대론자ecomodernist'들은 인류세를 인간이 자연을 완전히 지배하거나 통제하게 되었음을 알리는 계기로 설정하기도 하지만(Asafu-Adjaye et al., 2015), 대부분의 학자는 인간의 지질학적 힘으로 인해 초래된 지구적 생태 위기에 더 많은 관심을 가진다. 이러한 점에서 인류세의 시작 시기에 관한 논의는 위기가 언제 시작되었는가 하는 기원에 관한 의문뿐 아니라, 위기가 어떻게 발생했는가, 그리고 위기에 어떻게 대응해야 할 것인가 등에 관한 논의들을 이끈다는 점에서 중요하다(Angus, 2015).

인류세와 관련해 학자들이 홀로세가 끝나고 새로운 지질시대가 시작되었다고 추정하는 주된 이유는 대기 중 이산화탄소 농도가 급증하고 이로 인해 지구 시스템이 변화하면서 지구적 생태 위기가 초래되었다는 점이다. 그 외에도 5000년 전 인류의 정착 생활과 농경문화의 시작에서부터 1945년 원자폭탄의 투하와 이로 인한 방사능 물질의 지표 누적 등 아주 다양한 시점을 인류세의 기원으로 거론하기도 한다. 그러나 1만여 년 동안 안정된 기후 조건에서 인류 문명의 발달을 가능하게 했던 홀로세가 끝나게 된 것은 무엇보다도 대기 중 이산화탄소 농도의 증가와 기후변화, 그리고 이와 관련된 지구환경의 부정적 영향, 즉 해양의 산성화, 생물종의 감소, 질소 순환의 교란 등에서 그 이유를 찾을 수 있다. 하지만 대기 중 이산화탄소의 농도가 급격히 변화한 시기에 대한 논의도 다양하다. 크뤼천(Crutzen, 2002)은 인류세 개념을 제안하면서 영국에서 시작된 산업혁명, 특히 1784년 제임스 와트James Watt의 증기기관 발명을 그 시작점으로 설정한다. 산업혁명 이후 이산화탄소의 배출량이 증가하기 시작했다는 점은 잘 알려진 사실이며, 이를 기준으로 하면 인류세는 근대 산업화와 밀접한 관련이 있다.

그러나 루이스와 매슬린(Lewis and Maslin, 2015)은 1600년대 초 남아메리카의 식민지화 및 이와 관련된 주요 사건과 현상이 당시 대기권의 이산화탄소 농도 감소와 관련이 있다고 주장한다. 이러한 시점 설정은 인류세의 기원이 자본주의 초기 단계 또는 유럽 식민주의와 연계된 것으로 해석할 수 있도록 한다(Moore, 2017). 하지만 해밀턴(2018: 40)이 지적한 것처럼 이들의 분석은 이산화탄소의 감소가 지구 시스템의 기능을 변화시켰다거나, 이러한 변화가 인간 활동으로 야기된 것인지를 정확히 밝히지 못했다. 또 다른 예로 크뤼천의 인류세 개념에 근거해 일단의 지질학자들은 1945~1960년대 이후를 '대가속화' 시기로 지칭하면서 이 시기에 대기 중 이산화탄소 농도의 급증과 더불어 다양한 생태 및 사회 지표에 커다란 변화가 있었음을 보여주었다(IGBP, 2004: 15~17; Steffen, Broadgate et al., 2015). 이들은 인류세의 시작을 알리는 지구 시스템의 변화 및 이를 추동하는 사회적 역동성을 나타내는 24가지 지표의 경향을 보여주었다(〈그림 1-1(a), (b)〉[1] 참조).

〈그림 1-1(a), (b)〉에서 알 수 있는 바와 같이 세계의 인구 증가, 국내총생산GDP 증가, 해외 직접 투자, 일차에너지 이용, 비료 소비 등을 통해 확인할 수 있는 사회경제적 경향과 대기 중 이산화탄소, 질소산화물, 메탄의 농도, 성층권의 오존 분포, 지표면 온도, 해양 산성화 등을 통해 확인할 수 있는 지구 시스템의 생태환경적 경향은 1750년 이후 유사한 패턴을 보이며 증가해 왔다. 특히 '대가속화' 시기라고 불리는 1950년대 이후 변화 경향은 그 이전과는 비교할 수 없을 정도로 매우 급속하고 광범위하게 이루어졌다. 이같이 사회경제적 및 생태환경적 핵심 지표들의 변화 경향을 제시하면서 스테펜·브로드게이트 등(Steffen, Broadgate et al., 2015)은 지구 시스템은 최근 최소한 지난 50만 년 동안 보여주었던 범위의 자연적 편차 밖으로 상당히 벗어나게 되었으며 지구 시스템에서 동시에 발생한 변화의 속성, 크기, 속도는 전례가 없고 지

---

1 IGBP(2004)에서 제시한 그래프의 지표들과 스테펜·브로드게이트 등(Steffen, Broadgate et al., 2015)이 제시한 그래프의 지표들 간에는 약간 차이가 있다. IGBP에서 사회경제적 경향의 한 지표로 사용했던 맥도널드 매장 수는 스테펜·브로드게이트 등에서는 일차에너지 소비량으로 바뀌었고, 또한 이전 연구에서는 빠져 있던 OECD 회원국과 비회원국 간의 차이에 대한 분석이 추가되었다.

그림 1-1(a) | 산업혁명 이후 주요 사회경제 지표의 변화

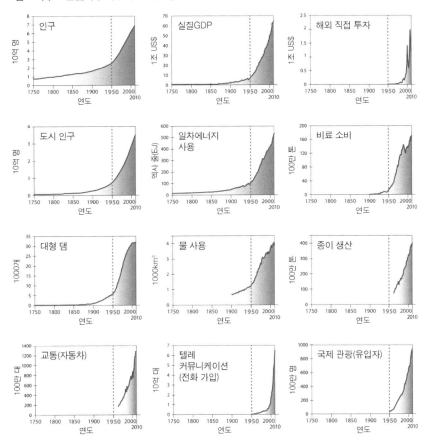

자료: Steffen, Broadgate et al.(2015).

속 불가능하다고 주장한다.

물론 20세기 중반 이후 인간 사회와 지구환경 모두에, 또는 좀 더 정확히 말해 이들 간 관계에 근본적 변화가 발생했다는 점은 많이 지적되었다. 특히 1960~1970년대 레이철 카슨Rachel Carson, 머리 북친Murray Bookchin, 배리 코모너Barry Commoner 등 근대 환경론자들은 제2차 세계대전 이후

그림 1-1(b) ｜ 산업혁명 이후 주요 지구 시스템 지표의 변화

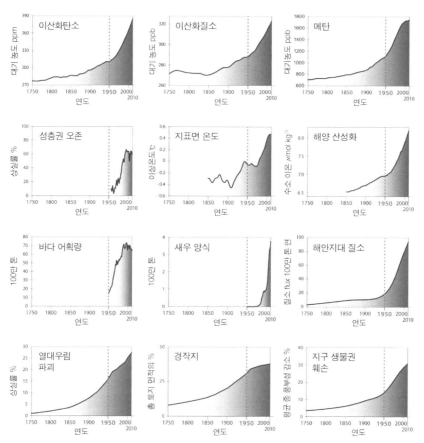

자료: Steffen, Broadgate et al.(2015).

생산 기술의 전면적 전환으로 환경 위기가 초래되었다고 주장했다. 그
후에도 포스터(Foster, 1994: 109)는 "1945년 이후 시기, 세계는 인간의 경
제활동이 지구 생명의 기본 조건들에 완전히 새로운 방식으로 영향을
미치기 시작한 행성적 위기의 새로운 단계로 들어섰다"라고 강조했다.
이처럼 20세기 중반 이후 이른바 '대량생산 대량소비' 경제체제, 즉 포

드주의 축적 체제의 발달과 더불어 생산 소재 및 에너지원으로 지구 자원의 소비량이 가속적으로 증가했고, 이에 따라 생산 및 소비 과정에서 발생한 폐기물이 다양해지고 그 양도 누적적으로 증가했다는 점을 지적할 수 있다. 인류세 관련 학자들은 바로 이러한 시기를 대가속화 시기로 지칭하면서, 특히 인간 사회의 사회경제적 경향과 지구 시스템의 생태환경적 경향이 함께 급변하고 있음에 주목했다.

관련 연구자들이 산업혁명을 인류세의 시작점으로, 그리고 1950년대 이후 시기를 인류세의 대가속화 시기로 설정하고, 이와 관련된 사회경제 체계 및 지구 시스템 핵심 지표들의 변화를 제기한 점은 당면한 지구적 생태 위기 해석에서 몇 가지 중요한 의의가 있다. 우선 인류세 개념은 인간이 지구 시스템의 변화에 지배적인 추동자가 되었음을 의미한다. 즉, 인류세는 인간이 자연의 위대한 힘과 경쟁하면서 지구 시스템의 기능에 영향을 미침으로써 지구환경에 심원한 변화를 초래했음을 의미한다(Steffen et al., 2011: 842). 물론 인류가 지구에 미치는 지질학적 힘의 영향력은 어떤 관점에서 보는지에 따라 달리 해석할 수 있다. 지난 100여 년 동안 지구상에 대형 댐(높이 45미터 이상)이 하루 평균 1개씩 건설되었으며, 최근으로 올수록 건설되는 속도는 증가했다. 이러한 댐은 재생 가능한 수력 에너지의 공급, 다양한 용도의 물 공급 등 긍정적 측면이 있다. 그러나 되돌리기 어려운 하천 유로의 변경과 이로 인해 형성된 인공호의 수질 악화나 하천 생태계의 파괴, 수몰 지역 주민들의 대규모 이주 등 엄청난 부정적 결과를 낳았다. 그뿐 아니라 사회경제 체계의 경향을 보여주는 주요 지표 가운데 실질GDP와 해외 직접투자의 증가 등은 부정적이라기보다 긍정적인 의미로 지구적 차원의 경제성장이나 자본축적 과정으로 이해할 수도 있다.

이러한 경험 자료에 대한 양면적 서술이 보여주는 것처럼 인류세와 이를 초래한 인간의 힘이 지구환경에 미치는 영향에는 긍정과 부정의 측면이 모두 있다고 할 수 있다. 즉, 한편으로 인간은 지구상에서 생존을 영위하게 된 이래 자연에 대한 끊임없는 도전을 통해 마침내 자연에 필적할 만한 힘을 가지고 지구환경을 지배하게 되었다고 주장할 수 있다. 이러한 점에서 인류세의 도래는 지구를 정복한 인간 능력의 승리를 의미하며, 비록 이 과정의 부차적 결과로 지구 시스템이 일부 손상되었다고 할지라도, 이는 인간의 능력으로 개선될 것이라는 점을 강조할 수 있다. 그러나 인류세 담론에 참여하는 많은 학자들은 이에 대해 긍정적이기보다 부정적·회의적 관점에서 이해한다. 즉, 오늘날 인간은 전례 없이 강력해진 지질학적 힘으로 지구환경을 파괴하고, 이로 인해 인간사회도 절박한 지구적 생태 위기에 봉착했다고 주장한다.

이러한 점에서 인류세의 도래는 지구환경이 부담할 수 있는 '행성적 한계planetary boundaries'를 벗어난 재난적이고 돌이킬 수 없는 지구 시스템의 변화를 의미한다. 스테펜·리처드슨 등(Steffen, Richardson et al., 2015)은 인간이 진화 과정에서 넘어야 할 행성적 차원의 9가지 생태적 한계가 있는데 이 가운데 3가지, 즉 기후변화, 생물 다양성 상실, 질소 및 인 수준의 농도(생물지화학적 순환)는 이미 넘었다고 추정한다. 다른 6가지는 성층권 오존 결핍, 해양 산성화, 담수 이용, 토지 이용 변화, 화학 공해물질, 대기 중 에어졸 부하 등이다(〈표 1-1〉). 이처럼 행성적 한계를 넘어선 부문은 이미 재난적이고 돌이킬 수 없는 생태 위기와 이로 인한 위험을 급속히 증가시키고 있다. 또 행성적 한계들은 각각 분리되어 작동하는 것이 아니라 서로 연계되어 있기 때문에 한 부문에서 한계를 넘어서는 것은 다른 부문에서도 조만간 그 한계를 넘어서게 될 것임을 예고한다. 물론 인간 사회의 어떤 부문 또는 활동이 지구환경을 구성하는 이러한 요소들에서 행성적 한계를 넘어서 생태 위기를 초래하는지를

표 1-1 | 행성적 한계와 사회의 주요 부문 및 활동

행성적 한계	주요 현상	주요 부문과 활동
1. 기후변화	대기 중 이산화탄소, 아산화질소, 메탄, 염화불화탄소(CFCs) 농축	에너지 및 교통, 산업 시멘트, 농업, 임업, 낙농업에서의 화석연료 사용
2. 해양 산성화	해양에서의 이산화탄소 분해	이산화탄소를 배출하는 모든 활동
3. 생물권 보전 (생물 다양성 훼손)	토지 및 자원 이용, 생태계 저급화, 기후변화	임업, 농업, 어업 도시 팽창, 관광
4. 토지 체계 변화	경작지 및 삼림 지역 변화	농업, 임업, 도시 팽창
5. 담수 이용	하천, 호수, 저수지, 지하의 담수 이용	농업, 산업, 가사 활동
6. 신규 공해물질 (novel entities)	인간이 도입한 화학물질과 여타 공학적 소재와 유기물	플라스틱, 제약, 살충제 등
7. 성층권 오존 결핍	대기 중 염화불화탄소 및 수소화불화탄소(HCFCs) 농축	에어컨, 냉장고, 발한 억제제
8. 생물지화학적 (질소와 인) 순환	비료, 산업 쓰레기 배출	농업, 광업, 산업
9. 대기 에어졸 부하	블랙카본(black carbon), 유기탄소(organic carbon), 황산염, 질산염	난방, 요리, 교통, 산업 및 임업 연소, 화석연료

자료: Sterner et al.(2019)에서 인용.

밝히는 것이 중요하다(Sterner et al., 2019).

지구적 생태 위기에 관한 이해에서 인류세 담론의 또 다른 유의성은 〈그림 1-1〉에 제시한 바와 같이, 지구 시스템의 경향과 사회경제 체계의 경향이 서로 동조하는 현상을 보인다는 점이다. 이 두 체계의 주요 변수는 1750년대 이후 누적되기 시작했으며, 특히 1950년대 이후 급격하게 증가하는 유사 패턴을 보여주고 있다. 이와 관련된 자료들만으로 직접적 인과관계를 설명하기는 어렵다고 할지라도, 사회경제 체계의 경향과 지구 시스템의 경향이 서로 밀접하게 관련되어 있음은 분명하다. 이러한 점에서 차크라바티(Chakrabarty, 2009)는 인류세의 도래는 인

간 사회의 역사와 지구환경의 역사가 수렴되고 있음을 보여준다. 또 해밀턴(2018: 20)은 이처럼 지구의 역사가 인류의 역사와 뒤얽혀 있기 때문에 결국 '하나의 운명이 다른 하나의 운명을 결정'짓게 되었다고 주장한다. 이와 같은 지구 시스템 위기와 사회경제 체계 위기의 상호 동조는 뒤에서 논의할 바와 같이 서구의 근대성에 함의된 인간과 자연을 분리된 실체로 간주하는 이분법적 인식론을 넘어서 통합적 관계(집합체) 또는 관계적 존재론으로 이해해야 한다는 주장을 뒷받침한다.

2) 인류세 개념의 한계와 녹색전환

인류세 개념은 지질학적 시대 구분을 넘어서 인류가 만들어낸 지구의 현실에 대처하기 위한 인간-자연 관계의 재인식과 사회구조의 재구성을 요청한다. 그러나 다른 한편으로 그동안의 논의에서 인류세 개념은 중요한 한계를 드러내고 있다. 즉, 인류세 담론은 새로운 지질시대를 초래한 지구적 생태 위기가 어떤 계층이나 국가 또는 어떤 특정 메커니즘에 의해 유발되었는지에 대한 의문을 모호하게 하는 한편, 그 원인과 책임을 보편적 '인류Anthropos'에게 전가하는 것처럼 보인다. 같은 맥락에서 인류세 개념은 인간의 역사를 종의 역사로 이해함으로써 근대사회의 정치경제 구조, 특히 자본주의 역사의 특수성을 지워버리는 결과를 초래한다는 비판을 받기도 한다(Moore, 2017).

이러한 점에서 일부 학자는 실제 존재하는 역사적 관련성을 민감하게 고려해 더 적절한 이름(자본세, 대농장세, 투루세 등)을 택했어야 한다고 주장한다(해러웨이, 2019). 하지만 이러한 주장에 대해 해밀턴(2018: 62)은 과거에는 기후변화의 책임이 상당 부분 유럽과 미국에 있었지만, 오늘날 중국은 연간 온실가스 배출량에서 미국을 훌쩍 넘어섰고, 누적 배출량도 곧 미국을 넘어설 것이라고 지적하면서, 선진국들이 역사적 책임을 면할 수는 없지만 이제 선진국과 개도국을 구분하는 것은 무의미해졌다고 주장한다. 이러한 논란에서 새로운 지질시대를 어떻게 지칭할 것인가는 크게 문제가 되지 않는다고 하겠다. '인류세'라는 명칭을 사용하더라도 이에 어떤 의미를 부여할 것인가는 또 다른 문제라고 할 수 있기 때문이다. 그러나 어떤 명칭을 사용하든지 간에 이에 관한 담론은 지구적 생태 위기 발생 원인과 책임을 모호하게 하거나 해결 방안을 왜곡해서는 안 될 것이다.

이러한 관점에서 보면, 인류세 담론은 지구적 생태 위기에 대한 철학적 성찰과 이와 관련된 사회적 대응 방안의 논의가 매우 부족하다고 하겠다. 이에 따른 한계를 열거하면, 첫째, 인류세 개념이 지구 시스템에서 발생하는 위기와 사회경제 체계에서 나타나는 위기 경향이 상호 동조하는 현상을 보인다는 점을 지적하는 데도 불구하고, 사회와 자연이 인식론적으로 어떻게 연계되고 통합되어 있는가에 대한 철학적 성찰은 미흡하다. 심지어 인류세 담론은 인간과 자연의 통합적 관계의 이해를 가로막는 근대성 서사의 연속일 수도 있다는 의문을 자아내기도 한다 (Moore, 2017). 둘째, 인류세 담론에서 지구적 차원에서 진행되는 생태 위기에 대한 과학적 증거는 많이 제시되었지만, 이에 합당한 사회적 대응 방안의 논의는 거의 이루어지지 않고 있다. 달리 말해 인류세의 도래와 이를 알리는 지구적 생태 위기는 분명 인간의 지질학적 힘이 초래했는데도 이러한 인간의 힘을 어떻게 통제하고 전환할 것인가는 여전히 의문이다.

이러한 점에서 인류세와 이를 초래한 지구적 생태 위기에 대응하기 위하여, 또는 당면한 생태 위기를 극복하고 새롭게 맞게 될 인류세를 위하여 사회-자연 관계에 관한 인식론적 패러다임의 전환, 그리고 생태 위기를 극복하기 위한 현실 사회구조의 전환이 필요하다. 이러한 두 가지 전환을 통합적으로 지칭하는 데 '녹색전환green transformation'이라는 용어를 사용할 수 있을 것이다. '녹색전환'이란 인류세의 도래와 이에 함의된 지구적 생태 위기를 벗어나기 위하여 지구환경과 인간 사회의 기존 경향에 대한 전면적인 전환을 의미한다. 즉, 녹색전환은 서구의 근대성에 함의된 사회-자연의 이원론과 이에 따라 정당화된 인간의 '자연의 지배' 개념에서 탈피할 수 있는 패러다임 또는 인식소의 전환, 그리고 이러한 근대성에 근거를 두고 추동된 자본주의적 산업화 과정에서 추구된 자본축적의 메커니즘에서 벗어나기 위한 현실 사회구조의 전환을 포함한다.

물론 '녹색전환'은 아직 학술적 개념어로 체계화되지 않았으며, 학계나 대중적인 합의를 구축하지 못했다. 관련 자료를 확인해 보면 학술적 의미의 녹색전환 또는 환경 전환은 지구환경의 역사적·지리적·지질학적 전환, 생태 위기의 심화 과정(Whitehead, 2014)을 지칭하거나, 이러한 사회생태적 전환에 조응하는 담론(패러다임)과 인간 사회의 전환(Scoones, Leach and Newell, 2015)을 의미하기도 한다. 정책적 의미에서 녹색전환이라는 용어는 인류세를 전제로 하든 그렇지 않든, 생태 위기에 대처하기 위해 현재 진행 중인 에너지자원을 비롯한 각국의 자원 및 환경 정책의 변화 과정을 지칭하기도 한다. 특히 이 용어는 '리우 지속 가능 발전 정상회의Rio+20' 이후 유엔에서 '지속 가능한 발전'을 넘어서는 개념(포용적 녹색전환 등)으로(UNECE, 2012), 또는 2010년대에 들어와 유럽의 영국(노동당)이나 독일(녹색당)이 사회구조의 생태적 변화, 즉 녹색 뉴딜에서 나아가 녹색 사회주의로의 전환을 추동하거나 중국이 생태적 문명화를 촉진하기 위한 전략 등을 시행하기 위해 사용하기도 한다(CCICED, 2015).

이처럼 녹색전환이라는 용어는 학술적으로 또는 정책적으로 다양한 맥락에서 사용하고 있지만, 어떤 경우든 '지속 가능한 발전'의 개념에 비해 널리 사용되지 않을 뿐 아니라 후자의 개념보다 더 모호하게 규정되고 있다. 그러나 이러한 한계에도 불구하고 인류세 시대에 요청되는 좀 더 근본적인 사회생태적 변화를 개념화할 용어가 필요하며, 그 용어로 '녹색전환'을 사용할 수 있을 것이다. 사실 지구적 차원으로 확대되고 심화되는 생태 위기에 대처하기 위해 근본적인 전환이 필요하다는 그동안의 지적은 대부분 무시되거나 제대로 실천적 추동력을 갖추지 못했다. 하지만 인류세가 이때까지 인류가 경험하지 못한 새로운 지질 시대의 도래를 의미한다면, 이에 조응하기 위한 용어로서 녹색전환의 개념 역시 폭넓고 깊이 있는 의미를 가지고 이의 실천을 추동할 수 있어야 할 것이다. 이러한 점에서 우선 녹색전환의 개념은 사회-자연 관계 전반에 걸친 인식적·구조적 변화로서의 '전환transformation'을 의미하며, 이는 사회기술적 변화로 추동되는 좁은 의미의 '전이transition'의 개념을 넘어선다. 이러한 의미에서 전환은 지구환경의 경향과 인간 사회의 경향이 동조하고 있음을 인식하고, 지구 생태환경의 거대한 전환을 위하여 인간 사회의 근본적 재구성을 추구한다.

이러한 전환을 수식하는 '녹색'이라는 용어는 특히 전환 과정에서 우선 반영되어야 할 '생태적 가치'를 의미한다. 여기서 생태적 가치란 자연에 내재된 고유한 가치, 즉 자연의 내재적 가치를 의미하기보다는 인간과 자연 간의 상호 관계에서 구성된 가치를 의미한다. 일부 생태주의자는 자연 그 자체가 어떤 가치를 내포한다고 이해하며 이러한 자연의 내재 가치는 불안하고 파편화된 인간 생활에 어떤 존재론적 안전감과 심미성을 제공한다고 주장한다. 그러나 자연에 어떤 가치가 내재되어 있다면 인간이 자연의 가치를 알 수 있는 방법이 있어야 할 것이다. 하지만 자연에 내재적 가치가 있는지, 있다면 어떠한 가치가 있는지는 결국 이를 인식하는 인간과의 상호작용에 의존한다. 물론 이러한 인간과의 매개를 통한 자연의 가치 인식은 인간이 자연에 어떤 가치를 일방적으로 부여하는 것이 아니며, 인간 또한 이러한 매개 과정을 통해 자신의 가치를 인식하게 된다. 이러한 점에서 생태적 가치의 인식은 자연의 존재뿐 아니라 자연과 인간 간의 '위대한 존재의 사슬'에서 인간의 지위와 능력의 특수성을 반영한다고 하겠다(Harvey, 1996).

3. 녹색전환을 위한 사회-자연 관계의 재인식

인식론의 관점에서 보면, 인류세의 도래와 이를 불러온 지구적 생태 위기는 인간에 의한 '자연의 지배' 개념과 이를 뒷받침하는 사회-자연, 인간-사물 또는 주체-객체 등의 이원론의 결과라고 할 수 있다. 이러한 인식론은 데카르트의 철학에서 기원한다. 그는 사유 능력, 즉 이성이 있는 인간을 신의 창조물인 자연에서 분리하고 자연을 주체와 분리된 객체로 이해했다. 나아가 그는 『방법서설Discourse on Method』에서 "모든 인류의 일반적 선"은 사색적 철학에 의해서가 아니라 "자연의 정복자이며 소유자가 되도록 진력하기" 위한 "생활에 유용한 지식"의 성취를 통해 가장 잘 추구될 수 있다고 주장했다(Harvey, 1996에서 재인용). 이와 같은 자연의 대상화, 특히 도구적 가치화와 자연에 대한 인간의 정복(지배)에 관한 주장은 계몽주의 이후 서구의 근대 철학 및 과학의 핵심 원칙으로 자리 잡았으며, 이에 근거한 기술의 발달과 산업화를 촉진하는 계기가 되었다. 이러한 사회-자연의 이원론, 그리고 이와 관련된 다양한 이원론적 구분에 대한 비판은 당대의 스피노자, 라이프니츠 같은 철학자부터 20세기 전반 프랑크푸르트학파나 20세기 후반 포스트모던 이론가들에 이르기까지 지속적으로 제기해 왔다. 하지만 이원론적 사고는 여전히 서구의 철학과 인간 의식의 지배적인 인식 틀로 작동하고 있다.

인류세에 관한 해석에서도 이원론적·도구적 자연관을 그대로 적용하고자 하는 일군의 학자들이 있다. 생태근대론자, 즉 '에코모더니스트'라고 자칭하는 이들은 자신들의 선언문에서 인간의 "지식과 기술이 지혜롭게 응용되면 좋은, 심지어 위대한 인류세를 허용할 것"이라고 주장한다. 이들은 "사회경제적 및 기술적 과정들"에 초점을 두고 이런 과정이 '경제적 근대화와 환경보전에 중심적'이며, 인간은 이 과정을 통해 '기후변화를 완화하고, 자연을 절약하며, 지구의 빈곤을 경감시킬 수 있을 것'이라고 강조한다(Asafu-Adjaye et al., 2015). 이들에 따르면 인류세란 기술-산업적 오만에서 비롯된 비탄스럽고 두려운 결과가 아니라 자연을 개조하고 통제할 수 있는 인간 능력의 새로운 기회로 환영한다. 이처럼 에코모더니스트들은 자연과 사회 간 데카르트의 이원론에 근거를 두고, 인간의 합리적 지식과 기술의 발달을 통해 지구환경을 통제하고 인간 사회를 관리함으로써 좋은 인류세를 맞을 수 있다는 낙관론을 피력한다.

그러나 이들은 서구 근대화 과정에서 인간의 과학기술은 놀라운 속도로 발전했지만, 이에 따라 생태 위기가 해소되기보다는 점점 더 확산되고 심화되어 왔음을 인정하지 않으려 한다. 이들은 오늘날 발생하는 환경 문제를 사회 발전의 부산물로 간주하고 과학기술의 고도화로 해결할 수 있다고 여긴다(이광석, 2019). 이들은 "인간은 지구로부터 만들어졌으며, 지구는 인간의 손에 의해 다시 만들어지고 있다"라고 주장한다는 점에서 인간과 자연 간 상호 관계에 관심을 두는 것처럼 보인다. 하지만 실제 이들은 "많은 인간 활동, 특히 농경, 에너지 채취, 임업, 취락 등을 집약적으로 수행하면서 인간이 토지를 덜 이용하고 자연 세계와 덜 접촉하는 것은 환경적 충격으로부터 인간 발전을 탈동조화"시킬 수 있다고 주장한다(Asafu-Adjaye et al, 2015). 그러나 인간과 자연의 역사를 보면 토지는 점점 더 산업적·도시적으로 이용되었고, 인간과 자연 세계 간의 접촉면은 급속히 증가하여, 결국 인간의 역사와 지구의 역사가 수렴하는 인류세를 맞게 된 것이다.

사실 수백 년 동안의 근대화 과정에서 인간은 자연과 분리된 '사회'에서 살며, 인간의 기술적(도구적) 힘의 발달로 자연의 지배가 가능하다고 믿었고, 실제 이러한 믿음에 기반을 두고 엄청난 물질적 부를 누적시키는 산업화와 도시화 과정을 촉진할 수 있었다. 그러나 그 결과로 유발된 지구적 생태 위기와 인류세의 도래는 인간이 자연과 무관한 사회 속에서 살아온 것이 아니라 지구의 물질적 조건 위에서 삶을 영위해 온 존재라는 사실을 자각하도록 한다. 이러한 자각은 서구 휴머니즘의 전통 속에서 구축된 인간과 비인간 자연 또는 사물 간의 구분과 자연에 대한 인간의 우월적 지위 부여에 대해 근본적인 자기 성찰을 불러왔고, 이에 따라 인간과 비인간 사물(물질성) 간의 관계를 재구성하고자 하는 포스트휴머니즘 또는 신유물론이 등장하게 되었다. 2000년대 초에 등장한 신유물론은 데카르트의 이원론에 뿌리를 둔 인간중심적 편향성을 극복하려는 시도로, 인간 세계(주체·정신·문화)와 비인간 세계(객체·물질·자연)가 분리되어 존재하는 것이 아니라 항상 결합되어 사회물질적 공동 세계를 이루어나간다고 주장한다(김환석, 2018).

이러한 신유물론 또는 포스트휴머니즘(탈인간주의) 사고는 인류세 개념이 등장하기 전부터 상당히 넓게 확산되어 있었으며, 다양한 이론가들이 주장함으로써 여러 갈래로 분화된 이론이 발달해 왔다(김상민·김성윤, 2019). 이 이론들은 세부적으로 다소 차이가 있다고 할지라도, 근대적 이원론에 기초한 기존의 철학적·사회이론적 전통에 도전하고자 한다는 점에서 몇 가지 공통점이 있다(김환석, 2018: 6). 첫째, 물질세계와 그 내용은 고정되거나 안정된 실체가 아니며, 관계적이고 불균등하며 항상 유동적이다(관계적 물질성). 둘째, '자연'과 '문화'는 서로 분리된 영역으로 취급해서는 안 되고 물질성을 지닌 연속선상의 부분으로 취급해야 한다(일원론적 존재론). 셋째, '행위성agency'의 능력, 즉 사회를 생산하는 행위들은 인간 행위자를 넘어서 비인간과 무생물에까지 확장된다(비인간 행위성).

특히 행위자 네트워크 이론ANT: Actor-Network Theory을 주창한 라투르(Latour, 2014)는 인류세와 관련하여 인간종의 생존과 지구 시스템의 변화가 직결되어 있음을 강조하면서, 인간뿐 아니라 지구 시스템을 구성하는 모든 요소들, 즉 생명체와 비생명체인 사물들, 그리고 지구 그 자체도 행위자로 인식해야 한다고 주장한다. 그에 따르면 근대적 서사는 자연과 인간의 이원론에 바탕을 두고 인간에 의한 자연의 지배를 정당화했지만 실제 근대화는 자연과 인간의 관계를 점점 더 긴밀하게 연계시키는 과정이었다. 이러한 점에서 라투르는 우리는 '근대'에 살아본 적이 없다고 주장하며, 그를 포함하여 여러 학자가 자연과 사회에 관한 근대적 준거를 넘어서 인류세에서 작동할 수 있는 비근대적amodern 가능성을 탐구하고자 한다. 이러한 신유물론 관점에서 보면 인류세 시대의 녹색전환은 단순한 오염의 저감이나 환경보전, 그리고 이를 위한 기술 발전이나 저탄소 녹색 성장의 문제라기보다 인간-자연(비인간 사물) 관계에 조응하는 생존의 정치, 인간종의 범위를 넘어서 더 포괄적인 다중 집합체의 공존 가능성을 모색하기 위한 프로젝트로 이해된다.

포스트휴머니즘이나 신유물론은 사회와 자연이 서로 분리된 채 서로 영향을 미치는 두 개의 실체가 아니라, 사회-자연의 혼합체assemblage 또는 혼종의 사회-자연 시스템으로 이해하도록 한다는 점에서 의의가 있다. 이에 근거한 주장들은 기존의 (에코)모더니즘이나 인간(중심)주의의 한계를 지적하고 이로 인해 유발된 부정적 결과를 비판한다. 이들의 관점에서 보면 인류세 담론은 단순히 환경보전의 문제나 기술 발전의 문제라기보다 인류가 어떻게 인간과 비인간 세계의 얽힘 속에서 새로운 관계를 찾아나갈 것인지의 문제에 천착한다(김상민·김성윤, 2019). 포스트휴머니즘 또는 신유물론은 인류세 시대에 필요한 녹색전환의 개념화에 중요한 단초들을 제공한다. 지구적 생태 위기를 극복하기 위한 녹색전환은 인간(주체·사회·문화 등) 대 비인간 사물(객체·자연·물질 등)을 존재론적·인식론적으로 분리하기보다 이들 간의 역동적 관계로 이해할 것을 요청한다.

인류세 담론은 사회 이론 및 인문학 분야에서 학자들의 폭넓은 관심을 끌게 되면서, 사회-자연 통합체라는 사고를 포함하여 포스트휴머니즘이나 신유물론의 관점에서 제시된 주장들을 반영하게 되었다. 차크라바티(Chakrabarty, 2009)는 기후변화를 포함하여 지구적 생태 위기에 관해 "인류세적 설명은 자연의 역사와 인간의 역사 간 오래된 인간주의적 구분의 붕괴를 의미한다"라고 밝혔다. 그는 지질학이 태동했던 18세기에 인간의 역사와 지구의 역사가 갈라졌다면, 인류세의 도래는 이 두 역사가 다시 만났음을 의미한다고 설명한다. 그리고 두 역사가 다시 만난다는 것은 사회를 자연에서 분리시켜 후자를 전자의 통제 아래 두려는 시도에 반하여, 이러한 시도로 인해 인간이 자연을 통제하는 것이 더욱 불가능해졌으며 결국 인류와 지구는 운명공동체임을 의미한다. 달리 말해 인간은 역사적으로 특정한 인식론에 근거하여 자연으로부터 자신을 분리시켰기 때문에 오히려 더욱 복잡한 혼합체를 만들어내게 되었다고 하겠다. 역설적으로 이러한 분리는 사회-자연 혼합체를 자각하고 새로운 방식으로 사회-자연 관계를 재편하도록 요구하고 있다.

그러나 이러한 사회-자연 혼합체라는 사고, 특히 라투르의 신유물론은 몇 가지 의문을 자아낸다. 첫째, 비인간 사물, 특히 비생명체가 어떻게 행위자가 될 수 있는가라는 의문이다. 자연이 어떤 행위자라는 점은 실제 자연의 힘(다양한 유형의 에너지)의 작동을 통해 입증될 수 있으며, 자연을 의인화한 수사(메타포)에서도 그 의미를 찾아볼 수 있다. 그러나 인간의 행위성에 대한 인간 중심 사고가 인간에 의한 자연의 지배 개념을 만들어낸 것처럼, 자연의 행위성에 대한 지나친 강조는 생태중심적 사고처럼 인간이 자연의 질서에 순응해야 한다는 태도로 이어질 수 있다. 이와는 달리 인간과 자연을 완전한 통합체로 보는 것은 인간과 자연의 특성이 동일한 것으로 인식하도록 한다. 따라서 사회-자연의 혼합체는 완전한, 즉 미분화된 통합체가 아니며, 분리된 것이 아니라 분화된 사회 체계와 자연 시스템이 상호 관계에 따라 각각의 실체성을 부여받고 행위자 역할을 수행하는 것으로 인식해야 할 것이다.

둘째, 근대성에 내재된 이원론에 따라 사회와 자연이 분리되어 있다는 인식은 완전한 허구인가, 또는 어떤 현실성, 즉 자연으로부터 인간의 소외를 반영한 것인가라는 의문이 제기된다. 여기서 소외란 단순히 인간이 자연에서 떨어져 살게 되었기 때문에 소외되었음을 의미하는 것은 아니다. 소외란 인간이 생산한 생산물이 인간에 의해 통제되지 않고, 낯선 힘으로 인간을 다시 억압하는 현상을 의미한다. 인류세 담론에서 인간에 의해 변화된(생산된) 자연이 인간의 의도와는 달리 인간 사회를 위협하고 있다고 인식하는 것은 결국 인간의 생산물이 인간에 의해 통제되지 않을 뿐 아니라 낯선 힘으로 돌아와 인간을 억압하고 있음을 의미한다. 이러한 점에서 무어(Moore, 2017)는 인간-자연의 이원론은 철학적 추상화, 즉 '자연으로부터의 분리'를 위한 근대성의 역사적 운동(소외 등)을 모호하게 한다고 주장한다. 또 자연으로부터의 인간의 소외는 인간 자신으로부터의 인간의 소외로 이어진다. 즉, 인간은 오늘날 지질학적 영향을 미칠 정도로 강력한 힘을 가지게 되었지만 "자신이 가진 힘을 스스로 조절하는 게 불가능해 보이는 …… 기이한 상황"(해밀턴, 2018: 5)에 처해 있다. 이러한 점에서 인류세 담론은 인간이 자연으로부터 소외되어 있을 뿐 아니라 종으로서 인간 자신으로부터 소외되어 있음을 의미한다.

세 번째 의문은 오늘날 지구적 생태 위기와 이에 따른 인류세로의 진입에 대한 책임과 대응 방안을 어떻게 설정할 것인가 하는 점이다. 인류세에 관한 그동안의 논의에서 이러한 의문에 대한 해답은 크게 두 가지 대립적 견해로 제시되었다. 하나는 인간종의 특권적 자연 지배를 포기하고 인간과 자연의 대등한 공생 관계를 추구해야 한다는 탈인간중심주의이며, 다른 하나는 지구적 생태 위기를 초래한 인간에게 황폐화된 지구환경을 치유할 책임이 있다는 신인간중심주의이다. 이러한 대응 방안의 구분은 결국 인간과 자연의 상호 통합에서 어디에 더 많은 관심을 두어야 할 것인가의 의문으로 되돌아가도록 한다. 탈인간중심주의적 대응에는 자연에 대한 관심과 부여하는 의미에 따라 다양한 주장이 있지만, 이들은 공통적으로 기존의 인간중심주의 사고가 인간이 자연을 지배하는 것을 정당화하고 그 결과로 오늘날과 같은 지구적 생태 위기를 초래했다고 비판한다. 따라서 이들은 인간과 자연의 상호 관계를 전제로 급진적이고 사회생태적인 의제를 정치화하고 실천해야 한다고 주장한다.

이와는 달리 신인간중심주의는 인간이 어리석은 방식, 즉 기존의 인간중심주의로 지구의 지배자가 된 것처럼 보였지만 이제는 지구 전체에 대한 책임감을 가져야 한다고 주장한다. 이를 주장한 해밀턴(2018: 73~80)에 따르면, 인간중심주의 때문에 생태계의 위기가 발생했다면 이에 대한 해결책은 생물중심주의나 생태중심주의에 중심을 두거나 또는 어디에도 중심을 두지 않는 관점으로 대체하는 것이 바람직한 것처럼 보인다. 하지만 "인간중심주의를 포기하는 것이 가능한가, 그리고 행여 가능하다고 할지라도 이미 너무 늦지 않았는가?"라는 의문이 제기될 수 있다. 그는 자신이 새로운 인간중심주의를 찬성하는 이유를 "인간이 자연의 거대한 힘들에 필적할 만한 지질시대가 도래했기 때문"이라고 주장한다. 그러나 이러한 주장은 앞서 논의한 에코모더니즘의 주장과 혼동될 수 있다. 해밀턴은 과학적 사실로서 인간중심주의와 규범적 주장으로서 인간중심주의를 구분하고자 하지만, 현실적으로 이 구분이 가능한지는 의문스럽다. 그뿐 아니라 그는 '인간중심주의를 포기하는 것'이 왜 불가능한지에 대해 뚜렷한 답을 제시하지 않는다. 인류세의 도래와 지구적 생태 위기에 대한 책임은 분명 인간에게 있다. 그러나 사회-자연 관계에 대한 인식의 전환 없이 인간의 책임성을 강조하는 것은 결국 기존의 이원론으로 회귀하는 것이다. 즉, 해밀턴이 주장하는 새로운 인간중심주의에 근거한 인간의 책임성은 인류세 시대에 사회-자연의 상호 관계 속에서 인간이 부여받은 새로운 역할로 이해해야 할 것이다.

4. 녹색전환을 위한 사회경제체제의 재구성

인류세 개념이 지구 시스템 과학에서 사회 이론 및 인문학으로 확산됨에 따라 이에 관한 담론은 지구적 생태 위기를 초래한 근대화 과정의 두 가지 근본 요인에 관한 논의, 즉 자연과 사회를 분리된 것으로 인식하고 인간의 자연 지배를 정당화한 서구의 근대성에 대한 비판, 그리고 이러한 의식을 현실 세계에서 실현하고자 한 산업화, 특히 자본주의화의 한계에 관한 치열한 논쟁을 불러왔다. 특히 새로운 지질시대를 인류세라고 지칭하고 이를 과학적으로 설명하려는 연구에 대해 비판적인 일군의 학자들은 기존의 '인류세' 개념의 한계를 지적하면서 '인류'라는 모호한 행위자보다 이를 초래한 사회적 원인을 적극 규명하고 이에 따라 새로운 시대의 명칭을 붙여야 한다고 주장한다. 특히 새로운 시대를 '인류세' 대신 '자본세'로 지칭하려고 하는 학자들은 우리가 특정한 유형의 물질문명, 즉 자본주의라는 사회경제체제 속에서 살고 있음을 부각하려고 한다. 무어(Moore, 2017: 601)는 (생명자원뿐 아니라 석탄, 석유에서부터 물이나 기후에 이르기까지) 비인간 동물 또는 자원들과의 관련성을 무시하고는 자본주의를 이해할 수 없으며 동시에 자본주의의 발달은 모든 차원에서 지구 시스템의 쉼 없는 전환을 통해 이루어졌음을 강조한다.

인류세 대신 자본세를 옹호하는 학자들은 대체로 마르크스주의 생태학에 기초한다. 마르크스주의 생태학 내에서도 다양한 학자가 다소 다른 주장들을 제시하지만, 대체로 마르크스의 물질대사metabolism 개념에 근거해 자연과 인간의 상호 관계를 강조하면서, 자본주의 경제사회체제로 인해 초래된 물질대사의 균열로 인간과 자연 간에 심각한 교란과 파괴가 유발되었다고 주장한다(Moore, 2017). 이러한 점에서 이들은 자본주의적 착취를 전제로 한 생산력의 증대를 거부하고 '자연조건적' 생산력, 즉 자연과 인간의 균열을 초래하지 않는 생태학적 재생산을 제안한다. 이들의 관점에서 자본주의의 녹색전환은 "단지 좁은 의미의 경제적 과정을 훨씬 능가하여, 인간의 사유 체계와 더불어 사회제도의 재구성을 의미한다"(Moore, 2017). 이들은 인간이 하나의 생물종으로서 자연의 일부이지만 이로부터 자신을 분리할 수 있는 능력이 있다는 점을 강조한다. 즉, 이들은 '인간-자연(비인간) 상호 구성 관계의 속성을 배제하지 않으면서도 인간 고유의 특유한 능력을 인정'한다는 점에서 탈인간중심주의보다는 신인간중심주의에 서 있다고 하겠다(이광석, 2019).

그러나 인류세라는 명칭에 비판적인 학자들이 마르크스주의 생태학자들뿐인 것은 아니다. 차크라바티(2019)는 자본주의가 지구적 생태 위기의 근원임을 부정하지는 않지만 인류세를 자본의 문제로만 축소하는 데는 반대한다. 그는 인류세 개념을 '전체로서의 지구 시스템', 즉 다른 종의 고통과 행성의 고통이라는 또 다른 차원의 문제를 직시하기 위한 것이라는 점을 강조한다. 유사한 맥락에서 해러웨이(2019)는 지구적 생태 위기로 인해 "지구는 피난처도 없이 난민(인간이든 아니든)으로 가득 차" 있으며, 따라서 "하나(또는 그 이상)의 새로운 이름이 필요하다"라고 주장한다. 그는 기존에 제시된 인류세, 대농장세, 자본세라는 이름 대신 인간을 포함하여 풍부한 다종 집합체의 번영을 위해 '툴루세chthulucene' 라는 용어를 제시한다. 그리고 그는 "피난처를 재구축하고 부문별로 강력한 생물학적-문화적-정치적-기술적 회복과 재구성을 가능하게 하는 힘들에 합류"하기를 제안한다.

이처럼 현재 지구가 당면한 생태 위기와 지질학적 시대 이행은 인류세라는 용어 외에도 자본세 등 다양한 용어로 지칭할 수 있을 것이다. 그러나 어떠한 용어로 지칭하든지 간에, 지구적 규모로 심화된 생태 위기의 원인을 과학적으로 규명하고, 이를 해소할 방안을 모색하는 것이 중요하다. 이러한 점에서 지구적 생태 위기와 도래하는 인류세에 대응하려면 인간이 자연을 정복하여 자본의 축적 과정에 포섭하는 데 초점을 맞춰야 할 것이다. 즉, 자본주의적 사회-자연 관계에서 비롯된 제반 문제를 면밀히 분석함으로써 해결 방안을 모색해야 할 것이다. 그러나 지구적 생태 위기를 초래하거나 이로 인해 유발되는 사회 공간 문제들은 단지 자본주의의 계급적 요인만이 아니라 젠더와 인종 등 다른 비계

그림 1-2 | 사회-자연 순환 모형

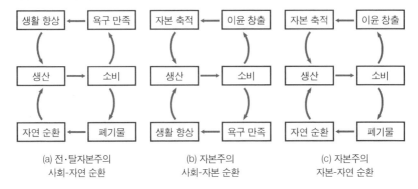

(a) 전·탈자본주의
사회-자연 순환

(b) 자본주의
사회-자본 순환

(c) 자본주의
자본-자연 순환

급적인, 그러나 계급과 밀접하게 연계된 요인들과 관련되어 있음을 인식하고 이들을 해소하기 위한 실천 방안을 모색해야 할 것이다.

인류세의 도래를 촉발한 핵심 요인은 분명 자본주의적 산업화 과정이라고 할 수 있다. 물론 전 자본주의 사회에서도 인간은 자연으로부터 자원을 생산하여 소비함으로써 자신의 필요와 욕구를 충족하는 생활을 영위하면서 개선해 나갔고, 이 과정에서 발생하는 다양한 종류의 폐기물들은 자연으로 되돌려 순환 과정을 거치게 해 다시 생산 과정의 자원으로 활용했다. 이러한 과정은 〈그림 1-2(a)〉와 같이 유기적 전체 순환 과정에서 분석적으로 분화된 두 개의 순환 과정, 인간 사회의 재생산 과정과 자연 자원의 순환 과정으로 표현할 수 있으며, 하나의 순환 과정은 맞물려 있는 다른 순환 과정과 분리되거나 괴리되거나 모순되지 않은 채 원활하게 이루어졌다. 그러나 자본주의의 발달로 인간의 생산과 소비 활동은 단지 욕구 만족과 생활의 향상이 일차 목적이라기보다 이윤 창출과 자본축적을 주된 목적으로 전개되었다(〈그림 1-2(b)〉). 이 과정에서 자본계급의 이윤 창출을 위해 노동계급은 기본 필요나 욕구조차 충족하지 못하거나, 역으로 소비를 촉진하기 위해 가시적 욕구를 충동하기도 했다. 그뿐만 아니라 이러한 자본주의 사회경제체제의 발달은 지구 시스템의 순환 과정에 내재된 생태적 한계를 초과한 생산과 소비를 촉진함으로써 생태 위기를 점점 심화하게 되었다(〈그림 1-2(c)〉).

이와 같이 사회-자연 체계의 통합적 순환 과정에서 분화된 사회경제체제와 자연 순환 체제에 관한 논의는 지구적 생태 위기와 인류세의 도래에 대응할 때 몇 가지 중요한 원칙을 설정하는 데 도움이 된다.

첫째, 생산-소비를 공통 축으로 하여 전개되는 지구 생태계의 순환과 사회경제체제의 순환은 통합적으로 사회-자연 체계를 구성한다. 이러한 통합 체계 구성에서 하나의 순환 체계는 다른 순환 체계에 영향을 미치며 다른 순환 체계와 공진화한다. 달리 말해 하나의 순환 체계에서 위기가 발생하면, 다른 순환 체계에서도 위기가 초래된다. 따라서 인간이 자연을 대상화하여 정복하는 것은 자연뿐 아니라 인간을 대상화하고 지배하려는 것이며, 이는 결국 사회와 자연의 공멸을 의미한다.

둘째, 생산-소비 과정에 기반한 인간의 사회경제 활동은 지구 생태계의 순환 과정에서 허용된 행성적 한계 내에서 이루어진다면, 지구 생태계에 어떤 부담을 주거나 위기를 초래하지 않는다. 따라서 전 자본주의 사회에서처럼 진정한 인류세라고 불릴 수 있는 새로운 시대(탈자본주의 사회)의 생산-소비 활동은 생활 향상에 필요한 기본 욕구의 충족과 인간 복리의 향상에 기여하며 지구 혹은 지역의 생태 한계를 벗어나지 않는 범위에서 이루어져야 한다.

셋째, 자본주의 사회경제체제에서 전개되는 생산과 소비 활동은 이윤의 극대화 또는 무한한 자본축적의 논리에 의해 촉진되며, 이로 인해 인간 욕구를 억압하거나 허구적 욕구를 추동하는 맹목적인 경제성장은 자연생태계가 허용하는 범위를 벗어나 지구적 생태 위기를 심화시킨다. 따라서 인간의 욕구 충족 및 생활의 질 향상과 괴리된 성장 지상주의는 통제되어야 한다. 달리 말해 사회-자연의 공진화를 위하여 자본주의적 생산-소비 과정에 관한 제도적 관리와 조정이 필요하다.

넷째, 자본주의 사회경제체제에 대한 관리와 조정 없이 당면한 지구적 생태 위기를 기술로 극복하는 것은 불가능하다. 사회경제 활동이 자연 생태계에 미치는 영향을 최소화하기 위해 경제성장과 자연환경을 분리하고 그 접촉면을 [기술적으로] 최소화해야 한다는 주장은 결국 에코모더니스트들처럼 사회-자연의 이원론에 빠지는 것이다. 따라서 자연과 사회를 매개하는 기술의 발달은 이들 간의 모순적 접촉이 아니라 공생적 통합과 공진화에 기여해야 한다.

이러한 점들은 지구적 생태 위기 해소와 진정한 인류세의 도래를 위한 녹색전환의 기본 원칙으로 제시될 수 있으며, 이러한 전환을 위한 사회경제체제의 재구성에 직간접으로 반영되어야 할 것이다. 사회경제체제를 어떻게 재구성할 것인가의 과제는 사회-자연 체계와 관련된 규범적 내용들, 즉 사회생태 정의, 공간 환경의 불평등 완화, 사회-자연의 소외 극복과 상호 인정 등과 함께 사회경제체제 및 지구 시스템의 위기 경향들을 초래한 원인을 밝히고 이를 해소할 방안을 담아야 할 것이다. 물론 특정한 생태 위기 현상이 사회경제체제에서 어떤 특정 부문의 문제를 유발했는지를 정확히 규정하기란 어렵다. 왜냐하면 사회경제체제도 내적으로 다양한 영역으로 분화되어 있으며, 동시에 상호 연계되어 있기 때문이다. 그뿐만 아니라 기존의 사회경제체제의 전면적인 해체 없이 부문별 재구성으로 지구적 생태 위기를 극복할 수 있을 것인가에 대한 의문이 제기될 수 있다.

녹색전환은 물론 사회경제체제의 더욱 광범위하고 전면적인 변화를 추구하지만 이러한 변화는 동시에 전체적으로 실현되기 어렵고, 따라서 이를 위한 세부 영역별로 구체적 과제들의 설정과 실천을 전제로 한다.

이러한 점에서 기존의 '지속 가능한 발전' 전략에서처럼 경제, 사회, 정치 등의 각 영역에서 수행해야 할 원칙과 구체적 과제들을 재검토해 볼 수 있을 것이다. 최근 지속 가능한 발전의 개념은 인류세에 관한 논의들을 반영하면서 새로운 의미로 재해석되고 있다(Arias-Maldonado, 2016). 그러나 이 개념은 관련된 정책의 입안 과정에서 경제적 측면의 지속 가능성을 우선하면서, 사회적 형평성이나 환경의 생태성 함양은 부차적 문제로 간주하는 경향이 있었다. 또 지속 가능한 발전의 개념은 인간 사회와 자연환경 간 이원론에 명시적으로 근거를 두지 않는다고 할지라도, 이들 간의 전면적인 상호 관계에 관심을 두기보다는 자연환경과의 관계를 인간 사회의 여러 측면 가운데 하나로 이해한다는 점에서 한계가 있다.

또 다른 예로 최근 거론되고 있는 케이트 레이워스Kate Raworth의 『도넛 경제학Doughnut Economics』처럼, 생태적 한계와 사회경제적 문제 영역들을 동시에 검토하면서 '치명적인 환경 위기를 막는 생태계 한계'와 '인간의 존엄성을 지켜주는 사회적 기초'를 충족시키고 사회-자연의 균형으로 나아가는 안전하고 정의로운 세계를 위한 구체적 과제들을 설정할 수도 있을 것이다(레이워스, 2018). 이 모형은 도넛형 경제에서 도넛의 바깥 면으로 인류세에서 제기된 9가지 유형으로 행성적 한계를 설정하고, 안쪽 면에 12가지 사회경제 요소를 배치하여, 경제활동의 과잉과 부족으로 발생하는 문제들을 연계시키고자 한다. 이 모형은 생태적 한계와 사회적 기초 사항을 동시에 고려한다는 점에서 유의성이 있지만 이들 간에 어떤 연관성이 있는지에 대한 설명은 미흡하다.

이러한 점들을 고려해 녹색전환을 위한 사회경제체제의 영역별 주요 과제들을 설정하면 〈표 1-2〉와 같이 요약할 수 있다. 이러한 과제들은 영역별로 세분된 것이라 할지라도, 그 자체로 매우 거시적·포괄적

표 1-2 ㅣ 녹색전환을 위한 영역별 주요 과제

영역	문화	사회	경제	정치	국토 공간	환경
주요 과제	사회-자연 공생 의식	빈곤과 기아 극복	탈성장 경제 정착	숙의 민주주의	균형 국토, 연계 도시	환경 의제 최우선화
	생태적 생활양식	자원 배분 공평성	인간-생태적 일자리	생태적 거버넌스	공동체 재지역화	환경 빅데이터 구축
	사용 가치 소비문화	소통, 신뢰 네트워크	기술의 생태적 혁신	녹색전환 법제도	생태적 주거 환경	환경 사회 이론화
	사회 생태 탈소외	탈근대화 교육	자연의 탈상품화	사회-환경 정의	생태적 교통, 이동	지리-생태적 관리
	다문화, 생태 평등	건강 사회와 위생	사회적 공유 경제	시민 생태 운동	공적 공간 확충	국제 환경 협력 강화

계획과 실천이 필요하다. 또 이들 각각은 분리된 것이 아니라 서로 밀접하게 연계되어 있다는 점에서 상호 관련성을 전제로 수행되어야 할 것이다. 이러한 영역별 주요 과제들의 수행은 궁극적으로 새로운 시대, 새로운 지구의 미래로서 인류세의 도래, 즉 지구 생태 위기의 극복과 더불어 우리 사회의 사회-생태적 공생과 공진화를 목표로 한다.

문화

- 자연-사회 이원론과 자연 지배 의식을 탈피하고, 생태적 공생과 공진화 의식을 함양한다.
- 의식주 등 생활 문화에서 자연과 유기적으로 통합된 생활양식을 고양한다.
- 가시적 소비 의식에서 벗어나 사용 가치에 기반을 둔 소비문화를 장려한다.
- 생태적 놀이 문화와 예술 활동을 촉진하여, 생태적 소외를 극복하고 상호 존중 의식을 고취한다.

- 젠더·인종적·생태적 불평등(자연에의 접근 등)을 해소하고, 자연 관련 다문화를 존중한다.

사회

- 생존에 필수적인 식량의 적정 배분으로 모든 사람이 기아와 빈곤에서 벗어나도록 한다.
- 물, 에너지 등 자연 자원을 공평하게 배분하여 절대적·상대적으로 부족하지 않도록 한다.
- 자연 이용에 관한 정보 전달과 관련된 의사소통과 협력, 신뢰를 위한 네트워크를 강화한다.
- 산업 인력 기술 교육에서 탈피하여 생태적·상호 협력적 태도와 실천 교육을 함양한다.
- 모든 사람의 건강과 위생 환경을 보장하고, 특히 저출산·고령사회에 대비한다.

경제

- 탈성장 또는 저성장 경제를 내실화하고 자원 절감, 폐기물 저감형 산업 구조로 개선한다.
- 노동을 통한 자연의 생산 과정에서 인간적이고 생태적인 가치를 가진 일자리를 확보한다.
- 생산에 투입되는 소재의 축약화와 공해물질 배출의 감축을 위하여 기술을 생태적으로 혁신한다.
- 자연을 자본축적 과정에 편입시키기 위한 자연의 상품화, 민영화, 금융화를 폐기한다.
- 자연의 배타적 사적 소유와 독점적 이용을 지양하고, 사회적 공유 경제

를 촉진한다.

정치

- 자연 개발과 관리, 오염 물질 처리를 위한 공론화와 생태 민주주의(거버넌스)를 추구한다.
- 녹색전환에 필요한 예산 확보와 법제도 정비, 규제와 인센티브의 체계화를 촉진한다.
- 사회적·환경적 정의를 법제화하고 동물, 나아가 무생물의 권리를 법에 반영한다.
- 자원의 독점 및 지구적 생태 위기에 대처하기 위하여 사회-환경적 정의를 제도화한다.
- 생태 위기에 대한 시민들의 지역적 실천을 장려하고 이를 위한 시민 생태 운동을 지원한다.

국토 공간

- 국토 공간의 균형 발전을 전제로 분산-연계형 압축 도시들로 재정비한다.
- 지역 환경의 수용 능력을 고려한 생태적 공동체를 구성하고 경제사회 체제를 재지역화한다.
- 자연과 유기적으로 연계된 주거 환경과 경관을 구축한다.
- 에너지 이용과 배기가스 배출을 절감하는 생태적 교통과 이동수단을 활용한다.
- 지역공동체에서 공동으로 소유하고 관리하고 이용하는 공적 공간을 확충한다.

환경

- 모든 정책 의제에서 기후변화 등 지구적 생태 위기 대응을 최우선 순위로 설정한다.
- 지역·국가·지구의 생태 용량과 훼손 현황 파악을 위한 빅데이터 수집·분석 역량을 강화한다.
- 생태 위기를 초래하는 사회적 영향력을 분석하고 평가하기 위한 사회 이론, 인문학 연구를 촉진한다.
- 사회적·지리적 영향력을 고려한 생태계 관리 체계(유역 중심 물 관리 등)를 구축한다.
- 국제적·전 지구적 규모로 확산되는 생태 위기에 대처하기 위해 국가 간 환경 협력을 증대한다.

5. 녹색전환, 새로운 지질시대를 위한 도전

인류세란 오늘날 인류가 지질학적 규모로 지구 시스템에 엄청난 영향력을 행사하게 되었고 이로 인해 파괴된 지구가 인간의 멸종을 초래할 정도로 강력한 위협으로 다가오고 있음을 압축적으로 보여주는 단어이다. 이러한 인류세의 개념은 몇 가지 개념 및 분석의 한계에도 불구하고 지구적 생태 위기에 대응하고 미래의 지구에 대한 전망을 제시하고자 한다는 점에서 의미가 있다. 특히 인류세라는 명칭을 둘러싸고 많은 논란이 있지만, 이 용어는 (다른 어떤 환경 관련 용어들보다 더 강력하게) 지질학적 힘을 가진 행위자로서 인류가 지구적 생태 위기를 성찰하고 이를 극복하기 위해 실천해야 한다는 점을 일깨운다. 즉, 인류세란 인간이 자신의 지질학적 힘을 지구적 생태 위기와 이를 유발한 사회경제

체제를 전환시키는 데 바쳐야 함을 의미한다.

　이러한 점에서 인류세는 지구적 생태 위기에 처한 인류가 이미 진입한 지질시대라기보다는 앞으로 인간이 이 지구상에 만들어내야 할 새로운 생태 문명의 대안 세계를 상징하는 수사 또는 메타포로 이해할 수 있다. 즉, 인류세란 이미 도래했다기보다는 현재 '도래하고 있는' 또는 앞으로 '도래할' 지질시대를 의미하며, 이 지질시대의 특성은 인류가 당면한 지구적 생태 위기를 어떻게 성찰하고 대처하는가에 따라 달라질 수 있다고 하겠다. '도래하는 인류세'에 관한 논의와 실천은 앞으로 인간이 기존의 환경파괴적 기술 문명과 더불어 가중되는 생태적 고통 속에서 살아갈 것인가, 아니면 이러한 반反생태 문명을 극복하기 위한 자기 성찰과 사회의 재구조화를 통해 생태적으로 해방되고 자유로운 세계에서 살아갈 것인가를 가름하는 기준이 된다고 하겠다.

　도래할 인류세를 위한 녹색전환은 행성 차원의 한계를 벗어나 위기에 처해 있는 지구 생태환경에 대한 직접 처방도 필요하지만, 더 긴요한 점은 이러한 지구적 생태 위기를 초래한 인간의 의식과 사회구조로서 서구의 근대성과 자본주의, 즉 사회-자연의 이원론과 이에 바탕을 둔 '자연의 지배' 의식, 그리고 무한한 성장(자본축적)을 추구하는 자본주의 사회경제체제에 내재된 심각한 한계를 극복해야 한다는 점이다. 자연과 유기적 관계를 맺어온 인간 사회는 서구의 근대적 의식의 발달과 더불어 자연 세계와는 괴리된 것으로 인식되고 있다. 이러한 인식 속에서 인간의 자연 지배가 정당화되었고 이를 위한 도구로 과학기술이 발달했다. 그 결과 인간은 자연으로부터 소외되었을 뿐 아니라 지구적 생태 위기를 초래하게 되었다. 인류세를 위한 녹색전환에는 우선 이러한 사회-자연 이원론과 이에 의해 정당화된 자연의 지배라는 믿음에서 벗어나기 위한 의식의 대전환이 필요하다.

또 인류세를 위한 녹색전환은 지구 시스템의 위기 경향과 이에 동조하는 사회경제적 경향성의 근본적인 전환을 요청한다. 사회와 자연을 단순히 서로 영향을 미치는 두 개의 분리된 실체라기보다는 공진화하는 사회-자연 복합체로 이해한다면 지구 시스템이 기존의 행성 차원의 한계를 벗어나 위기 상황으로 치닫고 있다는 사실은 이와 동조하는 인간의 사회경제체제가 위기를 초래하는 어떤 특정 메커니즘을 장착하고 있음을 의미한다. 자본주의가 유일하지는 않더라도 사회경제체제를 추동하는 주된 메커니즘이라는 점에서 이에 내재된 생태적 한계들을 구체적으로 분석하여 해소하기 위한 노력이 필요하다. 요컨대 인류세라는 새로운 시대, 새로운 지구를 만들기 위한 녹색전환은 사회-자연의 공진화 과정에서 지구 시스템을 위기에 처하도록 한 사회경제체제의 근본적인 변화를 추구한다. 이러한 녹색전환의 담론이 앞으로 학술적 깊이를 더하면서 대중의 관심을 모으고 정책 의제로 확장되기를 기대한다.

참고문헌 ■ ■

김상민·김성윤. 2019. 「물질의 귀환: 인류세 담론의 철학적 기초로서의 신유물론」. ≪문화과학≫, 97, 55~80쪽.

김지성·남욱현·임현수. 2016. 「인류세(Anthropocene)의 시점과 의미」. ≪지질학회지≫, 52(2), 163~171쪽.

김환석. 2018. 「사회과학의 새로운 패러다임, 신유물론」. ≪지식의 지평≫, 25, 1~9쪽.

레이워스, 케이트(Kate Raworth). 2018. 『도넛 경제학: 폴 새뮤얼슨의 20세기 경제학을 박물관으로 보내버린 21세기 경제학 교과서』. 홍기빈 옮김. 서울: 학고재.

이광석. 2019. 「인류세 논의를 둘러싼 쟁점과 테크노-생태학적 전망」. ≪문화과학≫,

97, 22~54쪽.

차크라바티, 디페시(Dipesh Chakrabarty). 2019. 「기후변화의 정치학은 자본주의 정치학 그 이상이다」. 박현선·이문우 옮김. ≪문화과학≫, 97, 143~161쪽.

해러웨이, 도나(Donna J. Haraway). 2019. 「인류세, 자본세, 대농장세, 툴루세」. 김상민 옮김. ≪문화과학≫, 97, 162~174쪽.

해밀턴, 클라이브(Clive Hamilton). 2018. 『인류세: 거대한 전환 앞에 선 인간과 지구 시스템』. 정서진 옮김. 서울: 이상북스.

Angus, Ian. 2015. "When Did the Anthropocene Begin … and Why Does It Matter?" *Monthly Review*, 67(4).

Arias-Maldonado, Manuel. 2016. "The Anthropocenic Turn: Theorizing Sustainability in a Postnatural Age." *Sustainability*, 8(1), p.10.

Asafu-Adjaye, John, Linus Blomqvist, Stewart Brand and Barry W. Brook. 2015. "An Ecomodernist Manifesto, Technical Report." https://www.researchgate.net/publication/281607422_An_Ecomodernist_Manifesto.

CCICED[The China Council for International Cooperation on Environment and Development]. 2015. "Improving Governance Capacity and Promoting Green Transformation." CCICED 2015 Annual General Meeting.

Chakrabarty, Dipesh. 2009. "The Climate of History: Four Theses." *Critical Inquiry*, 35(2), pp.197~222.

Crutzen, Paul. 2002. "Geology of Mankind." *Nature*, 415, p.23.

Foster, John B. 1994. *The Vulnerable Planet*. New York: Monthly Review Press.

Harvey, David. 1996. *Justice, Nature, Geographies of Difference*. London: Blackwell.

IGBP[International Geosphere-Biosphere Programme]. 2004. *Executive Summary: Global Change and the Earth System: A Planet Under Pressure*. IGBP Secretariat, Royal Swedish Academy of Sciences.

Latour, Bruno. 2014. "Agency at the Time of the Anthropocene." *New Literary History*, 45(1), pp.1~18.

Lewis, Simon L. and Mark A. Maslin. 2015. "Defining the Anthropocene." *Nature*, 519, pp.171~180.

Moore, Jason W. 2017. "The Capitalocene, Part I: On the Nature and Origins of Our Ecological Crisis." *The Journal of Peasant Studies*, 44(3), pp.594~630.

Scoones, Ian, Melissa Leach and Peter Newell(eds.). 2015. *The Politics of Green Transformations*. New York: Routledge.

Steffen, Will, Jacques Grinevald, Paul Crutzen and John McNeill. 2011. "The Anthropocene: Conceptual and Historical Perspectives." *Philosophical Transactions of The Royal Society*, 369, pp.842~867.

Steffen, Will, Katherine Richardson, Johan Rockstrom, Sarah E. Cornell, Ingo Fetzer, Elena M. Bennett, Reinette Biggs, Stephen R. Carpenter, Wim de Vries, Cynthia A. de Wit et al. 2015. "Planetary Boundaries: Guiding Human Development on a Changing Planet." *Science*, 347, pp.736~747.

Steffen, Will, Wendy Broadgate, Lisa Deutsch, Owen Gaffney, Cornelia Ludwig. 2015. "The Trajectory of the Anthropocene: the Great Acceleration." *Anthropocene Review*, 2(1), pp.81~98.

Sterner, Thomas, Edward B. Barbier, Ian Bateman, Inge van den Bijgaart, Anne-Sophie Crépin et al. 2019. "Policy Design for the Anthropocene." *Nature Sustainability*, 2, pp.14~21.

UNECE[UN Economic Commission for Europe]. 2012. *From Transition to Transformation, Sustainable and Inclusive Development in Europe and Central Asia*. New York and Geneva: United Nations.

Whitehead, Mark. 2014. *Environmental Transformations: A Geography of the Anthropocene*. New York: Routledge.

녹색전환 이론과 체계의 전환

구도완

1. 왜 녹색전환인가?

인류세라는 새로운 지질시대가 논의되고 있는 지금, 지구가 인류에게 무한한 자원을 공급해 주고 오염 물질도 처리해 줄 수 있다는 전제에 바탕을 둔 이론은 모두 그 기초가 흔들리고 있다. 인류가 지구에 미치는 영향이 지구의 지탱 가능성을 위협할 만큼 광범위하고 심각하기 때문이다. 기술 발전과 경제성장 덕분에 모든 인류의 삶의 질이 높아지고 자유가 확장된다는 생각은 과학혁명과 산업혁명 이후 '상식'으로 자리 잡았다. 그러나 기후 위기의 시대를 맞은 우리는 이러한 '상식'을 의심해야 한다. 실제로 사람들의 자유를 확장하기 위해 무엇을 해야 하고 무엇을 해서는 안 되는지 깊이 성찰할 필요가 있다. 기초가 흔들리는 새로운 시대에는 새로운 이론과 관점이 필요하기 때문이다.

새로운 관점을 바탕으로 공업 중심, 인류 중심의 기존 체제를 혁신적으로 바꾸자는 담론이 바로 녹색전환이다. 녹색전환은 인류세 시대에 인간이 자연과 함께 평화롭게 살아가기 위해 공업 중심 사회경제체제의 틀을 근본적으로 바꿔가는 장기 과정이라고 할 수 있다. 달리 말하면 녹색전환은 기후 위기가 인류와 지구의 지속 가능성을 위협하는 상황에서 체계의 수정이나 보완이 아니라 근본적인 변형을 통해 대안을 만들어가는 것이다.

20세기 중반 이후 급속한 공업화를 이룬 한국 사람들은 한편으로 공업화 이전에 비해 높은 삶의 질과 자유를 누리고 있지만, 다른 한편으로 심각한 불평등과 불안, 환경오염으로 고통받고 있다. 또 한반도 북쪽 사람들은 냉전과 저발전으로 인해 자유를 누리지 못하고 있다. 이러한 불균등한 상황을 바꾸고 모두가 자유롭고 평화로운 세상을 만들기 위해서는 녹색전환의 관점에서 이론을 재구성하고 체계의 전환 전략을 세울 필요가 있다.

이 장에서는 이런 관점을 바탕으로 2절에서 녹색전환과 관련된 개념과 담론을 살펴보고, 3절에서는 지속 가능성 전환과 관련된 이론들을 검토한다. 4절에서는 생태 민주, 생태 평화, 생태 사회적 발전이라는 담론을 중심으로 녹색전환의 방향을 검토하고, 마지막 5절에서는 한국의 녹색전환 전략을 모색한다.

2. 전환의 개념과 담론

표준국어대사전에서는 '전환轉換'을 다른 방향이나 상태로 바뀌거나 바꾸는 것이라고 풀이한다. 이전의 방향이나 상태와는 특성이 전혀 다른 무언가를 만들거나 그렇게 되는 것이 전환이다. 전환은 영어로 transformation(변형, 변혁, 변화), conversion(전환, 변환, 개종), transition(전환, 변화, 이동) 등의 용어로 바꿀 수 있다. '지속 가능성 전환'처럼 요즘 활발하게 논의되는 전환 개념은 transition이라는 말을 쓴다. 사전적 의미에서 볼 수 있듯이 전환은 이전의 것과 뚜렷이 구별되는 변화를 의도적으로 만들거나 자연스럽게 그렇게 되는 것이다.

그러면 녹색전환은 무엇인가? 녹색이라는 색깔의 사회적·정치경제적 의미는 사람마다 다르게 정의한다. 여기서는 먼저 녹색전환과 관련이 깊은 기존의 개념과 담론을 살펴보고 이를 바탕으로 녹색전환의 개념을 논의한다.

1) 지속 가능한 발전

지속 가능한 발전 개념은 '미래 세대의 필요 충족 능력을 저해하지 않으면서 현세대의 요구를 충족하는 발전'이다. 이 개념은 1987년에 발간된 유엔 환경과 발전에 관한 세계위원회의 보고서 『우리 공동의 미래Our Common Future』에서 확립된 후 세계적인 공통 규범으로 자리 잡았다(세계환경발전위원회, 2005). 유엔은 2016년부터 2030년에 이르는 기간에 지속 가능 발전 목표를 실현하기 위해 세계적인 협력을 도모하고 있다.

이 개념은 현세대의 요구 충족에 초점을 맞춘 발전 전략을 미래 세대로 확장하고 세대 간의 정의justice와 형평성을 강조했다는 점에서 중요한 의미가 있다. 특히 『우리 공동의 미래』는 지구 생태계의 '한계'를 인식할 것을 강조했다는 점에서 전환의 필요성과 방향을 제시한 중요한 보고서임에 틀림없다. 그러나 이 개념은 지속 가능성sustainability과 발전development이라는 두 특성을 결합한 개념이기 때문에 다양한 의미로 쓰일 수밖에 없다. 산업자본주의가 지배적인 세계에서 이 개념의 핵심인 생태계의 지속 가능성이라는 의미는 부차적인 수식어로 전락하고 지속적인 개발, 지속적인 경제성장이라는 의미가 중심이 되는 경우가 많았다. 요약하면 지속 가능한 발전 개념은 전환의 필요성과 중요성을 강조한 개념이지만 그 모호함 때문에 변혁적 전환transformation보다는 기존 체제의 유지, 개량을 지향하는 개념으로 쓰일 때가 많다.

2) 생태적 현대화

생태적 현대화(근대화)Ecological Modernization는 공업 중심의 산업적 근대화에 대비되는 개념으로서 생태계의 한계를 인식하고 생태적 지속 가능성을 추구하는 현대화를 의미한다. 이 개념은 마르틴 에니케Martin Jänicke, 아르튀르 몰Arthur Mol, 울리히 베크Urlich Beck, 피터 크리스토프Peter Christoff 등이 발전시켰는데, 학자마다 차이는 있지만 중요한 공통점은 생태적 지속 가능성을 고려하면서 현대성modernity을 발전시키고 재구성하는 것이 필요하고 가능하다는 것이다. 그런데 에니케 등 일부 생태적 현대화 연구자들은 '제도 개선과 기술 혁신을 통해 환경오염 없는 경제성장이 가능하다'라는 명제를 경험적·이론적으로 증명하는 데 관심을 집중했다. 크리스토프(Christoff, 1996)는 이러한 생태적 현대화 개념을 '약한 생태적 현대화'라고 불렀는데 이는 기술관료, 전문가 등이 중심이 된 기술 중심, 행정 중심의 생태적 현대화를 말한다. 몰이나 베크가 말하는 생태적 현대화 개념은 이런 좁은 의미를 넘어서서 공업 중심의 근대를 재귀적으로 성찰하고 이를 극복하여 시민이 참여하는 복합적이고 다층적인 현대화를 의미한다.

요약하면 생태적으로 현대화하면 환경 문제를 해결하면서 발전을 이룰 수 있다는 이론이 생태적 현대화 이론이다. 북유럽, 독일, 네덜란드 등 일부 유럽 국가에서는 '경제성장과 환경오염의 고리 끊기decoupling'에 성공했다는 연구들이 보고되었다. 그러나 한국, 중국, 대만 등은 여전히 경제성장과 환경오염의 악순환을 끊지 못하고 있다고 평가된다.

3) 녹색 성장

녹색 성장은 이명박 정부가 국가 발전의 기본 전략으로 주창한 개념이다. '저탄소 녹색성장 기본법'에 따르면, 녹색 성장이란 "에너지와 자원을 절약하고 효율적으로 사용하여 기후변화와 환경 훼손을 줄이고 청정에너지와 녹색 기술의 연구 개발을 통하여 새로운 성장 동력을 확보하며 새로운 일자리를 창출해 나가는 등 경제와 환경이 조화를 이루는 성장"이다(제2조).[1] 이 개념의 핵심은 '경제와 환경이 조화를 이루는 성장'이다. 녹색 성장의 직접적인 목표는 성장 동력 확보와 일자리 창출이고 그 목표를 이루기 위한 수단은 '에너지와 자원의 절약과 효율적 사용', '청정에너지와 녹색 기술의 연구 개발'이다. 녹색 성장의 주창자들은 환경오염 없는 지속적인 경제성장이 가능하고 이를 위해 '시장 기능을 최대한 활성화하고', '녹색 기술과 산업을 성장의 핵심 동력'으로 삼아야 한다고 주장한다(제3조).

녹색 성장은 경제성장을 최우선의 목표와 가치로 전제하고 이를 실현하기 위해 기후변화와 환경 훼손을 줄이는 일을 부차적인 목표로 설정하는 개념이다. '저탄소 녹색성장 기본법'에서 볼 수 있듯이 녹색 성장 개념에서 '녹색'은 환경친화적 기술, 산업, 에너지 등과 관련되고 성장은 국내총생산GDP 중심의 양적 경제성장 등과 연결된다. 녹색 성장

---

1   여기서 청정에너지는 원자력발전을 포함하는 개념이다.

은 체제의 근본적인 전환보다는 기술 개발과 약간의 제도 개선을 통해 기후변화 등의 환경 문제에 대처하면서 산업자본주의를 온전히 성장시키려는 전략이 내포된 개념이다.

4) 지속 가능성 전환

지속 가능 발전 개념과 이를 규범적 근거로 한 정책들은 환경과 발전을 미래 세대에 대한 배려 속에서 상충되지 않는 방식으로 결합하려 노력하면서, 다양한 국가 체계 내에서 많은 혁신을 이루었다. 그럼에도 지속 가능성이 무엇이며 지속 가능 발전을 어떻게 이룰 것인가에 대한 논쟁이 지속되고 있다(Walker and Shove, 2007; 김민재 외, 2018).

지속 가능성 전환 개념의 주창자들은 환경 문제의 해결을 목표로 하는 체계 전환의 일종으로, 체계 전환을 지속 가능성이라는 목표를 향한 비선형적이고 창발적인 과정으로 파악한다. 지속 가능성 전환은 '지속 가능한 저탄소 사회를 목표로 하는 과학기술, 사회, 경제 및 정치의 장기적인 전환 과정'이라고 정의할 수 있다. 기후 위기 시대에 지탱 불가능한 사회, 경제, 정치, 기술 체계를 지속 가능한 체계로 변형하는 과정이 지속 가능성 전환이다. 여기에 대해서는 3절에서 자세히 논의하겠다.

5) 정의로운 전환

지금까지 살펴본 개념은 환경 문제가 경제성장이나 발전을 저해하지 않도록 하는 데 관심을 집중한 것들이다.[2] 그런데 그 과정에서 사회

---

2 『우리 공동의 미래』는 빈곤 문제가 환경 문제의 원인이자 결과라고 평가하고 빈곤 문

경제적 약자들의 생존과 생활이 위협받으면 어떻게 할 것인가? 지속 가능성 전환을 추진하는 과정에 누군가가 피해를 볼 수밖에 없다면, 그 전환의 비용은 누가 부담해야 하는가? 기후 위기로 인해 석탄 화력발전소를 폐쇄하고 재생 가능 에너지 중심으로 전환할 때 실업 위기에 부닥치는 석탄 화력발전소 노동자들의 삶은 어떻게 할 것인가? 편익과 비용의 불평등한 배분이 이루어지는 기존 체계 안에서 체계를 전환할 때 누가 어떻게 참여해야 하는가? 환경 위기로 인해 산업구조나 경제체제 전반을 전환해야 할 때에는 이런 질문들이 나올 수밖에 없다.

'정의로운 전환'의 주창자들은 전환 과정에서 노동자나 사회경제적 약자들에게 부담이 가중되어서는 안 되고 이들이 의사 결정 과정에 참여함으로써 절차와 결과 모든 면에서 정의가 실현되어야 한다고 주장한다. 김현우(2014: 28)에 따르면 "정의로운 전환은 어떤 지역이나 업종에서 급속한 산업구조 전환이 일어나게 될 때 그 과정과 결과가 모두 정의로워야 한다는 개념"이다. 여기서 에너지기후정책연구소의 한재각은 이 개념을 "노동자의 안전과 지역공동체의 건강, 우리 모두의 삶의 기반인 지구 생태계를 위협하는 현재의 자본주의 및 산업 체제를 넘어섬과 동시에 이 착취와 오염의 세계에서 구조적으로 사회적 약자일 수밖에 없는 노동자와 민중의 삶을 지켜야 한다는 의지와 전략"이라고 좀 더 포괄적으로 정의한다(김현우, 2014: 19).

정의로운 전환의 주창자들은 생태 위기가 자본주의와 산업주의의 구조적인 원인에 의한 것이므로 그 대응을 시장에 맡길 것이 아니라 국가가 적극적인 사회경제정책을 통해 사회 통합을 이끌어야 한다고 본다(홍덕화, 2019). 구체적으로는 전환 과정에서 일자리를 잃은 노동자들

제를 해결하기 위해서는 성장이 필요하다고 주장한다.

이 '녹색 일자리'로 전직하거나 재배치되도록 하며, 지역 경제가 위축되거나 쇠락하지 않도록 환경친화적인 산업을 발전시킬 필요가 있다. 이러한 정책은 주로 정부 책임으로 진행될 수 있지만, 그 과정에서 기업이나 시민사회도 중요한 역할을 할 수 있다.

6) 전환마을

지금까지의 전환 개념들은 주로 국가 수준의 전환과 관련된 논의이다. 이와 달리 기존의 국가, 공업, 자본 중심의 체계에서 지역, 생태, 공동체 중심의 체계로 전환해야 한다는 논의와 운동이 꾸준히 발전해 왔다. 전환마을transition town운동은 석유 정점peak oil과 기후변화에 대응하기 위해 지역, 도시, 마을에서 에너지를 줄이고 회복 탄력성을 높이기 위한 풀뿌리 운동이다. 이 운동은 롭 홉킨스Rob Hopkins가 학생들과 함께 아일랜드의 작은 어촌 도시 킨세일에서 2005년부터 에너지 감축 행동계획Energy Descent Action Plans을 제안하고 마을 의회가 이를 추진하기로 결정하면서 시작되었다(김성균, 2015: 156~193). 킨세일에서 시작된 전환마을운동은 영국, 미국, 뉴질랜드, 호주 등으로 확산되었다. 특히 영국의 작은 도시 토트네스는 '트랜지션 타운 토트네스'라는 슬로건을 내걸고 '재지역화relocalization'를 통해 에너지 사용을 줄이며 지역의 경제와 사회를 되살리는 운동을 벌이고 있다. 재지역화란 어떤 마을, 지역, 도시 등이 세계 경제에 대한 지나친 의존에서 벗어나 자신들에게 필요한 것을 자기 지역에서 스스로 생산하는 것을 말한다(Hopkins, 2008). 홉킨스는 전환운동을 하기에 적당한 규모는 참여자들이 영향력과 친근감을 느낄 수 있는 인구 5000명 정도의 마을이 적당하다고 보았다. 그러나 지구 규모의 도시화가 진행되고, 상호 의존이 심화되고 있는 상황에서

대도시 시민들도 전환운동을 다양한 형태로 벌이고 있다.[3]

7) 생명, 생명평화

우리나라에서는 1980년대부터 현대의 생태 사회 위기를 근본적으로 극복하기 위해서는 산업 문명을 넘어서는 문명의 전환, 삶의 전환이 필요하다는 생명 담론과 운동이 발전하기 시작했다. 1970년대 초부터 강원도 원주시에서 장일순, 박재일 등은 지역 사람들이 참여하는 신용협동조합 운동 등 다양한 운동을 벌이기 시작했다. 이러한 운동은 1980년대 들어 생명운동으로 발전했는데 박재일과 동지들은 1985년 원주에서 원주생협을 만들었고, 1986년에는 유기농산물 직거래 운동을 하기 위해 서울 제기동에 한살림농산이라는 작은 쌀가게를 열었다. 이 작은 쌀가게가 지금 60여만 명의 조합원이 참여하는 한살림생협으로 발전했다. 1989년에는 한살림모임이 한살림선언을 발표했는데 이 선언은 현대의 위기를 산업 문명의 위기로 보고 자본주의와 사회주의 모두 기술적 산업주의라는 문명의 기반 위에 서 있다고 진단했다. 이러한 문명의 바탕에는 '기계론적 이데올로기'가 있는데 이것이 '개방적이고 진화되어 가는 인간의 세계를 폐쇄적이고 고립된 거대한 기계의 체계로 전락'시켜 놓았다고 한살림선언은 평가했다. 이 선언은 생명을 '전일적인 존재'로 보며 생명의 관점에서 산업 문명을 넘어서는 새로운 운동, 즉

---

3 우리나라에서는 2011년 후쿠시마 원전 사고 이후 서울 상도동에 성대골 에너지자립마을이 만들어져 지금까지 활발히 활동하고 있다. 주민들이 스스로 에너지를 절약하며 공동체를 만들어가는 활동을 벌인다는 점에서 전환마을운동과 유사하다. 서울시는 2018년과 2019년에 '서울 전환 도시 국제 콘퍼런스'를 열어 생태적 전환을 지향하는 세계적인 흐름을 논의했다. 2019년의 회의 제목은 "GDP를 넘어 생태적 전환으로"였다.

한살림운동을 주창했다.

다른 한편으로 1991년에는 ≪녹색평론≫이 창간되어 대안적인 생태, 녹색 담론을 우리 사회에 꾸준히 확산시켜 왔다. ≪녹색평론≫ 창간사에서 발행인 김종철은 지금의 "생태학적 재난은 결국 인간이 진보와 발전의 이름 밑에서 이룩해 온 이른바 문명, 그중에서도 특히 서구적 산업 문명에 내재한 논리의 필연적인 결과"라고 진단한다. 그는 진보적인 사회사상도 그것이 인간 중심의 관점에 머무르고 있는 한, 크게 미흡한 사상이라고 평가한다. 그는 생태 위기를 극복하기 위해서는 자기 쇄신을 통해 생명의 문화를 재건해야 한다고 말한다. 또 "협동적인 공동체를 만들고, 상부상조의 사회관계를 회복하고, 하늘과 땅의 이치에 따르는 농업 중심의 경제생활을 창조적으로 복구하는 것"이 필요하다고 말한다(김종철, 1991). ≪녹색평론≫은 2020년 초 현재까지 모두 170호가 격월간으로 발간되었다. 이 잡지를 읽는 독자들은 전국적으로 독자 모임을 만들어 운영하고 있는데 2012년에 녹색당이 창당될 때 독자 모임 회원들이 적극적으로 참여하기도 했다.

2000년대 이후에는 생명평화운동과 담론이 발전했는데 이는 2003년에 창립된 생명평화결사의 활동에 잘 나타나 있다. 생명평화결사는 2004년부터 2008년까지 전국을 돌며 갈등 속에서 화해와 평화를 모색하는 '생명평화 탁발순례'를 이어갔다. 생명평화결사의 생명평화서약문에는 생명평화 담론의 특징이 잘 드러나 있다.

"평화는 모심과 살림이며, 섬김과 나눔의 다른 이름이요, 함께 어울림이며, 깊이 사귐입니다. 그러므로 생명평화는 사람과 사람과의 관계를 넘어 모든 생명, 모든 존재 사이의 대립과 갈등, 억압과 차별을 씻어내고, 모든 생명, 모든 존재가 다정하게 어울려 사는 길이며, 저마다 생명의 기운을 가득 채워 스스로를 아름답게 빛나게 하는 것입니다"(생명평화결사, 2020).

생명평화 담론은 제주 강정 해군기지 반대운동, 새만금 간척사업 반대운동 등 여러 사회운동에서 중요한 담론으로 자리 잡았다. 생명 담론과 생명평화 담론의 중요한 특징은 인간 중심, 기술 문명 중심, 산업자본주의 중심의 체제를 근본적으로 전환하여 모든 생명이 평화롭게 살아가는 세상을 추구한다는 점이다.

8) 녹색전환

지금까지 살펴보았듯이 환경, 생태, 생명, 평화 등은 관점에 따라 전혀 다른 의미와 연결된다. 녹색전환이라는 개념도 쓰는 이에 따라 전혀 다른 의미로 해석할 수 있다. 다시 말해 녹색전환은 지속 가능 발전이나 지속 가능성 전환만큼 정치적이고 논쟁적인 개념이다.

'녹색'이라는 기표는 매우 다양한 의미와 결합한다. 앞에서 본 녹색성장 개념에서 녹색은 저탄소를 지향하는 환경친화적 기술, 산업과 같은 기호와 접합되었다. 반면 독일 녹색당Die Grünen의 강령은 1980년에 '생태적 가치, 사회적 가치, 풀뿌리 민주주의, 비폭력주의'였고, 2002년에는 '생태, 자결, 정의, 민주주의'로 바뀌었다. 생명평화 담론의 주창자들에게 녹색은 인간중심주의와 기계문명을 넘어서는 생명의 운동이다.

앞의 담론들은 두 가지 기준으로 나누어 볼 수 있는데 먼저 지배적인 사회 패러다임에 대한 관점을 기준으로 산업·자본·인간 중심 체계 안의 문제 해결 담론과 체계 변혁 담론으로 나눌 수 있다. 지속 가능 발전, 생태적 현대화 등의 담론은 기술 문명에 바탕을 둔 산업자본주의, 인간

중심주의 등 지배적인 사회 패러다임을 근본적으로 바꾸지 않고 환경, 생태 문제를 해결하여 지속 가능한 사회로 이행transition하는 것을 지향한다. 다른 한편으로 생명, 생명평화 담론은 기술 문명, 산업자본주의, 인간중심주의를 근본적으로 성찰하고 생태적인 새로운 문명과 사회, 공동체를 만드는 것을 지향한다. 전환마을운동은 재지역화를 통해 지구화된 자본주의와 국가 중심 체제를 넘어서는 것을 지향하므로 체계 변혁 담론에 가깝다.

다음으로 전환의 주체와 범위를 기준으로 기술관료적technocratic 녹색과 정치생태적political ecological 녹색으로 구분할 수 있다. 전자는 관료, 전문가 등이 주도하여 환경 기술과 산업을 개발해 기존의 사회경제체계의 보수를 통해 환경 문제를 해결하는 것이 가능하고 바람직하다는 담론이다. 지속 가능 발전, 약한 생태적 현대화, 녹색 성장 등의 담론이 대표적인 기술관료적 녹색 담론이다. 정치생태적 녹색 담론은 현대의 생태, 사회 위기를 정치경제적인 구조의 문제로 진단하고 정치, 경제, 사회 체계의 장기적이고 근본적인 생태적 전환이 필요하다고 본다. 이 담론의 주창자들은 시민, 정치인 등의 주도적인 참여와 리더십이 전환을 위해 필수적이라고 본다. 정의로운 전환, 전환마을운동, 생명(평화) 담론, 강한 생태적 현대화론 등이 여기에 포함된다.

녹색전환은 기존의 체제를 장기적이고 근본적으로 변형 또는 변혁transformation하면서 정의롭고 지속 가능한 사회로 나아가는, 즉 옮겨가는transition 과정이다. 녹색전환은 체제의 형태를 근본적으로 바꾸어 간다는 개념이므로 영어로는 green transformation으로 표현하는 것이 적절하다. 체제의 변혁 과정에서는 사회경제적으로나 생물학적으로 약한 사람들은 물론 약한 종들이 심각한 고통을 더 많이 겪을 수밖에 없다. 녹색전환은 이들이 생존을 지키며 자유를 최대한 확장할 수 있도록 만드는 장기 과정이다. 녹색전환은 기계문명, 산업자본주의, 인간 중심의 지배적인 사회 패러다임을 비판하고 성찰하며 생태적 한계 안에서 지역의 살림살이를 살리는 대안 체제를 만드는 장기적이고 근본적인 과정이다. 그것은 기술관료가 주도하는 체제 보수의 문제 해결이 아니라 시민이 참여하는 새로운 정치를 통해 생태를 정치화하는 담론이자 운동이다.

3. 전환의 이론[4]

녹색전환은 누가 어떻게 추진하는가? 녹색전환과 관련된 다양한 개념이 있듯이 그것을 추진하는 길과 방법도 매우 다양하다. 이 절에서는 요즘 세계적으로 활발하게 논의되는 지속 가능성 전환과 관련하여 어떤 이론적 논의가 이루어지고 있는지 살펴본다. 지속 가능성 전환 논의는 기존의 시스템을 다른 시스템으로 바꿀 때 누가 어떤 과정으로 이루어나가는지를 다양한 관점에서 살펴보고 있다. 여기서는 크게 사회와 기술의 관계에 초점을 맞춘 접근, 사회-생태 체계와 회복 탄력성의 관점에서의 접근, 지속 가능성 전환을 가능하게 또는 불가능하게 하는 정치에 대한 논의로 나누어서 살펴본다.

1) 사회-기술 전환

사회-기술 전환 이론은 지속 가능성 전환을 이룰 때 작은 기술 혁신

---

4 이 절은 구도완 외(2018)를 수정하고 보완한 것이다.

이 어떻게 기존의 제도(레짐)를 바꾸고 이 변화가 축적되어 전체 사회의 경관을 바꾸는지 사례, 역사 등의 연구를 통해 정립된다. 사회-기술 전환 이론은 진화경제학, 사회기술학, 기술사, 혁신 연구, 조직 이론 등에 영향을 받아 다층적 관점에서 지속 가능성 전환을 분석하고 실천하는 과정에서 발달했다(Geels, 2002, 2004; 송위진, 2013). 특히 네덜란드 연구자들이 실제 국가정책과 관련을 맺으며 체계 혁신을 위한 다양한 이론적 전통을 통합하고 있다(송위진, 2013). 이때 사회-기술 전환 이론은 지속 가능성이라는 뚜렷한 가치를 지향하고 있으며, 정책적인 실천을 목표로 하고 있는 실용적 개념으로 사용되고 있다. 개념적으로 진화경제학의 궤적trajectory, 레짐, 니치, 경로 의존성 등과 사회기술학의 연결망이나 혁신 등의 개념을 차용했다(Geels, 2011; Smith, Stirling and Berkhout, 2005).

다층적 관점multi-level perspective의 사회-기술 전환 이론은 세 가지 서로 다른 층위를 이용해 사회-기술 전환을 설명한다(Geels, 2011). 특히 이 세 가지 층위는 변화 가능성의 정도에 따라 구분되었으며 미시 수준의 이론이나 거시 수준의 일반 이론이 아니라 사회현상의 한정된 측면을 집중적으로 살펴보는 중범위 이론이라 할 수 있다. 세 층위는 변화 가능성이 높은 순으로 니치, 사회-기술 레짐, 사회-기술 경관이라는 이름이 붙었고 각각의 설명은 다음과 같다(〈그림 2-1〉 참조).

사회-기술 전환 이론은 사회와 기술이 분리되어 있지 않고, 전환을 위해서는 전체 체계의 역동적인 움직임이 있어야 함을 강조한다. 그것은 곧 기술 혁신, 제도, 문화, 사회 등 모든 분야의 움직임을 고려한 전환을 의미한다. 특히 이 이론은 혁신적 니치, 레짐, 경관의 상호작용을 통해 그 움직임을 포착하려고 하며, 이를 통해 전략적으로 사회-기술 전환을 이룰 수 있는 방안도 적극적으로 모색하고 있다. 따라서 사회-기술 전환 논의는 전환의 순간을 어떻게 해석하는가에 그치지 않고, 지속

그림 2-1 ┃ 집합적 층위로서 다중적 층위

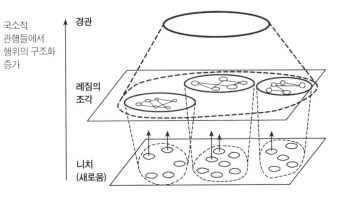

자료: Geels(2002, 2004).

가능성이라는 사회생태적 가치를 전략적으로 실행하기 위한 실천적 의미도 담고 있다.

이 이론의 주창자들은 실천적으로 다음과 같은 정책적 함의를 제안한다. 첫째, 경관 압력에 의한 레짐의 파국적인 해체나 재편과 같은 심각한 변동을 겪지 않기 위해서는 정부가 니치를 전략적으로 관리할 필요가 있다. 둘째로, 정책 입안자와 실행자들은 고정된 목표를 향해 움직이는 것이 아니라 니치와 경관의 상호작용을 충분히 고려해 목표의 유동성을 인정할 필요가 있다. 이 과정에서는 여러 행위자가 목표 관리에 함께 참여해야 한다.

2) 사회-생태 체계 전환과 회복 탄력성

사회 체계와 생태계는 뚜렷이 구분되고 이들은 각각 다른 방법론과 이론으로 연구해야 한다는 생각이 지배적이었다. 그러나 20세기 중반 이후 환경 문제가 심각해지면서 두 체계가 긴밀히 연관되어 있으며 이를 사회-생태 체계의 관점에서 분석해야 한다는 인식이 확산되기 시작했다. 또 사회와 생태계의 상호작용 속에서 시스템이 어떻게 회복 탄력성resilience을 유지하고 발전시키는지를 연구하는 이론도 발전해 왔다.

사회-생태 체계와 회복 탄력성을 연구하는 이론가들은 생태계와 사회의 상호작용을 유기적으로 분석하는 데 관심을 집중한다. 기존의 당연시된 가정들에 대한 이들의 시각은 비판적이다. 즉, 환경 관리가 '최적의 답을 찾는 것'이라는 인식, 생태계의 각 구성 요소를 놓고 수요와 공급의 최적 균형점을 찾아낼 수 있다는 가정, 체계의 여러 영역을 따로따로 관리하면서 암묵적·잠정적으로는 여타 속성을 불변하는 것으로 고정시키는 사고방식 등을 비판한다.

(1) 사회-생태 체계

『공유의 비극을 넘어Governing the Commons』로 잘 알려진 경제학자 엘리너 오스트롬Elinor Ostrom은 사회-생태 체계SES: Social-Ecological Systems를 체계의 지속 가능성을 설명하는 효과적인 분석 틀로 보면서 하위 분석 체계로서 자원resource units, 사용자users, 자원 체계resource system, 거버넌스 체계governance system 등을 제시했다(오스트롬, 2010). 사회-생태 체계를 활용한 연구들은 인간과, 인간이 사용하는 모든 자원이 복잡한 사회-생태 체계에 포함되어 있다고 보면서 왜 특정 사회-생태 체계들은 지속 가능한 반면 또 다른 체계들은 붕괴하는지 설명하고자 한다(Ostrom, 2009). 이 연구들은 여러 하위 체계로 구성된 사회-생태 체계를 상정하고, 다양한 수준의 하위 체계 내 변수에 주목한다. 또 하위 체계들이 상호작용하면서 결과를 산출하고 상위 수준의 체계에 영향을 미치며, 이것이 다시 체계 내에 영향을 주는 피드백으로 작동하는 메커니즘을 확인하고자 한다. 무엇보다도 이 연구들의 핵심은 사회-생태 체계를 복잡게

complex system으로 보면서 체계를 이해하기 위해 복잡한 것을 단순화하기보다는 복잡한 전체를 확인하고 활용하는 방법을 논의한다는 점이다.

(2) 회복 탄력성(리질리언스)

리질리언스resilience는 1973년 미국의 생태학자 크로퍼드 홀링Crawford S. Holling이 자신의 논문에서 처음 소개했는데, 이는 생태학을 중심으로 발전한 개념이다. 당시 홀링은 리질리언스에 대하여 "체계 내 관계의 지속성, 또는 변화와 교란을 흡수하고 변수들 사이에 동일한 관계를 유지하는 체계의 능력"(Holling, 1973)으로 정의했다. 리질리언스의 의미는 다음과 같이 정리할 수 있다(Folke, 2006).

① 체계가 충격을 흡수하고 동일한 상태를 유지하는 능력
② 체계가 동일한 수준으로 자기 조직화를 하는 능력. 즉, 조직 능력이 부족하지도, 외부 요인에 의해 조직화되지도 않고 스스로 재조직할 수 있는 능력
③ 체계가 학습과 적응 역량을 발달시키는 능력

리질리언스 개념은 공학적, 생태적, 사회-생태적 리질리언스로 나눌 수 있는데 분야마다 그 의미가 다르다. 이를 정리하면 〈표 2-1〉과 같다.

공학적, 생태적 리질리언스가 외부 교란에 대응하고 극복하고자 하는 접근이라면 사회-생태적 리질리언스socio-ecological resilience는 체계를 발전시키거나 전환시키는 데 초점을 맞춘다. 따라서 체계가 이전과 동일한 방식으로 작동하면서 체계의 기능을 유지하기를 지향하기보다는 체계의 자기 조직화와 전환, 혁신할 수 있는 능력을 중요하게 생각한다(Folke, 2006). 오래된 체계가 생태적·사회적 문제를 해결하지 못하거나

표 2-1 | 공학적, 생태적, 사회-생태적 리질리언스의 특징과 초점, 관심

구분	공학적 리질리언스	생태적 리질리언스	사회-생태적 리질리언스
특징	효율성, 이전으로 회귀	완충 능력, 충격 흡수, 기능 유지	지탱과 발전, 교란-재조직의 상호작용
초점	되돌아가기, 계속성(constancy)	지속성(persistence), 견고성(robustness)	적응 능력, 전환 능력, 학습, 혁신
관심	• 안정적인 균형 • 구덩이 바닥의 균형점 근처	• 다양한 균형과 안정성 • 구덩이 가장자리 근처에 서 일어나는 상황	• 통합된 체계의 피드백 과정 • 스케일 간 역동적 상호작용

자료: Folke(2006); Walker and Salt(2006)를 재구성.

기후변화와 같은 구조적 위기에 대응하지 못할 때, 체계 전체의 리질리언스를 높이기 위해 전환하고 혁신할 수 있는 역량이 있는지를 분석하는 것이 중요하다. 사회-생태적 리질리언스는 더 긍정적인 체계와 레짐의 상호작용은 무엇인지, 지속 가능한 사회-생태 체계로의 전환은 어떻게 달성할 수 있는지를 논의하기에 적절한 개념이라고 할 수 있다. 이와 같이 사회-생태적 접근은 체계의 일부 영역만을 최적화하는 방식으로는 리질리언스를 확보하기 힘들다는 점을 보여준다.

3) 전환 정치

앞의 두 논의는 지속 가능성 전환을 누가 어떤 정치적 맥락에서 추진하는지 깊이 검토하지 않는다. 그러나 전환을 하기 위해서는 기존의 정치경제적 권력관계의 변화가 불가피한 경우가 많다. 지속 가능성 전환은 장기간에 걸쳐 다양한 행위자들이 불확실한 지식의 한계 안에서 지속 가능성이라는 모호한 목표를 추구한다는 점에서 매우 혼란스러운 정치적 과정이다(Meadowcroft, 2009). 전환이 필요하다고 말할 때에는 현

사회의 문제에 대한 특정한 진단이 전제되어 있으며, 이러한 점에서 전환은 정치적이다(Avelino et al., 2016). 또 지속 가능성이라는 전환의 목표가 매우 모호하며 논쟁적이라는 점도 중요하다. 지속 가능성은 긍정적인 의미의 용어여서 누구나 사용하려고 하지만 이것이 무엇을 의미하는지는 매우 모호하다. 따라서 지속 가능성의 의미를 둘러싸고 매우 깊은 갈등이 내재되어 있다(Walker and Shove, 2007). 지속 가능성 전환은 이런 모호한 목표를 장기간에 걸쳐 다양한 행위자가 여러 수준에서 서로 얽힌 채로 실행하려는 복잡한 과정이다.

(1) 지속 가능성의 모호함

전환이 추구하는 목표로 제시되는 지속 가능성은 매우 모호하고 양면적인 개념이다. 전환 연구에서는 급진적이고radical, 심층적이고deep, 근본적인fundamental 체계와 레짐의 변화가 필요하다고 제시하지만, 이것이 무엇인지 명확하게 제시하는 경우는 거의 없다. 지속 가능성과 지속 가능 발전에 대한 지난 수십 년간의 논쟁은 지속 가능성이 무엇인지를 한마디로 정의하는 것이 사실상 불가능하다는 점을 보여주었다.

지속 가능성을 일관된 개념의 집합으로서가 아니라, 논쟁을 가능하게 하는 틀framework로서 이해해야 한다는 주장도 제기된다(Walker and Shove, 2007). 지속 가능성이라는 용어가 처음부터 엄밀한 개념으로 만들어졌다기보다는 환경을 고려하는 정책을 만드는 데 참고할 수 있는 규범으로서 발전해 왔다는 점을 고려해야 한다는 것이다(Meadowcroft, 2007). 지속 가능성은 자유나 사회적 정의, 민주주의와 같이 모두가 추구해야 한다고 동의하는, 좋고 나쁨을 가르는 새로운 기준으로 제시되어 왔다(Walker and Shove, 2007).

저탄소 사회로의 전환 과정에서 핵 발전의 위상을 둘러싼 갈등은 어떤 실천이 지속 가능한지 '경계를 긋는 작업boundary work'의 좋은 예시이다.[5] 지속 가능성을 둘러싼 논쟁에서 승리한 집단은 지속 가능한 대안으로서 규범적·문화적 정당성을 얻게 되고, 이를 통해 정부의 정책적 지원 등 다양한 자원을 기대할 수 있다. 지속 가능성을 위한 실천은 결국 어떤 종류의 사회에서 살아가길 원하는가 하는 가치의 선택이 가장 중심에 있다. 그런 점에서 지속 가능성이라는 목표는 단순히 기술적인 목표가 아니라, 정치적 프로젝트인 것이다(Meadowcroft, 2007).

(2) 분산된 권력과 실행

전환 연구는 어떻게 현존 레짐을 좀 더 지속 가능한 방향으로 변화시킬 수 있는지를 탐구한다. 이는 곧 전환 연구가 경관 수준의 압력하에서 레짐과 니치 사이의 구체적인 권력 투쟁을 다룬다는 것을 말한다. 대부분의 전환 과정은 현대의 지배적인 정치 유형인 자유주의적 대의민주주의 정치체제를 배경으로 이루어진다. 현대 대의민주주의 정치체제에서는 하나의 집단에 권력이 집중되어 있지 않다. 정치학의 여러 연구는 현대의 정치권력과 경제권력이 어떻게 상호작용을 하고 있으며, 어떻게 목표를 위해 자원을 동원하는지를 연구했다(Meadowcroft, 2007). 또 정부 내부의 수평적·수직적 분할, 미디어의 역할, 국제 경제체제의 발전, 사회운동의 발전 등으로 권력의 중심이 다수가 되고 유동적인 것

---

5 '경계 작업(boundary work)'은 기어린(Gieryn, 1983)이 과학의 경계가 그어지는 방식에 대해 설명하며 나온 개념이다. 어떤 것이 과학인지 아닌지는 선험적으로 정해지는 것이 아니며, 과학의 정의와 의미에 대한 전략적이고 정치적인 협상과 경쟁의 산물로 경계가 그어진다는 것이 주된 주장이다. 이러한 '경계 작업'에서 패배한 측은 인식론적 권위와 정당성을 잃고 과학이 누리는 문화적·정치적 자원으로의 접근과 영향력을 잃게 된다. '경계 작업'은 한 번에 그치지 않고 계속해서 일어나며, 과학의 경계는 끊임없이 협상되고 수정된다.

이 현대 정치체제의 특징이다. 이는 장기간의 지속 가능성 전환 과정을 누가 '조정'하고 어떻게 실행할 것인가 하는 문제를 제기한다.

현대 정치체제에서 권력이 분산되어 있다는 점은 반드시 어려움만을 야기하는 것은 아니다(Meadowcroft, 2007). 20세기 들어 강력한 중앙집중형 정치·경제 권력이 실행한 사회적 실험이 실패로 끝났다는 점은 분산된 권력의 상대적 이점을 보여준다. 지속 가능성 전환처럼 목표가 불명확하고, 이를 실현하기 위한 지식과 과정이 불확실한 상황에서 전환의 실행은 숙의적이고 점증적이어야 할 필요가 있다. 다양한 행위자들 사이에 권력이 분산되어 있지 않다면 숙의적이고 성찰적인 거버넌스가 이루어지기 어렵다. 분산된 권력은 지속 가능성 전환을 위한 필요조건이지만 한 사회의 불균등한 권력 배분의 양상에 따라 지속 가능성 전환을 막는 장애물이 되기도 한다. 이러한 점에서 권력이 어떤 패턴으로 분산되어 있는지를 상세히 살펴야 할 필요가 있다.

(3) 지속 가능성 전환 거버넌스

권력이 분산되어 있는 현대 정치체제하에서 지속 가능성 전환을 이루기 위해서는 새로운 양식의 거버넌스가 필요하다. 이를 지속 가능성 전환 거버넌스라 부를 수 있는데 이는 행위자들이 자신들의 행위를 성찰적으로 조정하면서 동시에 생태적 지속 가능성이라는 목표를 이루기 위한 소통과 협력의 역량을 키워나가는 협치 구조라고 할 수 있다. 지속 가능성 전환을 추진하는 행위자는 한편으로 자신이 하는 행위의 목표와 과정을 성찰적으로 숙고하면서 동시에 체제를 혁신적이고 창의적으로 바꾸는 역량을 함께 발전시키는 것이 필요하다. 이와 관련하여 다음과 같은 쟁점들이 제기된다.

첫째, 지속 가능성 전환을 어떻게 관리하는가 하는 문제가 중요하다.

지속 가능성 전환 거버넌스에 관심을 갖는 연구자들은 지속 가능성의 구체적 목표를 달성하기 위한 의도적 개입이 가능하며 효과적일 수 있다고 가정한다. 이때의 개입이나 조정은 사회적 삶의 모든 측면을 '통제'하는 것과는 다른 것이다. 지속 가능성 전환에서는 미래가 매우 불확실하고, 미래를 실현하는 집합적인 능력이 제한되어 있다는 것을 인정하는 형태의 조정이 필요하다. 그럼에도 지속 가능성 전환은 바람직한 목표를 설정하고, 취약한 사회적 약자를 배려하면서 불확실한 미래에 대처할 수 있는 유연한 사회적 제도를 조직해야 한다(Meadowcroft, 2007: 302). 이런 모호함, 불확실성, 미결정성은 지속 가능성 전환이 고정되고 알려진 목표를 향해 가는 것이 아니라 목표 자체가 계속 집합적으로 (재)정의되고 다듬어지는 복잡한 과정임을 의미한다(Meadowcroft, 2007: 303).

둘째, 지속 가능성 전환 거버넌스는 그 자체로 성찰적인 특성이 있다. 여기서 성찰적reflexive이라는 말의 의미는 반성과 재귀, 즉 자기 자신에게 돌아온다는 뜻이다. 다시 말해 성찰적 거버넌스는 복잡하게 상호 연관된 지속 가능성 전환의 특징을 인식하고 이를 함께 조정하는 과정과 틀이다. 여기서 지속 가능성 전환의 특징은 다음과 같다. ① 이질적인 사회, 기술, 생태 요소들이 다층적으로 상호작용을 한다. ② 지속 가능성 전환 관련 지식과 인식을 어떤 소수 집단이 독점할 수 없다. ③ 지속 가능성 전환 정책의 효과가 불확실하다. ④ 전환과 관련된 사회제도와 정책 맥락이 구조적으로 바뀔 수 있다(Voβ, Bauknecht and Kemp, 2006). 지속 가능성이라는 목표가 모호하고, 실행 과정이 다양한 행위자에게 분산되어 있기 때문에 성찰적 거버넌스는 필수적이다. 특히 앞에서 살펴본 것처럼 목표, 지향으로서 지속 가능성은 규범적이지만 모호하여 행위자들이 서로 다른 가치를 지향하기 때문에 다양한 참여자가 가치들을 끊임없이 절충trade-off하는 것이 필요하다.

셋째, 지속 가능성 전환 거버넌스는 단순히 행정적·형식적인 절차로서만 존재하는 것이 아니라 내용적인 측면에서 생태적 가치를 분명하게 드러내야 하며 그 과정에서 거버넌스를 둘러싼 사회적·정치적 맥락과 권력관계를 성찰적으로 다루어야 한다. 전환의 정치학을 고려하는 성찰이 없다면, 기존의 권력관계에 반응하는 형식적 거버넌스로 인해 지속 가능성이라는 목표가 손상될 수 있다. 지속 가능성 전환의 행위자들은 책임성accountability과 정당성legitimacy을 (재)구성하며, 기존의 공식 정치 및 제도와 경쟁하거나 연합하면서 전환의 목표를 잃지 않고 생태적 지속 가능성이라는 실질적인 결과를 이루도록 노력하는 것이 필요하다.

요약하면, 지속 가능성 전환 정치는 목표의 모호성, 권력의 분산 때문에 성찰적인 거버넌스를 통해 실현될 수밖에 없고 그것이 장기적으로 바람직한 과정이다. 그러나 생태적 지속 가능성을 회복하고 취약한 인간들과 생물종들의 생존과 생활을 지켜야 한다는 전환의 목표를 전략적으로 관리하며 실질적인 성과를 얻도록 하는 정치 역량이 전환 정치에서 매우 중요하다.

4. 녹색전환의 가치와 방향

누구를, 무엇을 위한 전환인가? 전환의 필요성은 현재의 체계가 지탱 불가능할 뿐만 아니라 체계 속에 사는 사람과 비인간 생명의 안녕well being과 복지가 위협받고 있다는 현실 진단에서 시작된다. 따라서 전환의 목표와 가치는 인류의 안녕과 인류의 존재 조건인 자연 생태계의 지속 가능성이라고 할 수 있다. 여기서 크게 세 가지 쟁점을 논의할 필요가 있다. 첫째, 인류는 하나가 아니라 계급, 인종, 국가, 젠더 등으로 나뉘어 있으며 불평등과 차별, 폭력이 구조화되어 있고 다양한 가치와 문화가 혼재한다는 점이다. 둘째, 인류 중심의 가치 체계가 지구 행성의 위기 상황에서 사회-생태 체계의 지속 가능성과 양립할 수 있는가 하는 문제이다. 셋째, 인류세가 논의되는 시대에 인류만이 내재적인 가치를 갖고 비인간 생물과 무생물은 인간을 위한 수단 또는 자원으로 평가하는 문화가 윤리적으로 올바른가 하는 문제이다.

이러한 이론적·윤리적 질문에 대한 상세한 논의는 이 글의 범위를 넘어서지만 이 쟁점들은 다음과 같이 정리할 수 있다. 첫째, 전환은 인류 모두의 안녕과 복지, 행복을 증진하는 방향으로 이루어져야 한다. 이를 위해서는 차별과 배제의 물리적·구조적·문화적 폭력을 줄여나가는 것이 필수적이다. 둘째, 인류세 시대에 인류의 생존을 위해서 생태적 지속 가능성을 유지하고 높이는 것이 매우 중요하다. 셋째, 인간이 아닌 다른 생명들과 종, 자연에 대한 인류의 책임과 배려는 인간 존엄성을 위해서도 중요하다.

모든 사람이 자유롭게 자신의 잠재력을 실현하면서 자연과 함께 잘 사는 세상이 녹색전환의 목표이자 가치라면 이를 어떻게 이룰 수 있을까? 지난 수천 년의 짧은 역사를 거칠게 요약하면 소수가 지배하는 세상에서 다수가 스스로를 지배하는 세상으로 점차 발전해 왔다고 말할 수 있다. 귀족이 노예를 지배하는 세상에서 계급, 인종, 국가, 젠더의 차별 없이 모두가 자신의 목소리를 내면서 자유를 확장할 수 있는 세상으로 조금씩 변해왔다. 물론 현실에서는 구조적 불평등과 차별, 폭력과 배제가 일상화되어 있지만, '차별 없고 평등한 인류'라는 이상에는 도덕적 정당성이 있다. 이러한 가치와 문화 변화는 민주주의 발전과 깊은 관련이 있다. 그런데 민주주의는 현세대, 인간 중심이라는 뚜렷한 한계가 있다. 녹색전환이 가능하려면 정치의 틀을 바꾸어 민주주의를 생태적으로 재구성하고 생태 민주주의의 이념과 제도를 발전시킬 필요가 있다. 그런데 생태 민주주의는 국가 중심의 주권 체제 아래에서 경계가 있는 정치 공동체의 가치와 제도로 한정될 개연성이 있다. 따라서 우리는 국가의 경계를 넘어 지구 차원의 전환을 상상하기 위해 생태 평화로의 방향 전환을 논의할 필요가 있다. 아울러 모든 이의 자유를 확장하기 위한 생태 사회적 발전의 비전이 필요하다.

1) 생태 민주

민주주의는 데모스demos, 즉 민중이 스스로 통치하는 체제이다. 그런데 민중이 미래 세대를 고려하지 않고 환경을 파괴하거나 불평등을 용인할 수도 있다. 현세대 인간 중심의 민주주의 체제에서는 언제나 이런 정치가 주류가 될 수 있다. 그러므로 인간 중심 민주주의 체제의 한계를 성찰하고 민주주의를 생태적으로 전환하여 생태 민주주의를 발전시킬 필요가 있다(구도완, 2018).

생태 민주주의는 민주주의의 강점을 적극적으로 살리면서 이를 생태적으로 변형하고 재구성해서 약한 사람들과 비인간 존재가 함께 잘 사는 세상을 만드는 정치적 과정과 체제를 의미한다. 녹색전환이 기존의 산업 문명을 넘어서서 인간과 자연이 공존하며 정의롭고 지탱 가능한 문명을 만들어가는 과정이라면 그것을 이루는 정치는 생태 민주주의를 발전시키는 과정이라고 할 수 있다.

그런데 앞서 보았듯이 녹색, 생태를 바라보는 관점은 매우 다양하다. 지속 가능성이 무엇인지, 그 과정은 어떠해야 하는지 완벽한 해답이 있는 것도 아니고, 물리적·사회적 상황에 따라 지속 가능성이라는 목표와 과정은 끊임없이 변화한다. 현대 민주주의 사회에서 권력은 다양한 층위와 영역에 분산되어 있다. 그러므로 전환의 과정에서 녹색전환의 가치, 목표, 수단에 대해 시민들이 참여하여 토론하고 심의하고 숙의하는 것이 매우 중요하다.

탈핵, 탈탄소, 에너지 전환을 할 때 그 의미는 무엇이고 목표를 어떻게 설정할 것이며 어떤 수단을 쓸 것인가? 이 과정에서 더 많은 피해를 보는 동료 시민이 생긴다면 이들을 돕기 위해 국가, 기업, 시민사회는 무엇을 어떻게 할 것인가? 멸종 위기에 처한 생물종을 지키는 일과 주변 지역 주민들의 생활이 충돌한다면 어떻게 해결할 것인가?

이런 문제들을 해결하는 과정에는 시민들의 참여와 숙의가 반드시 필요하다. 지속 가능성 전환의 용어로 말하면 성찰적 거버넌스가 중요한 것이다. 생태 민주주의는 녹색전환의 모든 과정에서 이런 사회적 숙의를 하면서 시민들의 생태적·민주적 역량을 키우는 과정이다. 숙의의 결과로 지속 가능성을 훼손할 가능성이 큰 의사 결정이 이루어질 수도 있다. 그러나 이럴 경우에도 생태 민주주의자들은 지속 가능성이라는 목표와 이를 이루기 위한 수단을 세밀하게 조정하고 재구성하면서 녹색전환을 추진할 필요가 있다.

생태 민주주의는 녹색전환을 위해 필요한 정치체제와 과정이지만 한계도 분명하다. 첫째, 생태 민주 담론은 권위주의에 반대하고 숙의 민주주의를 적극적으로 옹호하는데, 숙의 민주주의는 녹색전환을 위해 필요하지만 충분한 것은 아니다. 숙의 민주주의의 전제인 인간과 사회의 합리성은 실제로 집합적 감정, 집단 이해 관심, 정치적 맥락에 따라 왜곡되는 경우가 매우 많다. 특히 대화와 소통은 심각한 적대 관계 때문에 시작되기 힘든 경우가 많고, 시작된다고 하더라도 권력 불평등으로 왜곡되고 잠식되는 경우가 적지 않다. 도구적 합리성을 넘어선 소통적 합리성은 탄탄한 자유주의의 토대를 요구하지만 그 토대가 형성되는 것 자체가 의문시되고 더욱 어려워지고 있는 것이 현실이다. 또 기후변화나 인류세와 같이 문명의 기초가 흔들리는 상황에서 기존의 지배적인 패러다임과 다른 가치와 인식으로 전환하기 위해서는 합리성 개념 자체를 새롭게 논의할 필요도 있다. 따라서 우리는 생태 민주주의를 가능하게 하는 구조적 조건과 담론에 대해 깊이 토론해야 하는 상황에 처해 있다.

둘째, 생태 민주 담론은 민주정치 공동체 밖의 집단과 어떻게 소통하며 평화롭게 생명과 자연을 살릴 수 있는가 하는 문제에 해답을 제시하기 어렵다. 지구화된 자본주의 체제에서 국민국가들 사이, 그리고 다양한 사회집단 사이의 갈등과 전쟁이 구조화된 상황에서 새로운 차원의 평화를 어떻게 이룰 수 있을지 토론하기 위해서는 생태 민주주의를 넘어서는 논의가 필요하다. 냉전 구조를 해체하지 못하고 있는 한반도와, 민족주의, 국가주의의 틀을 벗어나지 못하고 있는 동북아시아를 녹색으로 전환하기 위해서는 좀 더 포괄적이고 개방적인 정치 담론이 필요하다.

셋째, 생태 민주 담론은 주권 국가를 암묵적으로 전제하기 때문에 권리 주체로서의 민중, 대중, 다수의 지배를 당연시한다. 이들은 국민의 이름으로 호명되며 법적 권리 주체일 뿐만 아니라 다수의 결정에 따라야 하는 의무 구조 속에 들어간다. 생태 민주는 더 많은 자율과 자치를 지향하는 리버테리언libertarian 지역 자치, 어소시에이션association, 자율주의, 생태 자치 연방 담론과는 차이가 있다. 인류세의 문제의식을 갖고 녹색전환을 이루기 위해서는 경제성장, 산업자본주의, 국가 주권을 당연시하는 담론을 넘어설 필요가 있다.

이런 한계를 극복하기 위한 담론으로 우리는 '생태 평화'를 논의할 수 있다. 군사, 경제, 사회, 생태 등 지구 차원의 위험을 넘어 세계 평화를, 종 차별을 넘어 평화 기획을 논의할 필요가 있다.

2) 생태 평화

생태 평화란 인간 사이의 평화는 물론 인간과 비인간 존재들 사이에도 폭력과 전쟁이 없는 상태라고 정의할 수 있다. 생태 평화의 관점에서 보면, 인간 사이의 평화를 위해 야생동물의 서식지를 파괴하고 동물을 학대하는 것은 거짓 평화이다. 인간이라는 이유로 다른 종에게 불필요한 고통을 가하고 생명을 빼앗는 행위는 정당화될 수 없다.

생태 평화 담론은 군사적·정치경제적 긴장 속에 있는 세계와 동아시아의 평화를 재구성하기 위해서도 중요한 개념이다. 후쿠시마 원전 사고는 동아시아가 하나의 위험 공동체임을 다시 깨닫게 해준 사건이다. '중국발 미세먼지'라는 담론도 동아시아 위험 공동체의 모습을 보여준다. 북한 핵은 생태적·군사적 위험을 가중시키고 있다. 동아시아 국가들은 경제적 수출과 수입, 군사적 적대와 협력, 환경오염의 가해와 피해 등, 서로 강한 영향을 주고받는다. 긴밀한 경제적 상호 의존 상태에서 경제, 환경의 위험을 공유하고 있지만 각국은 국민국가 중심의 발전 전략을 넘어선 세계시민주의(코즈모폴리턴)cosmopolitan 협력 모델을 만들지 못하고 있다.

한국, 중국, 일본, 대만 등 동아시아 국가들은 국가·민족주의 담론을 바탕으로 국가 주도의 공업화 발전 전략을 급속히 추진했고, 그 결과 경제성장과 함께 심각한 환경오염을 경험했다. 지구 자본주의 시장경제에서 배제된 북한은 저개발로 인한 빈곤과 환경 문제로 고통받고 있다. 이러한 이질적인 정치 공동체들 사이에서 생태 평화를 실현할 수 있을까?

공업 근대의 평화 모델은 자본주의 시장의 확대와 경제성장을 통한 평화 만들기 모델이라고 할 수 있다. 다시 말해, 지구 자본주의의 구조적 불평등을 온전히 유지한 채 '온화한 상업'을 통해 전쟁을 억제하고 군사적 평화를 유지하는 모델이 인류세 이전의 평화 모델이다. 인류세 시대에 공업 근대의 평화 모델은 해체되고 새롭게 구성되어야 한다. 핵무기뿐만 아니라 기후변화라는 새로운 자기 절멸의 위험이 동아시아는 물론 지구를 지배하고 있기 때문이다. 군사적·생태적·사회경제적 위험 속에서 공동의 자기 절멸을 피하기 위해서는 생태 평화의 관점에서 평화를 재정의해야 한다. 왜냐하면 지구 위험 사회에서는 위험의 경계가 국경에 머물지 않고 모든 생명으로 확산되기 때문이다.

이런 상황에서 한반도와 동아시아의 평화는 '모든 생명이 자유로운 새로운 공동체를 만들어가는 과정', 즉 생태 평화의 관점에서 기획해야 한다. 배타적 민족주의와 공업 자본주의에 바탕을 둔 국가 간 평화 만들기가 아니라 한반도의 모든 사람과 생명이 자신들의 자유를 확장할 수 있도록 새로운 발전 모델을 만들어가는 과정이 되어야 할 것이다. 자본의 독점, 권력의 독점을 넘어서서 약자들의 연대를 통해 커먼즈 commons, 즉 모두의 것을 만들어가는 한반도 생태 평화 만들기의 비전을 상상할 필요가 있다. 한반도 생태 평화 만들기는 민족주의, 국가주의의 벽에 갇힌 동아시아의 생태 평화의 장을 여는 전환의 시작이다.

3) 생태 사회적 발전

생태 민주가 녹색전환의 정치라면 생태 평화는 녹색전환의 기본 가치라고 할 수 있다. 생태 평화를 생태 민주정치를 통해 이루어나가기 위해서는 인간과 자연이 공존하면서 살아가는 생태 사회적 발전의 모델이 필요하다(이시재 외, 2010). 생태 사회적 발전은 생태적 한계 안에서 생태적 지속 가능성을 우선으로 하여 생명의 존엄성을 존중하며 사회적 불평등을 줄여나가는 발전 모델이라고 정의할 수 있다. 생태 사회적 발전 개념은 기후 위기 시대에 지구의 수용력 한계를 중시하며 정의로운 전환을 지향한다는 점에서 지속 가능 발전 개념보다 더 근본적이고 포용적이다. 여기서 발전 개념은 영어로는 'development'로 번역되지만, '토지나 자연 등을 유용하게 만든다'라는 의미의 개발과 달리 '더 낫고 좋은 상태로 나아간다'라는 의미이다.

현대 자본주의 경제는 저성장의 위기 속에 있다. 이런 상황에서 기후 변화로 인한 자연재해의 심화, 식량 생산의 부족 등의 문제는 취약한 사람들에게 더 큰 위협이 될 뿐만 아니라 전체 사회체계의 재생산을 위험에 빠뜨릴 수 있다. 이런 상황에서 양적 성장, GDP 중심의 성장을 넘어서는 발전 모델로 근본적으로 전환할 필요가 있다. 이러한 과제는 중화학공업에 중심을 둔 한국이 택하기 매우 어려운 전환의 길이다. 기후 위기의 시대에 남아 있는 탄소 배출량, 즉 탄소 예산을 고려하여 배출량을 줄이기 위해서는 탈성장 시나리오를 중요한 선택지로 놓고 이를 위한 새로운 발전 전략을 기획해야 할 것이다.

5. 녹색전환의 전략

인류세라는 새로운 지질시대에 인간과 자연이 함께 살아가는 지구를 만들기 위해서는 녹색전환을 현명하게 지속적으로 추진할 필요가 있다. 녹색전환은 거대한 구조(경관)의 압력 속에서 작은 틈새(니치)의 변화를 바탕으로 체제regimes를 조금씩 바꾸어나가면서 공업, 자본 중심의 문명을 생명과 생태 중심의 대안 문명으로 전환하는 과정이다. 녹색전환을 이루기 위해서는 매우 지혜롭고 다층적인 전략이 필요하다.

첫째, 녹색전환의 정치 역량을 키워나갈 필요가 있다. 다시 말해 성찰적인 참여 거버넌스와 지혜로운 생태 민주적 리더십 역량을 키워나가는 것이 중요하다. 여기서 리더십은 개인의 카리스마 능력을 의미하는 것이 아니라 녹색전환을 할 수 있는 시민들의 집합적인 역량을 말한다. 현대사회는 다양한 개인과 집단이 자신들의 선호와 권리를 강하게 주장하면서 갈등과 적대가 일상화되어 있고, 문제를 해결할 수 있는 권력은 분산되어 있다. 이런 상황에서 녹색전환을 이루는 일은 복합적이고 다층적인 전략으로 목표와 수단을 설정하는 모든 과정에 다양한 행위자들이 참여하여 숙의하도록 할 필요가 있다. 그러나 이와 함께 중시해야 할 것은 전환을 추동하고 관리하는 사람들과 그들의 역량이다. 성찰적 거버넌스가 중요하지만 목표를 잃은 성찰은 반복되는 퇴행을 불러올 수 있다. 기후 위기라는 임박한 위기의 시대에 저탄소 사회라는 목표를 이루기 위한 생태 민주적 리더십은 매우 중요하다. 국가와 시민사회, 기업의 리더들은 녹색전환의 관점에서 여러 층위, 조직 속에서 전환의 거버넌스를 추동하는 리더십을 키울 필요가 있다. 생태 사회 위기로 인해 생존을 위협받는 약자와 약한 생물종을 돌보기 위해 모두의 것을 독점하는 집단과 구조를 바꾸는 정치 리더십, 즉 생태 민주적 리더십이 중요하다. 이런 리더십을 키워나가는 과정은 헌법과 법률 등 사회제도를 전환해 나가는 과정이기도 하다.

둘째, 레짐과 경관의 변화를 이끌 수 있는 사회의 니치를 발견하고 이를 바탕으로 전환을 관리할 수 있는 역량이 중요하다. 문명과 체제의 전환은 작은 틈새의 균열이나 새로운 창조에서 시작된다. 문제는 사람들이 이 씨앗을 잘 키우고 가꾸어 다른 사회를 만들 수 있는 역량이다. 또 녹색전환의 실험은 이곳저곳에 다양한 모습으로 퍼지고 있다. 에너지자립마을, 에너지 전환을 위한 협동조합, 생명을 살리는 협동운동, 전환마을운동 등 다양한 실험과 성공 사례의 정보를 소통하고 공유하는 것이 중요하다.

셋째, 화석연료와 기계에 바탕을 둔 경제체제를 정의롭고 지속 가능한 경제체제로 전환할 필요가 있다. 기후 위기 시대에 피해를 떠안는 약자들을 돌볼 수 있는 사회적·생태적 기금 마련을 위해 세제, 보조금 제도 등 경제제도 전반을 전환할 필요가 있다.

녹색전환은 장기적이고 근본적인 변화의 과정이다. 매우 어렵고 고통스러운 길이지만 모두가 자유로운 세상을 꿈꾸는 사람들이 희망을 갖고 걸어가야 할 길이다.

참고문헌 ■ ■

구도완. 2018. 『생태민주주의: 모두의 평화를 위한 정치적 상상력』. 대구: 한티재.
구도완·박순열·김민재·김지혜·안새롬·이철재. 2018. 「지속가능한 도시로의 전환을 위한 서울시 정책 평가」. 서울연구원.
김민재·박순열·김지혜·안새롬·구도완. 2018. 「지속가능성 전환의 관점에서 본 서울시 정책 평가: 공유도시와 에너지 전환 정책을 중심으로」. ≪ECO≫, 22(2), 7~40쪽.
김성균. 2015. 『분명한 전환: 생태적 재지역화 개념, 이론 그리고 모색』. 파주: 이담북스.
김종철. 1991. "창간사: 생명의 문화를 위하여". ≪녹색평론≫, 1(창간호).
김현우. 2014. 『정의로운 전환: 21세기 노동해방과 녹색전환을 위한 적록동맹 프로젝트』. 서울: 나름북스.
생명평화결사. 2020. "서약문". http://www.lifepeace.org/001/sub02.html (검색일: 2020. 1.8).

세계환경발전위원회. 2005. 『우리 공동의 미래』. 홍성태 옮김. 서울: 새물결.

송위진. 2013. 「지속가능한 사회·기술시스템으로의 전환」. ≪과학기술정책≫, 193, 4~16쪽.

오스트롬, 엘리너(Elinor Ostrom). 2010. 『공유의 비극을 넘어: 공유자원관리를 위한 제도의 진화』. 윤홍근·안도경 옮김. 서울: 랜덤하우스코리아.

이시재·구도완·오용선 외. 2010. 『생태사회적 발전의 현장과 이론』. 서울: 아르케.

홍덕화. 2019. 「기후정의와 전환의 정치」. 포럼 생명자유공동체 발표문(2019.12.13).

Avelino, Flor, John Grin, Bonno Pel and Shivant Jhagroe. 2016. "The Politics of Sustainability Transitions." *Journal of Environmental Policy and Planning*, 18(5), pp.557~567

Christoff, Peter. 1996. "Ecological Modernization, Ecological Modernities." *Environmental Politics*, 5(3), pp.476~500.

Folke, Carl. 2006. "Resilience: The Emergence of a Perspective for Social-ecological Systems Analyses." *Global Environmental Change*, 16(3), pp.253~267.

Geels, Frank W. 2002. "Technological Transitions as Evolutionary Reconfiguration Processes: a Multi-level Perspective and a Case-study." *Research Policy*, 31(8-9), pp.1257~1274.

_____. 2004. "From Sectoral Systems of Innovation to Socio-technical Systems: Insights about Dynamics and Change from Sociology and Institutional Theory." Research Policy, 33(6-7), pp.897~920.

_____. 2011. "The Multi-level Perspective on Sustainability Transitions: Responses to Seven Criticisms." *Environmental Innovation and Societal Transitions*, 1(1), pp.24~40.

Gieryn, Thomas F. 1983. "Boundary-work and the Demarcation of Science from Non-science: Strains and Interests in Professional Ideologies of Scientists." *American Sociologist Review*, 48(6), pp.781~795.

Holling, Crawford S. 1973. "Resilience and Stability of Ecological Systems." *Annual Review of Ecology and Systematics*, 4(1), pp.1~23.

Hopkins, Rob. 2008. *The Transition Handbook: From Oil Dependency to Local Resilience*. Dartington: Green Books.

Meadowcroft, James. 2007. "Who is in Charge Here? Governance for Sustainable

Development in a Complex World." *Journal of Environmental Policy and Planning*, 9(3-4), pp.299~314.

_____. 2009. "What about the Politics? Sustainable Development, Transition Management, and Long Term Energy Transitions." *Policy Sciences*, 42(4), p.323.

Ostrom, Elinor. 2009. "A General Framework for Analyzing Sustainability of Social-ecological Systems." *Science*, 325, pp.419~422.

Smith, Adrian, Andy Stirling and Frans Berkhout. 2005. "The Governance of Sustainable Socio-technical Transitions." *Research Policy*, 34(10), pp.1491~1510.

Voβ, Jan-Peter, Dierk Bauknecht and René Kemp(eds.). 2006. *Reflexive Governance for Sustainable Development*. Cheltenham: Edward Elgar.

Walker, Brian and David Salt. 2006. *Resilience Thinking: Sustaining Ecosystems and People in a Changing World*. Washington, DC: Island Press. [브라이언 워커(Brian Walker)·데이비드 솔트(David Salt). 2015. 『리질리언스 사고: 변화하는 세상에서 환경과 인간의 공존방식』. 고려대학교 오정에코리질리언스연구원 옮김. 서울: 지오북.]

Walker, Gordon and Elizabeth Shove. 2007. "Ambivalence, Sustainability and the Governance of Socio-technical Transitions." *Journal of Environmental Policy and Planning*, 9(3-4), pp.213~225.

환경 국가의 발전 과정과 녹색전환[*]

김수진

1. 녹색전환과 환경 국가

기후변화로 대표되는 현재의 생태 위기는 인류가 지구환경의 변화를 초래할 정도의 '지질학적 힘'을 가지게 되었다는 의미에서 '인류세'라는 새로운 시대 용어를 탄생시켰다. '인류세' 시대에 인류 문명과 지구 시스템의 지속 불가능성을 극복하기 위해서는 인간과 자연의 관계를 새롭게 정립하는 인식론적 패러다임의 전환과 전 사회 영역에서 기존 체계의 수정이나 보완을 넘어서는 근본적인 전환transformation, 즉 '녹색전환'이 필요하다. 녹색전환은 생태 위기를 극복하기 위해 제시된 규범적 개념이다. 녹색전환의 비전이 미래를 지향한다면, 3장에서는 과

---

[*] 이 글은 「환경 국가의 발전과정과 녹색전환」, ≪공간과 사회≫, 30권 1호(2020, 통권 71호)를 수정·보완한 것이다.

거부터 현재까지 환경 국가가 발전해 온 경험을 분석한다. 녹색전환이 환경 분야뿐만 아니라 정치, 경제, 사회문화, 과학기술, 도시계획, 법제도, 거버넌스 등을 망라하는 사회 전 영역에서 '녹색 가치'가 실현되는 것을 지향하는 것이라면, 이 장의 제목에 제시된 환경 국가는 환경 분야를 중심으로 국가 수준에서 환경 정책과 환경 성과를 살펴본다. 환경 문제와 기후변화가 생태 위기를 인식하는 출발점이라는 측면에서 환경 분야는 녹색전환을 추동하는 직접 원인이면서 동시에 녹색전환의 결과물로 가시적으로 평가되는 분야이다. 이런 점에서 환경 성과의 국가별 위상과 그 차이를 만들어내는 요인을 분석하는 것은 녹색전환의 경험적 방향성을 엿볼 수 있다는 점에서 중요하다.

사회 전 분야에 걸친 인식의 전환과 사회구조적 전환이 일거에 일어나지 않는다는 것은 자명하다. 근본적인 '전환'이 강조되지만 우리가 경험하는 구체적 현실은 점증적 '이행transition'에 가까울 것이다. 규범적 비전에 대한 실천도 결국 현실의 정치사회구조, 행위자, 제도 등의 '관성'에 영향을 받을 수밖에 없기 때문이다. 이 장에서는 국가별로 환경 성과의 차이를 만들어낸 현재까지의 '관성'을 비교 분석하고 녹색전환을 위해 환경 국가의 비전을 제시한다. 그 내용을 간단히 살펴보면 다음과 같다. 우선 2절에서는 경제협력개발기구OECD 회원국들의 환경 국가 위상을 살펴보고 환경 국가 위상과 환경 성과의 관계를 분석한다. 3절에서는 국가별로 환경 성과의 격차를 만들어내는 주된 사회정치 및 경제적 요인을 분석한다. 마지막으로 4절에서는 녹색전환을 위한 환경 국가의 비전을 제시한다.

2. 환경 국가의 위상과 환경 성과

환경보전은 현대 국가가 책임지고 해야 하는 일imperatives 또는 국가의 정당성을 확보하기 위한 핵심 기능 중 하나로 부상했다. 두이트(Duit, 2016)는 환경 관련 규제나 조직을 갖추고 환경 공공재를 공급하는 국가를 환경 국가로 규정한다. 복지국가가 실업, 질병, 빈곤 등에 대응하기 위해 실업급여, 의료·보건 서비스, 보육 등의 공공재를 공급한다면 환경 국가는 환경 공공재를 공급한다. 지속 가능한 자원 이용, 환경세를 통한 외부 효과의 내부화, 공공 교통 시스템 공급을 통한 환경 영향 감축, 보조금을 통한 재생 가능 에너지 확대, 생물 서식지 보전 및 생태계 복원을 통한 생물 다양성 유지, 연구개발R&D 투자 지원을 통한 환경 기술 개발 등이 환경 공공재에 해당한다. 이렇게 환경 공공재를 공급하는 것으로 환경 국가를 규정하면, 21세기의 모든 발전된 민주주의 국가뿐만 아니라 개발도상국도 환경 국가에 포함된다. 두이트는 환경 국가라는 개념과 구분하여 생태적 합리성이나 생태 중심의 가치를 우위에 두는 이상적 국가를 '녹색 국가'로 지칭한다. 두이트는 OECD 28개국을 환경 국가의 위상에 따라 구분했다. 그는 환경 국가를 구성하는 요소를 환경 관련 규제, 조직, 재정 및 지식 생산이라는 4개 부문으로 나누어 1995년부터 2005년까지 지표를 정량화했다. 우선 환경 규제 부문에서는 해당 기간에 해당 국가에서 채택한 환경 규제의 누적 수를 정량 지표로 삼았다. 생산 과정에서 직접 배출하는, 이른바 점오염원과 비점오염원 및 제품에 대한 규제 총 25개의 채택 여부를 국가별로 분석했다. 둘째, 환경 조직에 대해서는 환경부, 환경위원회 등 환경 관련 국가조직의 지속 기간을 정량 지표로 채택했다. 셋째, 환경 분야의 재정 또는 재분배 정책에 대해서는 국내총생산GDP에서 환경세가 차지하는 비중

표 3-1 ㅣ OECD 28개국의 환경 국가 위상(1995~2005년)

환경 국가 위상	해당 국가
확립된 환경 국가	오스트리아, 영국, 스웨덴, 프랑스, 독일, 핀란드, 네덜란드, 덴마크
신생 환경 국가	이탈리아, 한국, 벨기에, 아일랜드, 노르웨이, 포르투갈, 헝가리
부분적 환경 국가	호주, 그리스, 캐나다, 일본, 폴란드, 스위스, 슬로바키아, 멕시코, 스페인
약한 환경 국가	뉴질랜드, 아르헨티나, 미국, 이스라엘

자료: Duit(2016: 84~86)에서 정리.

을 평가했다. 마지막으로 환경 기술 관련 R&D 지출이 국가의 전체 R&D 지출에서 차지하는 비중을 환경 분야 지식 생산의 정량 지표로 삼았다. 이러한 정량 지표에 기초하여 〈표 3-1〉과 같이 환경 국가의 위상을 분류했다.

두이트의 연구는 국가의 환경 분야 활동에 초점을 맞춘 것으로 국가의 활동 증대가 실제로 환경의 질을 개선하는 데 효과적으로 작용했는지는 분석하지 않았다. 환경 국가의 위상과 환경 성과의 관계를 검토하기 위해 환경성과지표EPI: Environmental Performance Index를 해당 국가에 적용해 볼 수 있다. EPI는 대기질, 수질, 중금속, 농업, 어업, 임업, 기후 및 에너지, 생물종 다양성 및 서식처 등의 환경 분야에 세부 평가 지표를 적용하여 환경으로부터 인간의 건강을 지켜내는 정도Environmental Health와 생태계의 활력을 보호하고 자원을 관리하는 정도Ecosystem Vitality를 점수로 표시한다.[1] 환경 분야에서의 국가 활동이 실제로 환경 성과와 관련성이 있는지를 살펴보기 위해 2000~2010년 각 국가의 연도별 EPI 점수

---

[1] EPI 소개 웹페이지(https://epi.envirocenter.yale.edu/) 및 온라인 행정학 전자사전의 환경 관리력에 대한 개념 설명(http://kapa21.or.kr/epadic/epadic_view.php?num=1149) 참조.

표 3-2 | OECD 28개국의 환경 성과(2000~2010년)

2000~2010년 EPI 평균 점수	해당 국가
75점 이상	스위스
65점 이상~70점 미만	노르웨이, 오스트리아, 이탈리아, 스웨덴, 프랑스, 독일, 영국
60점 이상~65점 미만	네덜란드, 슬로바키아, 뉴질랜드, 폴란드, 핀란드, 일본, 덴마크, 벨기에
55점 이상~60점 미만	그리스, 스페인, 캐나다, 아일랜드, 호주, 미국, 헝가리, 한국
50점 이상~55점 미만	이스라엘, 포르투갈, 아르헨티나
45점 이상~50점 미만	멕시코

자료: SEDAC(2019b). 같은 그룹 내에서도 EPI 점수가 높은 국가순으로 기재.

표 3-3 | OECD 28개국의 환경 성과(2018년)

2018년 EPI 점수	해당 국가
80점 이상	스위스, 프랑스, 덴마크, 스웨덴
75점 이상~80점 미만	영국, 오스트리아, 아일랜드, 핀란드, 스페인, 독일, 노르웨이, 벨기에, 이탈리아, 뉴질랜드, 네덜란드, 이스라엘
70점 이상~75점 미만	일본, 호주, 그리스, 캐나다, 포르투갈, 미국, 슬로바키아
65점 이상~70점 미만	헝가리
60점 이상~65점 미만	폴란드, 한국
60점 미만	멕시코, 아르헨티나

자료: SEDAC(2019a).

를 평균했다.

모든 '확립된 환경 국가', 즉 국가의 환경 분야 활동이 가장 많은 국가는 2000~2010년 EPI 평균 점수가 모두 60점 이상이다. 스위스는 두이트 분류에서 '부분적 환경 국가'로 분류되지만 EPI 점수는 가장 높았다. '신생 환경 국가'로 분류된 국가 중 한국, 아일랜드, 포르투갈, 헝가리는 EPI 점수가 낮은 그룹에 속한다. '부분적 환경 국가'와 '약한 환경 국가'로 분류된 국가 중 스위스와 일본, 폴란드, 슬로바키아를 제외하면 모두 60점 미만이다. 따라서 환경 분야 활동이 많은 국가가 대체로 환경 성과 점수가 높다고 할 수 있다.

최근의 EPI 점수로 국가 간 상대적 환경 성과를 다시 평가해 보았다. 2018년의 EPI 점수에서도 스위스가 85점 이상으로 가장 높았다. 2000~2010년 평균 EPI 점수가 60점 이상인 국가는 슬로바키아, 일본, 폴란드를 제외하면 2018년 EPI에서도 모두 75점 이상으로 상대적으로 점수가 높은 그룹에 속했다. 2000~2010년 60점 미만으로 EPI 점수가 상대적으로 낮은 국가 중 아일랜드, 스페인, 이스라엘이 2018년에는 많이 개선되어 75점 이상 국가 그룹에 속하게 되었고 나머지 국가들은 75점 미만의 그룹으로 분류되었다.

EPI 점수로 환경 성과를 절대화할 수는 없지만 두이트 분류에 따른 OECD 국가의 환경 국가 위상과 이들 국가의 2000~2010년 EPI 평균 및 2018년의 EPI 점수를 비교하여 환경 정책과 환경 성과에서 앞서 나가는 국가 그룹을 대체적으로 파악할 수 있다. 유럽 국가들이 북미나 남미 국가보다 환경 성과가 전반적으로 더 우수하며, 특히 덴마크, 스웨덴, 노르웨이, 핀란드 등 스칸디나비아 국가들과 스위스, 오스트리아, 독일 등 독일어권 국가들의 환경 성과 점수가 전반적으로 높다.

3. 사회정치제도와 환경 성과

1) 경제 발전과 환경 성과

규제, 조직, 재정 및 R&D 지원을 통한 국가의 환경 분야 개입 활동이 환경 정책policy outputs으로 나타난다면, EPI는 대부분 환경 정책의 결과물policy outcomes로 간주할 수 있다. 그렇다면 국가마다 환경 정책과 정책 결과에 차이를 만들어내는 요인은 무엇인가? 스크러그스(Scruggs, 2003)의 연구는 그때까지의 비교 연구를 토대로 국가별 환경 성과의 차이를 만들어내는 사회정치 요인을 가장 광범위하게 실증 분석했다. 그는 경제 발전(국민소득), 지리적 이점, 여론과 환경운동, 다원주의와 조합주의, 선거제도를 비롯한 다양한 정치제도가 환경 성과에 미치는 영향을 이론적 가설로 논의하고 이론적 가설이 통계적으로 입증되는지를 분석했다. 그는 1970년부터 1995년까지 OECD 국가를 대상으로 6개 환경 지표(황산화물, 질소산화물, 1인당 폐기물 발생량, 종이 및 유리 재활용률, 하수 처리, 비료 사용)에 나타난 환경 성과를 이용하여 계량 분석했다. 그 결과, 국민 소득과 다원주의·조합주의 구분이 환경 성과에 의미 있는 차이를 만들 어낸다는 결론을 도출했다. 스크러그스의 연구를 포함하여 연구자마 다 초점을 맞추고 분석하는 환경 성과의 종류, 분석 기간, 분석 대상 국 가, 분석 방법에 따라 환경 성과에 영향을 미치는 요인을 다양하게 도 출할 수 있다.

우선 살펴볼 수 있는 것은 경제 발전과 환경 성과의 관계이다. 우리 가 삶을 영위하기 위해 생산하고 소비하고 폐기하는 과정에서 환경 문 제가 발생하기 때문에 환경 문제는 경제성장과 밀접한 상관성이 있다. 그로스만-크루거Grossman-Kruger 가설은 이러한 상관성을 보여주는 대표 적 가설이다. 경제가 성장하면서 환경오염이 증가하지만 이 둘의 관계 는 선형적이지 않다. 1인당 국민소득이 일정 수준을 넘어서면 환경오 염이 오히려 줄어드는 경향이 나타난다. 이렇게 역U자형 곡선 또는 환 경-쿠즈네츠 곡선[2]이 나타나는 이유는, 소득수준이 높아지면 깨끗한 환

---

2 경제성장과 불평등의 상관관계를 나타내는 쿠즈네츠(Kuznets) 곡선도 역U자형으로,

경에 대한 요구가 증가하고 부유한 국가에서 더 강력한 법적·행정적 인프라를 갖추고 환경 개선에 더 많이 투자할 수 있기 때문이다. 역U자형의 그래프에서 오염 물질의 배출이 감소하기 시작하는 소득수준은 오염 물질에 따라 다르게 나타난다. 일반적으로 분진처럼 입자가 큰 오염 물질은 상대적으로 1만 달러 아래의 낮은 소득수준에서 전환점이 나타나는 반면, 이산화탄소는 약 1만 2000~3만 5000달러의 높은 소득 구간에서 전환점이 나타난다. 이러한 환경-쿠즈네츠 곡선은 이산화탄소처럼 그 영향이 즉각 나타나지 않고 미래 세대로 이전되는 오염 물질에는 잘 적용되지 않는다(Fiorino, 2011: 373).

  일반적으로 소득수준이 높은 국가와 민주주의가 발전한 국가는 겹치는데 두월(Duwel, 2010)은 환경 공공재의 가시성과 비가시성이라는 관점에 기초하여 경제 발전과 민주주의가 환경 성과에 미치는 영향을 구분했다. 두월은 2008년 EPI 중 인간의 건강에 영향을 끼치는 환경 위해 지표를 가시적 환경 공공재로, 생태계의 생명력에 영향을 미치는 지표를 비가시적 환경 공공재로 간주하고 분석했다. 분석 결과, 소득수준이 낮은 국가에서는 1인당 GDP가 가시적 환경 공공재 공급에 영향을 미치며 민주주의의 영향은 없는 것으로 나타났다. 이에 반해 비가시적 환경 공공재의 공급에는 민주주의가 유의미하게 긍정적인 영향을 미치는 것으로 나타났다. 민주주의는 비가시적 환경 공공재 공급에 긍정적으로 작용하며 이 효과는 1인당 국민소득이 올라갈수록 더 증가한다. 두월의 연구는 일반적으로 가시성이 높은 환경오염은 역U자형 환경-쿠즈네츠 곡선에 따라 소득의 영향이 지배적이지만 기후변화, 생물종 다양성 등 비가시적 환경 문제 대응에는 탈물질주의 가치와 민주주의의

경제성장과 환경오염의 상관관계를 나타내는 그래프와 유사하다. 이런 이유로 그로스만-크루거 가설을 나타내는 곡선을 환경-쿠즈네츠 곡선이라고 부른다.

발전이 중요함을 실증적으로 보여준다.

2) 합의제 정치 문화와 환경 성과

그렇다면 민주주의는 환경 성과에 어떤 기제를 통해서 긍정적인 영향을 미칠까? 민주주의 사회에서는 환경 옹호론자들과 과학자들이 자유롭게 목소리를 내고 환경 문제와 관련한 정보를 시민들에게 제공함으로써 환경 문제의 가시성을 증대시킨다. 시민들은 이러한 정보를 통해 학습하고 정치적 해결을 요구하며, 정당들은 선거에서 이기기 위해 시민들의 요구에 반응하게 된다(Duwel, 2010). 일반적으로 민주주의 사회가 국제적 문제를 해결하기 위해 더 적극적으로 참여하고 시민들이 미래 세대에 영향을 주는 장기 환경 이슈에 더 많이 개입한다. 이것은 민주주의가 권위주의 체제보다 관료 기구는 더 전문적이며, 법체계는 더 강력하고, 정치의 책임성은 더 큰 반면 부패는 더 적어서 환경 문제 해결에 더 효과적인 거버넌스를 제공하기 때문이다(Fiorino, 2011: 375). 하지만 민주주의가 환경 성과에 미치는 영향을 가늠하려면 민주주의와 권위주의라는 체제 구분보다는 구체적으로 민주주의가 작동하는 기제인 정치제도의 유형을 살펴보는 것이 더 의미 있다.

앞서 기술한 것처럼 경험으로 볼 때 경제가 발전한 국가 중 스칸디나비아 국가와 스위스, 독일, 오스트리아, 네덜란드 등 중부 유럽 국가들이 미국, 캐나다보다 더 높은 환경 성과를 달성한다. 관련 연구에 따르면, 정치제도 측면에서는 소선거구제보다는 비례대표제가, 사회경제제도 측면에서는 다원주의 모델보다는 조합주의corporatism 모델이 환경문제를 더 잘 해결한다(Fiorino, 2011; Scruggs 2003). 소선거구제보다는 비례대표제에서 다양한 이해관계를 반영하는 소수 정당이 의회에 진출할 가능성이 높다. 녹색당은 생태 가치를 중심에 두는 소수 정당으로 소선거구제가 지배적인 국가에서는 의회에 진출하기 어렵다. 또 비례대표제는 다당제와 복수 정당이 연합하여 내각을 구성하는 연립정부를 만들어내는데, 이러한 연립정부는 합의제 민주주의의 특성을 띠게 될 개연성이 크다. 합의제 민주주의는 대립적이고 적대적인 양당제보다 정책 결정에 더 높은 수준의 '합의' 정치 문화를 낳는다. 서유럽의 많은 국가가 비례대표제에 기초한 합의제 민주주의의 전통 속에서 진보 가치를 지향하는 사회민주당, 사회당, 녹색당 등이 연립정부를 구성하여 탈원전 정책을 선택하는 것은 결코 우연이 아니다(김수진 외, 2011).

합의제 정치 문화를 이끄는 또 다른 요소는 조합주의 모델이다. 조합주의는 정부와 다양한 이익집단의 협의로 정책을 결정하는 체제인데, 이때 이익집단은 전국 조직으로 형성되어 정부와 이익집단 간의 합의가 공식 제도 속에서 이루어진다. 조합주의의 대표 사례로, 제2차 세계대전 이후 스웨덴, 오스트리아, 독일 등 몇몇 유럽 국가에서 기업가 단체 대표, 노동자 대표, 정부가 합의하여 국가의 주된 경제정책을 결정한 3자 협의 체제를 들 수 있다.[3] 이해관계자와의 합의에 기초하는 조합주의 모델이 환경 성과에 영향을 미치는 기제는 무엇일까? 우선 조합주의가 환경에 부정적으로 작용한다는 주장이 제기될 수 있다. 기업과 노동은 합의 과정에서 그들 이해관계의 공통분모인 경제성장이라는 물질주의 논리를 따르기 때문에 탈물질주의 가치를 추구하는 환경주의와는 양립할 수 없고 경제적 이해관계에 의해 환경 규제가 약화될 수 있다는 것이 이 주장의 근거이다. 하지만 스크러그스(Scruggs, 2003)는 조합

---

3 이러한 조합주의는 국가가 일방적으로 이익대표 체제를 주도하는 국가조합주의 또는 파시스트조합주의와 구별하여, 신조합주의(neo-corporatism) 또는 사회조합주의(social democratic corporatism)라 부르기도 한다.

주의 국가에서 노사정의 완전 고용 합의가 환경 정책 때문에 약화되거나 또는 반대로 이러한 합의가 환경 정책을 위협한다는 증거는 없으며, 오히려 유럽에서는 환경보호가 일자리를 창출하는 데 기여한다는 인식이 자리 잡고 있다고 말한다. 또 사회적 약자가 일반적으로 환경오염의 부정적 영향을 더 많이 받기 때문에 환경 개선은 노조의 일반적 목표인 사회적 평등을 증진하는 데도 기여한다. 독일, 스웨덴, 덴마크 등 조합주의 모델의 특성이 강한 유럽 국가의 노조는 단순히 경제적 이해관계만 대변하는 것이 아니라 폭넓은 삶의 질 향상을 추구하는데, 여기에는 건강, 안전, 환경 개선이 포함된다.

　스크러그스(Scruggs, 2003)의 비교 연구에 따르면, 조합주의 의사 결정 모델이 강한 국가가 경쟁에 기초하는 다원주의pluralism 모델 국가보다 전반적으로 더 우수한 환경 성과를 나타낸다. 이렇게 조합주의 모델이 환경 성과에 긍정적으로 기여하는 이유는 무엇일까? 스크러그스에 따르면, 합의적 조합주의 모델에서는 규제를 받는 기업과 규제를 부과하는 정부가 협상을 통해 서로 신뢰할 만한 정보를 획득한다. 즉, 정보 공급과 이용 면에서 다원주의 모델보다 더 우월하다. 다원주의의 적대적 경쟁 모델에서는 경쟁자에게 불리하게 작용하도록 잘못된 정보를 제공할 유인이 있으며 환경 문제의 갈등이 소송 등 사법적 해결을 추구하게 되는 경우가 빈번하여 사회적 거래 비용을 증가시킨다. 또 조합주의 모델에서는 정책을 결정하는 데 이해 당사자가 참여함으로써 정책 실행 가능성을 높인다. 무엇보다 일반적으로 환경 공공재 공급은 누구나 '무임승차자'가 되고자 하는 유인이 작용하는데, 조합주의는 기업이 환경 규제를 따르는 데 있어 참여의 불확실성을 감소시킨다. 무엇보다 기업과의 지속적인 규제 협의 과정에서 기업 스스로 규제 비용을 더 정확히 평가하게 된다. 이렇게 조합주의 모델에서는 환경 문제와 생산이 상호

표 3-4 | 일반 정책 및 환경 정책 결정 방식에 따른 국가 분류

일반 정책 결정 방식	환경 정책 결정 방식	
	조합주의	다원주의
강한 조합주의	오스트리아, 네덜란드, 노르웨이, 스웨덴	
중간 수준의 조합주의	덴마크, 핀란드, 독일	
약한 조합주의		영국, 이탈리아, 스페인
다원주의		캐나다, 미국
노동 없는 조합주의	일본	프랑스

자료: Scruggs(2003: 134).

작용하는 메커니즘이 구축되어 환경이 기업의 주된 부문 중 하나로 자리 잡는다. 이를 통해 새로운 환경 규제에 대한 기업의 저항을 줄이고 기업이 환경 정책의 요구를 일반적으로 더 잘 수용하도록 만드는 데 기여한다. 1970년부터 1995년까지 환경 정책의 초기 25년 동안의 환경 성과를 비교한 스크러그스의 연구뿐만 아니라 2000년대 이후의 비교 연구에서도 조합주의 의사 결정 모델이 강한 국가의 환경 성과가 전반적으로 우수한 것은 결코 우연이 아니다.

합의적 정치 문화가 환경 성과에 영향을 미치는 또 다른 메커니즘은 바로 사회의 통합 역량이다. 비례대표제에 기초한 합의제 민주주의와 이해관계자의 조직된 힘과 노조, 기업 및 정부의 조정 능력에 기초한 조합주의 모델은 사회의 통합 역량을 키우는 데 기여한다. 통합 역량은 사회, 경제, 환경 분야에서 강력한 통합적 담론을 요구하는 지속 가능한 발전의 구현을 위해 필요한 핵심 역량 중 하나이다. 마르틴 예니케 Martin Jänicke는 환경 문제를 해결하는 데는 특정 정책이나 특정 기구의 역할보다는 구조적 전제 조건으로서의 사회적 역량capacity이 필요함을 강조한다. 예니케는 사회적 역량으로 정보, 참여, 통합 역량을 꼽는다.

예니케에 따르면, 미국은 정보나 참여 측면에서 사회적 역량이 높은 편이지만 통합을 위한 역량은 상당히 제한되어 있어 환경 문제 해결을 위한 혁신적 정책을 이끌어내지 못한다. 이 통합의 역량은 합의적 정치 문화와 협력적 정책 결정을 통해 형성되는데, 미국은 대립적인 양당제 정치 구도가 통합의 역량을 저해하기 때문이다. 통합 역량은 환경 부문의 정책 결정뿐만 아니라 환경, 에너지, 교통, 건축 부문 등의 정책 조정과 협력에도 기여함으로써 정책 혁신을 이끈다(Fiorino, 2011).

3) 녹색 이데올로기와 환경 성과

일반적으로 환경운동 동원 능력과 녹색 이데올로기는 환경 성과에 긍정적인 영향을 미칠 것이라고 합리적으로 가정할 수 있다. 환경운동의 동원 능력은 환경과 관련한 요구를 의회에서 무시할 수 없도록 만들며 이 환경 가치를 대변하는 정당의 의회 진출을 이끄는 동력으로 작용한다. 가령 독일 녹색당은 1970년대 후반의 반핵운동에 뿌리를 두고 있다. 그렇다면 녹색 이데올로기는 어떻게 평가할 수 있는가? 잔(Jahn, 2014)은 1996~2005년 OECD 21개국을 대상으로 녹색 이데올로기와 환경 성과의 연관성을 비교 분석했다. 녹색 이데올로기를 대변하는 환경주의 레짐의 대리 변수로는 에너지 소비량, 재생에너지와 원자력의 이용 비율, 그리고 기차와 도로 운송 비율을 사용하고, 종속변수인 환경성과지표로는 환경오염 관련 지표(각종 대기오염 물질, 이산화탄소, 도시 폐기물, 방사성 폐기물)와 환경 부담 완화와 관련된 지표(유리 및 종이 재활용, 하수 처리), 수질오염 지표(비료 사용량, 강 및 호수 오염)를 적용했다. 에너지 소비량이 적고, 원자력 대비 재생에너지 비율이 높고, 기차 운송 비율이 높으면 녹색 이데올로기가 더 강한 것으로 평가된다. 다른 연구와 달리 이 연구

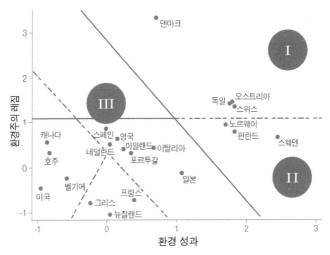

그림 3-1 ㅣ 환경 성과와 환경주의 레짐

자료: Jahn(2014: 101).

는 원자력을 녹색 이데올로기를 가늠하는 잣대 중 하나로 적용했고, 이에 따라 환경성과지표에 방사성폐기물을 포함시켰다.

〈그림 3-1〉은 국가별 환경 성과와 환경주의 레짐을 좌표로 나타낸 것이다. 녹색 이데올로기를 대변하는 환경주의 레짐에 대비되는 개념은 생산주의 레짐이다. 〈그림 3-1〉의 I 그룹에 해당하는 국가는, 덴마크만 예외로 하고 독일, 오스트리아, 스위스가 모두 환경주의 레짐과 환경 성과에서 상대적으로 점수가 높다. 덴마크는 환경주의 레짐이 가장 높은 수준이지만 환경 성과는 중간 정도이다. II 그룹 국가는 환경 성과는 높으나 생산주의 레짐의 특성을 반영한다. 노르웨이, 핀란드, 스웨덴이 이 그룹에 속한다. III 그룹은 환경 성과는 낮고 생산주의 레짐이 강한 국가들이며, 다시 3개 소그룹으로 분류된다. 첫 번째 소그룹은 미국, 호주, 캐나다, 벨기에로 환경 성과가 가장 낮으며, 두 번째 소

그룹은 생산주의 레짐이 가장 강한 국가로 뉴질랜드, 그리스, 프랑스가 해당한다. 세 번째 소그룹은 중간 정도의 환경 성과를 보이면서 생산주의 레짐을 고수하는 국가로 일본, 이탈리아, 영국, 스페인, 네덜란드, 아일랜드, 포르투갈이 해당한다.

잔(Jahn, 2014: 103)은 환경 성과가 높은 국가는 환경주의와 생산주의 레짐으로 구분되지만 환경 성과가 낮은 국가는 모두 생산주의 패러다임을 고수하는 국가라는 점에 주목하여 녹색 이데올로기가 환경 성과를 설명하는 중요한 요인 중 하나가 된다고 강조한다. 즉, 녹색 이데올로기는 환경 성과를 개선하는 데 효과적인 요소가 될 수 있다.

4) 복지국가 모델과 환경 성과

노르딕 국가의 사회민주주의(사민주의) 복지국가(노르웨이, 스웨덴, 핀란드, 덴마크)나 유럽의 조합주의 복지국가(독일, 오스트리아, 스위스)가 앵글로색슨 국가로 대표되는 자유주의 복지국가(미국, 영국, 캐나다, 호주, 뉴질랜드 등)보다 더 우수한 환경 성과를 나타낸다. 그렇다면 복지국가 유형이 환경 성과와 관련성이 있는가? 앞서 살펴본 대로 노르딕 국가와 유럽의 조합주의 복지국가는 모두 비례대표와 조합주의 모델의 특성이 강하며 이러한 특성은 합의적이고 통합적인 정책 결정과 환경 정책의 혁신에 기여한다. 크리스토프(Christoff, 2005)의 환경 국가 위상에 따르면, 이들 국가는 현실에서 생태적 근대화를 어느 정도 실현하는 환경 복지국가 environmental welfare state로 분류된다. 생태적 근대화ecological modernization는 산업사회를 생태적으로 지속 가능하게 전환시키는 방법에 대한 이론적 논의로, 경제성장과 환경 보전의 양립 가능성을 강조한다. 생태적 근대화는 탄소세 도입 등 국가의 적극적인 시장 개입과 시장 조정 능력을 전제로 하기 때문에, 국가의 시장 개입에 대한 반발이 강한 자유주의 복지국가 모델보다 사민주의와 조합주의 복지 모델이 생태적 근대화를 구현하는 데 더 유리한 정치사회적 조건을 제공한다. 이런 이유로 사민주의 복지국가 모델과 환경 국가 모델이 상호 시너지 효과를 낼 수 있다는 가설이 제기되는데, 코흐와 프리츠(Koch and Fritz, 2015)는 유럽 28개국을 대상으로 1995년과 2010년 생태 지표와 복지 지표의 대응 분석을 통해 이 가설을 검증했다. 복지 지표로는 불평등 정도를 나타내는 지니계수와 복지 지출이 국내총생산GDP에서 차지하는 비중을 적용하고, 생태 지표로는 전력 생산에서 차지하는 재생 가능 에너지의 비중과 1인당 이산화탄소 배출량 그리고 생태 발자국 지수를 사용했다. 마지막으로 환경 규제를 나타내는 대리 지표로는 GDP에서 차지하는 환경세의 비중과 녹색당이 의회에서 차지하는 의석 비중을 적용했다.

분석 결과, 스웨덴, 노르웨이, 오스트리아 등 사민주의 또는 조합주의 복지국가는 재생 가능 에너지 확대와 1인당 이산화탄소 배출량 감소를 통해 기후 친화성에서 일정 부분 환경 성과를 거두었다. 하지만 이들 국가에서는 생태적 손실을 나타내는 생태 발자국 지수는 전반적으로 높은 것으로 나타났다. 이것은 사회경제적 발전 수준이 높은 국가들에서는 기후변화 대응보다 높은 물질적 생활수준과 생태적 손실의 강력한 연계를 끊는 것이 훨씬 더 힘든 일이라는 것을 보여준다(Koch and Fritz, 2015: 91).

〈표 3-5〉는 생태 지표와 복지 지표, 환경 규제 지표가 유사한 국가를 4개 그룹으로 나누고 그룹별 지표 값을 나타낸 것이다. 표의 국가 그룹별 분류는 1995년과 2010년 각 국가 그룹의 생태·복지·환경 규제 지표의 유사성에 따라 묶은 것으로, 불가리아, 에스토니아, 폴란드, 터키, 포르투갈은 1995년과 2010년에 국가의 그룹 특성이 달라진다. I, II 그룹

표 3-5 | 생태·복지·환경 규제 지표에 따른 유럽 28개국 분류

그룹	지니계수	사회지출비중	재생에너지비중	1인당 CO_2 배출량	생태발자국	녹색당비중	환경세비중
I. 오스트리아, 노르웨이, 스웨덴, 스위스	26.3	27.1	68.7	6.7	5.1	4.8	2.5
II. 벨기에, 덴마크, 핀란드, 독일, 룩셈부르크, 네덜란드	26.6	28.0	11.4	11.8	6.3	5.8	2.9
III. 불가리아(95), 에스토니아(95), 폴란드(95), 라트비아, 리투아니아, 루마니아, 스페인, 터키(95), 포르투갈(10)	33.4	18.7	24.2	5.5	3.4	0.0	1.8
IV. 체코, 프랑스, 그리스, 헝가리, 아일랜드, 이탈리아, 슬로바키아, 슬로베니아, 영국, 불가리아(10), 에스토니아(10), 터키(10), 포르투갈(95), 폴란드(10)	30.4	22.5	14.2	7.6	4.3	0.6	2.8
유럽 전체	29.7	23.4	23.7	7.9	4.6	2.2	2.5

* 지표 값은 소수점 아래 첫째 자리까지만 표시함.
자료: Koch and Fritz(2015: 95).

에 속하는 국가들은 모두 사회경제적으로 발전한 국가이며, III에 속하는 국가는 사회경제적 발전 수준이 가장 낮다. I 그룹 국가는 생태 발자국을 제외하면 다른 복지, 생태, 환경 규제 지표는 전반적으로 유럽 평균 이상이다. 특히 재생 가능 에너지의 전력 생산 비중이 매우 높고 1인당 이산화탄소 배출량이 낮다. II 그룹 국가는 4개 그룹 중에서 이산화탄소 배출량과 생태 발자국 비중이 가장 높다. 흥미로운 점은 이 그룹이 녹색당의 의회 의석 비중과 환경세가 GDP에서 차지하는 비중이 가장 높다는 것이다. 즉, 환경 규제 수준은 가장 높은데 역설적이게도 생태 지표는 가장 나쁘다. 이것은 두 가지 의미로 해석할 수 있다. 이산화

탄소 배출량과 생태 발자국 등에서 나타나는 생태 지표가 좋지 않기 때문에 오히려 높은 수준의 환경 규제가 필요한 것으로 보거나, 또는 이러한 환경 규제의 효과가 아직 나타나지 않았다고 간주할 수 있다. 따라서 녹색당이나 환경세로 대표되는 환경 규제가 미치는 영향을 장기적으로 관찰할 필요가 있다. III 그룹에 속하는 국가는 이산화탄소 배출량과 생태 발자국이 가장 적고 재생에너지 비중도 유럽 평균 이상이며 생태 지표 수준이 가장 높다. 하지만 이들 국가는 지니계수와 사회 지출 비중 등 복지 지수가 가장 낮고 환경 규제 수준이 가장 낮은 국가로서 환경 문제에 대한 국민의 관심이 가장 낮다. 사회경제적 발전 수준이 낮은 국가에서 실제로 생태 지표 수준이 높기 때문에 환경 문제가 이슈화되지 않는다고 볼 수 있다. IV 그룹은 III 그룹과 비교할 때 복지 지표는 더 좋지만 생태 지표는 더 나쁘다. 이런 측면에서 볼 때 불가리아, 에스토니아, 폴란드, 터키 등은 1995년에 III 그룹에서 2010년 IV 그룹으로 이동함으로써 사회경제적 복지 수준이 증가하면서 생태 지표가 악화되었다고 해석할 수 있다.

7개의 지표로 복지 수준, 생태 지표 및 환경 규제를 일반화할 수는 없지만, 코흐와 프리츠의 연구는 몇몇 핵심 지표를 활용하여 복지 수준과 생태 지표의 관계, 환경 규제와 생태 지표의 관계를 간명하게 보여준다는 측면에서 국가 간 비교의 유용한 잣대가 될 수 있다. 무엇보다 생태 발자국을 포함했을 때, 현재의 사민주의 복지국가 모델과 환경 성과는 시너지 효과를 거두기 힘들다는 것을 보여준다. 다음 절에서는 이러한 사민주의 복지국가 모델을 극복하는 환경 국가의 비전에 대해 살펴본다.

4. 녹색전환을 위한 3세대 환경 국가의 비전

1) 환경 국가의 발전 과정

환경 문제가 국제적 관심 이슈로 부상하고 선진 산업국을 중심으로 환경 관련 부서와 정책이 수립되기 시작한 것은 1970년대이다. 국가의 환경 분야 활동으로 평가한 환경 국가 위상(〈표 3-1〉)에서 보듯, 확실히 자리를 잡은 '확립된 환경 국가'는 8개국에 불과하며 한국을 포함한 7개 국은 '신생 환경 국가'로 분류될 정도로 환경 정책은 뒤늦게 현대 국가 의 의무imperatives로 규정된 부문이다. 환경 국가의 위상이 높은 국가가 대체적으로 환경 성과도 더 좋은 것으로 나타난다. 1970~1980년대 환경 관련 법, 제도, 조직 등을 구축하고 환경 기준을 수립하여 가시적 환경오염 물질을 줄이는 데 효과적으로 기능하는 국가를 1세대 환경 국가로 정의한다면, 2세대 환경 국가는 1990년대 기후변화 이슈가 본격화된 이후 이산화탄소 감축과 재생 가능 에너지 확대 등 탈탄소정책을 통해 기후변화에 대응하는 국가이다.

세계시장에서의 경쟁으로 환경 분야에서 이른바 '바닥 치기 경쟁race-to-the-bottom'이 일어날 것이라는 주장과 반대로, 선두 그룹을 형성하고 있는 2세대 환경 국가들은 오히려 세계시장에서 높은 수준의 경쟁력을 유지하고 있다. 즉, 야심 찬 환경 정책과 국가의 경쟁력이 높은 상관성을 보여주고 있는 것이다(Jänicke, 2005). 2세대 환경 국가의 선두 그룹 (〈표 3-5〉의 I 그룹)에 해당하는 국가 대부분은 사회복지 수준이 높고 이산화탄소 배출 감축과 재생에너지 확대에 적극적이다. 그러나 이들 국가 에서 생태 발자국 수치는 여전히 높다. 이것은 효율성 증대, 기술 발전, 세계시장에서의 녹색기술의 선두 시장lead market 선점 등의 경제 논리만

표 3-6 | 환경 국가의 발전

구분	1세대 환경 국가	2세대 환경 국가	3세대 환경 국가
시기	1970~1980년대	1990~2010년대	2020년대 이후
환경 분야 국가 기능의 확대	환경 관련 규제, 조직, 재정 및 지식 생산, 국내의 가시적 환경오염 문제 해결	지구적 차원의 기후변화에 대응하기 위해 이산화탄소 배출 감축	경제 발전의 탈상품화, 기후변화와 관련된 '확대된 국가 책임'을 인식하고 기후정의를 실현하기 위해 노력

앞세운 생태 근대화 전략만으로는 지구적 생태 위기에 대응하는 데 한계가 있다는 것을 보여준다. 무엇보다 지금까지의 시장주의에 기초한 경제 논리만으로는 기후변화에 대응할 국제적 협력을 끌어낼 수 없다. 시장 메커니즘에 기초한 탈탄소화 전략이 기후변화에 취약한 계층이나 국가에 기후변화의 피해와 부담을 전가할 수 있기 때문이다. 이런 차원에서 필자는 3세대 환경 국가의 비전을 '이중의 탈상품화'와 기후변화에 있어 국가의 '확대된 책임'이라는 개념으로 제시한다.

2) '이중의 탈상품화' 과정

2세대 환경 정책에서 전반적으로 높은 환경 성과를 나타내고 있는 사민주의나 조합주의 복지 모델에 기초한 환경 복지 모델은 앞서 살펴본 것처럼 생태 발자국의 측면에서는 여전히 지속 가능하지 않다. 이런 차원에서 크리스토프(Christoff, 2005)는 현재의 환경 복지국가를 '약한 생태 근대화weak eco-modernization'를 실현하는 국가로 분류한다. 그는 이상적인 '녹색 국가'를 실현하기 위해서는 경제, 사회복지 및 환경 복지 정책 전반에 걸쳐 국가의 좀 더 수준 높은 개입과 역량이 요구되고 생태 중심적 가치를 우위에 두는 정치제도와 시티즌십의 확립이 필요하다고 주장한다. 즉, 녹색 국가를 구현하기 위해서는 '약한 생태 근대화'에서 '강한 생태 근대화'로 나아가야 한다. '약한 생태 근대화'는 여전히 경제 성장을 국가의 지상 명령으로 두고 현재의 생산 소비 체제 내에서 낭비 요소를 줄임으로써 환경 문제를 해결하려고 하기 때문에 궁극적으로는 생태 목표를 국가가 추구할 핵심 가치로 채택하지 못한다(Dryzek et al., 2003: 164~191).

스웨덴은 1991년 탄소세를 도입하고 2050년 온실가스 배출 제로를 목표로 수립함으로써 탈탄소 정책 분야의 선두적 모범 국가로 꼽힌다. 에너지 효율성을 향상하고 에너지세와 탄소세를 도입하여 지역난방의 탈탄소화를 성공적으로 추진하고 있으며 바이오 연료를 확대하고 그린 자동차에 대한 세금 감면 정책 등을 추진하고 있다. 하지만 힐딩손과 칸(Hildingsson and Khan, 2015)은 스웨덴 정책의 한계를 지적한다. 즉, 에너지 효율성을 높이는 것도 중요하지만 에너지 소비량 자체를 줄이고 바이오 연료와 그린 자동차 확대에 치중하기보다 철도나 자전거 및 공공 교통망을 확대하여 도로 교통량 자체를 줄이는 적극적인 정책이 필요하다고 주장한다. 교통과 산업 부문의 탈탄소화를 위해서는 생태적 한계를 인식하고 사회구조나 행동을 변화시키는 구조적 전환이 필요한 것이다. 이런 이유로 토빈(Tobin, 2015)은 스웨덴의 이산화탄소 배출 감축 목표가 '강한 생태 근대화'보다는 '약한 생태 근대화'를 반영한다고 말한다.

'강한 생태 근대화'는 경제 발전의 탈상품화를 추구한다. 현대의 복지국가는 물질적 생활수준이 지속적으로 증가하고 이를 뒷받침할 경제가 계속 성장한다는 것을 가정한다. 경제성장을 통해 사업 기회와 일자리를 창출하고 이렇게 창출된 일자리와 사업에서 세금 수입이 발생하고 이 세수로 복지 프로그램의 재정을 지원하는 이른바 확장적 경제 모델에 기초하고 있다. 이러한 확장적 경제 모델은 남북 국가 간 형평성과 기후변화라는 생태 위기를 고려할 때 더는 지속 가능하지 않다. 이런 차원에서 보자면 환경 복지국가가 나아가야 할 녹색전환의 방향은 '이중의 탈상품화double decommodification' 과정이라고 할 수 있다. 복지 정책은 시장에 전적으로 의존하지 않고도 인간다운 삶을 보장한다는 측면에서 노동력을 탈상품화한다(Esping-Andersen, 1990). 복지 정책이 노동력을 탈상품화한다면, 생태계의 생명력을 유지하는 환경 정책은 궁극적으로 경제 발전의 탈상품화 과정을 추구한다. 즉, 상품 생산과 소비에 기초한 경제성장 모델에서 탈피하여 인간의 궁극적 복지well-being를 향상시키는 경제 발전을 지향한다. '이중의 탈상품화'를 이루기 위해서는, 허먼 데일리Herman Daly 등 생태경제학자들이 강조하듯이 복지의 의미를 근원적으로 되돌아보고 성장에서 '정상 상태 경제steady state economy'로 전환해야 한다. 그리고 온실가스 감축 및 적응 정책과 사회정책을 결합하여 기존의 사회 서비스를 탈탄소화하고, 탄소 배출뿐만 아니라 노동시간과 일자리도 재분배해야 한다(Gough and Meadowcroft, 2011). 이런 차원에서 '이중의 탈상품화'가 실현되는 복지국가를 '정상 상태 복지국가'라고 부를 수 있다(Gough and Meadowcroft, 2011).

3) 국가의 '확대된 책임'

기후변화를 야기하는 이산화탄소는 일반적 환경오염 물질과 달리 배출량을 줄일 때 그 효과가 가시적으로 바로 나타나지 않는다. 즉, 이산화탄소를 줄이는 데 따르는 비용은 구체적이지만 그 편익은 전 지구 차원으로 분산되기 때문에 누구나 지구 대기에 무임승차자가 되려는 유인이 작용한다. 기후변화의 위험은 확실하지만 언제, 어디에, 어떻게 그 영향이 미칠지 모르기 때문에 불확실성이 크다. 이산화탄소는 한번 배출되면 확산성이 강하고 대기 중에 오랜 기간 축적되기 때문에, 이산화탄소를 배출하는 가해자와 기후변화의 피해자 사이에는 시공간적 비대칭성이 발생한다. 공간적으로는 국경 밖으로, 시간적으로는 미래 세대에게 이산화탄소 배출에 따른 책임을 쉽게 전가할 수 있다. 이런 이유로 개별 주권국가의 합리적 경제 논리나 국가 안보 논리로는 지속 가능한 기후변화의 대응 방안을 도출하기가 매우 어렵다. 개별 국가의 합리적 선택이 '공유지의 비극'이나 국가 간 협력을 저해하는 '죄수의 딜레마' 상황을 초래할 수 있다. 따라서 기후변화에 대응하기 위해서는 국가의 정체성이나 규범을 재구성할 필요가 있다. 전통적으로 국가의 기능은 국내적으로는 질서를 유지하고 국제적으로는 다른 국가와 경쟁하며, 국내외적으로 이런 기능을 수행하기 위해 조세 수입으로 재정을 확보하는 데 있다. 여기에 자본주의 시장경제가 발전하면서 초래되는 사회적 불평등과 환경 문제를 교정하는 과정에서 복지 및 환경과 관련된 공공재를 공급하는 국가의 기능이 추가되었다. 가해자와 피해자의 시공간적 비대칭성에 의해 초래되는 기후변화의 윤리적 딜레마는 환경 공공재를 공급하는 국가의 책임 영역을 시공간적으로 확대할 것을 요구하고 있다. 즉, 주권국가의 이해관계를 넘어 전 세계 차원에서 연대와 협력을 이끌어내고 당대뿐만 아니라 미래 세대의 이해를 대변하는 역할을 국가가 수행해야 한다.

에커슬리(Eckersley, 2016)는 독일과 노르웨이 기후변화 정책의 정당화 담론을 분석하여 국가의 역할과 정당화 담론을 규범 차원으로 확대할 수 있는 가능성을 보여주었다. 독일과 노르웨이 모두 기후변화 정책을 정당화하는 담론으로 생태 근대화가 우세하다. 가령 독일에서는 기후변화 대응 조치가 늦어지면 경제 손실이 커질 것이라는 스턴Stern 보고서의 주장에 기초하여, 야심 찬 기후변화 대응 목표가 장기적으로는 경제성장에 더 기여할 것이라고 강조한다. 특히 에너지 전환Energiewende은 경제성장과 이산화탄소 배출을 비동조화decoupling하는 핵심 전략으로 에너지 효율성 향상과 에너지 안보 강화, 기술 혁신과 새로운 투자처 발굴을 통한 녹색 일자리 창출 등 경제적 이점에 기여할 것이라는 점을 강조한다. 그러나 이러한 정책 기조에 머무르지 않는다. 독일과 노르웨이 모두 '리더', '선구자', '역할 모델' 등으로 기후변화 정책과 관련된 국가 정체성을 정의하고 외부 세계를 향해 이를 표방함으로써 스스로 의무를 지우고 책임을 확대하고 있다. 앙겔라 메르켈Angela Merkel 독일 총리는 온실가스 감축의 역사적 책임을 강조하고 기후 부정의를 줄이기 위해 노력해야 하며 장기적으로는 모든 국가의 1인당 온실가스 배출량이 수렴되어야 한다고 말한다. 노르웨이 총리도 석유 생산국인 페트로 국가petrostate의 행운과 책임을 강조하고 있다. 특히 노르웨이는 빈곤과 기후변화 문제를 세계적 도전으로 인식하고 불평등을 줄이기 위해 노력해야 함을 강조하고 있다. 에커슬리는 독일과 노르웨이의 기후변화 정당화 담론이 자국의 이익에 기초한 생태 근대화 담론의 차원을 넘어 국가의 '확대된 책임enlarged responsibility'을 강조하는 '성찰적reflexive' 생태 근대화 담론을 구성한다고 말한다. 이것은 단순히 기후 리더십을 수용하는 차원을 넘어 글로벌 공동체의 다른 국가들을 향해서도 명시적이든 그렇지 않든 '확대된 책임'을 일깨우고 있다. 결과적으로 개별 국가가 그들의 경제적 이해관계를 넘어 '확대된 책임'을 인식하는 도덕적 행위자로서의 역할을 수행할 때 기후변화의 윤리적 딜레마를 해결할 수 있을 것이다.

4) 한국 사회에 던지는 함의

2세대 환경 국가의 선두 그룹을 형성하는 대부분의 유럽 국가는 비례대표제에 기초한 합의제 민주주의와 이해관계자 대표의 협의체 구성을 통해 정책 합의를 이끌어내는 조합주의 모델을 채택하고 있다. 이에 반해 미국에서는 국가보다는 시장을 강조하는 이른바 시장 환경주의가 우세하다. 이것이 미국이 국가의 시장 개입을 전제하는 탄소세보다는 시장 메커니즘을 활용하는 배출권 거래제를 더 선호하는 이유이다. 미국에서는 신자유주의 경제 기조가 우세한 가운데 국가의 규제와 조정 기능이 약하다. 봄버그(Bomberg, 2015)는 이것을 미국에서 생태적 근대화 실현을 막는 이데올로기 장애라고 말한다. 미국에서는 이러한 이데올로기 장애 이외에도 양당제의 대립적 정치 구조에 의한 제도적 장애가 존재하고 언론 등에서 기후변화를 여전히 회의적으로 바라봄으로써 기후변화에 대한 사회적 담론 형성을 방해하고 있다(Bomberg, 2015). 이로 인해 미국은 지속 가능한 발전과 기후변화 정책을 위한 통합적 사회 역량을 키우지 못함으로써 2세대 환경 정책에서 뒤처진 국가laggard가 되었다.

이렇게 선진 산업국의 사례는 우리에게 환경 문제 해법이 단순히 환경적 외부 효과를 내부화하는 경제적 메커니즘을 넘어 정치제도, 사회 복지 수준 등과도 직간접으로 연관되어 있음을 보여준다. 한국은 OECD 국가 중 환경 성과EPI 점수가 낮은 그룹에 속한다(〈표 3-2〉, 〈표 3-3〉). 2015년 한국의 생태·복지·환경 규제 지표 값을 나타내면 〈표 3-7〉과 같다.

한국은 1인당 이산화탄소 배출량과 생태 발자국은 〈표 3-5〉의 유럽 국가 그룹과 비교할 때 상대적으로 높은 반면, 지니계수는 높고 사회

표 3-7 ｜ 한국의 생태·복지·환경 규제 지표 값(2015년)

2015년	지니계수	사회 지출 비중	재생에너지 비중	1인당 CO_2 배출량	생태 발자국	녹색당 비중	환경세 비중
한국	35	11.2	6.6	13.5	5.2	0	2.25

지출 비중은 낮아 경제 발전 수준에 비해 사회복지 수준은 상대적으로 낮다. 따라서 한국은 3세대 환경 국가로 나아가기 위해 노동력의 탈상품화와 경제 발전의 탈상품화, 즉 '이중의 탈상품화'를 동시에 추구해야 할 뿐만 아니라 2세대 환경 국가의 과제인 탈탄소화도 진전시켜야 하는 복합적인 과제를 안고 있다.

한국에서 녹색당의 원내 의석 비중은 0으로, 의회 내에서 녹색 이데올로기를 대변하는 정치 세력은 거의 존재하지 않는다고 할 수 있다. 예니케(Jänicke, 2005)에 따르면, 국가의 환경 정책 수립 역량은 다양한 요인에 의해 결정되는데, 그중 정치 시스템 차원에서는 녹색 가치를 옹호하는 동맹green advocacy coalition 형성과 합의와 조정이 강조되는 정치 문화가 중요하다. 한국은 녹색 가치를 옹호하는 동맹이 형성될 수 있는 정치 구조적 기반이 약하고(비례대표 비중이 낮음. 5장 참조) 정치 문화가 합의와 조정을 지향하기보다는 적대적이며 유럽 선진 산업국과 달리 기후변화 이슈가 주된 정치사회적 담론으로 부상하지 못하고 있다. 한국은 서구 선진 산업국과 비교하여 국민소득수준에 비해 사회복지 수준이 낮기 때문에 탈물질주의 가치보다는 여전히 성장 담론이 우세하여 녹색전환을 추동할 정치적 목소리가 약하다고 해석할 수 있다.

기후변화 대응책은 광범위한 사회적 이해 당사자 간의 합의에 기초하지 않으면 성과를 거두기 어렵다. 한국에서는 경제성장이 여전히 지배적 정치 담론을 형성하고 있기 때문에, 경제와 환경의 상생 전략을 모색하기 위해서는 환경과 노동의 이른바 적-녹 합의가 필요하다. 환경 시민단체뿐만 아니라 노동계도 기후변화 대응과 같은 장기적 국가정책을 수립하는 데 중요한 이해 당사자로 참여해야 하는 이유이다.

　민주주의의 발전과 기후변화 대응 간의 상관성은 지금까지 기후변화 대응 정책에 근원적 변화가 필요하다는 것을 보여준다. 한국의 1인당 이산화탄소 배출량은 12.4톤(2018년)으로 전 세계에서 4위이다(≪매일경제≫, 2019.9.23). 전기자동차, 수소자동차, 태양광 확대 등 산업 정책으로 기후변화에 대응하는 차원을 넘어서야 한다. 협소한 경제적 이해관계를 넘어 근원적으로 왜 기후변화에 대응해야 하는지에 대한 정치사회적 논의가 필요하다. 이러한 논의에 기초하여 세대 내 및 세대 간 형평성이라는 기후 정의 실천에 대한 정치사회적 합의가 이루어질 때 녹색전환을 위한 3세대 환경 국가에 다가갈 수 있다.

참고문헌 ■ ■

김수진·오수길·이유진·이헌석·정용일·정희정·진상현. 2011. 『기후변화의 유혹, 원자력: 원자력 르네상스의 실체와 에너지 정책의 미래』. 서울: 도요새.
≪매일경제≫. 2019.9.23. "韓 1인 탄소배출량 세계 4위 … '탈원전으로 더 커질 것' 우려".
Bomberg, Elizabeth. 2015. "Greening the State, American Style." in Karin Bäckstrand and Annica Kronsell(eds.). *Rethinking the Green State: Environmental Governance towards Climate and Sustainability Transitions*. London and New York: Routledge.
Christoff, Peter. 2005. "Out of Chaos, a Shining Star? Toward a Typology a Green States." in John Barry and Robyn Eckersley(eds.). *The State and the Global Ecological Crisis*. Cambridge and London: The MIT Press.
Dryzek, John, Daid Downs, Hans-Kristian Hernes and David Schlosberg. 2003.

Green States and Social Movements: Environmentalism in the United States, United Kingdom, Germany, and Norway. NY: Oxford University Press.

Duit, Andreas. 2016. "The Four Faces of the Environmental State: Environmental Governance Regimes in 28 Countries." *Environmental Politics*, 25(1), pp.69~91.

Duwel, Andrea. 2010. "Democracy and the Environment: The Visibility Factor." http://ssrn.com/abstract=1582299 (검색일: 2019.9.28).

Eckersley, Robyn. 2016. "National Identities, International Roles, and the Legitimation of Climate Leadership: Germany and Norway Compared." *Environmental Politics*, 25(1), pp.180~201.

Esping-Andersen, Gøsta. 1990. *The Three Worlds of Welfare Capitalism.* Cambridge: Policy Press.

Fiorino, Daniel J. 2011. "Explaining National Environmental Performance: Approaches, Evidence, and Implication." *Policy Science*, 44, pp.367~389.

Gough, Ian and James Meadowcroft. 2011. "Decarbonizing the Welfare State." in John S. Dryzek, Richard B. Norgaard and David Schlosberg(eds.). *The Oxford Handbook of Climate Change and Society.* Oxford: Oxford University Press.

Hildingsson, Roger and Jamill Kahn. 2015. "Towards a Decarbonized Green State? the Politics of Low-carbon Governance in Sweden." in Karin Bäckstrand and Annica Kronsell(eds.). *Rethinking the Green State: Environmental Governance towards Climate and Sustainability Transitions.* London and New York: Routledge.

Jahn, Detlef. 2014. "The Three Worlds of Environmental Politics." in Andreas Duit(ed.). *State and Environment: The Comparative Study of Environmental Governance.* Cambridge and London: The MIT Press.

Jänicke, Martin. 2005. "Trend-Setters in Environmental Policy: the Character and Role of Pioneer Countries." *European Environment*, 15, pp.129~142.

Koch, Max and Martin Fritz. 2015. "Green States in Europe: A Comparative View." in Karin Bäckstrand and Annica Kronsell(eds.). *Rethinking the*

Green State: Environmental Governance towards Climate and Sustainability Transitions. London and New York: Routledge.

Scruggs, Lyle. 2003. *Sustaining Abundance: Environmental Performance in Industrial Democracies*. New York: Cambridge University Press.

SEDAC[Socioeconomic Data and Applications Center]. 2019a. "Environmental Performance Index, 2018 Release(1950~2018)." https://sedac.ciesin.colum bia.edu/data/set/epi-environmental-performance-index-2018/data-downlo ad (검색일: 2019.10.24).

_____. 2019b. "Environmental Performance Index and Pilot Trend Environmental Performance Index, 2012 Release(2000~2010) — Historical EPIs." https://sedac.ciesin.columbia.edu/data/set/epi-environmental-performanc e-index-pilot-trend-2012/data-download (검색일: 2019.10.22).

Tobin, Paul. 2015. "Blue and Yellow Makes Green? Ecological Modernization in Swedish Climate Policy." in Karin Bäckstrand and Annica Kronsell (eds.). *Rethinking the Green State: Environmental Governance towards Climate and Sustainability Transitions*. London and New York: Routledge.

한국 사회 녹색전환 전략의 필요성[*]

이상헌

1. 신자유주의적 개발 국가에서 지속 가능한 사회로

한국 사회는 개발 패러다임을 가장 극적으로 실현해 온 대표적 '개발 국가developmental state'[1]이며, 한국의 발전 패러다임은 국제 질서 속에서 형성되어 온 프로젝트의 성격을 띠고 있다(맥마이클, 2013). 즉, 냉전 구도 속에서 경쟁적으로 추진된 원조 경제aid economy와 미국 자체의 이익을 근거로 하지만 대규모 공산품 수입 전략 등에 힘입어 한국은 단기간에 '발전 패러다임'을 눈부시게 성취한 성공 사례가 되었다(Glassman and

---

[*] 이 글은 「한국사회의 지속가능성 제고를 위한 녹색전환 정책」, ≪공간과 사회≫, 30권 1호(2020, 통권 71호)를 수정·보완한 것이다.

[1] 일반적으로 developmental state는 발전주의 국가 혹은 발전 국가로 번역되지만, 이 글에서는 한국 사회의 발전 패러다임이 가진 토건 지향적이고 자연 파괴적인 특성 등을 강조하는 의미에서 '개발 국가'라고 번역한 논자들(조명래, 2006; 홍성태, 2011)의 예를 좇아 개발 국가라는 용어를 사용했다.

Choi, 2014). 그러나 1990년대 후반을 기점으로 한국 사회는 신자유주의 공간으로 급격하게 변모했고, 그 영향력은 현재까지 지속되고 있다(지주형, 2011). 개발 패러다임을 충실히 따르던 개발 국가에서 신자유주의적 개발 국가로 변모하면서 개발의 주체가 국가에서 시장으로 넘어왔으며, 사회적 불평등은 그 이전보다 오히려 더 커졌고, 환경은 개발의 외부 비용으로 간주되는 것이 아니라 내부 경제화되어 새로운 자본축적의 기회로 인식되기 시작했다. 이것을 가장 잘 보여준 것이 이명박 정부의 '저탄소 녹색 성장 전략'이다(이상헌, 2009).

이 장은 1990년대 후반 이후, 네 차례의 정권 교체에도 불구하고 여전히 신자유주의적 개발 국가로 유지되고 있으면서 경제 불안과 사회 불평등, 환경 악화가 계속되고 있는 한국 사회의 지속 가능성을 이론적 자원을 활용하여 평가하고, 지속 가능성을 높이기 위한 '녹색전환 전략 green transformation strategies'을 시론적 차원에서 제시하고자 한다.

2. 이론적 자원과 분석 틀

1) 녹색의 의미

자본주의와 사회주의에 대한 견해, 경제성장의 가능성·불가능성 혹은 불가피성·불필요성에 대한 견해, 권위적 해결 방법과 민주적 해결 방법 등에 대한 견해에 따라서 생태 정치 담론은 다양하게 구분될 수 있다. 이 장에서는 개발 국가인 한국의 지속 가능성을 제고하기 위한 전략으로 '녹색전환' 정책을 제시하고자 하는데 여기서 녹색의 의미는 '생태 민주주의' 담론을 의미한다. 생태 민주주의는 "사회경제적 약자와 미래 세대는 물론, 비인간 존재의 내재적 가치를 인정하고, 이들이나 이들의 대리인 혹은 후견인들이 이들의 권리와 복지를 실현하기 위해 소통하고 숙의하고 행동하는 정치"라고 정의된다(구도완, 2018: 99). 이처럼 생태 민주주의는 현세대 내의 불평등 완화, 미래 세대나 비인간 자연(혹은 존재)의 이해관계 대변, 지구 생태계의 물리적 한계 내의 개발을 추구한다. 즉, 세대 내의 불평등을 완화하는 '형평성', 미래 세대를 고려하는 '미래성', 그리고 인간과 비인간 간의 불평등을 완화하고 생태적 한계를 고려하는 '생태성'이 생태 민주주의의 핵심 내용이다. 그러므로 생태 민주주의가 실현될 경우, 지속 가능성(경제적·사회적·생태적 지속 가능성)이 담보될 수 있다고 판단된다. 특히 한국처럼 권위주의 국가가 개발을 추진하고, 신자유주의적 자본주의가 확산된 이후에 초국적 자본이 개발을 추진하면서 사회적 불평등과 생태적 부정의(미래 세대나 비인간 자연의 이해가 무시됨)가 만연하고 있는 상황에서 한국 사회의 지속 가능성을 제고하기 위해서는 생태 민주주의 담론이 지속 가능성을 평가하는 기준인 동시에 지속 가능성을 제고할 수 있는 지향점이 될 수 있을 것으로 보인다.

2) 전환의 의미와 분석 틀

전환이라는 용어에는 급격한 변화를 의미하는 transformation과 점진적 이행을 의미하는 transition이 다 포함된다. 이 장에서는 전환이라는 개념을, 급진적인 변화를 목표로 하는 용어로 이해하고자 한다. 즉, transformation은 목표로 하는 어떤 변화의 정도와 범위를 강조하는 것이고, transition은 실현 가능한 범위에서의 변화를 강조하는 것으로 이해할 수 있다. 따라서 실천적인 정책이 뒤따라야 할 것을 전제로 하고,

현재의 개발 패러다임의 방향 전환이 필요하다는 의미에서 transform-ation을 위한 실천 전략들을 제시하고자 한다.

먼저, 지속 가능성이라는 기준을 만들어 한국 사회의 주요 부문(정치 경제, 사회, 환경)을 평가해 보고자 한다. 주로 세대 내의 불평등(형평성), 세대 간의 불평등(미래성), 인간과 비인간 자연 간의 불평등(생태성)을 기준으로 하여, 지속 가능성이 악화되었는지 혹은 완화되었는지를 살펴보려고 한다.

3. 신자유주의적 개발 국가 한국의 지속 가능성에 대한 평가

1) 신자유주의적 정치경제

개발 국가 한국은 1997~1998년 경제 위기를 변곡점으로 하여 신자유주의가 전횡하는 공간으로 변모했다.[2] 지주형(2011: 473)은 1997~1998년의 한국 경제 위기가 단순한 외환 위기가 아니라 금융 위기, 산업·기업 위기, 발전 모델의 위기, 국제통화기금IMF의 긴축 정책에 따른 위기, 정치 위기 등 상당히 다양한 수준의 위기가 복합적으로 중첩된 위기였다고 진단한다. 그리고 위기의 해석과 위기관리에서 승리한 집단은 미국 재무부와 월스트리트, 신자유주의적 개혁을 시도해 왔던 한국의 경제 관료들이라고 보았다(지주형, 2011: 474).

---

2 사회학자 김동춘(2018)은 한국 사회가 1987년 민주화, 1997년 외환 위기 이후 크게 변모하여 반공 자유주의가 약화된 것은 사실이지만, 경제적 반공주의, 즉 신자유주의적 시장주의가 그 자리를 차지했으며, 한국의 국가 주도형 신자유주의는 발전주의의 연장선상, 반공 자유주의의 궤적 위에 서 있다고 주장하기도 한다.

당시 김대중 정부는 '외환 위기'와 '금융 위기' 타개에 집중했다. 우선 외환 위기에 대처하기 위해 금융·자본 시장 개방, 외자 유치, 수출을 강조했다. 인수 합병을 할 경우 정리 해고가 가능했고, 외국인 투자가 대폭 확대되었으며, 초국적 자본은 국내 자산을 헐값에 인수하고 환차익으로 막대한 이익을 얻을 수 있었다. 환율 관리를 비롯한 정부의 수출 지원 덕분에 재벌은 반도체, 자동차, 무선통신, 컴퓨터, 조선 등 수출 시장에서 막대한 이익을 얻을 수 있었다(지주형, 2011: 476). 금융 위기에 대처하는 방편으로 도입된 것은 국제결제은행BIS 기준 자기자본비율 제고, 부채 비율 감축 등 금융기관의 금융 건전성 회복에 초점을 맞춘 수단들이다. 결과적으로 금융 부문은 초국적 자본이 실질적으로 지배하는 비교적 독립적이고 수익성 있는 사업 영역이 되었으며, 금융 구조조정에서 살아남은 재벌들의 영향력은 매우 커졌다(지주형, 2011: 477).

대기업과 중소기업의 격차는 갈수록 커졌다. 대기업이 수출 부문에서 획득한 소득이 국내에 골고루 배분되지 않았기 때문이다. 특히 '고용 없는 성장'으로 기업들이 이윤을 설비 투자, 고용 확대, 임금 인상 등을 통해 가계로 이전시키지 않아 개인과 기업의 소득 격차는 갈수록 커졌다. 개인의 연평균 실질 가처분소득 증가율은 1980년대 9.9%, 1990년대 6.6%에서 2000년대 들어 1.7%로 급감한 반면, 기업의 소득 증가율은 1980년대 6.1%, 1990년대 6.6%에서 2000년대에는 14.3%로 급등했다(지주형, 2011: 441).

가계와 기업 간 격차만이 아니라 개인 간 소득 격차도 갈수록 심해지고 있다. 소득 양극화 수준을 살펴보는 방법으로 많이 사용되는 '균등화 처분가능소득 5분위 배율'[3]을 살펴보면, 2019년 1분기의 5분위 배율

---

3 상위 20%의 소득을 하위 20%의 소득으로 나눠 5분위 소득이 1분위 소득의 몇 배인지

은 5.95배로 통계청이 자료를 작성하기 시작한 2003년 이후 최대 수준으로 벌어졌다. 2019년 3분기의 5분위 배율은 5.37배로 약간 낮아지긴 했으나 소득 격차가 여전히 상당히 크다는 것을 알 수 있다(≪시사경제신문≫, 2019.6.10; ≪메가경제≫, 2019.11.21).

세대별 고용 상황을 파악해 보면 또 다른 격차가 나타나고 있음을 확인할 수 있다. 전체적으로 실업률이 조금씩 높아지는 추세이긴 하지만 청년 실업률은 9%대 전후로 매우 높은 편이고 현재까지도 비슷하게 이어지고 있다.

부동산 측면에서 보면 한국 경제의 가장 큰 특징은 공유 자원인 토지의 개발이익을 사적으로 소유하는 것이다. 즉, 개발이익은 사유화하면서 개발 비용은 사회화하는 것이다. 국세청 부동산 소유 통계 자료를 분석한 정동영 의원실 자료에 따르면, 지난 10년간 개인의 보유 토지는 5.9% 줄어든 반면 법인 보유 토지는 80.3% 증가했다. 그리고 법인 부동산 증가분의 87.6%는 상위 1%에 해당하는 재벌과 대기업이 독식했다. 한편 주택은 2007년 1750만 호에서 2017년 2320만 호로 570만 호 증가했으며, 주택 가격은 2007년 1573조 원에서 2017년 2726조 원으로 1153조 원 상승했다. 문제는 이렇게 주택 공급량이 늘어났지만, 상위 1% 다주택 보유자가 보유한 주택이 10년 전 37만 호에서, 2017년 현재 94만 호로 늘어났고, 2007년 123조 8000억 원이던 상위 1% 주택 가격은 2017년 202조 7000억 원으로 증가했다는 것이다. 상위 10%의 다주택 보유자는 평균 3.3채의 주택을 보유하여 2007년 2.3채에 비해 1채가 더 늘어난 것으로 분석되었다. 이들이 보유한 주택은 10년간 208만 호가 증가해, 개인 보유 주택 증가량 521만 호의 40%를 차지했다(≪日刊

를 보여주는 것이 5분위 배율이고, 배율이 높을수록 소득 양극화가 심하다는 뜻이다.

NTN》, 2018.10.8). 이는 정의롭지 못한, 부동산 개발이익의 사유화이다. 그럼에도 불구하고 이러한 불로소득을 사회적으로 공정하게 환수하는 방안은 여전히 미흡한 실정이다.

2) 신자유주의적 사회

수출 주도 대기업, 재벌, 금융 부문이 성공한 대신 가장 큰 희생을 치른(여전히 치르고 있는) 부문은 노동이다. 흑자 기업마저 도산하는 바람에 실업자가 크게 늘었고, 노동 유연화로 비정규직이 늘어났으며, 노동운동은 약화되었다. 기업들은 노동 부문에서 쉽게 명예퇴직과 임금 삭감을 받아낼 수 있었다. 사회의 양극화 현상은 매우 커졌다. 취업자와 실업자, 정규직과 비정규직, 대기업과 중소기업 사이의 양극화는 소득과 자산의 양극화, 수출 경제와 내수 경제의 양극화를 심화시켰다(지주형, 2011: 479).

경제협력개발기구OECD에서 매년 발표하는 「한눈에 보는 기업가 정신Entrepreneurship at a Glance 2017」 보고서에 따르면, 대기업의 고용 비율은 12.8%이다. 대기업이 창출하는 부가가치가 전체의 56%인 점을 고려하면 고용 비율이 너무 낮은 셈이다. 그리고 보고서는 한국의 대기업과 중소기업 간 임금격차가 심각한 수준이라고 지적한다. 한국의 경우 10~19명이 일하는 사업장의 노동자 임금은 대기업의 41.3%에 그쳤다. 조사 대상국 중 멕시코(38.2%)를 제외하고 격차가 가장 컸고, 스웨덴·핀란드 등 북유럽 국가(70%대)에 비해 형편없는 수준이다. 다른 OECD 국가와 비교하면 특히 대기업의 고용 비율이 낮고 대기업과 중소기업 간 임금격차가 큰 것이 한국 경제의 특징이다. 즉, 대기업의 성장 과실이 노동자와 사회로 잘 이전되지 않는 것이다(국민권익위원회, 2018). 이렇게 되면, 고용 축소, 대·중소 기업 간 양극화, 기업·가게 간 소득 격차 확대를 초래할 수밖에 없다.

김동춘(2006)은 6·25전쟁은 아직 현재 진행형이며, 그런 의미에서 한국 사회를 '피란 사회'라고 규정한다. 모든 사람이 피란지에서 만난 관계처럼 서로를 대하고, 질서와 원칙보다 이익 추구와 목숨 보전에 여념이 없는 사회라는 것이다. 길거리의 난폭한 운전자들, 장사가 잘되면 임대료를 올려서 자영업자를 길거리로 내모는 건물주, 세월호에서 이유도 모른 채 희생된 아이들, 대학에서 기숙사를 더 짓겠다고 하면 생계를 앞세워 극구 반대하는 대학가 인근 주민들의 모습을 떠올려보면 그의 진단에 수긍이 간다.

미래 세대에 대한 우리 사회의 태도를 단적으로 보여주는 사례도 있다. 2000년 5월에 새만금 개발 사업에 반대하는 만 18세 미만 어린이와 청소년 200여 명은 '미래 세대 소송인단'을 구성하고, '녹색연합'과 '생명회의'의 도움을 받아 정부를 상대로 새만금 사업의 중지 및 취소를 청구했다. 청구의 핵심 내용은 정작 가장 직접적인 이해 당사자들인 미래 세대에게 이 사업의 추진 가부를 한 번도 물어보지 않았으므로 생각할 시간을 달라는 것이었다. 그러나 법원은 원고 부적합 결정을 내려서 미래 세대의 신청을 각하했다(구도완, 2018: 150).

3) 신자유주의적 자연

신자유주의적 사회에서 국가와 기업은 자연을 보호하는 외피를 입고 실제로는 더 적극적으로 개발하고자 했다. 개발에 대한 규제 완화 요구가 커졌으며, 정부에서도 새만금 간척사업, 중저준위 방사성폐기물 처분장 건설 등과 같은 국책 사업을 둘러싸고 개발과 보전 세력 간의 갈등이 심해졌을 때 개발을 선호했다. 즉, 토건 지향적 국가는 명분으로는 환경에 대한 중요성을 강조하면서도 신자유주의적으로 자본축적을 지속하려는 자본의 운동을 계속해서 지원하는 경향을 보인 것이다. 이는 외환 위기 이후 다른 대안을 차단하고 오직 금융자본과 재벌, 경제 관료, 그리고 이와 결탁한 지식 엘리트들의 이익을 최우선으로 하는 외환 관리 위주, 주주 가치 경영, 수출 주도의 구조 조정 방식만을 강요하고 신자유주의화된 한국에서(지주형, 2011) 자연 역시 신자유주의 방식으로 포섭되어 생산되고 소비되어 왔다는 것을 의미한다.

그러나 자연은 일방적으로 포섭되기만 하는 것은 아니다. 과도한 개발과 폐기물의 발생 등으로 인해 더워진 지구는 다시 자본축적과 사회적 재생산에 가장 큰 위협으로 다가오게 되었다. 신자유주의화된 한국도 이러한 도전에 직면해 있다. 기후 위기에 대응하지 않으면 자본축적 자체가 불가능해질 수 있는 상황이 된 것이다. 하지만 정부는 이에 대해 매우 소극적이다. 한국의 일차에너지 소비량은 세계 9위이며, 온실가스 배출 증가율은 세계 1위이다. 그나마 소극적으로 수립한 온실가스 감축 목표조차도 제대로 지키지 못해 이미 초과해서 배출하고 있다. 재생에너지 비율은 국제 기준으로 2% 남짓한 수준이다. 2019년 10월 22일 정부는 '제2차 기후변화 대응 기본계획'을 국무회의에서 심의·의결했는데, 연간 온실가스 배출량을 13년에 걸쳐 32% 감축하는 것이 목표이다. 정부는 2017년 7억 910만 톤에 달한 온실가스 배출량을 2030년까지 5억 3600만 톤으로 줄이기 위해 전환(전력·열) 산업 등 8대 부문의 온실가스 감축을 추진한다고 했다(연합뉴스, 2019.10.22). 그러나 이 수치는 국제사회가 매우 불충분하다고 하는 수준이며(UNEP, 2019), 비록 이전 정부의 계획이라고 하더라도 대형 석탄 발전소 7개를 계속 짓고 있으면서도 석탄 발전소를 과감히 축소하겠다고 하는 것은 모순이다.

한편, 핵폐기물 문제는 심각한 재앙을 초래할 우려가 있다. 중저준위 방사성폐기물은 경주의 방사성폐기물 처분장에서 관리하지만, 사용 후 핵연료, 즉 고준위 방사성폐기물은 공론화 과정을 거친 다음, 2019년 5월 29일 '사용 후 핵연료 관리정책 재검토 위원회'까지 구성하여 해결 방안을 찾고 있지만 아직 뚜렷한 방안을 찾지 못하고 있다.[4] 국가의 먹거리 산업인 반도체 제작 공정에는 유해 화학물질이 과다 사용되고, 가습기 살균제 피해자들은 아직도 제대로 구제를 받지 못해 고통받고 있다(신호은, 2017; 김지원, 2018; 류현수, 2019).

인간 이외의 다른 생명체에 대한 불평등과 관련해서 중요한 시사점을 준 사건은 천성산 터널 건설 반대운동 과정에서 야기된 '도롱뇽' 소송이다. 경부 고속철도 노선이 양산 천성산을 관통하게 설계되고 공사가 진행되자 천성산 산정의 습지가 훼손되고 거기서 서식하는 생물들이 사라지게 된다며 이를 반대하는 운동이 지율 스님을 중심으로 전개되었다. 도롱뇽을 대신해서 대리인들이 소송을 제기했고, 패소를 거듭하다가 2005년 1월 대법원에 최종적으로 항고했지만, 대법원은 2006년 6월 2일 도롱뇽의 당사자 능력을 부정하는 결정을 내렸다. 현행 소송법 체계에서는, 자연물인 도롱뇽 또는 그를 포함한 자연 그 자체에 대하여 당사자 능력을 인정하는 법률이 없고 이를 인정하는 관습법도 존재하지 않는다는 원심 및 항고심의 판단 이유를 뒤집을 만한 특별한 이유가 없다는 것이다(한삼인·강홍균, 2006; 구도완, 2018: 154).

---

4 '사용 후 핵연료 관리정책 재검토 위원회'는 분야, 성별, 연령 등을 고려하여 선발한 중립적인 전문가 15인으로 구성되어 있다. 그러나 2020년 1월에 '원자력안전위원회'에서 월성 원전에 사용 후 핵연료의 임시 저장시설인 맥스터를 설치하는 것을 승인해 주자, 경주 시민들은 원자력안전위원회만이 아니라 사용 후 핵연료 관리정책 재검토 위원회도 해체하라고 요구했다(≪경주신문≫, 2020.1.16).

4) 신자유주의적 한국 사회의 지속 가능성 평가

신자유주의적인 한국 사회의 지속 가능성을 평가해 본 결과는 다음과 같다. 첫째, 신자유주의가 정착된 한국 사회의 세대 내 형평성은 매우 악화된 것으로 보인다. 대기업과 중소기업 간 소득 격차, 정규직과 비정규직 간의 노동조건이나 임금의 격차는 점점 벌어지는 것으로 보인다. 고용과 실업 측면에서도 세대별로 격차가 상당한 편이다. 균등화 처분가능소득 5분위 배율도 예전에 비해 높아지는 추세이다. 부동산도 매우 편중되게 소유되고 이용되고 있으며, 공적으로 자본을 투자하여 발생한 개발이익은 공익적으로 환수되기보다는 사유화되는 실정이다.

둘째, 미래성과 관련하여 아직 존재하지 않는 미래 세대는 말할 것도 없고, 현재의 미래 세대인 청년들과 기득권을 가진 기성세대 간의 불평등도 매우 심한 것으로 보인다. 청년 실업률이 전체 실업률에 비해서 매우 높은 편이고, 이러한 경향은 대기업 위주의 경제구조에서는 쉽게 해결되지 않을 것으로 보인다. 역설적인 것은 65세 이상 노년층의 빈곤도 청년층 못지않게 심각하다는 사실이다. 그리고 선언적으로는 미래 세대를 중시한다고 하면서도 정작 미래 세대의 권리를 인정하고 보호하는 제도적 장치는 마련되지 않았다. 따라서 현세대와 미래 세대의 불평등도 심화되어 있다고 볼 수 있다.

셋째, 신자유주의 한국 사회에서 인간 이외의 종과 자연 존재는 경제성장을 위한 자원으로만 간주되는 것으로 보인다. 물론 이러한 경향은 다른 나라에서도 흔히 발견되는 불평등이라고 할 수 있다. 신자유주의 한국 사회에서 자연은 새로운 자본축적의 계기로 이용당하기만 할 뿐, 온전한 권리를 가진 당사자로서 존중받지 못한다. 동강댐 건설 백지화의 경우, 동강이라는 자연의 내재 가치를 사회적으로 인정한 예외적인 사건이었고, 도롱뇽 소송에서 보듯이 현재의 법체계에서는 생태성이라는 지속 가능성은 매우 낮은 상황이라고 평가할 수 있다.

4. 한국 사회의 지속 가능성 제고를 위한 녹색전환 전략

1) 그린 뉴딜의 도입

형평성을 높이기 위해서 우리 사회가 추구해야 할 녹색전환 정책으로 '그린 뉴딜green new deal'을 추진할 필요가 있다. 생태적 한계를 고려하면서 세대 내 불평등을 최소화하는 것이 그린 뉴딜이다. 2019년 2월 7일 미국 의회에 그린 뉴딜 결의안이 제출되었다. 결의안은 2019년 기후변화에 관한 정부 간 협의체IPCC의 1.5℃ 보고서를 언급하면서, 2030년까지 2010년 대비 40~60% 온실가스 감축, 2050년에는 'Net Zero'(순 배출량 제로)를 달성해야 한다고 언급했다. 그리고 마치 전쟁을 준비하듯 그린 뉴딜을 추진해야 하는데 목표는 ① 공동체와 노동자를 위한 공정하고 정의로운 전환을 통한 탄소 중립 온실가스 배출 달성, ② 수백만 개의 고임금 일자리 창출과 번영, 경제적 안정 보장, ③ 21세기 지속 가능성을 위한 인프라와 산업 투자, ④ 깨끗한 공기와 물, 기후와 지역사회 회복력 증진, 건강한 식품, 자연, 지속 가능한 환경, ⑤ 사회적 약자들에 대한 억압의 중지 및 정의와 형평성 증진 등이다(이유진, 2019에서 재인용). 결의안은 비록 부결되었지만 2020년 3월 현재, 미국 민주당 대통령 선거 후보 중 한 명인 버니 샌더스Bernie Sanders는 급진적인 그린 뉴딜 공약을 제시했다. 100% 재생 가능 에너지 전력, 교통을 2030년까지 달성하여 2050년 탈탄소화, 기후 위기를 해결하는 2000만 개 일자리 창출, 16조 달러의 공공 예산 투입, 노동자를 위한 정의로운 전환 정책 가동, 국가 기후 비상사태 선언 등이다(이유진, 2019에서 재인용). 그린 뉴딜의 핵심은 기후 위기에 대응하기 위해 재생 가능 에너지로의 에너지 체제 전환을 통해 일자리를 늘리는 것이다.

한국의 발전 경로를 고려해 볼 때, 한국의 지속 가능성을 높이기 위해서 한국 사회에 걸맞은 그린 뉴딜 모델을 개발할 필요가 있다. 이 모델의 핵심은 성장 중독에서 어떻게 빠져나올 수 있느냐 하는 문제이다. 이를 위해 그린 뉴딜이라는 이름을 '녹색 사회계약' 혹은 '녹색 사회 합의' 정도로 번역할 필요가 있다. 그린 뉴딜이 단순히 온실가스 저감을 위한 산업 조정과 일자리 창출 정도가 아니라 사회적으로 합의를 이뤄서 새로운 사회계약을 만드는 것이라는 점을 강조할 필요가 있다.[5] 즉, 기후변화에 대비하기 위해 우리가 만들 수 있는, 혹은 만들고 싶은 사회의 틀을 새롭게 만들어가야 한다는 점, 그리고 이를 위해서는 소비 부문에서 고통 분담까지 필요하다는 점을 강조해야 한다.

한편, 대기업 위주의, 기울어진 운동장이라는 평가를 받고 있는 경제 구조를 고려하면 자칫 정부 재정을 확대해서 결국 대기업에만 이익이 돌아가는 구조가 될 가능성이 높기 때문에 이러한 부분에 대한 보완책을 반드시 마련해야 할 것이다. 이를 위해서는 예산, 법제도 정비, 규제와 인센티브 등을 사전에 충분한 사회적 합의를 거쳐 만들어야 하고, 무엇보다 정치적 결단이 중요하다. 앞서 살펴보았듯이 현재 정부의 기후 위기 대응 정도를 살펴보면, 그린 뉴딜을 실행에 옮길 수 있는 정도

---

5 나오미 클라인(Naomi Klein)은 기후변화가 모든 것을 변화시킨다면서 문제는 탄소가 아니라 자본주의라는 것을 강조한다. 즉, 온실가스를 배출하는 시스템을 만들어낼 수밖에 없는 화석 자본주의가 문제이기 때문에 이것을 어떻게 바꾸느냐가 핵심 문제라는 점을 지적한다(클라인, 2016).

의 정치적 의지는 부족해 보인다. 특히 정부에서 그린 뉴딜을 주로 환경부의 업무로 생각하는 경향이 있는데, 경제구조 전반을 바꾸는 일이기 때문에 범부처 차원에서 추진해야 하고, 필요하면 과거 경제기획원 차원의 '녹색전환부'(가칭)라는 강력한 부처를 신설하여 추진할 필요가 있다. 이렇게 신설된 부처는 양극화된 사회를 포용 사회로 전환하기 위해 미국이 1930년대 뉴딜 정책을 통해 추구한 '대압착great compression'을 추구할 필요가 있다. 즉, 부유한 인구와 가난한 인구를 모두 줄임으로써 중산층 인구를 늘리는 전략이 여기에 해당한다. 이것은 최근 논의되고 있는 '포용적 성장inclusive growth'을 추구하는 것과도 일맥상통하는 의미이며 그린 뉴딜이 추구해야 할 중요한 방향이기도 하다.

2) 보편적 기본 소득 제도 실시

보편적 기본 소득universal basic income을 사회적으로 공론화하고 실시할 필요가 있다. 기본 소득의 핵심 개념은 사회의 공유 자원(토지, 물, 공기 등)을 사적으로 이용하여 발생한 이득에 대해서 사회 구성원의 기본 권리로서 기본 소득을 요구한다는 것이다. 기본 소득의 지급은 기존의 모든 사회복지를 폐지하자는 것이 아니다. 기존 사회복지 정책과 조정 및 보완이 필요한 부분이 존재한다. 그러나 큰 틀에서 보편적 복지의 일환으로서 기본 소득을 지급하면 시민들의 삶의 질이 향상될 가능성이 훨씬 더 커지고 창의성, 새로운 시도 등을 감행할 가능성 역시 커짐으로써 사회를 다양하게 만들 수 있다(판 파레이스·판데르보흐트, 2018; 스턴·크래비츠, 2019). 그리고 사회의 구성원이라는 자각이 확대될 수 있어 소속감과 결속력이 높아지고, 적대와 혐오를 넘어 '환대hospitality'와 '사회'가 회복될 수 있는 가능성도 생긴다(강남훈, 2019). 기본 소득은 사회

구성원이라는 조건을 전제로 한 것이기 때문에 기본 소득의 지급은 사회 구성원이라는 자각, 그리고 이에 기초한 결속력을 부여할 가능성이 있다. 즉, 사회가 최소한의 안전장치를 마련해 주고 있다는 믿음이 전제되면 적어도 피란 사회처럼 서로를 적대시하거나 각자도생의 전략만을 추구하는 것에서 벗어나 사회적 신뢰와 사회적 자본을 쌓을 수 있는 가능성이 높아질 것으로 보인다.

3) 미래 세대를 고려한 정치 시스템 도입

기후 위기가 본격화되면 미래 세대를 고려한 정책이 제출되어야 한다. 기후변화 대책의 경우 청소년들이 훨씬 더 직접적인 이해 당사자이기 때문에 의사 결정 과정에 직접 참여할 수 있어야 한다. 현실적인 제약으로 이것이 어렵다면 적어도 학교 수업에서라도 정치 교육을 도입하여 모의 의회, 모의 선거를 해 보고 정치적 토론을 할 수 있는 역량을 갖추어야 한다. 이러한 과정을 통해 간접적으로라도 미래 세대의 의견이 사회에 반영될 수 있어야 한다. 최근 들어 투표 연령이 만 18세로 낮아진 것은 매우 바람직하지만, 더 낮추는 것도 고려할 필요가 있다. 그리고 미래 세대의 생각을 대변할 수 있는 정당이 있어야 하고, 이들이 국회에 진출하여 미래 세대를 위한 입법 활동을 할 수 있어야 한다. 이를 위해서는 우선 선거제도를 개혁하여 다양한 목소리를 대변하는 대표자들이 공적 영역에 진출할 수 있어야 한다. 첫 단계로서 연동형 비례대표제를 온전한 형태로 도입해야 한다.[6] 현재처럼 거대 정당들이 전

---

[6] 2019년 12월 27일 '공직선거법' 개정안이 국회 본회의를 통과하면서 매우 불완전한 형태로 연동형 비례대표제가 2020년 총선에 도입되었다.

횡하는 정치 현실에서는 미래 세대를 포함한 다양한 목소리가 들릴 수 없고, 결국 기득권을 가진 사람들의 주장만 반영될 수밖에 없기 때문이다. 따라서 미래 세대를 대변하는 정당, 소수자를 대변하는 정당, 기후변화 대응에 집중하는 정당, 동물 복지를 대변하는 정당이 의회에 진출하여 유권자의 표를 두고 서로 선의의 경쟁을 하는 사회가 되어야한다.

4) 토지의 공유 자원적 성격 확대

미래 세대의 복지를 위해서는 토지의 공유 자원으로서의 성격을 확대하고, 여기서 발생하는 수익을 미래 세대에게 제공하는 것이 중요하다. 한 예로 우리처럼 빈부 격차가 심한 영국[7]에서 제기된 주장을 살펴보자. 영국의 공공정책연구소IPPR: Institute for Public Policy Research에서, 세제 개혁(상속세를 대체하는 증여세 같은 부유세 개혁 등)과 정부 자산 매각 등을 통해 약 1869억 파운드 규모의 국부 펀드를 조성할 수 있고, 이 경우 2030년부터 25세 청년들에게 1만 파운드(약 1500만 원) 정도의 '보편적 최소 유산'을 제공할 수 있다는 주장이 나왔다(《한겨레신문》, 2018.4.2). 앞서 살펴본 것처럼 청년 세대는 높은 실업률과 주거 불안정에 시달리고 있으며 현재와 같은 시스템에서는 이러한 상황이 계속 악화될 가능성이 높다. 따라서 기본 자산과 같은 제도를 도입하여 토지의 공유 자원 성격을 확대할 필요가 있다. 토지 공개념을 헌법에 천명하고, 개발이익을 사회화하는 제도적 장치를 마련해야 한다. 현재의 부동산 세제를 전면 개정하여

---

7 영국은 전체 가구 중 최상위 10%가 국가 전체 부의 44%를 소유하고 있는 반면에 하위 50%는 9%만을 소유하고 있다.

개발이익의 환수와 공평한 배분이 이루어질 수 있도록 사회적 합의를 이끌어내는 것이 무엇보다 중요하다. 이를 통해 투기적 거래를 줄이고, 토지의 법적 밀도에 대한 상한제 등을 도입할 필요가 있다. 토지가 공유 자원으로서의 성격을 더 많이 띠게 될 때, 미래 세대의 행복도 커질 가능성이 높아진다.

5) 생태계 용량을 고려한 개발

인간과 비인간 자연 사이의 불평등을 완화하기 위해서는 생태계의 용량을 고려한 개발이 중요하다. 즉, 공간(도시와 지역)의 생태 수용 능력을 벗어나지 않는 범위에서 개발을 추진해야 한다. 따라서 국토 계획과 환경 계획의 연계성을 강화할 필요가 있다. 이러한 연계성을 높이고 실천 가능한 방안 가운데 하나가 '중유역中流域 단위의 공간 이용 계획' 혹은 '중유역 단위의 도시계획'이다. 현재 도시계획이나 지역계획은 모두 행정구역 단위를 기초로 하고 있다. 이 경우 특정 공간의 생태 수용 능력을 정확하게 알기가 어렵다. 생태계를 고려한 행정단위가 아니기 때문이다. 따라서 적절한 생태계 단위를 선정해야 하는데, 중유역이 적당하다고 본다. 대유역은 너무 광범해서 이질적 요소가 많이 존재하고 소유역은 너무 작아서 효과가 떨어질 수 있다. 마침 2018년에 '물관리기본법'이 제정되었고, 그동안 소관 부처가 나눠서 담당하던 물 관리 기능이 '유역' 단위로 이관되는 것이 이 법의 큰 틀이다. 현재 국가물관리위원회가 설립되어 있고 대유역별로 네 개의 유역물관리위원회가 설치되었다. 네 개의 유역물관리위원회가 실제로 작동하기 위해서는 중유역별로 물 관리 기능을 분담해서 운영하는 것이 자연스럽다. 이때 행정구역을 넘어서는 중유역별 물 관리 행정 협력, 즉 거버넌스가 이루어질 수밖에 없다. 바로 이러한 중유역 중심의 거버넌스를 활용하여 생태계의 수용 능력을 고려한 공간 계획을 수립함으로써 국토 계획과 환경 계획의 연계성을 강화하는 계기로 삼을 수 있을 것이다.

6) 개발 패러다임의 도시 편향성 시정

개발 패러다임은 철저히 도시의 성장에 중점을 두었으며, 농업과 농사는 도시 성장과 공업 발전을 지원하는 부차적 지역, 부차적 기능을 담당하는 것을 전제로 했다. 그 결과, 농업과 땅의 생명력은 훼손되고 고갈되었다. 따라서 이러한 도시 편향성을 회복하는 것이 생태성을 높이는 핵심 과제라고 할 수 있다. 이미 농업은 대단히 화석연료 의존적이며 지구화된 식량 수급 시스템 속에 들어가 있다. 소수의 다국적기업들이 종자, 비료, 농약 등을 독점적으로 공급하고, 곡물 유통을 장악하고 있으며, 가축을 사육하기 위한 사료, 동물 약품, 유가공업에 진출하여 전 세계 농업이 수직 계열화되어 있는 상황이다. 결국 독일이나 프랑스 등 소수의 선진국을 제외하고 전 세계 소농들은 몰락하고 있으며, 우리나라도 예외가 아니다. 따라서 소농 중심의 순환 농업을 되살리는 것이 녹색전환의 중요한 과제가 되어야 한다. 세계적 농민 단체인 '비아 캄페시나La Via Campesina'는 소농을 보호하고 유기농업과 농촌을 되살리기 위한 대책으로 '식량 주권food sovereignty'을 강조한다. 식량 주권은 무역을 부정하지 않으며, 민중이 안전하고 건강에 이로우며 생태적으로 지속 가능한 농업 생산물을 먹을 권리를 존중하는 무역 정책 및 무역 관행의 공식화를 지지한다(데스마레이즈, 2011). 따라서 개발 패러다임의 도시 편향성을 제거하고 농촌과 농업을 살리기 위해서는 먹거리의 이동 거리와 먹거리 교역을 대폭 줄이고, 재생 가능 에너지를 사용하여 화석연료 의존도를 낮추며, 판매된 먹거리의 부가가치 가운데 더 많은 부분이 농민들에게 돌아가도록 농업을 민주화하는 전략이 대단히 시급하다. 이를 위해서는 농촌에 전환마을을 많이 만들어 탈석유화된 농업이 자리 잡을 수 있도록 해야 하고, 농민들이 식량 주권을 수호할 수 있는 최소한의 디딤돌이 될 농민 기본 소득을 지급해야 한다.

5. 생태 민주주의적 그린 뉴딜의 추진

기후 위기는 이제 상수가 되었고 인류세Anthropocene라는 용어는 단순한 수사rhetoric가 아니라 실질적인 위험을 알리는 용어가 되었다. 개발주의 국가 그리고 신자유주의 토건 국가 한국은 기후 위기라는 지구적인 도전에 대응하기 위해 과감한 '녹색전환'을 기획해야 한다. 신자유주의적 자본주의 공간으로 변모한 한국 사회에서 대다수의 사람과 자연은 착취와 수탈을 경험하고 있다. 그럼에도 불구하고 정부는 양극화의 근본 원인을 해결하기보다는 여전히 과거에 얽매여, 비현실적인 '토건 지향적 개발' 공약을 남발함으로써 오히려 양극화를 심화시키고 있다. 자연은 이 과정에서 더 심각하게 파괴되고 버려지고 있다. 더군다나 기후 위기에 대응하는 우리 정부의 대책들은 여전히 안일하고 무책임하기 그지없다. 미국의 월스트리트와 재무부, 초국적 자본, 금융자본, 재벌, 경제 관료, 지식 엘리트들이 여전히 우리 삶에 관련된 모든 결정을 독점하고 있는 현실을 극복하고 정치경제 민주주의를 실현하기 위해서는 신자유주의에 맞설 수 있는 '생태 민주주의적 그린 뉴딜'이 필요하다. 이를 위해서는 연동형 비례대표제가 좀 더 온전한 형태로 정착될 수 있게 노력해야 한다. 그리고 보편적 기본 소득의 실시를 통해 피란민 사회가 아니라 돌봄 사회가 될 수 있도록 해야 한다. 한국만이 아니라 인류의 생존을 위협하는 기후 위기에 대응하기 위해 생태계 순응적인 국토 개발을 과감하게 실행에 옮길 필요가 있으며, 아무도 해결책을 갖고 있지 못한 핵폐기물 처분에 대한 사회적·국제적 지혜를 모아야 한다. 만일 신자유주의적 토건 국가 한국의 녹색전환이 성공한다면 이는 인류세에서 드물게 확인할 수 있는 '멸종 저항'의 몸부림으로 기억될 것이다.

참고문헌 ■ ■

강남훈. 2019. 『기본소득과 정치개혁: 모두를 위한 실질적 민주주의』. 과천: 진인진.
≪경주신문≫. 2020.1.16. "사용후핵연료 관리정책 재검토위원회 해산해야".
구도완. 2018. 『생태민주주의: 모두의 평화를 위한 정치적 상상력』. 대구: 한티재.
국민권익위원회. 2018. 「한눈에 보는 기업가 정신(Entrepreneurship at a Glance) 2017」. ≪기업윤리 브리프스≫(2018.1).
김동춘. 2006. 『전쟁과 사회: 우리에게 한국전쟁은 무엇이었나?』. 서울: 돌베개.
_____. 2018. 「한국형 신자유주의의 기원으로서 반공자유주의: 반공국가, 발전국가와 신자유주의의 연속성」. ≪경제와 사회≫, 118, 240~276쪽.
김지원. 2018. 「'가습기 살균제' 그 이후의 삶: 위험사회에서 부모의 피해자 되기」. 서울대학교 대학원 석사학위 논문.
데스마레이즈, 아네트 아우렐리(Annette Aurelie Desmarais). 2011. 『비아캄페시나: 세계화에 맞서는 소농의 힘』. 허남혁·엄은희·이소영·박신규 옮김. 대구: 한티재.
류현수. 2019. 「가습기 살균제 사용에 따른 피해 신청자들의 폐질환 발생 영향요인 분석」. 대구가톨릭대학교 대학원 석사학위 논문.
맥마이클, 필립(Philip McMichael). 2013. 『거대한 역설: 왜 개발할수록 불평등해지는가』. 조효제 옮김. 서울: 교양인.
≪메가경제≫. 2019.11.21. "[ME분석] '3분기 소득분배지표' 균등화 처분가능소득 5분

위 배율 감소 의미".

스턴, 앤디(Andy Stern)·리 크래비츠(Lee Kravitz). 2019. 『노동의 미래와 기본소득: 21세기 빈곤 없는 사회를 위하여』. 박영준 옮김. 서울: 갈마바람.

≪시사경제신문≫. 2019.6.10. "[기획] 한국사회 양극화 진단 ① 소득불평등".

신호은. 2017. 「화학안전관리법제와 공법상 권리구제방안에 대한 연구: 특히 가습기 살균제 등 가정용 화학제품을 중심으로」. 숙명여자대학교 석사학위 논문.

연합뉴스. 2019.10.22. "2030년까지 온실가스 배출량 32% 감축 나선다".

이상헌. 2009. 「MB정부 '저탄소 녹색성장 전략'에 대한 정치경제학적 고찰」. ≪ECO≫, 13(2), 7~41쪽.

이유진. 2019. 「2020 대한민국 그린뉴딜플랜」(미간행).

≪日刊 NTN≫. 2018.10.8. "정동영, '재벌·대기업·다주택자, 10년간 부동산투기에만 골몰'".

조명래. 2006. 『개발정치와 녹색진보』. 서울: 환경과생명.

지주형. 2011. 『한국 신자유주의의 기원과 형성』. 서울: 책세상.

클라인, 나오미(Naomi Klein). 2016. 『이것이 모든 것을 바꾼다: 자본주의 대 기후』. 이순희 옮김. 파주: 열린책들.

판 파레이스, 필리프(Philippe Van Parijs)·야니크 판데르보흐트(Yannick Vanderborght). 2018. 『21세기 기본소득: 자유로운 사회, 합리적인 경제를 향한 거대한 전환』. 홍기빈 옮김. 서울: 흐름출판.

≪한겨레신문≫. 2018.4.2. "영국서 '모든 청년에게 1500만 원 기본자산 줘야' 제안".

한삼인·강홍균. 2006. 「자연의 권리 소송에 관한 고찰」. ≪법학연구≫, 24, 453~472쪽.

홍성태. 2011. 『토건국가를 개혁하라: 개발주의를 넘어 생태복지국가로』. 파주: 한울.

Glassman, Jim and Young-Jin Choi. 2014. "The Chaebol and the US Military — Industrial Complex: Cold War Geopolitical Economy and South Korean Industrialization." *Environment and Planning A: Economy and Space*, 46, pp.1160~1180.

UNEP[United Nations Environment Programme]. 2019. "Emissions Gap Report 2019." https://www.unenvironment.org/resources/emissions-gap-report-2019 (검색일: 2020.1.31).

2부
녹색전환을 위한 전략

정치의 녹색전환을 위한 전략

하승수

1. 기후 위기와 정치

기후 위기는 인류 최대의 위기라고 할 수 있다. 북극의 얼음은 대량으로 사라졌고, 그린란드와 남극의 빙하도 줄어들고 있다. 2019년 여름에는 시베리아에서 대형 산불이 나 벨기에만 한 면적의 산림이 사라졌고, 겨울에는 호주에서도 대형 산불이 나 국가 비상사태가 벌어지기도 했다. 세계 곳곳이 슈퍼 태풍, 홍수, 가뭄 등을 겪고 있다. 상황은 앞으로 더 심각해질 것이다. 대한민국도 2019년 10월에 대형 태풍을 겪었고, '삼한사미'라는 말이 나올 정도로 고농도 미세먼지 때문에 고통을 받고 있다. 고농도 미세먼지가 발생하는 원인 중 하나가 기후변화로 인한 대기 정체 현상이라는 것은 이미 밝혀진 사실이다. 그리고 곡물 자급률 20%대, 식량자급률 40%대에 불과한 대한민국은 기후변화가 심각해지면 '식량 위기'를 겪을 우려도 있다. 기후 위기가 시민의 생명과 안전을 위협하는 것이다.

이런 상황에서 개인의 실천만으로 온실가스를 대폭 감축하기란 어렵다는 사실도 드러나고 있다. 온실가스를 대량으로 배출하는 산업구조를 바꾸지 않으면 한계가 있는 것이다. 산업구조를 바꾸려면 에너지, 교통, 농업, 먹거리, 건축, 폐기물 등 우리 삶의 모든 면을 바꿔야 한다. 문제는 시간이 별로 없다는 것이다. 지구의 평균기온 상승을 섭씨 1.5도 선에서 막으려면 2050년까지 탄소 배출을 순 제로Net Zero로 만들어야 한다. 그러기 위해서는 단기적이고 포괄적인 전환이 필요하다. 시간을 두고 천천히 변해보자고 할 상황이 아니다.

온실가스를 대량 배출하는 국가 중 하나인 대한민국의 경우, 온실가스 총배출량이 1990년 2억 9290만 톤(이산화탄소 환산량)에서 2000년 5억 140만 톤, 2010년 6억 5740만 톤을 거쳐 2016년 6억 9410만 톤에 달했다. 1990년 대비 2.37배로 증가한 것이다. 세계적으로도 빠른 증가 추세이다. 온실가스 배출량을 인구로 나눈 '1인당 온실가스 총배출량'도 빠르게 증가했다. 1990년에 6.8톤이던 대한민국의 1인당 온실가스 배출량은 2016년에는 13.5톤으로 1990년 대비 2배가 되었다. 이것은 세계 주요 국가들의 모임인 G20 국가 평균의 1.7배에 달하는 수치이다.

상황이 이런데도 대한민국의 온실가스 감축 계획은 소극적이다. 그것은 정부의 의지가 부족한 탓도 있지만, 산업계가 반발하는 탓도 크다. 온실가스를 대량으로 배출해 온 에너지·철강·시멘트·석유화학 업계에서는 온실가스 감축에 소극적일 수밖에 없다. 그리고 이렇게 온실가스를 대량으로 배출하는 기업들이 한국의 대표 기업들이기도 하다. 온실가스 대량 배출 기업은 포스코(1위), 한국남동발전(2위), 한국중부발전(3위), 한국동서발전(4위), 한국서부발전(5위), 한국남부발전(6위), 현대제철(7위), 쌍용양회공업(8위), 포스코에너지(9위), 현대그린파워(10위)

의 순이다(기업지배구조원, 2019).

범정부 차원에서 산업구조 전환을 포함한 포괄적인 계획을 수립하고, 이해관계를 조율하고 조정할 필요가 있다. 그러나 정부의 전반적인 분위기는 여전히 기후 위기에 무관심하다. 경제정책을 총괄하는 기획재정부나 에너지·산업 정책을 다루는 산업통상자원부의 일차 관심사는 기후 위기가 아니다. 따라서 온실가스를 대폭 감축하기 위해서는 정부 전체의 정책 방향이 근본적으로 바뀌어야 한다. 온실가스 감축을 정책의 최우선 목표로 삼아야 한다. 지금은 경제성장률이 중요한 때가 아니다.

행정부가 소극적이라면 국민이 선출한 대의기관이 적극 나서야 한다. 그런 점에서 국회의 변화가 중요하다. 그런데 여전히 많은 국가의 정치는 온실가스 감축에 소극적이다. 아예 무관심하기도 하다. 그래서 "바꿔야 할 것은 기후가 아니라 정치Change the Politics, Not the Climate"라는 슬로건이 국제 기후 정의 운동에 등장했다. 물론 모든 국가의 정치가 온실가스 감축에 같은 태도를 보이는 것은 아니다. 일부 국가의 정치에서는 기후 위기를 중요한 의제로 다룬다. 최근 유럽의회 선거와 오스트리아, 스위스 총선에서는 기후 위기 대책 마련에 적극적인 녹색당이 약진했다.

2019년 5월에 치러진 유럽의회 선거에서는 녹색당이 주축인 녹색당-유럽자유연합Greens/European Free Alliance이 득표율 11.7%로 751석 중 74석을 차지했다. 2014년 선거에서 득표율 7.3%에 50석을 획득한 것에 비하면 약진한 것이다. 2019년 9월의 오스트리아 총선에서도 녹색당이 득표율 12.4%(27석)로 4위를 차지했다. 2017년 총선에서 4%에도 못 미쳤던 것에 비하면 놀라운 변화이다. 2019년 10월에 치러진 스위스 총선에서도 기후변화 대책에 적극적인 녹색당이 13.2%, 녹색자유당이 7.8%

의 득표율을 얻었다. 두 당 모두 지난번 선거보다 2배 이상으로 득표율이 높아졌다.

최근의 이런 선거 결과는 최소한 유럽에서는 기후 위기가 중요한 정치 의제로 인정받고 있다는 증거이다. 그리고 이렇게 기후 위기가 중요한 정치 의제가 되면, 적극적인 온실가스 감축 계획이 수립될 수 있다. 실제로 오스트리아는 2020년 1월에 구성한 국민당-녹색당 연립정부가 2040년까지 온실가스 배출 순 제로를 달성하겠다고 발표하기도 했다. 그러나 대한민국을 비롯한 많은 국가에서는 기후 위기가 여전히 정치의 외면을 받고 있다. 미국은 도널드 트럼프Donald Trump 대통령이 기후 위기 자체를 부정하는 상황이다. 대한민국은 기후 위기가 국회에서 진지하고 치열한 토론의 주제조차 되지 못한다. 대통령 선거는 물론이고, 총선이나 지방선거에서도 기후 위기가 중요한 토론 주제나 정책 의제로 다뤄진 적이 없다. 물론 기후 위기에 관심이 있는 소수 국회의원이 있고, 국회의원 연구 단체로 '국회기후변화포럼'이 결성되어 있지만, 개별적인 의정 활동 수준에 그치고 있다. 그리고 세계적으로 기후 위기 문제에 가장 적극적인 녹색당이 대한민국에서도 2012년 3월 창당했지만, 아직 원외 정당에 머무르고 있다. 그래서 정치의 변화가 매우 중요하다.

정치를 통해 우선 바꿔야 할 것은 예산과 정부 조직이다. 온실가스를 감축하는 데 국가의 모든 가용 재원을 최우선으로 투입할 필요가 있다. 그런데 2020년에 512조 원 이상으로 늘어난 국가 예산 중 온실가스 감축을 위한 예산은 여전히 부족하다. 오히려 제주 제2공항, 새만금신공항 등 토목 건설 사업을 대규모로 추진하고 있다. 작년에 예비 타당성 조사 면제를 받은 토목 건설 사업들도 추진되고 있다. 기후 위기 시대에 걸맞은 정부 조직에 대해서도 고민해야 한다. 환경부만 노력해서는 기후 위기에 대처하는 것이 불가능하다. 범정부적으로 기후 위기에 대응하기 위한 체계를 갖춰야 한다. 이를 위해서는 먼저 녹색전환 정책을 총괄하는 전환부의 신설이 필요하다. 경제성장률 높이기를 최우선 목표로 삼는 기획재정부가 경제정책을 총괄해서는 큰 변화를 기대할 수 없다. 이렇게 예산과 정부 조직을 바꾸는 문제를 정치권에서 토론해야 한다. 그런 토론이 가능한 정치를 만들어야 한다. 그래야 기후 위기 대책을 제대로 세울 수 있다.

2. 기후 위기와 선거제도

기후 위기에 대한 정치권의 반응이 국가별로 차이가 발생하는 데는 여러 원인이 있겠지만, 그중 하나로 선거제도의 차이에 주목할 필요가 있다. 선거제도로 다수대표제(소선거구제)를 택한 국가의 온실가스 배출량 증가율이 비례대표제를 택한 국가의 온실가스 배출량 증가율보다 높기 때문이다.

오렐라나(Orellana, 2014)의 연구에 따르면, 18년(1990~2007년)간의 온실가스 배출량 증가율이 다수대표제 국가는 45.5%, 비례대표제 국가는 9.5%였다. 그 이유는 선거제도의 특성 때문이다. 비례대표제는 각 정당이 받은 정당 득표율에 따라 의회 의석을 배분한다. 따라서 유권자들에게는 정당에 대한 투표가 중요해진다. 따라서 유권자들이 정당에 투표하려면 각 정당의 정책을 중요하게 살필 수밖에 없다. 즉, 기후 위기를 심각하게 받아들이는 유권자들은 기후 위기 대책에 적극적인 정당에 투표하게 된다. 최근 유럽의회 선거와 오스트리아, 스위스 총선에서 녹색당 지지율이 높아진 것도 이들 국가가 비례대표제 선거를 치르기 때문이다.

이렇게 녹색당의 지지율이 높아지면, 표를 더 얻기 위해 애써야 하는 다른 정당들도 기후 위기 문제를 소홀히 다룰 수 없게 된다. 진보 정당뿐만 아니라 보수 정당도 기후 위기와 관련한 정책을 내세울 수밖에 없다. 그래서 자연스럽게 기후 위기가 정치 영역에서 중요한 의제로 떠오르게 되는 것이다. 따라서 기후 위기를 중요한 주제로 다루게 하려면 선거제도가 매우 중요하다.

실제로 온실가스 감축 정책에 비교적 적극적인 유럽연합은 회원국의 선거제도가 어떻든 유럽의회 선거는 비례대표제로 치른다. 그래서 유럽의회에서는 일찍부터 녹색 정치 그룹이 일정한 지분을 차지하고 있다. 유럽녹색당European Greens은 다른 소수파 정치 세력과 함께 유럽의회 내에서 녹색당-유럽자유연합이라는 그룹을 형성하고 상당한 정책적 영향력을 행사해 왔다. 또 2022년까지 탈핵(탈원전)을 이루고 2038년까지 석탄 화력발전을 종료시키겠다는 계획을 세우고 있는 독일도 대표적인 비례대표제 국가이다. 재생 가능 에너지 모범 국가 중 하나로 꼽히는 덴마크 역시 비례대표제 국가이다. 수력발전, 패시브 하우스 등이 일찍부터 발달한 오스트리아 역시 비례대표제 국가이다. 이런 몇몇 국가만 보더라도 기후 위기에 대응하기 위해서는 선거제도의 개혁이 매우 중요하다는 것을 알 수 있다.

3. 다양한 선거제도

그렇다면 선거제도를 좀 더 자세히 살펴보자. 선거제도의 정의는 '유권자들이 던진 표를 의석으로 전환하는 방식'이다. 각 나라의 선거제도는 구체적으로 보면 매우 다양하지만, 현재 가장 대표적인 두 가지 선거제도는 비례대표제Proportional Representation와 다수대표제First-Past-The-Post (국내에서는 소선거구제로 불리기도 함)라고 할 수 있다. 비례대표제와 다수대표제도 그 안에 여러 변종이 있을 수 있지만, 양자의 구분은 명확하다. 비례대표제는 각 정당이 얻은 정당 득표율에 따라 의석을 배분하는 것이다. 40%를 얻으면 40%의 의석을, 20%를 얻으면 20%의 의석을, 5%를 얻으면 5%의 의석을 배분하는 개념이다. 이렇게 하면 유권자들의 표의 가치가 똑같이 인정된다.

다수대표제(소선거구제)는 1등만 당선되는 선거 방식이다. 이렇게 선거를 하면 1등을 찍은 표만 계산이 되고 2등, 3등, 4등을 한 후보가 얻은 표는 사표死票가 된다. 그래서 각 정당의 득표율에 관계없이 지역구 당선자가 많은 정당이 많은 의석을 차지하게 된다. 대한민국의 선거제도는 정당 득표율에 관계없이 지역구에서 1등만 하면 무조건 당선되는 단순(상대) 다수대표제 방식으로 국회의원과 광역지방의원 대부분을 선출한다. 국회의원 300명 중 253명, 광역지방의원 90%가량을 이렇게 선출한다. 그리고 지역구와는 별도로 약간의 비례대표를 선출한다. 국회의원 300명 중 47명, 광역지방의원 중 10%가량을 비례대표로 선출하는 것이다.

이런 방식을 '병립형parallel system' 또는 '혼합형 다수대표제MMM: Mixed Member Majoritarian'라고 부른다. 비례대표제라기보다는 다수대표제의 변형으로 볼 수 있다. 비례대표제는 전체 의석을 정당 득표율대로 배분하는 것인데, 병립형은 일부 의석만 정당 득표율대로 배분하므로 비례대표제의 효과가 나타나지 않기 때문이다. 이런 병립형 방식에서는 지역구 투표에서 2등 이하를 찍은 표는 전부 사표가 되므로, 대량의 사표가 발생한다. 그 결과로 각 정당의 득표율과 의석 비율이 일치하지 않는

표 5-1 | 2004, 2008, 2012년 총선의 1당 득표율과 의석

	2004년	2008년	2012년
1등 한 정당의 득표율(%)	38.3(열린우리당)	37.5(한나라당)	42.8(새누리당)
1등 한 정당의 의석 수(석)	152	153	152

표 5-2 | 2016년 20대 총선의 득표율과 의석 비율

정당	정당 득표율(%)	의석 수(석)	의석 비율(%)
새누리당	33.5	122	40.67
더불어민주당	25.54	123	41.0
국민의당	26.74	38	12.67
정의당	7.23	6	2

현상이 발생한다. 표의 등가성이 깨지는 것이다.

지역구 투표와 정당 투표를 별개로 하기 시작한 2004년 이후 국회의원 총선 결과를 보면 이런 점이 분명하게 드러난다. 2004년부터 2012년 사이에 치러진 세 번의 총선에서는 30% 후반에서 40% 초반의 득표를 하고도 과반 의석을 차지하는 정당이 나타났다. 2004년 총선에서는 38.3%의 정당 득표를 한 열린우리당이 국회 의석 과반수를 차지했다. 2008년 총선에서는 득표율 37.5%의 한나라당이 153석으로 과반 의석을 차지했다. 2012년 총선에서는 42.8%의 정당 득표를 한 새누리당이 152석으로 과반 의석을 차지했다.

2016년 총선 결과도 정당 득표율과 의석 비율이 일치하지 않는 현상을 보인다. 〈표 5-2〉에서 보는 것처럼 새누리당과 더불어민주당은 정당 득표율에 비해 많은 의석을 얻었고, 국민의당과 정의당은 정당 득표율에 비해 적은 의석을 얻었다. 국민의당은 정당 득표율이 26.74%인데도 의석은 12.67%에 해당하는 38석을 얻는 데 그쳤다. 그리고 정의당

표 5-3 ㅣ 2018년 서울시의회 선거 정당 득표율 및 의석 비율

정당	정당 득표율(%)	의석 수(석)	의석 점유율(%)
더불어민주당	50.92	102	92.73
자유한국당	25.24	6	5.45
바른미래당	11.48	1	0.90
민주평화당	0.88	—	—
정의당	9.69	1	0.90
합계		110	

은 7.23%를 득표했는데도 의석은 2%에 해당하는 6석에 그쳤다.

한편 지방선거에서는 표의 등가성이 더욱 깨진다. 2018년 6월 13일에 치러진 지방선거에서 서울시의회 선거 결과는 〈표 5-3〉과 같았다. 서울시의회 선거에서 정당 득표율 50.92%의 더불어민주당이 의석의 92.73%에 해당하는 102석을 차지했다. 반면에 11.48%인 바른미래당은 0.90%에 해당하는 1석을 차지하는 데 그쳤다. 더불어민주당을 지지한 1표와 바른미래당을 지지한 1표의 가치는 23배 이상 차이가 났다.

이처럼 현재 대한민국이 택하고 있는 병립형 제도는 다수대표제와 별반 다름없는 선거 결과를 보여준다. 표의 등가성이 깨지고, 승자가 독식하는 현상을 낳는 것이다. 그래서 비례대표제로의 선거제도 개혁이 필요하다는 문제 제기가 학계와 시민사회에서 계속되어 왔다.

비례대표제 선거제도를 택한 국가는 대부분 정당 명부식 비례대표제를 택하고 있다. 정당 명부식 비례대표제는 지역구 선거 없이 정당이 받은 정당 득표 비율에 따라 의석을 배분하는 방식이다. 프리덤하우스에서 자유민주주의 국가로 분류하는 88개국 중 50% 이상이 이 제도를 택하고 있다(파렐, 2017). 정당 명부식 비례대표제에도 다양한 유형이 있다. 전국 단위로 단일 선거구를 설정하고 정당 명부식 비례대표제를 할

표 5-4 │ 다수대표제와 비례대표제, 혼합형 선거제도의 분류

	유형	국가	비고
다수 대표제	상대다수제	미국, 영국, 캐나다, 인도	영국의 경우 국회의원 선거는 바꾸지 못했으나, 스코틀랜드와 웨일스 의회, 런던시의회 선거는 혼합형 비례대표제로 개혁.
	절대다수 대표제	프랑스	국회의원 선거에서도 결선 투표를 함. 1차 투표에서 과반수를 얻은 후보가 없으면 1, 2위 후보를 놓고 2차 투표를 해 당선자를 결정.
	혼합형 다수대표제 (MMM)	대한민국, 일본, 대만, 이탈리아	지역구 의석과 비례대표 의석을 따로 선출하는 방식.
비례 대표제	정당 명부식 비례대표제	네덜란드, 스웨덴, 덴마크, 오스트리아 등 유럽 국가 다수	지역구 선거 없이 정당이 받은 득표율대로 의석 배분. 전국 단위로도 할 수 있고, 권역별로도 할 수 있음.
	혼합형 비례대표제 (MMP)	독일, 뉴질랜드	정당 득표율에 따라 전체 의석을 각 정당에 배분. 각 정당은 자기 정당의 배분 의석 안에서 지역구 당선자부터 채우고 나머지를 비례대표 후보로 채움.

자료: 파렐(2017: 307~309)에서 수정.

수도 있고 권역별로 할 수도 있다. 그리고 비례대표제 중에서도 혼합형을 택한 경우도 있다. 혼합형 비례대표제MMP: Mixed Member Proportional representation는 지역구 선거가 초래한 불비례성을 정당 명부 의석으로 보상하거나 보정하는 방식이다.

혼합형 비례대표제의 경우, 지역구 선거를 하되 정당 득표율대로 전체 의석을 배분하므로 지역 대표성도 확보된다. 그래서 '인물화된 비례대표제'라고도 불린다. 제2차 세계대전 후 독일에서 채택했고, 1993년 뉴질랜드가 선거제도를 개혁하면서 채택했다. 그리고 스코틀랜드, 웨일스가 유사한 방식을 채택하기도 했다. 지금도 대한민국뿐만 아니라 이탈리아, 캐나다의 선거제도 개혁 논의에서 유력한 대안으로 고려되는 방식이다. 이 방식은 우선 전체 의석을 각 정당의 정당 득표율에 따라 배분한다. 그런 다음 각 정당은 배분받은 의석 안에서 지역구 당선

자부터 먼저 채우고, 모자라는 부분은 비례대표로 채우는 것이다.

혼합형 비례대표제는 지역구 선거 따로, 비례대표 선거 따로 하는 혼합형 다수제(병립형) 방식과는 구분하는 의미에서 '연동형 비례대표제'라고도 한다. 지역구 당선자와 비례대표 당선자 수가 서로 연동되기 때문이다. 예를 들어 설명하면, 연동형 비례대표제에서도 유권자들은 1인 2표를 행사한다. 지역구 후보자에게 1표, 정당에 1표를 주는 것이다. 여기까지는 병립형 선거제도와 비슷하다. 그런데 의석 계산 방법이 다르다. 가령 전체 의석이 지금처럼 300석이고 A당이 20%의 정당 득표를 했다고 하자. 그러면 A당에는 일단 300석의 20%에 해당하는 60석을 배정한다. A당이 지역구 당선자를 40명 배출했다면 일단 지역구 당선자들은 국회의원이 되고 모자라는 20명은 그 당의 비례대표 후보로 채우는 것이다. 그리고 만약 A당의 지역구 당선자가 20명밖에 되지 않는다면 A당에 배정된 60석에서 지역구 당선자 20명을 뺀 40명을 비례대표로 채우는 것이다.

4. 선거제도 개혁의 경로와 기대 효과

현재 대한민국에서 주로 논의되고 있는 선거제도 개혁 방안은 연동형(혼합형) 비례대표제이다. 중앙선거관리위원회(약칭 '중앙선관위')가 2015년 2월 선거제도 개혁 방안으로 '연동형 비례대표제'를 권고한 후에, 정당명부식 비례대표제보다는 연동형 비례대표제 중심으로 논의가 진행되고 있다.

당시에 중앙선관위가 권고한 내용은 전국을 6개 권역으로 나눠 연동형 비례대표제를 시행하는 방안이었다. 전체 의석은 300석으로 하되,

지역구에서 200명을 뽑고, 비례대표로 100명을 뽑는 방식이다. 그러나 이 방안대로 선거제도가 개혁되기에는 현실적인 어려움이 있었다. 국회의원 선거구를 200개로 줄여야 하는 방안이기 때문이다. 중앙선관위도 의석을 줄이는 어려움을 알고 있었지만 국회 의석을 늘리는 부분까지 의견을 내기는 어려웠기 때문에 이 방안을 제안했던 것으로 이해할 수 있다.

중앙선관위의 제안은 2015년 각 정당에서 논의되었다. 당시 제1야당이던 민주통합당은 중앙선관위의 제안을 받아들였다. '연동형 비례대표제'를 당론으로 채택한 것이다. 그러나 실제 국회 협상 과정에서는 '연동형' 개념이 도입되지 못했다. 오히려 지역구 247석, 비례대표 53석이던 것이 지역구 253석, 비례대표 47석으로 바뀌어 비례대표 의석이 줄어드는 '공직 선거법' 개정이 이루어졌다. 비례성의 측면에서는 개악이 된 것이다. 이 선거법으로 2016년 총선이 치러졌다. 그 후 다시 선거제도 개혁 논의가 일어난 것은 박근혜 전 대통령이 탄핵되고 새로운 정부가 들어서면서부터이다. 시민사회에서는 선거제도를 개혁해서 정치개혁을 해야 한다고 본격적으로 요구했고, 전국 570여 개 단체가 '정치개혁공동행동'이라는 연대 기구를 결성했다.

정치개혁공동행동은 지방선거부터 비례대표제를 도입하려는 운동을 펼쳤다. 그러나 2018년 지방선거 전에 지방의회 선거부터 개혁을 하려는 시도는 실패했다. 그러나 2018년 하반기부터 국회에 정치개혁특별위원회가 구성되면서 선거제도 개혁 논의가 본격화되었다. 그리고 패스트트랙 절차를 거쳐서 선거제도가 바뀌게 된 것이다.

2019년 12월 27일 국회를 통과한 '공직선거법' 개정안은 '준연동형'이라는 형태로 연동형 개념을 부분적으로 도입했다. 2020년 4·15 총선에 적용된 준연동형 비례대표제는 각 정당의 득표율대로 배분한 의석에서 각 정당의 지역구 당선자를 뺀 수의 50%를 우선 보장하는 형태이다. 100%를 보장하는 것이 온전한 연동형이라면, 준연동형은 50%만 연동하는 것이다. 그리고 2020년에 한해서 비례대표 47석 중에서 30석에만 준연동형을 적용한다는 상한선 조항도 부칙에 두고 있다. 그래서 누더기 개혁이라고 비판받고 있다. 따라서 2024년 총선 이전에 더 온전한 형태의 비례대표제로 개혁할 필요가 있다. 지금까지는 연동형 비례대표제 중심으로 논의가 진행되고 있지만, 이후에는 정당 명부식 비례대표제까지 포함해서 논의할 필요가 있다.

이번 선거제도 개혁이 누더기가 된 이유 중 하나는 의석을 늘리지 못하는 상태에서 지역구 수도 줄이지 못하는 한계가 있었기 때문이다. 그래서 47석에 불과한 비례대표 의석으로 연동형 개념을 도입하는 데 어려움이 있었다. 비례대표 의석이 충분해야 지역구 당선자가 적은 소수 정당에 정당 득표율에 맞춰 비례대표를 배분할 수 있는데, 비례대표 의석이 너무 적으면 그렇게 할 수 없기 때문이다.

따라서 앞으로 선거제도를 개혁하려면 두 가지 방안 중에 하나를 선택해야 한다. 첫 번째는 국회 의석을 300석에서 최소 360석으로 늘리고, 그중 100석 이상을 비례대표 의석으로 하는 것이다. 그렇게 하면 정당 득표율에 비해 지역구 당선자가 적은 소수 정당도 정당 득표율만큼 비례대표 의석을 보장받을 수 있게 된다. 참고로 독일은 지역구 299석, 비례대표 299석으로 지역구와 비례대표의 수가 같다. 그래서 녹색당처럼 지역구에서 당선자를 내기 어려운 정당도 비례대표 299석을 통해서 정당 득표율만큼 의석을 배분받을 수 있다. 그리고 1993년 국민투표를 통해서 연동형 비례대표제를 도입한 뉴질랜드는 전체 의석이 120석인데, 지역구 71명, 비례대표 49명의 의원을 뽑고 있다. 이에 비하면 대한민국은 비례대표 의석 비율이 너무 낮다. 300석 중 47석에 불과하기 때문이다. 따라서 만약 연동형 비례대표제를 제대로 하려면 전체 의석을 늘리고, 늘어나는 의석을 비례대표 의석으로 해야 한다. 물론 그 전제는 국회의원 연봉 삭감, 특권 폐지 등의 국회 개혁을 하는 것이다. 그렇게 함으로써 국회의원 수가 20% 정도 늘어나더라도 국회에서 사용하는 예산 총액은 늘어나지 않게 하는 것이다. 이렇게 해야 국민이 국회의원 수를 늘리는 것에 동의할 수 있다.

두 번째는 300석 의석을 유지하되 지금과 같은 지역구 선거가 없는 순수 '정당 명부식 비례대표제'를 하는 것이다. 정당 명부식 비례대표제를 할 때에도 전국 단위로 할 수도 있고 권역별로 할 수도 있다. 후자는 일정한 지역 대표성을 확보하는 것도 가능하다. 그래서 덴마크, 스웨덴 방식을 유력하게 고려할 만하다. 덴마크는 전체 179석 중 섬 지역에 배정한 4석을 제외한 175석을 정당 명부식 비례대표제로 선출한다. 구체적으로는 135석은 전국을 10개 권역으로 나눠서 권역별 비례대표제로 각 정당에 의석을 할당하고, 40석은 보정 의석으로 남겨둔다. 40석을 보정 의석으로 남기는 이유는 권역별로 정당 득표율에 따라 각 정당의 의석을 배분할 때 발생할 수 있는 전국 정당 득표율과 의석 비율의차를 보정하기 위해서이다. 가령 의원 10명을 뽑는 권역에서는 10% 이상 지지를 얻어야 1석을 얻을 수 있는데, 5% 지지를 얻은 정당은 의석배분을 못 받게 될 수 있다. 이렇게 소수 정당이 권역별 배분에서 못 받은 의석을 전국 단위에서 보정 의석으로 메워주는 것이다. 스웨덴도 유사한 방식을 택하고 있다. 만약 대한민국에서 덴마크와 같은 방식을 채택한다면 17개 시도별로 권역별 비례대표제를 하고, 일정 수의 보정 의석을 남겨뒀다가 전국 정당 득표율과 의석 비율을 맞춰주면 되는 것이다. 이러한 두 가지 방안을 앞으로 국회의원 선거제도 개혁과 관련해서유력하게 검토할 필요가 있다.

아울러 지방의회 선거도 비례대표제로 바꿔야 한다. 그래야 지방자치단체 차원에서도 정책에 관한 논의를 활성화할 수 있다. 지방의회 선거는 광역의회와 기초의회의 선거를 달리할 수도 있다. 특히 유권자 수가 적은 기초의회는 비례대표제를 채택하되, 유권자들이 정당만 고르는 것이 아니라 그 정당의 비례대표 후보 중에서도 선택할 수 있는 개방형 명부open list를 채택하는 것도 고려할 만하다.

이처럼 의회 선거제도를 비례대표제로 개혁하면 기대되는 효과가 여럿 있다. 첫째, 기후 위기 대응과 관련해서도 변화가 예상된다. 우선 비례대표제를 하면 정책 경쟁이 가능해진다. 기후 위기가 중요하다고 느끼는 시민들은 기후 위기에 관한 각 정당의 정책을 비교하고 투표할 수 있다. 지금은 지역구 중심이기 때문에 실제 선거에서는 정책이 중요하지 않다. 어느 지역구 국회의원을 뽑는 데 유권자들이 기후 위기 정책을 기준으로 투표하는 것은 아니기 때문이다.

둘째, 비례대표제는 의회를 구성하는 정당의 다양성을 보장한다. 지금보다 다양한 정당이 국회에 들어갈 수 있다. 새로운 정책을 내세우는 정당이 정책으로 정당 투표를 모을 수 있기 때문이다. 승자 독식의 선거제도는 양당제를 낳고, 비례대표제는 다당제를 낳을 가능성이 높다. 정당만 다양해지는 것이 아니라 상대적으로 젊은 층과 여성의 국회 진출 가능성이 높아진다. 20~30대 젊은 의원 비율이 40%가 넘는 덴마크는 대표적인 비례대표제 국가이다. 2016년 총선에서 20~30대를 합쳐서 3명(전체 국회의원의 1%)이 국회로 들어간 대한민국과 비교되는 점이다. 여성 의원 비율이 30%를 넘어선 국가들은 대체로 비례대표제를 채택하고 있다.

셋째, 비례대표제가 되면 정책의 연속성을 보장할 수 있다. 정당이 중심이 되는 선거제도이기 때문에 국회의원들이 각자 의정 활동을 하는 것이 아니라, 정당이라는 팀이 움직이게 된다. 설사 국회의원이 바뀌어도 정당은 남기 때문에 정책의 연속성이 보장될 수 있다. 기후 위기처럼 지속적이고 일관되게 정책을 추진해야 하는 의제는 정책의 연속성이 매우 중요하다. 그런 점에서도 비례대표제는 장점이 크다.

넷째, 비례대표제를 도입하면서 정당 개혁을 하면 유능한 정당을 만들 수 있다. 비례대표제가 되면 선거 때 급조해서 이합집산 하는 방식으로는 지지를 받기가 어렵다. 그래서 정당들이 이합집산보다는 '정당다운 정당'을 만들어 지지율을 올리는 길을 선택할 수밖에 없다. 그러기 위해서는 정치인을 체계적으로 길러내야 하고, 공천은 민주적으로 해야 하며, 정당의 정책 기능을 강화해야 한다. 그래서 유럽 비례대표제 국가의 정당들은 청년 조직을 통해 새로운 정치인을 계속 양성한다. 그리고 당원 투표로 후보자를 공천하는 당원 민주주의를 실천한다. 정당은 정책을 연구하고 개발하는 데 많은 돈과 에너지를 쓴다. 기후 위기 같은 문제를 해결하려면 이런 정당이 필요하다. 그리고 정당이 유능해져야 관료 집단을 통제할 수 있다. 지금의 정당과 국회로는 관료 집단을 통제할 방법이 없다.

5. 선거제도 개혁을 통한 녹색 헌법

선거제도 개혁에 관한 논의는 자연스럽게 헌법 개정에 관한 논의와 연결될 수밖에 없다. 그리고 개헌에 관한 논의가 시작된 것은 꽤 오래되었다. 20대 국회가 들어선 후에도 국회 안팎에서 개헌 논의가 계속되었다. 2017년에는 국회에 '헌법개정특별위원회'가 만들어졌다. 1987년 이후에 국회에 헌법개정특별위원회가 만들어진 것은 처음이다. 그러나 국회에서는 개헌안에 합의하는 데 실패했고, 개헌은 다시 무산될 상황이 되었다. 그래서 2018년부터 문재인 대통령이 대통령 발의로 개헌을 추진하게 되었다. 대통령이 발의할 헌법 개정안 초안을 만들기 위해 2018년 1월 대통령 직속 정책기획위원회에 국민헌법자문특별위원회를 구성했다. 위원회에는 학계, 시민사회 등에서 다양한 사람이 참여했다.

그리고 국민헌법자문특별위원회는 국민의 의견을 수렴하는 절차에 착수했고, 다른 한편으로는 외국의 사례를 참고해서 헌법 개정안을 조문화하는 작업에 들어갔다. 국민헌법자문특별위원회에서는 국민을 상대로 '국민 인식 조사'를 실시했는데, 그 설문 중에는 환경권과 관련된 문항도 있었다. 2000명을 대상으로 진행한 이 조사에서 응답자의 72.5%가 환경권, 생태계 및 미래 세대에 대한 국가 책임을 명시하는 것에 찬성했다. 국민 사이에서 환경, 생태 문제를 해결해야 한다는 인식이 상당히 높게 나타난 것이다.

이런 조사 결과와 별개로 환경운동 단체 등에서 헌법에 생태, 환경 위기에 대한 문제의식을 본격적으로 반영해야 한다고 제안했다. 그리고 국민헌법자문특별위원회에서도 기후 위기와 같은 생태, 환경에 관한 문제의식을 담아내기 위한 논의를 했다. 그러나 기후 위기를 헌법 개정의 핵심 문제로 고려하지는 못했다. 지방분권은 헌법 제1조에 지방분권 국가임을 선언하는 등의 내용을 담았지만 환경 국가 원리를 헌법에 담자는 제안은 채택되지 못했다.

그 결과 국민헌법자문특별위원회 안에도 한계가 있었다. 그리고 대통령 발의 개헌안에서는 녹색전환의 문제의식이 더 후퇴한 면이 있다. 예를 들어 국민헌법자문특별위원회에서는 환경권 조항에 '생태계를 보전'이라는 표현을 넣었으나, 대통령 발의 개헌안에서는 그마저 빠졌다. 개헌안에 담긴 내용은 '국가와 국민은 지속 가능한 발전이 가능하도록 환경을 보호해야 한다', '국가는 동물 보호를 위한 정책을 시행해야 한다' 정도였다. 이러한 내용을 포함한 대통령의 개헌안이 발의되었지만, 결국 국회를 통과하지 못하고 무산되었다. 1987년 이후 최초로 개헌안이 발의되었으나 제대로 토론조차 하지 못한 점은 매우 아쉬운 일이다.

그러나 헌법 개정의 재논의는 불가피하다. 1987년 이후에 헌법을 단한 줄도 고치지 못하고 있는 상황이기 때문이다. 그럴 경우에 녹색전환의 문제의식을 헌법에 어떻게 담을 수 있을지가 중요할 것이다. 또 바뀐 선거제도가 헌법 개정에 유리한 조건을 만들 가능성이 높다. 선거제도는 헌법에 담는 내용은 아니지만, 헌법에 준할 정도로 중요하다. 그런데 선거제도에 변화가 생기기 시작했으므로 이는 헌법 개정 논의로 이어질 가능성이 높다. 즉, 2020년 총선으로 구성될 21대 국회에서 다시 헌법 개정 논의가 불붙을 개연성이 큰 것이다. 그럴 경우에 녹색전환의 문제의식을 헌법에 담을 필요가 있다.

가장 바람직한 것은 기후 위기의 심각성과 녹색전환의 절박함을 헌법 전문에 담는 것이다. 그리고 대한민국 전체의 녹색전환을 추진한다는 내용을 총강과 기본권, 경제 조항 등에 반영해야 할 것이다. 국가의 기본 규범인 헌법에 이런 문제의식을 반영하면 개별 법률을 통해 강력한 전환 정책을 추진하기가 쉬워지고, 초중등교육과 고등교육, 시민 교육에서 녹색전환에 관한 내용을 담아내는 것도 가능해질 것이다.

6. 전환의 정치를 위하여

선거제도 개혁, 헌법 개정 등이 이루어진다고 해서 정치가 자동으로 바뀌는 것은 아니다. 녹색전환의 문제의식이 정당, 정치인들에게 확산되어야 한다. 녹색전환을 강력하게 주창할 새로운 정치 세력, 정치인의 등장도 필요하다. 이런 정치 세력의 등장은 기존 정당들의 정책도 바꿀 것이다. 그리고 기후 위기의 영향을 가장 많이 받을 수밖에 없는 청년, 청소년의 정치 참여가 확대되어야 한다. 이를 위해서는 선거권, 피선거권 연령부터 낮춰야 한다. 오스트리아는 2007년부터 만 16세로 선거권 연령을 낮추었다. 유럽의 다른 나라에서도 이제 만 18세에서 만 17세, 만 16세로 선거권 연령을 더 낮추는 논의가 본격화되고 있다. 스코틀랜드, 독일의 일부 주에서는 지방선거에 참여하는 선거권 연령을 만 16세로 낮추기도 했다.

비록 늦었지만 2019년 12월 27일 통과된 '공직선거법' 개정안에서 선거권 연령을 만 18세로 낮춘 것은 다행스러운 일이다. 대한민국은 경제협력개발기구OECD 회원국 중 유일하게 만 19세로 선거권 연령을 규정하고 있었기 때문이다. 그러나 선거권 연령을 낮추는 것만으로는 부족하다. 현재 만 25세로 되어 있는 피선거권 연령도 너무 높으므로 만 18세로 낮춰야 한다. 대통령 선거의 피선거권 연령은 헌법에서 만 40세로 규정하고 있는데, 이것도 헌법을 개정할 때 낮춰야 한다. 외국에서는 30대 국가 지도자가 나타나고 있는데 대한민국에서는 아예 피선거권 자체를 박탈하고 있는 것은 문제가 있다.

유럽의 오스트리아, 핀란드 등에서 30대 총리가 등장할 수 있는 이유 중 하나는 선거권, 피선거권 연령이 낮아서 일찍부터 정치에 직접 참여할 수 있기 때문이다. 이렇게 청년들의 정치 참여가 확대될수록 기후 위기가 정치의 중요한 의제로 등장할 가능성이 높아진다. 또 청소년의 정당 가입, 정치적 표현의 자유도 보장해야 한다. 지금의 대한민국은 선거권을 가지는 연령이 되어야 정당에 가입할 수 있게 되어 있다. 반면에 독일 같은 국가는 정당에 가입할 수 있는 연령을 법으로 규제하지 않고 각 정당이 자율적으로 정한다. 그리고 사회민주당, 녹색당 등은 청소년들도 가입할 수 있는 조직을 운영하면서 청소년의 정치 참여를 보장하고 있다. 독일뿐만 아니라 여러 나라의 녹색당에는 영그린스 young greens라는 조직이 있다. 이 조직을 통해 청소년, 청년들이 독자적으로 정치적 목소리를 내고, 기후 위기와 같은 문제를 해결하는 정치 과정에도 참여할 수 있게 된다. 그리고 원칙적으로 보더라도 정당 가입 연령을 법으로 규제할 필요가 없다. 정당이 정치적 결사체라면 굳이 법으로 가입 연령을 제한할 이유가 없는 것이다.

또 청소년도 정치적 표현을 할 수 있도록 보장할 필요가 있다. 청소년들이 선거 시기에 특정 정당의 지지 활동을 하는 것도 '공직선거법'으로 금지하고 있는 현재의 상황은 심각한 문제가 있다. 청소년을 '미래 시민'으로 볼 것이 아니라 '현재의 시민'으로 본다면 청소년도 정치적 의견을 표현하는 것이 당연하다. 특히 기후 위기와 같은 문제에 대해 기성세대가 책임지지 못하는 상황에서 청소년의 정치적 표현을 억압한 다는 것은 문제가 있다. 기후 위기 문제를 해결하기 위한 정치 과정에 청소년이 목소리를 낼 수 있게 보장해야 한다. 지금 택하고 있는 대의 민주주의의 한계에 대한 성찰이 필요하다. 선거권이 없는 청소년들이 야말로 기후 위기의 영향을 가장 많이 받을 세대이다. 그런데 이들의 목소리가 기존의 대의 민주주의 틀 내에서는 반영되지 않는다. 선거권도 없고 주민 투표의 투표권도 없다. 이들의 목소리를 담을 새로운 틀이 필요하다. 일부 국가에서 시도하는 청소년 의회를 국가와 지방자치단체 차원에서 중요하게 받아들일 필요가 있다.

다른 한편으로 임기가 제한되어 있는 선출직 공직자들에게만 정치적 의사 결정을 맡길 수 없다는 문제도 있다. 임기가 단기간인 정치인이 기후 위기처럼 중·장기적인 노력이 필요한 문제에 매달리기를 기대하기는 어렵다. 임기가 4년인 국회의원, 임기가 5년이고 한 번밖에 할 수 없는 대통령에게만 기후 위기 대책을 맡겨놓을 수 없는 것이다. 따라서 대의 민주주의에만 의존할 것이 아니라, 시민들이 직접 참여하는 숙의 민주주의Deliberative Democracy의 시도가 필요하다. 아일랜드, 아이슬란드는 헌법 개정을 할 때 무작위 추첨으로 뽑힌 시민들이 참여해서 매우 첨예한 사회적 사안들을 토론하며 해법을 찾은 경험이 있다. 아이슬란드에서는 시민들이 직접 헌법 개정안을 만드는 작업에 참여했고, 아일랜드에서는 낙태죄 폐지, 동성 결혼 허용 법제화 같은 이슈들을 시민들이 참여한 시민 의회citizen's assembly에서 토론해 방향을 잡은 사례가 있다.

최근 한국에서도 숙의 민주주의 또는 추첨제 민주주의로 볼 수 있는 시도가 늘고 있다. 국민참여재판을 통해 무작위로 뽑힌 시민들이 재판 과정에 참여하고 있다. 최근에는 공론화위원회 같은 시도가 늘고 있다. 무작위로 뽑힌 시민들이 신고리 5·6호기, 입시 제도, 개헌 등에 대해 토론하고 의견을 내는 방식이 시도되었다. 이런 공론화에 대해서는 비판도 많지만, 시민이 정책 결정 과정에 참여한다는 긍정적인 측면도 있다. 다만 공론화에 의미가 있으려면 공론화의 주제, 진행 방식 등을 섬세하게 설계할 필요가 있다. 특히 기후 위기와 같은 주제야말로 시민들이 참여해서, 대책 수립의 긴급성, 대책의 방향성 등을 토론하고 중요한 판단이 필요할 때 의견을 모아나가는 것을 검토해 볼 수 있을 것이다. 시민 모두가 기후 위기의 당사자이기 때문이다.

참고문헌 ■ ■

기업지배구조원. 2019. "국내외 기업의 온실가스 배출 현황". http://www.cgs.or.kr/
    news/press_view.jsp?no=160 (검색일: 2020.1.8).

최태욱. 2014. 『한국형 합의제 민주주의를 말하다: 시장의 우위에 서는 정치를 위하여』.
    서울: 책세상.

파렐, 데이비드(David Farrell). 2017. 『선거제도의 이해』. 전용주 옮김. 파주: 한울.

하승수. 2016. 『삶을 위한 정치혁명: 시스템의 노예에서 시스템의 주인으로』. 대구: 한
    티재.

Orellana, Salomon. 2014. *Electoral Systems and Governance: How Diversity
    Can Improve Policy-Making*. New York: Routledge.

06

GREEN TRANSFORMATION

경제의 녹색화

김해창

1. 왜 경제의 녹색화인가?

산업혁명 이래, 특히 20세기 들어 인류는 과학기술의 비약적 발전으로 자연에 존재하지 않는 인공 물질을 생산하기에 이르렀고 대량생산·유통·소비가 일상화되면서 대기·수질·토양 오염으로 대표되는 자연 생태계 파괴 또한 심각해졌다. 1, 2차 세계대전을 거치면서 핵무기를 통한 군비경쟁과 '핵의 평화적 이용'이란 미명하에 핵발전이 확대되었고, 급기야 1986년 체르노빌과 2011년 후쿠시마에서 핵발전소 참사가 일어났다.

1972년 발표된 로마클럽의 보고서 「성장의 한계The Limits to Growth」는 "지금 당장 인구 증가와 산업 생산 증가를 멈추기 위한 어떤 극적인 조치를 취하지 않는다면 인류는 21세기 초에 파멸을 면할 수 없다"라고 경고했다. 「성장의 한계」가 나온 지 20년 뒤인 1992년 브라질 리우회담에서 150여 개국 대표가 지구인의 행동 강령으로서 '환경과 개발에 관한 기본 원칙'을 담은 선언문을 채택했다. 다시 20년 뒤인 2012년 '리우+20 정상회의'에서는 녹색 경제Green Economy를 의제로 채택하여 최종 성명으로 '우리가 원하는 미래The Future We Want'를 발표했다. 이 성명에서는 지구를 위협하는 요인으로 사막화, 어류 자원의 고갈, 환경오염, 불법 벌목, 생물종 멸종 위기, 지구온난화 등을 명시했다. 또 기후변화의 주범인 이산화탄소 배출량을 감축하고 자원의 효율성을 제고하면서도 사회 통합을 지향하는 새로운 경제 모델인 '녹색 경제'로의 이행을 강력하게 촉구했다. 이처럼 21세기 들어서도 날로 심각해지는 지구의 자연 생태계 파괴는 궁극적으로 인류의 종말을 고하게 될 날도 머지않았다는 위기감을 불러일으키고 있다. '인류세Anthropocene'라는 말도 점차 보편화되고 있다.

기후변화에 대응하기 위하여 국제사회는 기후변화협약을 체결하고 2005년에 발효된 '교토의정서'나 2015년의 파리신기후체제 등을 통해 온실가스 배출량을 줄이기 위해 지혜를 모으고 있으나 자국의 경제 발전을 최우선시하는 미국과 중국 등이 적극 참여하지 않아 전 세계적인 대책 마련은 매우 미진한 실정이다.

2014년에 발표된 '기후변화에 관한 정부 간 협의체IPCC: Intergovernmental Panel on Climate Change'의 제5차 평가보고서는 과학적 확률로 지구 생태계의 문제를 심각하게 호소하고 있다. 1950년 이래 관측된 온난화의 주요인이 인간의 영향에 의한 것일 가능성이 '극히 높다'(95%)라며 배출량 감축이 늦어지면 늦어질수록 감축 비용은 더 늘어난다고 지적했다. 2019년 11월 15일 기상청, 국회기후변화포럼이 공동 개최한 "IPCC 6차 보고서 전망, 기후 위기와 사회적 대응 방안"이란 주제 토론에서는 21세기 말(2081~2100년) 지구의 평균기온이 현재(1995~2014년)보다 섭씨 1.9~

5.2도 상승하고 강수량은 5~10% 증가할 것으로 예상되었다. IPCC 5차 평가보고서에서는 2071~2100년에 기온 섭씨 1.3~4도 상승과 강수량 2~5% 증가가 예상되었다(뉴시스, 2019.11.15).

2019년 9월 23일 미국 뉴욕의 유엔 본부에서 열린 기후행동 정상회의에서 스웨덴의 16세 환경운동가 그레타 툰베리Greta Thunberg는 세계 각국의 정상과 정부 대표, 산업계 및 시민사회 지도자들 앞에서 "생태계가 무너지고 대멸종의 시작점에 서 있는데 당신들은 돈과 영원한 경제성장이라는 동화 같은 이야기만 늘어놓는다. 어떻게 그럴 수 있느냐"라며 당장 기후 대응에 나서라는 분노의 연설로 기성세대를 질타했다 (≪경향신문≫, 2019.9.25).

전 세계는 지속 가능한 발전을 이야기하고 있지만 아직도 국내총생산GDP이라는 양적 지표의 대안을 찾지 못하고 있다. 이러한 GDP를 기준으로 하더라도 지금은 전 세계가 저성장의 늪에서 헤어나지 못하고 있다. 우리나라의 2020년 경제성장률도 2% 전후를 예상하고 있다.

이제 경제성장을 보는 시각도 달라지고 있다. 하나는 지속적 경제성장은 꼭 필요하다는 소위 성장 옹호론으로, 현대 경제학의 주류이다. 다른 하나는 이제는 경제성장의 득보다는 실이 크다고 생각하는 소위 반反성장론이다. 반성장론도 크게 성장 불가론과 성장 불능론 두 가지로 나눌 수 있다.

성장 불가론은 경제성장은 인간의 행복을 증진시키지도 못하면서 각종 환경오염을 초래할 뿐만 아니라 자연 자원들을 급속도로 고갈시키며 각종 사회악을 초래한다는 것이다. 국민총생산GNP이 증가해 소비가 늘어난다고 하더라도 고도의 기술적인 욕망 조작에 의해 욕망이 한없이 부푼다면 결과적으로 경제성장은 오히려 인간을 더 불행하게 만들 수도 있다. 따라서 이제 경제성장보다는 분배의 정의, 환경 개선 등 더 중요한 가치를 추구해야 한다고 강조한다(송병락, 1992).

성장 불능론은 경제성장의 좋고 나쁨을 떠나 이 유한한 지구에서 끊임없는 경제성장이란 그 자체가 물리적으로 불가능하다는 데서 출발한다. 고전파 경제학을 확립한 데이비드 리카도David Ricardo의 장기 정체 이론, 토머스 맬서스Thomas R. Malthus의 인구론, 로마클럽 보고서 「성장의 한계」, 엔트로피 이론 등의 주장을 바탕으로 보아 범지구적인 경제성장은 지구의 엔트로피를 끊임없이 높이기에 끝장이 나는 때가 오게 될 것은 뻔하다. 인류가 할 수 있는 일이란 경제성장을 최소한으로 줄임으로써 되도록 지구의 엔트로피를 천천히 높이는 것이다. 실제로 배리 커머너Barry Commoner의 가설[1]에서 보듯이 과거의 수많은 기술 진보가 환경파괴적이었다는 것이다(이정전, 2004: 77).

영국의 비주류 경제학자 케이트 레이워스Kate Raworth는 『도넛 경제학 Doughnut Economics』에서 경제활동의 목표가 성장이 아닌 균형에 있다고 강조한다. 인간의 존엄성 보장을 위한 사회적 기초를 마련하기 위해 일정한 발전을 추구하면서도 지구 생태계와 조화를 이루도록 발전 방향 및 수준을 조절하는 것이 중요하다는 것이다. 녹색 성장과 탈성장 사이에서 정답이 있다고 우기지 말고 우선 GDP 성장 맹신주의에서 빨리 벗어나도록 노력하자고 제안한다(레이워스, 2018).

2012년 '리우+20'에서는 "지속 가능한 발전 및 빈곤 퇴치를 위한 녹색 경제 추진"이 주제로 부각되었다. 지속 가능한 발전SD: Sustainable De-

---

1 커머너는 환경오염 물질이 많이 배출될수록 환경오염은 그만큼 더 심해진다고 보고, 환경오염 물질의 배출량을 환경 파괴의 지수로 삼아 '환경 파괴 지수=인구×상품 생산량/인구×오염 물질 배출량/상품 생산량'이라는 항등식을 제시했다. 커머너의 항등식은 국민경제의 환경에 대한 악영향을 최소화하기 위해서는 인구, 물질적 풍요도, 생산 기술의 세 가지 요소를 통제해야 함을 보여주고 있다(이정전, 2004: 78~79).

velopment 실현, 즉 빈곤 퇴치를 위해서는 환경과 경제를 양립시키는 녹색 경제로의 이행이 불가결하다는 것이다. 녹색 경제는 지속 가능한 발전의 실현을 위한 수단이자 중요한 목표라고 강조했다.

유엔환경계획UNEP: United Nations Environment Programme은 세계 금융 위기 이후 2008년 10월부터 녹색 경제 이니셔티브를 시작했다. 2011년 2월 리우+20과 관련해 녹색 경제의 방향을 담은 보고서 「녹색 경제를 지향해: 지속 가능한 발전과 빈곤 퇴치로 가는 길」을 발표했다. 보고서의 핵심은 세계 GDP의 2%(연간 약 1조 3000억 달러)를 환경친화적인 주요 10개 부문(해양, 산림, 생물 다양성, 재해 위험, 기후변화, 사막화, 산지, 폐기물, 물, 에너지)에 투자함으로써 저탄소 또는 자원 효율이 높은 녹색 경제로의 이행을 이끌어내 환경 개선뿐만 아니라 경제 효율화를 통한 고용 창출도 가능하다는 것이다.

어쨌든 녹색 경제 확산 방안으로 유엔이 리우+20을 맞아 지속 가능 발전 목표SDGs: Sustainable Development Goals[2]를 도출했는데 노르웨이, 미국 등 선진국은 물, 식량, 에너지 등 SDGs의 세부 분야에 대한 합의와 결과를 문서에 명시하자고 제안했지만 77개국과 중국은 시기상조라며 반대했다.

산업혁명 후 대량생산·유통·소비로 인한 생태계 파괴로 궁극적으로 지구의 종말로 이어질 인류세를 극복하는 방법으로 지속 가능성의 인식, 사고방식의 전환이 매우 중요하다는 사실을 알 수 있다. 위기의 지구를 살릴 수 있는 경제적 대안은 녹색 경제이며, 이러한 녹색 경제의 이행을 위한 '경제의 녹색화'는 우리 시대의 과제라 할 수 있다.

---

2 2015년 유엔총회가 채택한 것으로, 2030년까지 선진국과 개발도상국이 함께 이행해야 할 17개 목표 및 169개 세부 목표로 구성되어 있다. 17개 목표에는 빈곤 종식, 청정 에너지, 불평등 감소, 책임 있는 생산과 소비, 기후행동 등이 들어가 있다.

2. 녹색전환 관점에서 본 한국 경제

1) 우리나라의 경제성장에 대한 회고

(1) 고성장에서 저성장 시대로

2019년 통계청, 유엔 자료에 따르면 우리나라는 인구가 5170만 9098명으로 세계 28위인데 GDP는 1조 7208억 9000만 달러로 세계 10위이며, 1인당 GDP는 3만 3346.3달러로 세계 26위(2018 한국은행, 세계은행 기준)이다.

우리는 경제성장률에 너무 익숙해져 있다. 이근영(2018)은 우리나라의 경제성장률이 한국은행이 국민 계정 통계를 작성하기 시작한 1954년부터 2016년까지 63년 동안 연평균 7.2%로 세계 평균 경제성장률의 배에 이르는 세계 최고의 고성장을 기록했다고 분석하고 있다.

기간별로 성장률을 보면 1950년대에는 연평균 5.8% 수준을 보이다가 '경제개발 5개년 계획'이 시행되며 본격적인 공업화를 추진하기 시작한 1960년대에는 연평균 8.8% 수준으로 크게 높아졌다. 중화학공업화가 강력하게 추진된 1970년대에는 두 차례의 세계 석유파동을 거치면서도 연평균 10.5%로 더욱 높아졌다. 그러나 이렇게 26년 동안에 급격하게 높아졌던 경제성장률은 1980년대부터 지금에 이르기까지 30여 년 동안 꾸준히 낮아지고 있다. 1980년대에는 8.8%, 1990년대에는 7.1%로 낮아졌고 2000년대에는 4.7%, 2010년대에는 3.5%로 더욱 낮아졌다. 이렇게 한국의 경제성장률은 1970년대의 10.5%에서 2010년대의 3.5%로 40년 동안 7.0%포인트나 낮아져 3분의 1 수준으로 떨어진 것이다(이근영, 2018: 12~15). 한국 경제의 성장률이 장기적으로 낮아진 이유로 이근영은 수요 면에서는 수출 증가율이 계속 낮아졌고, 공급 면에서는 생산요소, 곧 노동과 자본 투입량이 줄었기 때문이라고 분석한다.

아울러 소득분배 지표인 지니계수[3]를 보면 1990년대 후반기 이후 한국의 소득분배는 악화 추세를 보이고 있다. 한국의 지니계수는 도시 2인 이상 가구의 경우로 볼 때 1995년에 가장 낮은 0.26을 보였다가 외환위기를 겪은 1998년에 0.29로 크게 높아져 소득분배가 급격하게 불평등해졌음을 보여주고 있다. 2010년 0.32에 이르기까지 꾸준하게 증가 추세를 보이고 있는데, 다만 2016년에는 0.32로 2010년대 들어와서는 더 악화되지 않고 대체로 현상을 유지하는 것으로 보인다. 2014년 기준 경제협력개발기구OECD 통계를 보면 한국의 지니계수는 0.30으로 OECD 회원국 36개국 가운데 18번째로 중간 수준이다.

또 상위 20%의 소득을 하위 20% 소득으로 나눈 '5분위 배율'을 보면 한국은 이 비율이 1995년 3.9에서 2010년 6.0으로 증가했다. 중위 소득의 50% 미만에 속하는 인구 비율을 나타내는 '상대적 빈곤율'도 1995년 8.3%에서 2010년 14.9%로 크게 증가했다. WID The World Wealth and Income Database에 따르면 우리나라 상위 10%의 소득이 전체 국민의 소득 중에서 차지하는 점유율, 곧 '상위 10% 소득 집중도'는 1979년 27.0%에서 1985년 28.8%로 1.8%포인트 증가하여 6년 동안은 큰 변동이 없었으나, 1995년 29.2%에서 2012년 44.9%로 17년 동안 15.7%포인트나 증가했다. 이는 같은 기간 중 세계에서 가장 빠른 속도로 증가한 것으로, 그 결과 한국은 세계에서 미국 다음으로 상위 10%의 소득 집중도가 높은 나라가 되었다. 1996~2012년의 경제성장률과 소득분배의 변동 사이에는 뚜렷한 양의 상관관계가 있는 것으로 나타났다. 1990년대 중

---

3 지니계수는 가장 널리 쓰이는 소득분배 지표로 0에서 1의 값을 가지는데 소득이 국민 사이에서 완전히 평등하게 분배되면 그 값은 0이 되고 모든 소득을 한 가구가 독점하면 1.0이 된다. 지니계수가 클수록 소득이 불평등하게 분배되고 있음을 나타낸다.

반부터 2010년대 초반까지는 경제성장률이 높아질수록 소득분배는 오히려 악화되고 있는 것이다(이근영, 2018: 23~26).

그런데 우리나라의 2019년 경제성장률이 1%대로 추락할 것이라는 예측이 나왔다. 우리금융경영연구소는 2019년 10월 17일 "올해 국내 경제 성장률이 상반기 1.9%, 하반기 2.0%의 낮은 성장세를 지속하며, 연간 1.9%에 그칠 것으로 전망된다"라고 밝혔다. 이어 2020년에는 정부 지출 확대와 기저 효과 등으로 2019년보다 소폭 높은 성장세가 예상되지만, 민간 부문의 활력 저하로 성장률은 2.0%에 그칠 것으로 내다보았다. 앞서 한국경제연구원도 2019년 경제성장률을 1.9%로 전망한 바 있으며, 국제통화기금도 우리나라의 2019년 경제성장률 전망치를 6개월 전보다 0.6%포인트 낮은 2.0%로 낮췄다. 2019년 7월 한국은행은 2019년 GDP 성장률 전망치를 2.2%로 수정 발표했다(≪데일리안≫, 2019.10.17).

한편 우리나라의 1인당 명목 GDP 추이를 살펴보면, 1980년 1761달러, 1985년 2539달러, 1990년 6733달러, 1995년 1만 2743달러, 2000년 1만 2257달러, 2005년 1만 9403달러, 2010년 2만 3087달러, 2015년 2만 8732달러, 2019년 4월 현재 3만 1431달러이다(IMF, 2019.4). 박정희 시대 '대망의 1980년대 1인당 GDP 1000달러'의 꿈을 그의 사후인 1980년에 달성했다. 1980년에 비해 2019년 1인당 GDP는 무려 17.8배나 증가했다. 2018년 1인당 GDP는 3만 3320달러로 최고치를 기록했다.

이제는 전 세계가 저성장의 흐름을 보이고,[4] 우리나라는 특히 급격한

---

[4] OECD는 2019년 8월에 발표한 'OECD 중간 경제 전망(Interim Economic Outlook)' 에서 세계 경제가 2019년 2.9%, 2020년 3.0% 성장할 것이라고 전망했다. OECD의 이번 전망은 2019년 5월 전망보다 각각 0.3%포인트, 0.4%포인트 하향 조정한 것으로, 글로벌 금융 위기 이후 가장 낮은 수치이다(≪M이코노미뉴스≫, 2019.9.30).

저성장을 보이고 있어 실물경제에서 느끼는 국민의 충격이 클 수밖에 없을 것이다. 앞으로는 저성장 또는 제로 성장까지 염두에 둔 경제를 생각하지 않을 수 없는 시대가 되었다는 것을 인식하는 것이 중요하다.

(2) 지속 가능한 발전과 한국 경제

우리는 지금 '발전' 또는 '지속 가능한 발전'이란 말에 익숙해져 있다. 그런데 도대체 '발전development'이란 말은 언제 생겼을까?『발전에서 살아남기』의 저자인 세르주 라투슈Serge Latouche는 '발전'이란 말의 역사를 이렇게 소개한다. 1949년 1월 20일 미국 의회에서 해리 트루먼Harry S. Truman 대통령이 기조연설을 통해 세계 대부분의 지역을 '저개발under-development' 지역으로 규정했다. 남반구 생활 방식의 무한한 다양성을 '저개발'이라는 유일한 범주로 쓸어 넣는 개념이 그때 생겼고 그 뒤 한 번도 이의 제기를 받지 않았다는 것이다(김해창, 2018.4.1에서 재인용).

이 개념에 따르면 지구상의 모든 사람은 발전이라는 동일한 노선을 따라야 하고, 발전이라는 단 하나의 목적을 갈망해야 한다. 그에 따라 거대한 생산이 번영과 평화의 열쇠라며 이러한 유토피아 모델로 미국을 들고 '산업 활동'과 '생활수준 향상' 덕분에 '민중의 고통'을 제거할 기술 지원 프로그램을 남반구에 제안했고, 북반구를 따라잡기 위한 남반구의 질주가 시작되었다.

라투슈는 또 호주의 동물행동학자 콘라트 로렌츠Konrad Lorenz의『위기의 인간L'Homme en Péril』(1975)을 인용하면서 개발(발전)의 본질을 다음과 같이 소개했다.

어느 지역을 개발한다는 것은 대상 지역의 모든 자연 식물을 과격한 방식으로 훼손하고, 그런 식으로 파헤쳐진 땅을 콘크리트로 뒤덮거나 주차장을 만들기 위해 잔디로 뒤덮는 것을 의미한다. 작은 공간이라도 남아 있으면 그곳에 콘크리트 벽을 다지거나, 작은 개울을 둑으로 막고, 그모든 것을 살충제로 황폐화하고, 그런 다음 그것을 도시화하고, 멍청한일부 소비자에게 가장 비싼 가격에 파는 것을 뜻한다(라투슈, 2015a: 63).

1987년 『우리 공동의 미래Our Common Future』에 등장한 지속 가능한 발전이란 '미래 세대가 스스로의 필요성을 충족시키는 능력을 해치지 않고 현재 세대의 필요성을 충족시킬 수 있는 발전'[5]을 의미한다. 지속 가능한 발전의 원칙은 첫째, 생태적 분별ecological prudence, 둘째, 사회적 형평성social equity, 셋째, 경제적 효율성economic efficiency이다. 특히 사회적 형평성은 '세대 간 형평성inter-generational equity'과 '세대 내 형평성'을 포함한다(김해창, 2018.4.1에서 재인용-).

그런데 그 뒤 '지속 가능한 발전SD' 개념이 '지속 가능'보다는 '발전'에 강조점이 주어진 것이 사실이기에 '지속 가능성sustainability'을 중시해야 한다는 지적이 나왔다. 이처럼 발전의 개념도 시대에 따라 변화해 왔다. 종래의 발전 개념의 지표가 1인당 GDP의 상승이라면, 지속 가능한 발전SD·ESSD(Environmentally Sound and Sustained Development)에서는 국민순복지NNW: Net National Welfare나 녹색 GDP가 주가 되고, 지속 가능성으로 나아가면서 구체적인 수치보다는 '삶의 질quality of life'이나 '웰빙well-being'을 중시하게 된다.

우리나라의 경제 발전 과정을 살펴보면, 1960~1970년대 박정희 시대에는 '경제성장=발전'이었다. 이때는 '1인당 GNP 1000달러, 수출 100만

---

5   원문은 "Sustainable Development is development that meets the needs of the present without comprising the ability of future generations to meet their own needs"(WECD, 1987: 41).

달러 달성'을 국가 목표로 내세웠다. 그런데 그 뒤부터 1990년대 김영삼, 김대중 정부까지는 '지속 가능한 발전'이 강조되었다. 경제성장과 더불어 그에 따른 공해 문제나 복지 문제에 대처할 필요가 있었기 때문이다. 2000년대 들어서 노무현, 이명박 정부 때까지도 사실은 지속 가능한 발전이 주를 이루었다. 특히 이명박 정부는 '747' 공약이라고 해서 '연평균 7% 성장, 10년 뒤 1인당 GDP 4만 달러, 세계 7대 강국 진입'을 목표로 내세웠다. 더욱이 2008년에는 '녹색 성장'을 천명하며 '2020년까지 세계 7대, 2050년까지 세계 5대 녹색 강국 진입'을 비전으로 내놓았다.

2013년 박근혜 정부는 출범 당시 이명박 정부와는 달리 '국민행복시대'를 이야기하면서 이명박 정부 때와 같은 정량적인 목표를 제시하지 않았다. 그 대신 '삶의 질'이나 '웰빙' 같은 정성적인 지표를 제시하고 '최소 안전 기준'이나 '굿거버넌스'를 강조했다. 그것은 정량적인 목표를 달성하기 어려운 면이 반영되었다고도 볼 수 있다. 그러나 우리 사회는 2014년 세월호 참사를 겪고 난 뒤 이러한 것들이 '명목상' 캐치프레이즈에 지나지 않는다는 것을 알게 되었다. 박근혜 정부는 2014년 신년 기자회견에서 "2017년까지 1인당 GDP 4만 달러 시대를 볼 수 있을 것"이라며 다시 GDP 목표를 강조하고 나섰다. 중요한 것은 '지속 가능한 발전'이나 '지속 가능성'이라는 말 자체가 아니라 우리 사회가 지향하고 공유해야 할 가치를 어디에 두느냐 하는 것인데 이러한 것이 충분한 논의 없이 정책적 구호나 홍보, 선전의 대상에 그쳤다.

2) 근대화 경제성장 과정에서의 제 문제

(1) 환경 파괴

우리나라가 급격한 공업화, 도시화 과정을 거치는 동안 공해나 환경 파괴 또한 엄청나게 늘어났다. 특히 온산병, 낙동강 페놀 사건, 석면 피해, 삼성전자 백혈병 문제 등의 기업 관련 공해는 물론 새만금 사업이나 4대강 사업과 같이 국책 사업으로 인한 환경 파괴 또한 심각하다.

대표적인 공해병이 1980년대 초반 울산광역시 울주군 온산공단에서 발생한 온산병이다. 1974년 비철금속 공업기지로 지정된 후 1980년대 들어 화학·제지·자동차 부품 등 종합 공업단지로 탈바꿈한 온산공단은 종합계획도 없이 개별 공장들이 들어서는 바람에 주민 1만 2000여 명이 공단에 둘러싸여 살 수밖에 없었다. 그러던 중 1985년에 주민 1000여 명이 전신마비 증상을 보였다. 한국공해문제연구소가 "이타이이타이병의 초기 증세와 비슷한 병"이라고 발표했고 그해 12월 온산 지역 주민들은 11개 공해 배출 업체를 대상으로 손해배상 청구 소송을 제기해 인체 피해 위자료, 농작물 피해 보상금 지급 판결을 받았다. 한국 최초로 환경 피해에 대한 법원의 구체적인 인정을 받은 것이다. 그 뒤 정부는 주민들의 집단 이주를 결정해 1만여 명의 주민을 공단에서 2킬로미터 떨어진 산간분지로 이주시켰는데, 지금까지도 온산병의 구체적인 원인은 규명되지 않고 있다(나무위키, 2019b).

1990년대 들어 발생한 대표적인 공해 사례가 낙동강 페놀 오염 사건이다. 경북 구미시 구미공단의 두산전자에서 1991년 3월과 4월 두 차례에 걸쳐 페놀 30톤, 1.3톤이 낙동강으로 유출되었고, 이것이 대구광역시의 상수원인 다사취수장으로 유입되었다. 수돗물에서 냄새가 난다는 시민들의 신고를 받자 취수장에서 다량의 염소 소독제를 투입했는데, 페놀이 염소와 반응해 클로로페놀이 되면서 독성이 더욱 강해져 대구시의 수돗물이 페놀로 급속히 오염되었다. 페놀은 낙동강 하류인 경남 밀양, 함안은 물론 부산광역시의 상수원에서도 검출되었다. 이에 두산그룹 불매 운동이 벌어졌으며, 수돗물 페놀오염대책 시민단체협의회가 결성되었다(위키백과, 2019).

석면 피해도 심각하다. 2010년 '석면피해구제법'이 제정돼 환경오염으로 인한 건강 피해를 보상하는 우리나라 최초의 공해병 대책이 나왔지만 단일 환경 질환의 피해 규모로 최대이자 현재 진행형이다. '석면피해구제법' 시행 이후 지금까지 3722명이 석면 피해자로 공식 인정받았지만 그중 1366명이 목숨을 잃었다. 석면 잠복 기간이 평균 20년 이상임을 감안하면 실제 석면 피해자는 이보다 훨씬 많을 것으로 추정된다(≪매일노동뉴스≫, 2019.7.4).

환경보건 시민센터와 서울대 보건대학원 직업환경건강 연구실이 2016년 6월 5일 환경의 날을 계기로 발표한 국내 환경성 질환자는 석면 피해 2012명(35.7%), 가습기 살균제 피해 1848명(32.8%), 시멘트 공장 인근 피해 1763명(31.3%), 연탄 공장 인근 피해 8명(0.1%) 등 모두 5631명으로, 환경단체는 이러한 공해병에 대해 징벌적 손해배상 등의 제도 도입을 촉구하고 있다(연합뉴스, 2018.6.2).

그런데 또 문제가 되는 것은 새만금 간척사업, 4대강 사업 등 대한민국 곳곳에서 정부나 지자체 등이 시행하는 국책 사업 또는 공공사업으로, 환경 파괴가 빚어진다는 비판이 일고 있다. 새만금 간척사업은 여의도 넓이의 140배에 이르는 갯벌을 간척해 4만 100헥타르의 농지를 만들겠다는 구상이지만, 1991년 착공 이래 수질 문제로 농지조성이 사실상 불가능하며 경제성이 낮아 조성 목적의 타당성이 없다는 점이 드러났음에도 백지화하지 않아 '돈 먹는 하마'가 된 지 오래다. 이명박 정부에서 밀어붙인 4대강 사업은 국책 사업의 환경파괴적 구조를 여실히 드러냈다. 당시 야당과 시민단체의 강력한 반대에도 불구하고 수질 개선, 가뭄·홍수 예방 등을 기치로 내걸고 22조 2000억 원이라는 천문학적 비용을 투입한 4대강 사업은 2013년 완료 후 해마다 4대강 유역에서 녹조가 심하게 퍼지면서 '녹조라테'라는 웃지 못할 신조어까지 등장했다. 여기에 물고기들의 떼죽음 사례는 물론 16개 보에 가로막혀 거대한 호수가 된 곳에는 큰빗이끼벌레까지 창궐하면서 큰 논란을 일으켰다.

(2) 불평등의 심화

1960년대 이후 우리나라가 이룩한 경제 발전은 동아시아의 기적으로 불릴 정도로 놀라운 것이기는 하지만 우리가 지향해야 하는 발전 방향에 비추어보면 아직도 부족한 점이 많다는 지적을 받고 있다. 1990년대 중반 이후 외환 위기를 거치면서 성장 동력 둔화, 소득분배 악화, 중산층 감소, 사회 구성원 간 신뢰의 하락, 지구온난화 등 다양한 도전에 직면해 있다. 세계적으로 유례없는 급격한 출산율 저하 및 고령 인구 비율의 증가는 노동시장, 인구구조뿐만 아니라 사회경제적으로 경제 발전을 저해하는 요인으로 작용하고 있다. 외환 위기 이후 소득분배 악화, 중산층의 감소, 사회 구성원 간 신뢰의 약화는 또한 사회적 갈등의 심화 요인이 되고 있다.

『21세기 자본Capital in the 21st Century』을 쓴 프랑스 경제학자 토마 피케티Thomas Piketty는 경제적 불평등의 동학動學을 밝힌 것으로 잘 알려져 있다. 피케티의 가설을 우리나라에 적용했을 때 자본-소득 비율이 피케티가 분석한 주요 선진국 수준이거나 그 이상으로 올라갔다는 사실, 그리고 외환 위기 이후 노동 소득 분배율이 하락하고 자본-소득 비율이 대폭 상승했다는 사실 등은 경제적 불평등 확대에 자본의 위력이 작동하고 있다는 근거로 해석될 수 있다고 그는 말한다. 한국의 자본-소득 비율은 민간 부富 기준으로 이미 5~7배, 국부 기준으로는 7~9배 수준이다. 민간 부 기준으로는 이미 선진국 수준으로 올라갔고, 국부 기준으로는 그 어느 선진국보다도 높다. 이 값은 피케티가 계산한 19세기 말

20세기 초 불평등이 극에 달했던 영국과 프랑스의 수준을 넘는다. 경제·인문사회연구회는 "한국 경제가 어차피 증세를 해야 할 단계에 왔다면 소득세의 누진성을 강화하고, 노동 소득보다 자본소득에 대한 과세를 강화하고, 자산 보유에 대한 과세를 강화하는 방향으로 나아갈 수밖에 없다. 단계적 증세를 통한 재분배의 확대, 이 방법 말고는 극심한 불평등을 둔화시킬 방법이 없어 보인다"라고 결론짓는다(경제·인문사회연구회, 2012: 74~132에서 재인용).

경제·인문사회연구회는 또 한국 경제의 에너지 생산성 증대와 저탄소화를 위해서는 전력 문제 및 에너지 세제와 요금 개편이 매우 중요하다고 지적한다. 구체적인 방안은 원전 및 석탄에 대한 과세 정상화를 통해 전력과 비전력 간의 상대 가격 개선에 주력하고 이 과정에서 확보한 세수로 기술 지원이나 분배 개선 등에 지출하는 것이다. 즉, 원전·석탄에 대한 과세로 전력 소비를 줄이고(환경=저탄소화), 그 과정에서 확보한 세수를 국내 산업의 고부가가치화, 전력 절약을 위한 지원(성장=에너지 생산성 및 경쟁력 제고), 고용 촉진과 복지 확대를 위한 지출(분배=고용 촉진 및 양극화 축소)에 활용하는 재정 전략이라고 강조한다. 물론 과세로 인한 전력 요금 인상 요인이 발생할 수 있으나 OECD 회원국의 거의 절반 가격에 지나지 않는 전력 요금의 정상화는 한국 경제의 에너지 생산성 제고 및 경쟁력 강화에 필수적이며, 최근의 증세 논란과 세수 부족 해소에도 도움이 된다. 유가 하락기는 전력 요금 인하가 아니라 오히려 발전용 연료 과세를 통해 전력 요금을 정상화할 수 있는 적기라고 보고 있다(경제·인문사회연구회, 2012: 179~180).

또 정부가 조사한 우리나라 비정규직 노동자는 전체 임금노동자의 33%에 달한다. 노동계 조사로는 42.4%이다. 2017년 OECD 기준으로 우리나라의 임시직 노동자 비중은 20.6%로, OECD 평균 11.2%의 2배에 가깝다(KBS NEWS, 2019.4.27). 2017년 고용 형태별 근로 실태 조사 결과에 따르면, 우리나라 비정규직의 시간당 임금 총액은 정규직의 69.3% 수준이다. 전년(66.3%) 대비로는 3.0%포인트 개선되었지만 격차는 여전했다(≪헤럴드경제≫, 2018.4.25). 2014년 대기업 임원진과 직원들의 연봉 격차가 평균 36배이고, 삼성전자는 무려 143배였다. 이 발표에는 CEO들의 스톡옵션이나 자사주 등의 배당 이익은 포함되지 않았다(〈TV조선 뉴스7〉, 2015.4.1).

이는 자본주의 국가의 공통된 흐름이지만 경제성장이 계속되는 과정에서 오히려 불평등은 심화되고, 사회 안전망이 흔들리고 있으며, 이로 인한 사회 갈등은 물론 환경 파괴에 대해서도 별다른 대안을 마련하지 못하고 있는 실정이다.

(3) '녹색 없는 녹색 성장'

우리나라는 2000년대 들어 '지속 가능한 발전' 개념이 들어오면서 경제와 환경, 사회와의 조화와 균형을 도모하는 정책을 지향해 왔다. 2008년 이명박 정부는 '저탄소 녹색 성장' 정책을 추진했다. 그러나 이 녹색 성장 정책은 '빛 좋은 개살구'였다.

이명박 정부의 저탄소 녹색 성장 정책은 출발부터 '고탄소 황색 성장' 사고방식에서 그리 벗어나지 못한다는 지적을 받았다. 한신대 이상헌 교수는 ≪환경과 생명≫ 2008년 겨울 호에 기고한 「저탄소 녹색 성장의 특징과 문제점」이란 글에서 '저탄소 녹색 성장'은 '지속 가능한 발전'보다 후퇴한 개념으로 현실성과 방향성이 없고, 재정 계획이 따르지 않는 데다 원자력에 의존하는 한 대안을 찾기 힘들다고 문제점을 조목조목 지적했다. 그는 이명박 정부가 천명한 '녹색 성장'의 문제는 기후 친화 산업에 신재생에너지 기술 및 산업과 함께 원자력산업이 포함돼 있다는 점이라며 그 사실을 중시했다(김해창, 2018.2.19에서 재인용).

실제로 이 대통령은 대통령 직속 '녹색성장위원회'를 신설해 녹색 성장에 대한 국가 전략을 기획·조정하고 추진 상황을 점검·평가하도록 했으나 사실은 기존의 '지속가능발전위원회'보다 콘셉트 면에선 후퇴한 것이라 볼 수밖에 없다. 그리고 저탄소 녹색 성장 정책을 추진하면서 대부분의 예산을 '4대강 사업' 등 국민의 반대 여론이 만만치 않은 사업에 투입해 실질적인 저탄소 사회 만들기로 나아가지 못했다는 비판을 받고 있다(김해창, 2013: 71~75).

녹색 성장론의 정책은 내용상 원전(=저탄소)과 토목 성장(=녹색 성장)의 성격이 강하며, 추진 방식 역시 제도 개선에 기초한 시장 혁신보다 국가 주도의 성격이 강하다. 이러한 녹색 성장론의 정책 체계와 사업은 녹색 성장론의 이론 틀, 즉 '국가 주도적 후발 개도국형 근대화론'과 무관하지 않다. 하지만 한국이 이미 산업 근대화를 추구하는 후발국의 단계를 넘어선 것은 분명하다. 따라서 한국의 경우 선진국과 다소 정도의 차는 있더라도 지속 가능한 발전론의 관점을 지향하는 것이 타당하다는 지적도 있다(조영탁, 2013: 124~148).

3) 제4차 산업혁명과 한국의 미래

(1) 제4차 산업혁명의 도래

2016년 세계경제포럼WEF: World Economic Forum에서 클라우스 슈바프 Klaus Schwab 회장은 인공지능AI: Artificial Intelligence, 가상현실VR: Virtual Reality, 사물인터넷IoT: Internet of Things, 빅데이터 등 신기술이 주도하는 미래를 '제4차 산업혁명'이라 명명했다. 그는 "제4차 산업혁명은 인류가 하는 일을 바꾸는 것이 아니라 인류 자체를 바꿀 것이다"라고 단언했다(Schwab,

2016).

이와 같이 제4차 산업혁명은 제3차 산업혁명인 디지털 혁명에 기반해 물리, 디지털, 생물학적 공간의 경계가 희석되는 정보기술 융합의 시대이며, 이 정보기술 융합의 핵심에는 사이버 물리 시스템이 있다. 제4차 산업을 주도하는 요소 기술로는 인공지능을 비롯해 사물인터넷, 빅데이터, 로봇공학, 3D 프린팅 등이 꼽히는데, 이러한 기술은 사물인터넷으로부터 여러 가지의 빅데이터를 얻은 뒤 빅데이터를 클라우드에 저장해 인공지능으로 분석하고 활용하는 것이다. 따라서 제4차 산업혁명은 진정한 스마트 시대(지능화+초연결)의 도래를 의미한다. 스마트 시대는 사물인터넷·빅데이터·인공지능·클라우드 등의 데이터 활용 기술을 통해 지능 정보를 생성·융합해 경제, 사회, 삶 모든 분야에서 보편적으로 활용함으로써 새로운 가치를 창출하고 발전하는 사회를 의미한다(이상헌, 2018: 22~37).

이상헌(2018: 39~48)은 제4차 산업혁명이 불러올 경제·사회적 영향을 이렇게 정리한다. 먼저 경제 측면에서 제4차 산업혁명이 불러올 변화는 한마디로 맞춤형 데이터라고 할 수 있다. 융합 빅데이터 플랫폼에서 사람, 자산, 데이터를 융합하는 과정에서 새로운 서비스와 제품 제조가 가능하기에 생산자가 소비자가 되고 소비자가 생산자가 되는 '프로슈머prosumer 시대'로 접어들 것이다. 태양광 등 신재생 전원과 에너지 저장장치ESS: Energy Storage System를 활용해 스스로 전력을 생산·저장하고 소비·판매하는 에너지 프로슈머가 이미 등장하고 있다.

제4차 산업혁명 시대에는 디지털 기술의 고도화와 더불어 인공지능이 확산돼 인간의 물리적 노동뿐만 아니라 일부 정신적 노동까지도 기계가 대신하므로 노동시간이 감소하고, 정보의 검색, 탐색, 쇼핑, 운전 등도 기계가 대신할 것이기에 인간의 목적 행위도 감소할 가능성이 높다고 본다.

일본의 ㈜시스템인터그레이터는 제4차 산업혁명 시대 제조업의 변화 양상으로 다음 세 가지를 든다. 첫째, 노동생산성이 극적으로 향상된다. 즉, 생산 라인의 자동화 추진으로 생산성이 향상된다. 둘째, 수요 창출에 의한 경제 활성화가 전개된다. 세계 기준에서 IoT의 부가 경제 가치는 주요 싱크탱크가 2013~2022년 누계 15조 7000억 달러 수준으로 시산했고, 제조 혁신으로 제조업은 3조 9000억 달러의 새로운 수요를 창출할 것으로 예상한다. 셋째, 일자리가 사라질 위험이 있다. 기계로 대체함에 따라 고용이 줄어 실업률이 늘어난다. 이 경우 전략적인 업무로의 전환이 필요한데, 제조업이 최종 지향해야 할 모습은 '스마트 팩토리'로 제조 과정을 효율화하고 무인화해 데이터를 활용한 고부가가치 상품의 제조 구조를 만드는 것이 중요하다고 강조한다(株式会社システムインテグレータ, 2019.11.6).

제4차 산업혁명 시대의 교육에서도 역시 주어진 문제에 대한 답을 찾는 문제 해결 능력보다는 오히려 문제 제기 및 문제 창출 능력을 길러야 한다(이상헌, 2018: 54~56). 이러한 데서 맞춤형 자기 주도 학습이 중시된다. 학교도 이러한 정보를 실생활에 적용하는 사례를 찾고 학생이 자신만의 아이디어를 만들어 공유할 수 있는 학습 경험을 제공하고 학생과 학생 간, 교사와 학생 간, 학교 내의 규칙이 존재하는 학습 공동체적 경험의 역할을 중시해야 한다.

(2) 문재인 정부의 제4차 산업혁명 대응 전략과 과제

문재인 정부는 2017년 12월 발표한 경제정책 방향에서, 혁신 성장의 경우 규제 완화를 통한 제4차 산업혁명 관련 미래 성장동력 핵심 선도 사업 및 혁신기업 생태계를 육성해서 일자리 창출을 도모하겠다고 밝했다. 제4차 산업혁명 관련 미래 성장동력 핵심 선도사업으로 초연결 지능화(빅데이터), 스마트 팩토리, 스마트 팜, 핀테크, 에너지 신산업, 스마트시티, 드론, 자율주행차 등 8개 분야를 선정해 집중적으로 육성한다는 것이다. 정부는 그해 8월 국무회의에서 '4차 산업혁명위원회의 설치 및 운영에 관한 규정'(대통령령)을 심의·의결했으며 9월에 위원회 설치를 완료했다.

제4차 산업혁명에서는 다음과 같은 문제점 또는 과제가 거론되는데 현재 각국 정부의 관련 정책에서는 이러한 것이 다루어지지 않고 있다.

첫째, 정보의 독과점 문제이다. IoT로 수집한 데이터는 새로운 비즈니스 모델을 만들어내지만 문제는 '빅데이터를 어디까지 공유할 것인가' 하는 것이다. 데이터를 한 기업이 독점하면 제4차 산업혁명의 효과를 거두기 어렵다. 잘못하면 국가의 통제가 되지 않는 상태에서 글로벌 대기업이 지배하는 권위주의 체제가 인간의 개성과 존엄성을 무시할 우려가 있다. 둘째, 기술적 실업 문제가 심각하게 우려된다. 제4차 산업혁명 과정에서 수익을 창출하는 노동을 인공지능이 대체하면 산업 개발의 수익이 최고경영자CEO 한 명에게 집중될 우려가 있다. 셋째, 기계의 반란 우려도 있다. 강한 인공지능이, 지구상에 존재했던 모든 인류의 두뇌 총합보다도 수천만 배 뛰어난 초지능으로 발달하면 인류 전체의 존속 여부가 초지능에 좌우될 수도 있다(나무위키, 2019c).

제4차 산업혁명에 따른 문제점과 과제에 대응하기 위해 정부 차원의 현명한 규제와 복지 대책이 필요하다. 이 가운데 증세 수단으로는 로봇세, 부자 증세, 징벌적 과징금, 소득비례 차등벌금제의 도입을, 복지 수단으로는 기본 소득제의 도입을 고려할 수 있다.

3. 경제의 녹색화를 위한 개념 논의

1) 경제의 녹색화

(1) 녹색 경제와 경제의 녹색화

UNEP의 「녹색 경제 보고서」는 녹색 경제를 "인간의 복지와 사회적 평등을 향상시키는 동시에 환경 위험성과 생태적 결핍을 현저히 감소시키는 경제"로 정의하고 저탄소, 효율적 자원 이용, 사회적 통합의 구현을 강조했다. 특히 녹색 경제를 통해 탄소 배출량과 오염을 줄이고 에너지 및 자원의 효율성을 높이며 생물 다양성과 생태계 서비스의 저감을 방지하는 공공 및 민간 투자가 중요한데, 이를 통해 소득과 고용의 성장을 이루어야 한다고 밝혔다.

또 지속 가능성의 달성이 거의 전적으로 경제를 바로잡는 데 달려 있다는 인식이 높아지고 있다는 점이 녹색 경제 추진의 기반이 된다고 언급했다. 나아가 기존의 경제 모델Brown Economy을 통한 부의 창출은 사회적 소외와 자원 고갈 문제를 해결하지 못했으며 새 천년 발전 목표MDGs: Millennium Development Goals의 이행도 목표에 못 미치고 있다는 상황을 강조하고, 지속 가능성이라는 장기 목표의 달성을 위해서는 녹색 경제를 위한 노력이 필요하다고 제안했다. 결국 녹색 경제는 궁극적으로 빈곤의 퇴치로 연결되고, 지속 가능한 발전에 이바지하는 것이어야 한다는 것이다. '환경을 파괴하면서 성장하는 경제'에서 '환경을 보전하면서 풍요로움을 실현하는 경제'로의 전환을 의미하며 지구환경 문제와 남북문제의 동시 해결이 지향점이라는 것이다(강상인·오일찬·박정현, 2012: 13~14).

(2) 경제의 녹색화와 경제학적 개념의 재인식

가. 생산요소의 재인식

경제학에서 생산요소(자원)는 토지, 노동, 자본을 포함한 재화와 서비스의 생산에 이용되는 자원을 말한다. 토지 및 노동은 본원적 생산요소인 데 반해, 자본은 인간이 만든 '생산된 생산수단'이며, 생산의 기반은 자본 자산(인공 자본, 인적 자본, 지식, 자연 자본)과 제도(자본 자산을 사용하는 틀) 자본을 함께 부르는 말이다.

장상환(2007: 126~127)은 사회적 소유의 확대 및 민주적 통제의 강화 차원에서 부동산의 사적 소유 제한을 강조한다. 민주노동당 강령이 토지의 원칙적 국공유화를 지향하고 있다는 사실을 강조하면서 민주노동당은 토지·주택 문제와 관련하여 소유자의 횡포에 대해 '적정 임차 기간 보장'과 '임차료 인상 억제' 등 주택·상가 임차자의 권익 보호를 중심으로 해왔지만 2004년 총선 이후 토지 공개념의 실질적 도입을 강조하고 있는데 우선 주택 소유에 대해 '1가구 1주택' 원칙을 확립할 필요가 있다는 것이다. 주택단지 개발의 경우 국공유지를 유지하고 장기 임대하면서 철저한 개발이익 환수가 필요하다는 것이다.

한국에서 부동산 문제는 부의 불평등을 낳는 근원이다. 박원순 서울특별시장은 2020년 신년 인터뷰에서 "사회 양극화의 주된 요인이 부동산 불로소득"이라고 말했다. 또 강남 재건축 예정 아파트에서는 지난 3년간 집값이 10억 원 올랐는데 종부세로 겨우 130만 원을 내고 있다며 불로소득 환수 장치로 공시가를 현실화하고 부동산 국민 공유제를 도입해야 한다고 주장했다(≪경향신문≫, 2020.1.6). 국민 공유제는 부동산 불로소득을 환수하되 그것을 부동산 문제 해결에 쓰자는 것이다. 한편 이재명 경기도지사는 투기 방지 차원에서 '국토 보유세'를 신설해 국민에게 소득을 재배분할 것을 주장하고 있다. 이런 점에서 '부동산 불로

소득의 환수'가 향후 2022년 대선에서도 주요 이슈로 등장할 개연성이 있다.

여기서 경제의 녹색화를 위해 생산요소별로 한번 따져보자. 우선 자본과 관련해서는 우자와 히로우미宇沢弘文가 제안한 '사회적 공통 자본' 개념을 도입할 필요가 있다. 자연환경, 사회적 인프라, 제도 자본으로 나눠 이를 시장에 맡길 것이 아니라 국가 차원에서 전문가가 관리해야 한다는 것이다. 시민사회의 공적 역할에 자금을 지원하는 사회적 금융의 활성화, 기업의 사회적 책임CSR: Corporate Social Responsibility, 사회 책임 투자SRI: Social Responsible Investment를 강화하고, 지역 화폐의 활성화, 단기 해외 투기에 세금을 물리는 토빈세 도입 등도 고려할 필요가 있다. 노동에서는 최저임금제 준수는 물론 공기업 CEO 임금 상한제를 사기업으로 확대하고, 기본 소득, 특히 농민·청년 기본 소득제의 도입을 적극 고려해야 한다. 토지에서는 토지 공개념의 확대와 부동산 투기 근절이 중요하다. 그리고 생산요소에서는 환경 친화 기술 우대, 효율화·스마트화, 중간(적정) 기술을 중시하는 정책을 펼쳐야 할 것이다.

한편 제4차 산업혁명 시대에는 토지, 노동, 자본의 세 가지 생산요소를 추가할 때마다 한계생산량이 줄어든다는 수확 체감의 법칙이 수확 체증으로 바뀐다. 왜냐하면 생산요소로서의 데이터는 사용한다고 없어지는 것이 아니며, 사용한 데이터로 얻은 정보는 다시 생산적 데이터가 될 수 있기 때문이다. 따라서 생산의 수확 체증과 소비의 네트워크 효과가 결합되면 이윤의 극대화가 가능하다. 이렇듯 사물인터넷, 빅데이터, 인공지능, 클라우드 등은 다양한 산업 영역에서 효율성을 극대화하는 주요 생산요소로 자리 잡기 시작했다는 견해도 있다(이상헌, 2018: 44~45).

나. 경제 주체의 재인식

경제의 녹색화를 위해서는 경제 주체에 대한 재인식도 필요하다. 경제 주체는 경제를 돌리는 부문으로 가계, 기업, 정부를 말한다. 가계는 소비에 관한 의사 결정의 주체인 동시에 노동력, 자본, 토지라는 생산요소의 소유자로서 이들 생산요소의 서비스를 얼마나 공급해야 하는지를 결정하는 주체이기도 하다는 사실이 매우 중요하다.

이런 점에서 소비자가 지켜야 할 마인드 및 지원 제도를 제안하면 다음과 같다. 먼저 소비자에게는 녹색 소비, 환경 마인드가 필요하다. 삶의 질·웰빙 추구, 친환경 생활·리사이클 실천, 공정 무역·생태 관광·사회적 책임 투자 참여, 에코 마일리지 참여가 그런 것에 속한다. 소비자 지원 제도로는 내연기관 자동차 무소유자나 자가 주택 미소유자에게 소득공제 혜택을 주는 방안도 고려할 만하다.

기업은 생산·판매 활동을 실시하는 경제 주체이다. 기업의 목적은 '이윤의 추구'이나 최근에는 기업의 사회적 책임을 중시한다. 기업은 생산한 재화나 서비스를 시장에 공급해 판매함으로써 가계나 정부로부터 이윤을 얻어 차입금, 이자를 내고 주주 배당, 내부 유보(기업 내 저축)를 한다. 생산자가 지켜야 할 원칙 및 제도로는 다음과 같은 것을 제안할 수 있다. 제조물 책임제PPP, 오염 원인자 부담 원칙, 사전 환경영향 평가, 배출 부담금, 배출권 거래제, 환경 경영, 환경 회계 도입 및 지속 가능 보고서 발간 등을 들 수 있으며, 사회적 가치·CSR 강화, 생태 산업 단지RRP 확대, RE100(100% 재생에너지 사용 기업) 참여 확대도 중요하다.

정부는 가계나 기업에서 얻은 세금을 사용해 재정 활동을 한다. 재정 활동 세 가지는 ① 기업에서는 제공할 수 없는 공공재 제공, ② 소득의 재분배 실시, ③ 공공투자를 통한 경기 조절 정책 추진이다.

장상환(2007)은 사회적 조절의 강화 차원에서 국가의 역할 재정립과 강화를 주장한다. 경제 위기와 양극화를 해결하기 위해서는 사회적 조절의 핵심 담당 주체인 국가의 역할을 확대해야 한다는 것이다. 구체적으로는 재정 규모를 2007년 현재 27% 수준에서 OECD 평균인 41%까지 점진적으로 올리는 것을 목표로 해 소득 누진적 조세 수익 구조를 강화하고, 2001년 현재 간접세 10.5%, 직접세 11.4%에서 간접세 비중을 직접세의 2분의 1로 축소해야 한다고 말한다. 민주노동당은 2004년 총선 공약에서 '부유세 도입, 법인세·소득세 최고 세율의 획기적 인상, 주식 양도소득세를 신설해서 사회보장 확대와 공공투자를 위한 재원을 마련한다'라고 했는데 부유세를 신설해 토지·건물·주식·예금 등의 금융자산, 선박, 고가의 자동차, 골프장 회원권 등의 총가액 10억 원 이상 소유자에 대해 10억 원 초과분에 종합토지세율을 준용하여 누진적으로 과세하겠다는 것이다. 중앙정부 소득세 최고 세율도 한국이 36%(주민세까지 합하면 39.6%)인데 프랑스 52.75%, 독일 48.5%에 비해 현저히 낮을 뿐만 아니라 법인세 최고 세율도 27%에 불과해, OECD 회원국 평균 34.8%보다 7%가량 낮아 소득세 세율을 45%로 인상(주민세까지 합하면 49.5%)하고 법인세 세율을 OECD 수준인 35%로 인상하겠다는 것이다 (장상환, 2007: 112~114).[6]

피케티(2014: 589~648)는 누진적 소득세의 재고와 글로벌 자본세의 도입을 주장한다. '최적 최고 세율optimal top tax rate'은 상위 1% 내지 0.5%의 소득 계층에서 나타나는 극도로 높은 소득수준에만 적용 가능한데, 자료에 따르면 연간 50만 달러에서 100만 달러의 소득에 대해 약 80%의 세율을 부과한다면 미국의 경제성장을 둔화시키지 않을 뿐 아니라

---

6 2017년 세제 개편을 통해 2018년부터 우리나라 종합소득세 최고 세율은 46.2%(연소득 5억 5000만 원 이상), 법인세 최고 세율은 종래 22%에서 25%로 상향 조정되었다.

경제적으로 무익한 행위를 합리적으로 억제하고 실제로 성장의 과실을 더욱 널리 분배할 수 있을 것이라고 제안했다.

한편 정부 차원에서 국책 사업을 비롯한 공공사업의 문제점을 해결하고 구조를 개혁하기 위해서는 다음과 같은 제도 개선이 필요하다. ① 공공사업을 둘러싼 정치인, 관료, 재벌 기업의 '부패 사슬'을 끊기 위한 사회적 감시망이 강화되어야 한다. ② 국회 내에 '국책사업재검토위원회'를 설치해 건설 및 계획 단계에 있는 국책 사업을 전면 재검토할 필요가 있다. ③ '공공사업 기본법'(가칭)을 제정해 21세기에 맞는 사회간접자본 정비의 기본 원칙을 만들 필요가 있다. ④ 국토해양부 등 개발 부처와 밀착되어 있는 '개발 기술자 집단'의 자기 증식을 막아야 한다. 그리고 용역 보고서에 책임을 지우는 제도를 마련할 필요가 있다(김해창, 2003).

이런 점에서 정부가 해야 할 역할 및 제도화는 다음과 같다. 지속 가능한 발전 추진, GDP의 허실 파악, 국민 행복 지수GNH: Gross National Happiness 같은 대안 지표 개발, 지니계수 향상, 소득 불평등 시정, 기본 소득 실시, 연구 지원 강화, 재정 지출(대중교통, 친환경 인프라, 재생에너지 지원금) 조정, 법제화(에너지 효율 차량·전기 기구·건축물 등 우대 조치, 재생에너지 목표치 상향 조정, 환경 산업 활성화 지원 우대 조치), 재정 조치[환경세, 누진세, 실업보험, 배출권 거래, 발전 차액 지원 제도(FIT: Feed-in-Tariff)], 기술 혁신에 대한 국고 보조, 지역 분권형 에너지 확충, 에너지 영농 지원, 에코 마일리지 세제 혜택, 에너지 전환 추진, 생태 산업단지 조성 등을 들 수 있다.

다. 산업의 재인식

콜린 클라크Colin Clark는 1941년 『경제적 진보의 조건The Conditions of Economic Progress』에서 산업을 1차·2차·3차 산업으로 분류하고 경제 발전에 따라 1차 산업→2차 산업→3차 산업으로 이동한다고 밝혔다. 1차 산업에는 농업, 임업, 수산업 등이, 2차 산업에는 제조업·건설업 등 공업 생산, 가공업, 전기·가스·수도업 등이, 3차 산업에는 정보통신업, 금융업, 운수업, 소매업, 서비스업 등 비물질적인 생산 및 배분업 등이 속한다(나무위키, 2019a).

박진도(2007: 308~321)는 농촌과 도시는 둘이 아니라고 강조하고 오늘날 농업·농촌의 공익적 기능을 보면 ① 식량 안보, ② 지역 경제(사회)의 유지, ③ 국토 및 환경의 보전, ④ 인간 교육, ⑤ 전통 및 문화의 계승 매체 등의 기능을 수행하고 있으며, 이러한 다양한 공익 기능을 제대로 실현할 수 있는가에 우리나라 농업·농촌의 장래가 달려 있다고 강조했다.

이런 점에서 이들 산업의 녹색화라는 개념 위에서 산업 정책을 추진해야 한다.

먼저 1차 산업의 녹색화를 위해서 농업은 화학 농법 탈피, 유기농 전환, 농업용수 확보, 지구 온난화에 따른 농업 생태계 관리 기술 개발에 투자할 필요가 있다. 임업은 산림 보전, 지속 가능한 관리, 산림의 탄소 저장량 및 수자원 보호 기능 강화에 중점을 두어야 한다. 수산업은 해양 오염 및 산성화 방지, 과잉 어로 및 남획 방지, 적조 방지 기술 향상이 중요하다.

2차 산업의 녹색화를 위해서는 공업 생산의 경우 화석연료 사용 억제, 에너지 전환 추진, 리사이클 강화, 지역 자원 보전 육성 및 이산화탄소 배출 억제, 유해 물질과 폐기물 발생 예방 조치, 전 생애 주기 접근법 LCA: Life Cycle Assessment 채택을 통한 자원 효율성 강화, 유해 물질 대체 개발, 오존층 파괴 물질 단계적 폐기, 수소불화탄소 소비·생산의 점차적 감축, 생태 산업단지 조성, 환경배려형 건물 조성이 중요하다. 전기·가스·수도업은 탈화석연료, 탈원전 에너지 전환 추진, 스마트그리드 구축, 재생에너지 전력 계통 우선 연결, 에너지 절약 전문 기업ESCO: Energy Service Company 확대, 에너지 효율 제고, 사고 재난 방지를 우선 실천해야 한다.

3차 산업에서 정보통신업은 에너지 집약적 소비 업종(2020년 온실가스 배출의 4% 차지 전망)이기에 이산화탄소 배출 억제 대책 마련이 절실하다. 금융업은 사회적 금융을 강화하고, 운수업은 내연기관 자동차 퇴출, 탄소 마일리지 정착, 대중교통 시스템 구축이 필요하며, 소매업·서비스업·배분업은 24시간 영업 문제 개선, 일회용 플라스틱 퇴출, 지역 생산·지역 소비 강조 등이 중요한 정책으로 자리 잡아야 한다.

2) 경제 녹색화의 모습

(1) 에코트리

경제 녹색화의 모습은 어디서 찾을 수 있을까? 그중 하나를 미쓰하시 다다히로三橋規宏의 '자원순환형 경제 사회의 모습'을 그린 '에코트리'에서 볼 수 있다. 에코트리는 생산자와 소비자, 해체 분해자라는 각 주체가 상호 연대해 폐기물을 내지 않는 지속 가능한 시스템(생태계)이 유지된다는 점에 착안해, 자원순환형 사회를 만들기 위해서는 '이념', '구성 요소', '지원 부대', '실행 부대'의 네 부분이 필요하다고 강조한다. '이념'은 자연과의 공생, 탈물질화, 순환, 지구의 한계를, '구성 요소'는 자원 생산성, 네트워크 사회, 녹색 소비자를, '지원 부대'는 기술 혁신, 환경 제도 인프라를, '실행 부대'는 소비자, 지역사회, 기업을 품고 있다.

이것을 뿌리, 줄기, 가지, 낙엽으로 좀 더 자세히 설명하면 다음과 같다. 뿌리는 가이아, 팩터4·10, 제로 에미션, 절약 정신, 내추럴 스텝nat-

ural step을 든다. 줄기는 자원 생산성, 네트워크, 녹색 소비자이다. 가지
는 기술 혁신, 환경 인프라, 기업 활동, 지역사회, 소비자 등 다양하다.
기술 혁신 가지에는 자연에너지, 신에너지, 바이오 혁명, 정보통신 혁
명, 연료소비효율 등이, 환경 인프라 가지에는 용기 포장 리사이클법,
가전 리사이클법, 다이옥신 대책법, 환경 기본법, 환경영향평가법, 개
정 에너지 절감법, 순환형 사회 기본법, 녹색 세제, 환경세가, 기업 활동
가지에는 ISO 14000 시리즈, 리사이클, 에코 펀드, 환경 회계, 환경 보
고서, 제로 에미션이, 지역사회 가지에는 리사이클, 분산형 에너지, 자
연보호, ISO 14001 시리즈, 교통 시스템이, 소비자 가지에는 NGO 및
비영리단체NPO 활동, 환경 교육·윤리, 의식 혁명, 라이프스타일이 포함
된다. 그리고 낙엽도 있는데 버려야 할 것으로는 대량생산, 대량소비,
대량 파기, '나빠지지 않는 지구, 무한한 지구라는 생각'이 있다.

이러한 환경친화적 경제활동의 프로세스가 연쇄해 나감으로써 경제
의 녹색화가 사회·경제 시스템으로 정착하게 된다. 그렇게 하기 위해
미쓰하시는 ① 사업자의 환경 배려 경영 실천, ② 환경 부하와 환경 배려
노력에 대한 적절한 정보 공개, ③ 제삼자의 환경 배려 경영 평가, ④ 환
경을 배려한 소비나 금융의 실행, 이 네 가지가 효율적으로 기능할 필
요가 있다고 강조한다(ゼロエミッションマニュアル作成委員会, 2003: 4~6).

(2) 국가정책에 나타난 경제의 녹색화

우리나라 환경부는 산업의 녹색화, 특히 녹색 산업의 활성화 정책 마
련에 고심하고 있다. 환경부 내부 자료(환경부, 2019.9.2)에 따르면, 우리
나라 환경산업 성장 둔화의 원인을 다음과 같이 분석하며 산업의 녹색
화에 대한 어려움을 토로하고 있다.

정책 대상 차원에서 환경 산업에만 한정해 녹색 산업으로 확대하지 못

하고, 다양한 당사자의 의견 수렴이 미흡하며, 융자·환경 산업 펀드·사업화 지원 등이 모두 환경 산업체로만 국한되어 변화하는 기업의 지원 수요에 대응하지 못하고 성장 한계에 봉착했다는 점을 지적한다. 혁신 차원에서 환경 산업은 장기적인 혁신 전략 부재를 보이고 있다는 것이다. 제조·건설·서비스업의 주요 혁신 전략은 정보통신기술ICT 등 신기술 융합, 연구개발R&D 체계 혁신, 금융 지원 확대, 거버넌스 체계화 등으로 요약되는데 관련 산업의 변화를 파악하지 못한 채 환경 규제에 맞춰 환경 산업이 부수적으로 계속 성장할 것이라는 미온적 대응이 지속되고 있다는 지적이다.

환경부는 산업의 녹색화를 위해 첫째, 산업 전반의 환경 가치 접목, 즉 친환경의 확산이 중요하다고 보고 있다. 구체적인 방안은 ① 통합 환경 관리 제도를 지렛대로 주요 산업 생산 전 과정에 대한 환경 가치의 내재화, ② 다양한 녹색 표지에 대한 소비자 신뢰 회복과 유통 과정 혁신, ③ 친환경 기업에 대한 획기적 금융 지원 체계 구축을 든다. 둘째, 기존 환경 산업의 혁신으로 질적 성장과 수출 확대를 강조한다. 구체적인 방안은 ① 상하수도 분야 스마트 정보 관리 시스템, 친환경차 보급 및 폐기물 공공 처리 확대 등 환경 현안 해결과 질적 성장 지원, ② 다자 개발 은행 활용, 본 타당성 조사 신실, 금융 지원 확대 등 수출 분야 전략적·체계적 지원 강화이다. 셋째, 미래 환경 산업의 창출, 즉 녹색 산업으로 확대한다는 것이다. 구체적인 방안으로는 ① 생태 모방, 회복·복원, 자원 재생 관련 신기술 개발로 신산업 육성, 사업화 지원으로 환경 설비의 국산화율 향상, ② 환경 정보 빅데이터를 활용한 신산업 창출과 ICT·IoT 기술의 사업장 보급으로 스마트 환경 관리 체계로의 전환 등을 강조한다. 넷째, 거버넌스의 강화, 다양한 당사자의 참여 보장이다. 구체적 방안은 ① 환경 불평등 해소 및 공정 경제 구현 차원에서 환경형 사회적 경제 기업의 적극 육성, ② 기획부터 유지 관리까지 가치 사슬 연계형 상생 프로젝트 추진 및 민관 컨소시엄으로의 확대로 적극적인 해외 수주 추진을 강조한다.

환경부의 '녹색 산업 활성화 정책'은 무엇보다 환경 가치에 대한 철학적 인식을 바탕으로 전개할 필요가 있다고 본다. 국제적인 흐름이나 글로벌 스탠더드에 대한 연구와 함께 정부 부처별로 유기적이고 종합적인 '산업의 녹색화'에 대한 의지 표현이 필요하다. 또 구체적인 현안이나 로드맵에 대한 표명 및 제시가 필요하며 기업, 시민단체 등과의 거버넌스, 소통의 결과에 따른 상향식 정책 수립이 절실히 필요하다. 그리고 국가와 지자체 간의 유기적인 거버넌스나 선진 사례에 대한 연구 보완, 실천을 위한 전략, 특히 분야별 정책 실현 수단 및 절차 등 방법론의 제시가 필요하며, 중점 사항 및 환경부 자체 솔선수범 정책 사례를 만들어내는 것도 중요하다고 본다.

네덜란드 환경평가청PBL은 2013년 3월 경제의 녹색화에 관한 조건을 분석한 정책 연구를 발표했다. 환경평가청은 경제의 녹색화에 필요한 조건으로서 ① 환경 비용을 반영한 가격의 적정화, ② 항공, 선박의 연료세 우대 등 녹색화를 방해하는 보조금과 세제 혜택의 폐지, ③ 혁신적인 기업이 비용 면에서 메리트를 얻을 수 있도록 청정 기술에 대한 기준이나 요건 강화, ④ 지속 가능한 혁신 추진, ⑤ 사회의 효과적인 에너지 활용, ⑥ 헤드라인 지표 수립에 의한 개별적인 진척 상황 파악 등을 들고 있다. 환경평가청은 경제의 녹색화야말로 세계 전체에 중요하고 불가결한 과제로 본다(PBL Netherlands Environmental Assessment Agency, 2013.3.4).

4. 경제의 녹색화를 위한 전략과 과제

1) 녹색 마인드와 인식·실천·제도의 조화

(1) 경제의 녹색화와 녹색 마인드 갖기

경제의 녹색화를 위해서는 무엇보다 녹색 마인드가 중요하다는 사실을 잊어서는 안 된다. 그것은 경제를 어떻게 보는가, 자연을 어떻게 인식하는가의 문제이다. 이를 위해서는 무엇보다 성장지상주의에서 탈피하는 인식이 중요하다. 경제의 녹색화를 위해서는 크게 인식과 생활양식, 제도의 개혁이 필요하다. 이 세 가지는 긴밀하게 영향을 미친다.

노던콜로라도대학의 교수 리처드 유린Richard R. Jurin은 '지속 가능한 삶을 위한 원칙'으로 건강과 행복, 번영을 위한 새로운 비전 12가지를 소개했다. ① 새로운 삶의 방식으로 나아가야 한다. ② 사회적·문화적 트렌드를 이해하려고 노력해야 한다. ③ 생활 기준standard of living과 삶의 질quality of living을 구분해야 한다. ④ 체계적으로, 지속 가능하게 생각하는 습관을 길러야 한다. ⑤ 경제, 번영, 지속 가능성을 늘 함께 생각하는 것이 중요하다. ⑥ 건강하고 지속 가능한 생활양식을 선택하라. ⑦ 행복과 웰빙에 대해 깊이 생각하라. ⑧ 교육개혁이 중요하다. ⑨ 기술과 산업 생태를 함께 생각하라. ⑩ 지역사회를 소중히 하라. ⑪ 지속 가능한 생활로 전환하라. ⑫ 변화를 두려워 말라(Jurin, 2012).

녹색 마인드를 갖기 위해서는 인간과 자연의 관계, 환경과 경제의 관계를 보는 자연관, 세계관, 종교관 등 가치 영역에 대한 이해가 필요하다. 이러한 것을 교육 또는 언론 홍보를 통해 널리 국민에게 알려야 한다. 녹색 마인드와 관련된 가치 영역의 대표적인 사례로 '가이아Gaia 이론'을 들 수 있다. 1987년 제임스 러브록James Lovelock이 이를 발표했는데, 그리스신화의 '대지의 여신' 가이아를 상징으로 활용하며 지구의 생물, 대기권, 대양, 토양을 합쳐 하나의 살아 있는 유기체라고 규정하고 있다. 동학의 2대 교주인 해월 최시형 선생이 "천지는 곧 부모요, 부모는 곧 천지니, 천지 부모는 한 몸이라"라고 한 '천지부모天地父母' 사상이나, 백인들에게 아메리카 인디언들이 어떻게 '어머니 대지mother earth'를 사고팔 수 있느냐고 반문했던 것도 마찬가지의 생각이다. 또 19세기 중엽 클라우디우스가 발견한 열역학 제2 법칙의 핵심 용어로 '만약 어떤 닫힌계의 엔트로피가 열적 평형상태에 있지 않다면 엔트로피는 계속 증가해야 한다'라는 '엔트로피entropy 법칙'도 이해할 필요가 있다. 1980년에 제레미 리프킨Jeremy Rifkin은『엔트로피』를 통해 엔트로피 법칙을 사회학적으로 해석하여 만물은 유용에서 무용으로 한 가지 방향으로만 흐르며 결국 세계는 무질서에 휩싸일 것이라고 경고했다(Rifkin and Howard, 1980). 1973년 독일 출신 영국의 환경경제학자 에른스트 슈마허Ernst F. Schumacher는『작은 것이 아름답다Small is Beautiful』에서 "인간은 작은 존재이므로 작은 것이 아름답다"라며 탈원전, 중간 기술, 지속 가능한 발전, 도시 농업, 기업의 사회적 책임, 단순 소박한 삶을 강조했다. 슈마허는 경제성장 지상주의에 대한 성찰과 반성에서 '인간성 회복을 위한 경제학'의 실천을 강조했다(Schumacher, 1973).

경제의 녹색화를 위해서는 이러한 녹색 마인드, 즉 자연 친화 의식과 더불어 친환경 생활양식을 실천해야 한다. 이를 좀 더 좁히면, 에너지와 관련된 우리들의 소비 행위를 새롭게 성찰하고 생활 속에서 ① 전기·물·종이 등 자원 아끼기, ② 대기·수질·토양·쓰레기 등 오염 줄이기, ③ 환경 가계부 쓰기, 에코 쇼핑·환경 여가·환경 단체 회원 되기 등 친환경 습관 갖기가 필요하다. 그리고 친환경 생활양식의 실천이 이루어질 수 있도록 하기 위해서는 에너지 전환 환경 교육의 강화, 정부의 대국민 캠페인 강화, 인센티브와 페널티를 바탕으로 한 효과적인 정책 시행, 국민과의 끝없는 소통 등이 절실히 필요하다.

이어서 경제의 녹색화를 위해서는 혁신적 제도 개선이 뒤따라야 한다. 제도는 크게 촉진incentive 제도와 규제penalty 제도로 나눌 수 있는데 이러한 제도를 만듦으로써 마인드를 바꾸고 이것이 실제 생활양식의 변화로 이어지게 하는 것이 중요하다.

(2) 탈성장, 저성장에 적용하기

라투슈(2015b)는 '명료한 탈성장의 선순환'을 위해서 8가지 R의 선순환을 강조했다. 그것은 재평가reevaluate, 재개념화reconceptualize, 재구조화reconstructure, 재분배redistribute, 재지역화relocalize, 감축reduce, 재사용reutilize, 재생recycle이다. 상호 의존적인 이 8개의 목표는 명료하고도 공생적이며, 지속 가능한 탈성장 이행 과정을 촉발할 수 있다고 말했다.

녹색당 공동운영위원장인 하승수(2019)는 자율 선택 기본 소득, 기본 주거, 기본 농지·농사·먹거리의 세 가지 기본을 보장하고 공생·공유·공정의 가치 실현 사회를 위해서 ① 성장, ② 지대, ③ 화석연료·핵, ④ 토건, ⑤ 집중, ⑥ 경쟁 교육, ⑦ 차별·혐오의 7가지 잘못된 흐름에서 당장 벗어나자고 주장한다. 전환을 위한 출발점으로는 전환 예산과 전환 정부 조직, 선거 개혁, 헌법 개정, 평화 정착을 들고 있으며, 구체적으로는 월 150만 원 기본 소득 보장, 3주택 이상 소유 금지, 제2의 농지개혁, 200조 원으로 공공임대주택 대량 공급, 규제개혁위원회 대신 지대철폐위원회 설치, 기획재정부 대신 전환부 설치, 모든 가용 재원의 기후 위기 예산 투입 등 파격적인 대안을 제시하고 있다. 이러한 '대한민국 대전환'의 기본은 바로 국가 체제의 '녹색전환'에 있음을 알 수 있다.

슈마허는 인간이 2차 재화를 만들 수 있는 능력이 아무리 향상되더라도 지구에서 1차 재화를 획득할 수 있는 능력의 향상이 선행되지 않는 한 그것은 무용지물이며 인간은 생산자가 아니라 전환자converter일 뿐이기에 재생 불가능한 재화와 재생 가능한 재화를 구분할 필요가 있다고 강조했다. 슈마허는 "경제학은 메타경제학meta economics에서 나온 지침을 받아들이는 파생 과학"이라며 메타경제학을 강조했다. 즉, 지침이 바뀌면 경제학의 내용 자체가 바뀐다는 것이다. 우리가 흔히 말하는 경제체제economic system가 가장 아래쪽에 자리 잡고 있고, 그 위에 이를 지배하는 경제학economics이 자리 잡고 이 경제학에 영향을 미치는 최상위 개념이 바로 메타경제학이라는 것이다(김해창, 2018.1.9에서 재인용).

라슬로 졸너이László Zsolnai는 『책임 있는 경제학 Responsible Economics』 (2013)에서 "주류 경제학은 주요소를 화폐 경제, 즉 사회의 화폐적인 면만 보고 나머지 부분을 비생산적이고 가치 없는 것으로 보지만 실제로 화폐 경제는 사회와 자연 간의 상호 과정을 보는 전체 경제학에서 보면 빙산의 일각에 불과하다"라며 '메타경제학의 중요성'을 강조했다. 화폐 경제가 '빙산의 일각'인 반면, 물속의 드러나지 않은 부분이 '사회적 경제'와 '어머니 대지mother earth'라고 설명한다. 실제로 로버트 콘스탄자 Robert Constanza 등은 1997년 지구 생태계의 서비스와 자연 자본 스톡이 연간 16조~54조 달러(연평균 33조 달러)로, 연간 18조 달러에 이르는 글로벌 GNP의 약 2배에 이른다고 밝혔다(김해창, 2018: 104~105에서 재인용).

사실 GDP 개념은 측정상 여러 가지 문제 때문에 어떤 국가의 경제 활동 수준을 나타내는 완전한 지표가 되지는 못한다(이정전, 2004). 더욱이 근년에는 전 세계가 저성장 국면으로 접어들고 있다. 이제부터는 1~2%의 성장 또는 제로 성장에도 적응할 수 있는 경제사회 체제를 만들어야 한다.

1~2%의 저성장에 맞춘 국가 시나리오를 이웃 일본에서도 찾을 수

있다. 후쿠다 다케오福田赳夫 총리 시절인 2008년에 니시오카 슈조西岡秀三가 펴낸 『일본 저탄소의 시나리오: 이산화탄소 70% 삭감의 지름길』은 일본 국가 기후변화 프로젝트인 '탈온난화 2050 연구'의 대중 보급판이다. 이 책은 저탄소 사회를 '저탄소 배출로 인한 안정된 기후로 풍요롭고 지속 가능한 사회'로 정의하고, 일본이 향후 50년간 이산화탄소 배출량의 대폭 감축을 이룰 수 있는가 하는 문제의식에서 출발한다. 예상되는 기술 진보를 포함해 계획적으로 감축 기술을 도입한다면 2050년에는 70%의 이산화탄소 배출 감축이 가능하다는 것을, '백캐스팅backcasting'이라는 접근 방식을 통한 '시나리오'로 보여주고 있다(西岡秀三, 2008).

이러한 2050년 이산화탄소 배출량 70% 감축 시나리오는 '적절한 경제성장률'을 활력 사회(시나리오 A)에서는 연간 2%, 여유 사회(시나리오 B)에서는 연간 1%로 잡고 있다. 이후 인구 감소 추세로 인해 일본 전체의 경제성장은 2050년까지 시나리오 A의 경우 지금의 2배, 시나리오 B의 경우 1.3배 늘어나게 되어, 전체적으로는 현재의 경제성장률을 밑돌지만 어느 쪽이든지 70% 감축이 가능하다는 결론이다. 시나리오 A는 활력 있고 회전이 빠른 기술 지향의 사회인 반면, 시나리오 B는 여유 있고 좀 느리며 자연 지향의 사회인데, 실제로 이 양 시나리오가 혼재해 진행하는 것도 생각할 수 있다고 한다(김해창, 2009: 44). 우리나라도 이런 구체적인 국가 시나리오가 필요한 때이다.

하인버그(2013: 359~360)는 "성장은 더는 정상이 아니다. 왜냐하면 지금의 성장은 대부분 비경제적 성장이기 때문"이라고 말한다. 하인버그는 결론으로 "성장이 끝나도 삶은 시작된다"라며 "미래 세대가 삶을 경험할 일말의 기회라도 누리게 해주려면 화폐와 금융의 장벽을 치워주거나 적어도 그 영향을 최소화해야 한다. 지구의 환경 한계와 충돌하지 않도록 지속 가능성 쪽으로 방향을 틀어야 한다. 우리가 안다고 생각하는 것에 의문을 품고, 안락한 삶을 포기하고, 힘겨운 노력을 감수해야 한다"라고 강조한다.

2) 저탄소 대안 경제의 실현

(1) 저탄소 사회 구축을 위한 촉진적 정책 수단
가. 지구온난화 방지를 위한 탄소 포인트제의 적극 활용

탄소 포인트제란 가정, 상가에서 전기, 상수도, 도시가스 등의 사용량 절감에 따른 온실가스 감축률에 따라 포인트를 발급하고 이에 상응하는 인센티브를 제공하는 전 국민 온실가스 감축 실천 프로그램이다. 기후변화에 관한 정부 간 협의체IPCC 4차 평가 보고서(2007)는 건물, 가정과 상업 부문의 온실가스 감축 잠재력이 가장 큰 것으로 분석했다.

환경부는 그간 산업 부문에 치중한 온실가스 감축 정책을 가정 및 상업시설에까지 확대하여 실시하고자 2009년부터 탄소 포인트 제도를, 2011년에는 그린카드 제도를 도입했다. 문제는 이러한 탄소 포인트나 그린카드의 인센티브가 국민의 행동을 변화시킬 만큼의 매력을 갖고 있느냐이다. 앞으로는 더 나아가서 '개인별 탄소 배출권 거래제'라고 할 수 있을 정도로 에너지 절감이나 대중교통 이용, 녹색 구매 등의 적극적인 행동을 이끌어낼 수 있도록 인센티브 제도를 제대로 설계하는 것이 중요하다.

나. 기본 소득의 도입

기본 소득basic income이란 재산이나 소득의 많고 적음, 노동 여부나 노동 의사와 상관없이 개별적으로 모든 사회 구성원에게 균등하게 지급하는 소득을 말하는데, 이는 2004년 독일의 괴츠 베르너Götz W. Werner가

주창했다. 베르너의 기본 소득 구상은 독일 시민 한 사람에게 1500유로(약 210만 원)의 지급을 가정하고 있다(김해창, 2013: 134~137).

실제로 프랑스가 농촌 지역의 소멸을 막기 위해 1000만 원대의 기본 소득 지급을 제안했다. 프랑스 총리실 산하 정책 연구 기관인 프랑스 스트라테지France Strategie는 "2020년부터 모든 농민에게 8000유로(약 1045만 원)의 기본 소득을 지급하고 작업량에 따라 보조금을 추가로 지급하자"라고 제안했다. 추가 보조금을 농작업의 유형에 따라 차등 지급하되, 목초지 유지, 윤작, 생물 다양성 보호 등 환경 편익을 가져다주는 활동에 대해선 보조금을 지급하고 온실가스 배출, 농약·화학비료 사용에 대해선 세금을 부과하는 방식이다. 보조금 지급 방식을 이렇게 전환하면 농업 종사자 수를 유지하면서 농업의 지속 가능성을 높일 수 있다는 것이다(≪농축유통신문≫, 2020.1.3).

우리나라에서는 2012년 대선 때 청소 노동자 출신의 무소속 김순자 후보가 월 33만 원의 '국민 기본 소득제' 도입을 공약으로 내걸기도 했다. 민간 싱크탱크 '랩 2050'은 2019년 10월 국민 기본 소득제 연구 결과 보고회를 열고 '2021년부터 전 국민에게 매달 30만 원 기본 소득 지급이 가능하다'고 밝혔다. 세제 개편을 잘하면 '2028년까지 생계 급여 수준인 65만 원까지도 가능하다'고 했다. 재원은 비과세·감면 제도를 폐지해 세금 제도의 누진성을 강화하는 것 외에도 토지 보유세 강화, 부유세 도입, 탄소세 도입, 부가가치세 인상, 주식 양도 차익 과세 정상화 등 다양한 방안의 검토가 필요하다(≪경향신문≫, 2019.10.28).

서울시립대 권정임 연구교수는 '기본 소득의 실시는 경제 발전, 나아가 생태 친화적·질적인 경제 발전으로 이어지고 그 결과 지속 가능한 생태 사회를 창출하게 될 것'이라며 생태세 도입을 제안했다. 권 교수는 한신대 강남훈 교수가 2011년에 제안한 온실가스 배출에 대한 생태세를 통해 화력발전소에서 생산한 전기의 사용을 줄이는 동시에 거둔 생태세를 '생태 현금 기본 소득'으로 지급하면 단기적으로는 전기 수요의 감소에 기초해 핵발전소의 점진적 해체가 가능해지고 국민소득이 증대될 것이며, 장기적으로는 생태친화적인 에너지 체제로의 전환을 촉진하고, 핵 재앙으로부터 완전히 탈출할 가능성을 제공할 것이라고 덧붙였다(권정임, 2012.1.27).

경제의 녹색화를 위해서는 전면적인 기본 소득제 도입의 전 단계로 도시 청년의 농촌 이주 지원금 또는 농민 기본 소득제 등의 실시도 필요한데, 경기도가 '청년 기본 소득'에 이어 2020년 하반기부터 농민 개개인에게 지원하는 '농민 기본 소득'을 시행할 예정이라고 밝힌 것(≪경향신문≫, 2019.11.6)은 고무적이다. 기본 소득제는 또 제4차 산업혁명 과정에서 자동화로 인한 양극화 문제 해결을 위해서 필요한 제도로 제안되고 있다. 인공지능이 노동을 대체함으로써 수익 창출의 대부분이 CEO에게 돌아가는 구조에서는 부자 증세밖에 대안이 없으며, 국가는 그 세금을 국민 모두에게 공평하게 지급하는 기본 소득제를 시행하는 것이 합당하다는 것이다.

다. 탄소 배출권 거래제와 탄소 금융의 활성화

탄소 배출권 거래제는 배출 허가증을 시장에서 매매하는 방법으로, 오염을 줄이고 남은 배출량을 시장에 매각해 이익을 얻을 수가 있기에 오염을 억제하는 동기부여가 된다. 대표적인 것이 EU의 배출량 거래시장EU-ETS: European Union Emission Trading Scheme이다. 우리나라는 2015년에 탄소 배출 거래권 시장을 개설했다. 이에 따라 탄소 금융에 대한 세제 혜택 등 활성화 대책의 수립이 필요하다.

탄소 배출권 거래제가 과연 온실가스 감축에 도움이 되는가에 대한 논란이 많은데, A. 데니 엘러먼A. Denny Ellerman 등이 발간한 『탄소 가격 매기기Pricing Carbon』와 여타 연구에서는 EU의 온실가스 배출은 EU-ETS 도입에 힘입어 경제성장과 유가 상승에도 불구하고 1990년 대비 2005~ 2007년에는 2~5%(1억 2000만~3억 톤), 2008~2009년에는 13.47%가 감축 된 것으로 분석했다. 특히 EU는 2008년에 경제가 0.7% 성장했음에도 불구하고 온실가스 배출량이 2.0% 감소함으로써 경제가 성장하면 온실가스 배출도 증가한다는 기존의 상식을 뒤집고 경제가 성장해도 온실가스의 배출은 감소하는 저탄소 산업구조로 변화하고 있다고 평가했다(한국법제연구원, 2012).

국내 탄소 배출권 시장도 급격히 성장하고 있다. 한국거래소에 따르면 2018년 상반기 배출권 시장 거래량이 1612만 톤으로 전년 전체 거래량 1473만 톤을 훌쩍 넘겼고, 배출권 시장은 시행 첫해인 2015년에는 124만 톤이 거래되었으나 2016년에는 510만 톤 등으로 매년 빠르게 커져 최근 거래 규모가 초기에 비해 10배 이상이 되었다(≪부산일보≫, 2018.9.16).

(2) 저탄소 사회 구축을 위한 규제적 정책 수단

가. 배출 부과금

환경 문제를 해결하는 방식 가운데, 정책 당국이 설정한 기준을 오염자가 의무적으로 수행하도록 요구함으로써 오염자가 배출량을 줄이도록 유도하는 대표적인 제도가 배출 부과금 제도이다. 우리나라에서 고형 폐기물에 적용하는 배출 부과금은 흔히 쓰레기 수거료라 하는데, 여기에는 수거량에 관계없이 일정률로 징수하는 '고정률 제도'와 단위당 무게 또는 부피를 기준으로 하는 '종량 수거료 제도', 그리고 수거의 난이도에 따라 요율에 차등을 두는 '서비스 기준 제도'가 있다. 배출 부과금의 핵심은 자원을 많이 소모하고 쓰레기를 많이 배출하는 상품의 생산 및 소비를 억제하는 데 있다(이정전, 2004: 148~149).

수질 및 대기오염 물질 배출 억제를 위한 경제 제재 수단으로서의 배출 부과금은 두 가지가 있다. 하나는 기본 부과금으로, 사업장 규모에 따라 부과하며 폐수 배출량 또는 에너지 사용량이 많을수록 많이 내야 한다. 다른 하나는 처리 부과금으로, 규정된 배출 허용 기준을 초과했을 때 오염 물질 처리 비용을 사업자에게서 받아낸다. 배기 배출 부과금의 부과 대상 오염 물질은 아황산가스 등 대기오염 물질 4종, 생화학적 산소요구량BOD 등 수질 분야 13종 그리고 악취까지 모두 18종이다(국가환경기술정보센터 홈페이지(www.konetic.or.kr) 참조). 문제는 행정 집행의 신상필벌이다.

나. 환경세(탄소세)의 도입

환경세란 환경 부하의 억제를 목적으로 환경에 부하를 주는 물질에 부과하는 세인데, 온실가스 억제를 위해 화석연료에 과세하는 환경세를 별도로 탄소세라고 한다. 탄소세는 CO_2의 배출량에 대해 부과하는 것으로 유럽 각국에서 실시하고 있다. 탄소세의 대상이 되는 화석연료는 석탄·석유·천연가스 및 휘발유, 경유, 등유, 중유 등의 연료이다.

핀란드는 1990년 세계 최초로 탄소세를 도입했는데 2011년부터는 난방용 연료와 수송용 연료에 다른 세율을 적용하고 있다. 스웨덴은 1991년에 환경 세제 개혁을 실시해 탄소세를 도입하는 동시에 법인세의 대폭 감세를 실시했다. 제도 도입 때 산업 부문에 경감 세율을 적용했지만 2018년에 철폐했다. 일본은 환경성이 중심이 돼 2004, 2005년에 환경세 도입을 검토했고, 도입에는 이르지 못했으나 2012년에 특별 회계의 재원이 되는 지구온난화대책세를 도입했다. 지구온난화대책세

는 이산화탄소 배출량 톤당 2.89엔(32원)으로, 현행 석유·석탄세에 추가하는 형태로 화석연료의 이용량에 따라 과세한다. 세금은 화석연료를 이용하는 기업에 직접 부과하지만, 소비자에게 전가되기 때문에 평균적인 가정의 부담액은 세율의 최종 단계에서 월 100엔(약 1100원) 정도로 보고 있다(ウィキペディア, 2013). 반면 미국에서는 환경세 도입을 검토하지 않고 있다.

에른스트 울리히 폰 바이츠제커Ernst Ulrich von Weizsäcker는 『지구환경정치학』에서 에너지 관련 세뿐만 아니라 넓은 범위의 과세 대상에 환경 세제 도입을 제안하고 있다. ① 탄소 함유에 토대를 둔 화석연료의 이산화탄소 배출량, ② 안전 기준에 따라 구분한 원자력에너지, ③ 대규모 수력발전, ④ 최소한의 소비량을 넘는 부분, ⑤ 상업적 비료, ⑥ 건설 목적의 토지 이용, ⑦ 무해한 것을 포함한 금속과 원료(재자원화와 기타 방법에 따른 폐기물 감축의 인센티브 산출을 위해), ⑧ 염소와 기타 할로겐 원소, ⑨ 유해 화합물, ⑩ 용제(단, 재이용과 회수한 경우는 면제) 등이 그 대상이다. 바이츠제커는 환경 정책상 보조금과 면세 조치를 철폐하고 에너지 가격을 매년 달러의 실질 가격으로 5%씩 늘리도록 환경세를 부과하면 14년에 2배, 42년에 8배가 되어 40년 후에는 자동차 연료로서 휘발유는 한 방울도 사용하지 않게 될 것이라고 했다(미야모토 겐이치, 2018: 405~406에서 재인용).

미야모토 겐이치宮本憲一는 바이츠제커의 제안을 재정학의 조세 원칙에 적용해 ① 부담의 공평, ② 공개와 참가, ③ 효율, ④ 환경 부하의 감소를 들었다. 미야모토는 특히 환경 부하 감소에 의한 개혁을 구체화하기 위해서는 환경보전형 자본 형성, 환경 부하를 감소시키는 산업구조 전환을 촉진하는 조세 정책으로 바꾸는 것이 중요하다고 강조한다(미야모토 겐이치, 2018: 406~407).

다. 재생 가능 에너지법의 도입

독일은 이미 1990년대부터 재생에너지 사용을 촉진해 왔다. 에너지 전환은 독일에서 가장 중요한 경제정책이자 환경 정책의 과제였다. 독일은 2050년까지 전력 공급의 80%와 총에너지의 60%를 재생에너지로 공급하는 것을 목표로, 2022년까지 단계적으로 모든 원전을 정지하고, 2025년까지 전력 공급의 40~45%를 재생에너지로 충당하기로 했다.

독일이 재생에너지 선진국이 된 것은 2000년 제정된 '재생 가능 에너지법EEG' 덕분이다. 이 법은 2014년에 시민과 경제에 부담을 줄이고 공급의 안정성을 보장하기 위해 개정되었다. EEG 분담금이 태양광발전 시설의 대폭적인 확충과 계산 방법의 변경으로 2009년 이후 크게 상승했기에 친환경 전력 공급과 에너지 전환에 대한 사회적 논의가 일어났고, 2015년에 이 분담금이 처음으로 줄어들었다. 연방정부는 풍력발전량과 태양광발전량이 증가해도 안정된 공급을 보장하는 새로운 전력 시장 모델을 구축하기 위해 노력하고 있으며, 석탄 화력발전소보다 이산화탄소 배출량이 적고 유연한 투입이 가능한 천연가스 발전소의 사용을 보장하는 것도 중요하다고 보고 있다(김해창, 2017: 264~266).

에너지 전환에 필요한 것은 친환경 발전소의 확충만이 아니라 안정적인 공급을 위한 전력망 보완이다. 우리나라도 탈원전 에너지 전환 정책이 현실성을 가지려면 독일과 유사한 재생에너지법을 제정하고 실시해야 한다.

3) 경제의 녹색화를 위한 전략적 정책 형성 방안

(1) 실태 파악과 전략적 선택

경제의 녹색화를 위해서는 구체적인 전략이 필요하다. 그것도 단계적이고 체계적으로 추진해야 한다. 미즈타니 요이치 등(水谷洋一 他, 2007)은 녹색화 추진을 위한 전략적 정책 형성을 4단계로 나눠 분석하고 있다. ① 지역의 현상 파악과 분석, ② 시책의 전략적 선택, ③ 정책 수단의 동원, ④ 현상 개혁을 위한 전략의 순으로 추진할 것을 제안하고 있다. 이를 바탕으로 우리나라 경제의 녹색화를 위한 전략적 정책 형성 방안을 체계적으로 마련하고 추진할 필요가 있다.

전략적 정책 형성의 첫걸음은 온실가스의 배출 특성을 포함해, 지역에서 지구온난화 대책 구축 시 활용 및 동원 가능한 지역 자원 및 제도 기반과 대책, 담당 주체의 역량 등의 현상을 파악하고 분석하는 일이다. CO_2 배출량의 부문별 비중과 전국적 비교를 통한 지역의 특징을 파악하고 부문별 배출량의 증감 동향, 특히 1990년부터의 배출량 추이의 전국 비교를 할 필요가 있다. 지역 자원 파악을 위한 평가 항목으로 ① 자연 환경 분야(일조량이나 바람의 상황, 강우량의 특성), ② 사회경제 분야(지역 산업, 교통, 쓰레기, 에너지), ③ 마을만들기 분야(환경 교육, 주체 간의 협동)를 들 수 있다. 이에 따라 태양광발전 시스템 설치 보조금이나 빗물 이용 촉진 보조금 등의 제도화나 환경 강좌 개설, 전문가들의 연구 그룹, 민관 협력 사업 및 시민단체와 기업의 거버넌스 실시 등으로 연결할 수 있다.

이어서 어떤 분야에서 누가 주체가 되어 시책을 실시할 것인가를 결정하는 것도 중요하다. 우선 민간사업에 대한 지원으로 행정상 다양한 조치를 사용해 사업자나 주민이 자연에너지 설비를 도입할 수 있도록 인센티브를 부여해야 한다. 사업 계획 수립 단계에서의 기술적·경제적 지원책으로 자금 융자 내지 일부 보조, 세금 감면, 생산 전력량에 맞는 보조금 지원과 같이 자연에너지의 도입·생산을 장려하는 공급 측면의 '푸시 정책push policy'과 그린 전력 구입 제도와 같이 자연에너지의 수요 확대를 촉진하는 '풀 정책pull policy'을 적절하게 시행할 필요가 있다.

가정 부문에서는 가정의 CO_2 배출량 감축을 위해 ① 에너지 절약, 자원 절약 등 생활 행동을 변화시키는 방법, ② 효율이 좋은 에너지 기기를 선택하는 방법이 있다. 에너지 절약을 통해 에너지의 수요 관리를 기하고, 효율이 좋은 에너지 기기의 경우 '톱러너top-runner' 방식을 도입해 녹색 생산자의 판로 확대에 도움을 줄 필요가 있다. 교통 부문에서는 자동차 연비의 향상, 저탄소 친환경 연료 사용, 주행 속도의 향상, 에코 드라이브의 촉진, 자동차 주행 수요 발생 억제, 교통수단의 선택 의식·선택 행동에 대한 호소, 인프라 정비를 통한 대중교통 이용 유도, 자동차의 효율적 이용 등을 고려할 수 있다.

(2) 정책 수단의 동원과 현상 개혁을 위한 전략

정책 수단 동원에서 가장 중요한 것은 정부 또는 지자체 공무원들의 솔선수범이다. '여름철 쿨맵시 운동', '승용차 2부제 참여', '하이브리드차·전기차 등의 공용 자동차 이용', '공공시설의 태양광발전 시스템 도입', '사무실 배출 온실가스 감축 계획 수립 실천' 등과 같이 별도의 공무원 실천 항목을 만들어 이를 적극 실천하도록 홍보할 필요가 있다. 규제와 이행 확보를 확실히 해나가기 위해서는 '지구온난화 대책 계획서', '건축물 환경 배려 계획서' 등 계획서 제도를 유효하게 활용하고, 사업자와 '옥상 녹화 협정', '공장 녹화 협정' 등을 체결하는 것도 중요하다. 이행 확보를 위해서는 지도 감독을 철저히 하고, 지역 시민단체와 협력해 '건축물 환경 라벨링 제도'를 시행하는 것도 중요하다. 경제의 녹색화를 위해서는 협력형 추진 조직을 구축해 주체 간의 공동 목적을 공유하고 시각차를 이해하며, 역할과 비용 분담에 관한 합의를 하고, 상호 신뢰 관계를 형성하는 것이 매우 중요하다. 민간 사업화에 대해서도 초기 단계에서 사업 도입을 위한 노하우를 지원해야 한다. 현 정부가 강조하는 규제 샌드박스를 좀 더 적극적으로 실천할 필요가 있다.

　이러한 정책을 수립함과 동시에 중요한 것은 시민들에게 알리는 홍보 전략이다. 이러한 '정책 마케팅' 중 하나가 '정책의 초점화'인데 일반 시민의 흥미와 관심을 이끌어내기 위해 문제를 의도적으로 부각시키는 '자극'의 수법을 동원할 필요가 있다. 그 대표적인 사례로 1998년 일본 도쿄도의 '디젤차 NO 작전'을 들 수 있다. '대기오염의 원흉은 디젤차'라고 지목해 선전포고를 함으로써 언론이 대대적으로 홍보하고 1~2년 뒤에 '공해방지조례'를 개정해 배출가스 기준을 충족시키지 못하는 차량의 운행 금지 조치를 취하게 한 사례다. 서울시가 국내 최초로 2019년 12월부터 2020년 3월까지 '미세먼지 시즌제'를 시행하면서 시즌제 기간에 배출가스 5등급 차량의 녹색교통지역 출입 제한과 행정·공공기관 소유 차량 대상 2부제 시행에 나선 것도 이와 비슷하다. 이 경우 경제적 약자를 배려한 철저한 사전 대책과 실효성에 대한 고민이 있어야 하고 범정부 차원에서 '정책의 초점화'를 통한 강력한 언론 홍보를 추진할 필요가 있다. 이와 함께 '캠페인 전개'나 '환경 이벤트 유치'를 통해 지속적인 사회적 인식을 이끌어내야 한다.

　경제 녹색화의 길은 결코 쉽지 않다. 이러한 것이 제대로 이루어지려면 교육·홍보와 생활 실천에 인센티브와 페널티를 적극 도입하고, 경제 녹색화에 도움이 되는 여러 제도의 법제화가 필요하며, 이를 공무원들이 솔선수범하고, 시민, 기업과 거버넌스를 통해 '피드백'하면서 함께 만들어나가는 것이 매우 중요하다. 미래는 단순히 예측만 할 것이 아니라 선택하는 것이다.

참고문헌 ■ ■

강상인·오일찬·박정현. 2012. 『Rio+20 녹색경제 의제에 관한 국가비전 및 발전방안 연구』. 서울: 한국환경정책·평가연구원.

경제·인문사회연구회. 2012. 『경제사회 지표 변화로 본 대한민국』. 파주: 21세기북스.

≪경향신문≫. 2019.9.25. "[사실] '지금 당장 행동하라'는 16세 툰베리의 '기후대응' 호소".

_____. 2019.10.28. "2021년부터 전 국민에 매달 30만 원 기본소득 지급 가능".

_____. 2019.11.6. "경기도, '농민 기본소득' 국내서 처음 내년 시행".

_____. 2020.1.6. "[2020, 지자체 핫이슈] 박원순 '서민들 고통받는데 투기로 떼돈 … 부동산가격공시지원센터 3월 설치, 과도한 불로소득 대물림 끊겠다".

권정임. 2012.1.27. "지속가능한 생태사회와 기본소득". ≪오마이뉴스≫.

김해창. 2003. "국책사업을 구조조정하라: 타산지석 일본에서 배운다". ≪녹색평론≫, 72, 96~110쪽.

_____. 2009. 『일본, 저탄소 사회로 달린다: 김해창의 녹색 리포트』. 서울: 이후.

_____. 2013. 『저탄소대안경제론』. 서울: 미세움.

_____. 2017. 『신재생에너지의 이해』. 부산: 경성대학교 출판부.

_____. 2018. 『작은 것이 아름답다: 슈마허 다시 읽기』. 부산: 인타임.

_____. 2018.1.9. "김해창 교수의 슈마허 톺아보기 〈11〉 돈을 넘어선 경제가치". ≪인저리타임≫.

_____. 2018.2.19. "[김해창 교수의 에너지전환 이야기] 〈31〉 '황색성장'이 돼 버린 이명박 정부의 '저탄소 녹색성장'". ≪국제신문≫.

_____. 2018.4.1. "김해창 교수의 슈마허 톺아보기 〈24〉 '발전(Development)'이란 무엇인가?". ≪인저리타임≫.

나무위키. 2019a. "산업". https://namu.wiki/w/산업 (검색일: 2019.11.30).

_____. 2019b. "온산병". https://namu.wiki/w/온산병 (검색일: 2019.11.30).

_____. 2019c. "4차 산업혁명". https://namu.wiki/w/4차%20산업%20혁명 (검색일: 2019.12.3).

≪농축유통신문≫. 2020.1.3. "프랑스 정책연구소, 1천만 원대 농민기본소득 제안".

뉴시스. 2019.11.15. "기상청 '21세기말, 평균기온 최대 5도·강수량 10% ↑'".

≪데일리안≫. 2019.10.17. "'올해 경제 성장률 1%대 추락' 경고등 켜졌다".

라투슈, 세르주(Serge Latouche). 2015a. 『발전에서 살아남기: 신자유주의를 넘어 대안

사회 건설까지』. 이상빈 옮김. 서울: 민음사.

_____. 2015b. 『성장하지 않아도 우리는 행복할까?: 세상을 바꾸는 탈성장에 관한 소론』. 이상빈 옮김. 서울: 민음사.

레이워스, 케이트(Kate Raworth). 2018. 『도넛 경제학: 폴 새뮤얼슨의 20세기 경제학을 박물관으로 보내버린 21세기 경제학 교과서』. 홍기빈 옮김. 서울: 학고재.

≪매일노동뉴스≫. 2019.7.4. "석면 사용금지 10년, 소리 없는 암살자가 일상을 위협한다".

미야모토 겐이치(宮本憲一). 2018. 『환경경제학』. 이재은·김순식 옮김. 파주: 한울.

박진도. 2007. 「농업·농촌의 붕괴와 도농 상생론」. 이병천 엮음. 『세계화 시대 한국 자본주의: 진단과 대안』. 파주: 한울.

≪부산일보≫. 2018.9.16. "탄소배출권 시장 3년 새 10배 폭풍 성장".

송병락. 1992. 『한국경제론』(3판). 서울: 박영사.

연합뉴스. 2016.6.2. "석면·가습기살균제 등 국내 환경성질환자 5천631명".

위키백과. 2019. "1991년 낙동강 페놀 오염 사건". https://ko.wikipedia.org/wiki/1991년_낙동강_페놀_오염_사건 (검색일: 2019.12.11).

이근영. 2018. 『한국경제 어디에서 어디로?: 박정희 패러다임을 넘어』. 서울: 바른북스.

이상헌. 2018. 『(세상을 바꾸는) 제4차 산업혁명의 미래: 핵심기술로 풀어낸 미래 사회 모습』. 서울: 메이트북스.

이정전. 2004. 『환경경제학』. 서울: 박영사.

장상환. 2007. 「한국경제의 위기와 민주노동당의 대안」. 이병천 엮음. 『세계화 시대 한국 자본주의: 진단과 대안』. 파주: 한울.

조영탁. 2013. 『한국경제의 지속가능한 발전 전략: 생태경제학의 기획』. 파주: 한울.

피케티, 토마(Thomas Piketty). 2014. 『21세기 자본』. 장경덕 외 옮김. 파주: 글항아리.

하승수. 2019. 『배를 돌려라: 대한민국 대전환: 공생·공유·공정사회를 위한 밑그림』. 대구: 한티재.

하인버그, 리처드(Richard Heinberg). 2013. 『제로 성장 시대가 온다: 성장의 종말과 세계 경제의 미래』. 노승영 옮김. 서울: 부키.

한국법제연구원. 2012. 『기후변화와 녹색성장: 법제의 성과와 전망 2. 배출권 거래제 및 에너지』. 서울: 한국법제연구원.

≪헤럴드경제≫. 2018.4.25. "지난해 비정규직 임금, 정규직의 69.3% ⋯ 3%포인트 ↑".

환경부. 2019.9.2. 「녹색산업활성화정책」. 환경부 내부자료.

KBS NEWS. 2019.4.27. "[소득격차 확대] ⑨ 한번 비정규직은 영원한 비정규직인가".

≪M이코노미뉴스≫. 2019.9.30. "[2020년 경제성장률 전망] 글로벌 불확실성 속 소폭 반등 전망".

〈TV조선 뉴스7〉. 2015.4.1. "임원-직원 연봉차 최고 143배 … '하늘과 땅' 차이".

西岡秀三. 2008. 『日本低炭素社會のシナリオ: 二酸化炭素70%削減の道筋』. 日刊工業新聞社.

水谷洋一 他. 2007. 『地域發! Stop溫暖化Handbook: 戰略的政策形成のすすめ』. 昭和堂.

宇沢弘文. 2010. 『社會的共通資本』. 岩波書店.

ウィキペディア. 2013. "環境税". https://ja.wikipedia.org/wiki/%E7%92%B0%E5%A2% 83%E7%A8%8E (검색일: 2019.12.3).

ゼロエミッションマニュアル作成委員会. 2003. 『ゼロ・エミッションマニュアルVer.1』. 国連大学 ゼロエミッションフォーラムブクレット.

株式会社システムインテグレータ. 2019.11.6. "第4次産業革命とは？AIとIoTで製造業はどう変 わるのか". https://products.sint.co.jp/aisia-ad/blog/fourth-industrial-revolution (검색일: 2019.12.3).

IMF. 2019.4. "World Economic Outlook Databases." https://www.imf.org/exter nal/pubs/ft/weo/2019/01/weodata/index.aspx (검색일: 2019.11.17)

Jurin, Richard R. 2012. *Principles of Sustainable Living: A New Vision for Health, Happiness, and Prosperity*. Champaign: Human Kinetics.

PBL Netherlands Environmental Assessment Agency. 2013.3.4. "Conditions for Greening the Dutch Economy." https://www.pbl.nl/en/news/2013/condit ions-for-greening-the-dutch-economy (검색일: 2019.11.24).

Rifkin, Jeremy and Ted Howard. 1980. *Entropy: A New World View*. New York: Viking Press.

Schumacher, E. F. 1973. *Small Is Beautiful: Economics as if People Mattered*. London: Blond and Briggs Ltd.

Schwab, Klaus. 2016. "The Fourth Industrial Revolution: What It Means, How to Respond." *World Economic Forum*(2016.1.14). https://www.weforum. org/agenda/2016/01/the-fourth-industrial-revolution-what-it-means-and-h ow-to-respond/WEF (검색일: 2019.12.11).

WECD[World Commission on Environment and Development]. 1987. *Our Com- mon Future*. New York: Oxford University Press.

정책 형성 문화의 녹색전환[*]

조공장

1. 문화의 관점에서 본 정책 형성 과정

환경 문제를 근본적으로 해결하기 위해서는 사회 시스템의 녹색화, 경제의 녹색화, 정치의 녹색화 등 모든 방면의 녹색화가 동시에 진행되어야 한다. 이 장에서는 '정책 형성 문화'의 측면에서 접근하고자 한다. 문화의 개념은 매우 다양하고 복잡하다. 협의의 문화는 예술art의 개념으로 사용되곤 한다. 광의의 문화는 제도, 관습 등 집단 고유의 특성을 나타내는 모든 인간 활동의 과정과 결과를 나타내기도 한다. 해리스 (Harris, 1975)는 "문화는 특정한 인구 집단의 학습된 생활양식의 총체이며, 문화는 특정한 사회 혹은 그 하위 집단의 구성원들에게 특징적이고

---

* 이 글은 조공장 외, 「환경정책의 사회적 수용성 제고 방안: 환경문화를 중심으로」, 한국환경정책·평가연구원(2019)을 수정·보완한 것이다.

유형화되고 반복적인 사고, 느낌, 행동의 방식으로 구성된다"라고 규정한다. 이 장에서 사용하는 '문화'는 광의의 문화로서 정책 형성과 관련된 우리나라 고유의 특성을 정책 형성 문화라는 관점에서 검토하고자 한다. 특히 여기서는 결과물로서의 정책 그 자체보다는 결과를 만들어내는 과정의 특징에 착안하고자 한다.

우리나라는 1980년대 이후 급속한 경제 발전과 산업화 등 성공적인 정책 성과를 이루어낸 경험이 있다. 당시 경제 발전을 위해 전문가와 관료 중심의 신속한 의사 결정은 빠른 경제 발전을 위한 불가피한 수단이었음을 누구도 부정할 수 없을 것이다. 그러나 신속한 의사 결정으로 인한 부작용이 곳곳에서 발생하고 있다. 특히 전문가 중심의 정책 형성 과정은 현장과의 괴리, 예상치 못한 부작용의 발생 등으로 정책 효과성이 낮아지는 원인이 되기도 한다. 이에 대한 반작용으로 최근 들어 수용자와 현장을 중심으로 한 정책 형성 방식의 도입이 요구되고 있다. 예를 들어 숙의형 주민 참여, 리빙랩 방식, 공론화 방식 등이 활발해지는 것은 전문가 중심 및 관료 중심의 정책 형성 문화에서 탈피하여 수요자와의 협업 또는 수요자 의견 수렴이 필수 조건이 되었음을 의미한다. 신속한 의사 결정 과정에 다양한 이해관계자가 참여하여 충분히 토의하는 신중한 의사 결정을 사회가 요구하고 있는 것이다. 물론 이는 환경 정책만의 문제가 아닌 우리나라 정책 현장의 일반적인 현상으로 볼 수 있다. 이것이 우리나라에서 정책을 만드는 과정으로서의 문화의 첫 번째 특징이라고 볼 수 있다.

두 번째 특징은 기존의 환경 정책이 매체 중심, 기술 중심의 정책 수립 문화가 주를 이루었다는 것이다. 1980년대에는 오염 관리 등 환경 문제의 사후 해결을 위해 매체 중심, 기술 중심이 중요했다. 그러나 최근의 환경 문제는 예방 정책이라는 점과 함께 수용체인 사람 중심의 건강, 안전 문제가 계속 증가한다는 특징을 고려해야 할 상황이 도래했다. 문제를 둘러싼 다양한 분야의 전문가, 이해관계자가 함께 문제를 설정하고 정책 대안을 고민하는 과제 중심의 정책 수립 문화로 변화하고 있다. 한 가지 분야의 전문 기술로 해결할 수 있는 상황이 아니며 다양한 분야의 협업이 필수적인 상황이 되었다.

이러한 우리나라 고유의 정책 형성 문화를 개선하는 것이 환경 문제의 근본 해결 방안임을 전제로 우리나라 정책 형성 문화를 진단하고 개선 방향을 제시하고자 한다.

2. 정책 형성 문화의 진단

1) 조직 및 집단 문화의 특징

환경 정책을 수립하고 집행하는 중요한 주체로 환경부·지방자치단체 등 행정기관, 기업, 연구기관, 전문가, 주민, 시민사회단체 등을 들 수 있다. 각각의 조직 및 집단의 구성원이기도 한 국민 개개인의 환경 의식이 성숙하고 있음에도 불구하고 아직도 개발 사업 중심의 정책 수립이나 효율성, 이윤 중심의 기업 경영, 환경 관리에 대한 관심 부족 등이 지적되고 있다.

우리의 행정기관이나 기업 등의 조직에서는 충분한 민주적 의사소통이 이루어지고 있다고 보기 어렵다. 조직의 의사 결정 과정에서 환경을 고려하는 목소리를 충분히 내기도 어려운 형편이다. 기업이나 행정기관이 모두 효율성 중심, 성과 중심의 경영 관리를 하고 있으며 우리나라의 연공서열 중심 직장 문화에서는 더더욱 자기 목소리를 내기 힘들다.

의사 결정 과정의 투명성 측면에서는 전문가 집단의 의사 결정 과정도 문제가 된다. 전형적인 사례가 각종 위원회의 불투명한 운영이다. 전문가로 참여한 사람이 어떠한 발언을 하고 무슨 논의를 했는지 공개하지 않는다. 또 누가 왜 전문가로 참여하게 되었는지 설명하지 않는다. 그렇기에 위원회 심의를 통해 수립된 정책인데도 일반 국민이 수용하지 못하는 사례가 발생하기도 한다. 기업, 행정기관, 전문가 위원회 등 각종 조직이 환경을 고려한 의사 결정을 하고 행동을 할 수 있게 하기 위해서는 먼저 민주적이고 투명한 조직 문화를 만들어야 할 것이다.

2) 선 개발 후 환경 대응의 개발 문화

1970년대 이후 우리나라는 급속한 경제 발전을 이룩하고 산업화 도시화에 이르게 된다. 그 덕분에 경제 수준은 세계 10위권에 들었으며 경제협력개발기구OECD 가입 등 경제적으로는 선진국 수준의 높은 발전을 이루었다. 그러나 경제개발 우선 정책의 후유증이 나타나기도 한다. 1993년의 '환경영향평가법' 제정, 2006년의 전략환경영향가제도 도입 등 개발 계획 수립 과정에서 환경 및 사회에 미치는 영향을 고려하기 위한 제도가 도입되었다. 하지만 여전히 선 개발 후 환경의 문화가 이어지고 있다. 최근 들어서도 해상 풍력발전 사업 문제, 제주 제2공항 건설 문제 등 전국 곳곳에서 개발과 환경의 갈등이 발생하고 있는 것도 사실이다.

이러한 사업에서는 사업의 구상 단계, 입지 선정 단계 등 계획의 초기 단계에서부터 적극적인 이해관계자 참여 및 정보 공개가 필요하지만, 아직까지도 사업이 구체화되고 난 후에 비로소 지역 주민의 참여가 이루어지곤 한다. 이로 인한 주민 갈등은 여전히 전국에서 발생하고 있다. 또 환경영향평가 등 개발 사업으로 인한 환경 피해 저감 방안을 마련할 때 환경 기준은 최소한의 법적 기준을 갖추는 데 그치고 있으며, 지역 사정 및 사업 특성에 맞는 환경보전 목표 설정은 거의 이루어지지 않는다. 법적 기준만을 만족하면 된다는 소극적인 저감 방안보다 현 상태에서 최대한으로 가능한 목표를 설정하는 방식으로 전환할 필요가 있다.

3) 정책 수용자와의 소통 문화

환경 정책의 수용성 확보를 위해서는 정책을 수립하는 과정에서 정확한 수요를 반영하기 위한 소통이 필요하며, 정책을 수립한 후에는 정책의 목적과 그 내용이 이해관계자에게 명확하게 전달되어야 한다. 개별 정책이 일반 국민에게 잘 전달되기는 쉽지 않다. 정부는 홈페이지 등을 통해 다양한 정보를 발신하고 있으나 일반 국민의 관심을 끌지 못한다.

더더욱 그 정보가 공급자 관점의 당위적이고 교육적인 내용으로 채워져 있으면 많은 사람은 접하려고 하지 않을 것이다. 알기 쉽고 재미있는 정보의 제공이 필요하다. 정보 제공자로서 관심이 없는 국민에게 다가갈 방법을 찾는 것은 매우 어려운 일이다. 특히 환경 문제는 때로는 매우 전문적인 지식을 수반하기에 많은 이의 관심을 유발하기 어려워지곤 한다. 정보 소통이 어려운 이유로 매체 수단의 문제가 있으나, 더더욱 근본적인 문제는 정책 수용자인 국민 스스로가 편리한 생활양식을 추구한다는 것이다. 환경에 이롭지 않은 일회용품을 많이 사용한다고 해서 벌칙이나 과징금을 부과할 수는 없다. 국민 스스로가 불편하더라도 친환경 생활을 하도록 유도하는 방식도 필요할 것이다.

3. 정책 형성 문화의 전환 방향

1) 참여와 협업을 통한 신중한 정책 형성 문화

우리나라는 매우 효율적으로 정책을 수립하고 집행한다. 짧은 기간에 정책을 만들고 집행한다는 점에서는 긍정적인 부분도 많다. 1980년대의 경제정책 및 개발정책은 이러한 신속한 의사 결정 덕분에 성공리에 진행되었다. 그런데 환경 문제와 지역 수용성 문제 등을 고려하면 이러한 신속한 의사 결정에서 이제는 신중한 의사 결정으로 전환해야 할 시기가 온 것으로 보인다. 이러한 정책 형성 문화 개선의 기본 방향은 다음과 같다.

첫째, 전문가와 관료 중심의 정책 형성에서 수용자와의 협업을 통한 정책 형성으로 전환해야 한다. 지금까지는 전문가의 연구 용역, 전문가 위원회 심의를 거쳐 정책을 수립하는 경우가 많았다. 그 과정에서 주민 참여는 거의 없다. 개발 사업은 환경영향평가를 통해 제한적이나마 주민이 참여하지만, 개발 사업이 아니면 관료와 전문가 중심으로 정책 수립이 이루어지므로 일반 국민의 의사를 반영하기가 어렵다. 그 결과 정책 수립 이후 집행 과정에서 문제가 발생하는 사례가 나타나며, 결국은 정책 효과성이 낮아지곤 한다. 정책 수립 과정에 전문가만이 아닌 다양한 이해관계자의 목소리를 반영하도록 노력해야 할 것이다.

둘째, 효율성 중시 문화에서 효과성 중시 문화로 전환해야 한다. 지금까지는 정책 결과에 대한 책임을 지지 않는 문화였다. 다양한 법령, 지침 등을 수립한 후에 그 정책을 실제로 어떻게 집행하고 있는지, 집행 과정에는 문제가 없는지, 집행의 효과는 어떠한지 등에 대한 모니터링이 매우 부족하고, 따라서 그 결과에 책임을 지지 않는다. 정책을 만드는 권한은 있으나 정책 결과에는 책임을 지지 않는 구조라는 점이 정책의 질을 담보하지 않는 신속한 정책 수립을 목적으로 하게 만들었다. 정책 결과를 모니터링하게 되면 정책 담당자는 정책 수립만이 아닌 정책 효과성을 높이기 위해 많은 노력과 고민을 하게 될 것이다. 정책의 사전 평가만이 아닌 사후 평가가 중요한 의미도 여기에 있다. 정책 담당자의 책임성 강화를 위해서이다.

셋째, 매체별·기술 중심의 정책 형성에서 사람·정책 중심으로 전환할 필요가 있다. 환경 정책은 다양한 매체를 다루게 된다. 환경부의 부서 구분도 매체 중심으로 되어 있다. 그런데 정책은 매체만을 중심으로 하기보다는, 매체와 관련된 사람의 특성을 고민해야 한다. 예를 들어 기존의 수자원 관련 연구는 수자원 관련 전문가들이, 대기 관련 연구는 대기 분야 전문가들이 연구를 수행하고 정책을 수립했다. 그러다 보니 정책을 이행하는 사람, 즉 주민 또는 기업이 이행하기 어려운 정책이 나오기도 한다. 흔한 탁상행정이라는 비판에서 벗어나기 위해 과학적 문제 해결과, 동시에 현장의 문제를 바라보고 현장의 문제 해결을 위한 노력이 필요하다. 매체 중심의 연구에서 매체와 사람을 동시에 대상으로 하는 연구가 필요하다.

2) 투명하고 책임성 있는 자율 정책 형성 문화

조직 문화 개선은 어느 한 사람의 노력만으로는 해결되지 않는다. 조직 문화라는 것 자체가 오랫동안 다수의 구성원이 만들어온 것이기 때문이다. 특히 우리나라에서는 장유유서 등 전통적인 서열 구조 및 전문가주의가 뿌리 깊어 수직적인 문화를 수평적인 문화로 개선하는 일이 쉽지 않다. 정부기관에도 기업에도 환경 관리의 중요성을 인식하는 개인이 존재할 것이다. 그런데 그 개인의 의견이 의사 결정 과정에 충분히 개진될 수 있을지 의문이며, 실제로 어렵다고 한다. 조직 및 집단 문화를 민주적·공개적·자율적으로 개선해야 할 것이다.

우리 사회의 조직 및 집단 문화의 현황 및 개선 방향을 살펴보면 다음과 같다.

첫째, 전문가의 책임성 강화이다. 대표적인 것이 위원회 운영의 폐쇄성이다. 위원회는 의사 결정을 위한 전문가의 정보 지원을 목적으로 하는 심의기관인 경우가 대부분이다. 그런데 대부분의 위원회는 비공개로 운영하므로 전문가가 어떠한 발언을 하는지, 또 전문가의 의견이 의사 결정에 어떻게 반영되는지 일반 국민은 알 수 없는 경우가 많다. 따라서 위원회의 논의 결과를 지역 주민들이 신뢰하지 못하고 그 결과 갈등이 자주 발생한다. 투명하고 공정한 위원회 운영을 통해 다양한 전문 지식을 의사 결정에 반영할 수 있는 장치를 마련해야 한다.

둘째, 기업의 사회적 책임을 강조하는 문화의 전환이다. 많은 기업이 이윤 추구를 우선으로 하는 것은 당연하다. 다만 기업은 사회적 책임을 다하기 위해 많은 노력을 할 필요가 있다. 기업이 단순히 이윤만을 추구한다면 환경 피해, 지역사회 갈등이 더욱 커질 수 있고, 결과적으로 기업의 이윤도 지속적으로 유지할 수 없게 된다. 기업이 사회적 책임을 강화해야 하는 이유이다. 환경 문제와 사회적 갈등 관리 문제 등 사회적 책임을 포함한 경영 계획을 마련해야 한다. 그리고 기업 경영 결과를 투명하게 공개할 필요가 있다.

셋째, 획일적 규제 문화에서의 탈피이다. 환경 정책의 집행 대상은 대기업부터 소규모 자영업까지 매우 다양하다. 정부나 지자체의 규제만으로는 한계가 있으며, 사업 특성 및 기업 특성을 고려하지 않은 획일적인 가이드라인은 실행력이 떨어진다. 사업 특성, 기업 특성을 고려한 자율적인 환경 관리 문화를 만드는 것이 중요하다. 지자체와 환경부는 이를 지원하는 역할을 해야 한다.

3) 개발과 환경과 사람이 조화하는 정책 형성 문화

1980년대 이후의 급속한 경제성장 과정을 거치며 우리의 삶은 매우 윤택해졌다. 개발 사업으로 유발된 환경오염 등 공해, 생태계 파괴 등의 문제는 환경영향평가제도 도입 등을 통해 많이 개선했다. 그런데 2000년대 이후로도 다양한 개발 사업으로 지역 갈등이 여러 곳에서 발생하고 있다. 4대강 사업, 가로림만 조력발전 사업 등이 대표적인 사례이다. 최근까지도 지역 갈등이 줄어들기는커녕 오히려 거의 모든 개발 사업에서 다양한 형태로 발생하고 있다. 풍력발전이나 태양광발전과 같은 친환경 사업에서도 지역 갈등이 발생한다. 그 원인은 크게 세 가지이다.

첫째, 아직까지도 선 계획 후 대책의 정책 수립이 많다. 대표적으로 보면, 해상 풍력발전의 입지 문제, 신도시 개발 사업 문제, 신공항 건설 사업 문제 등을 들 수 있다. 정부가 개발 계획을 발표하고 나서 비로소 전략환경영향평가나 환경영향평가를 실시한다. 주민 참여 절차는 사업의 규모나 입지가 결정된 후에 이루어지므로 주민 의견이 계획에 반영되기 힘든 구조이다. 계획의 구상 단계에서부터 환경을 배려하고 주민이 참여하도록 하는 것이 바람직하다.

둘째, 갈등 관리에는 공공기관이 나서야 한다. 아직까지 많은 사례에서 지역 갈등의 관리를 공공기관이 하지 않고 사업자에게 미루고 있다. 입지 선정 이후에 이루어지는 주민 참여는 사업자 주관의 설명회와 공청회가 있으나, 이러한 주민 참여의 장에서는 갈등이 조정되기보다 증폭되는 경우가 많다. 민간 사업자가 환경과 주민을 배려하기 위해 사업 계획을 자율적으로 조정하기에는 구조적인 문제가 많다. 계획 입지 제도와 같이 공공이 주도적으로 의견을 수렴하고 갈등 관리의 전면에 나서야 한다.

셋째, 환경영향평가의 기준 문제이다. 사업자는 법적 기준만 달성하면 문제가 없다고 한다. 여기에는 두 가지 반론이 있다. 하나는 정량적인 법적 기준이 없는 생태계 문제, 경관 문제 등을 기준주의로 해결하기가 어렵다는 점이다. 또 하나는 지역별 특성, 지역 주민의 특성을 반영한 기준이 아니라 획일적인 기준이라는 점이다. 최소한의 법적 기준을 맞추는 것은 당연하고, 지역 환경 목표를 설정하거나 사업별로 환경 목표 기준을 설정하는 방식을 도입할 필요가 있다.

4) 흥미로운 소통을 통한 불편을 받아들이는 의식 개혁

지금까지는 정책 형성 과정의 특징을 중심으로 진단해 보았다. 그런데 정부는 다양한 소통 채널을 통해 홍보한다. 환경부나 산하 기관들도 각각의 홍보 채널을 운영한다. 그러나 가장 큰 문제는 일반 국민이 그홍보 채널에 접근하지 않는다는 점이다. 그 이유는 다음과 같다.

첫째, 내용이 교육적이고 권위적이다. 그리고 재미가 없어 흥미를 끌지 못한다는 지적이 많다. 정책 홍보는 일반 국민을 대상으로 할지, 이해관계자를 대상으로 할지, 또는 전문가와 전문 집단을 대상으로 할지에 따라 그 내용과 형식이 달라야 한다. 당연히 그 내용과 형식은 홍보 전문가와 내용 전문가의 협업으로 결정해야 한다. 그런데 현실은 그렇지 못한 경우가 많다. 정책 홍보는 수요자(국민)가 즐기면서 유익함을 느낄 수 있도록 전환해야 한다.

둘째, 공급자, 공급 기관 중심의 산발적 홍보가 이루어지는 경우가 많다. 예를 들어 미세먼지 정책에 대해서는 10여 개 기관이 동시에 정책 홍보 자료를 만들어낸다. 그런데 연구 성격의 내용이 대부분이며, 일반 국민이 궁금해하는 내용은 별로 없다. 수요자가 알고 싶은 정보를 제공하되 기관별로 산발적으로 운영하지 말고 통합적으로 운영하는 방안이 필요하다.

셋째, 소통 방식과 소통 공급자(정부)의 문제만이 아닌 소통 수요자(국민)의 문제를 지적하지 않을 수 없다. 특히 일반 국민은 환경 문제와 관련한 정책을 숙지하고 이해하지만 행동으로 옮기지 못하는 경우가 많다. 이기심에서 비롯되기도 하지만 대개는 편리함을 추구하는 개인 성향에서 비롯된다. 일회용품 사용, 냉난방 기구 이용 등 환경 문제에 적극 대응하게 되면 우리 생활은 불편해지기 마련이다. 그런데 이러한 불편을 당연한 것 또는 당위적인 것으로 받아들이고 실천할 것인가, 아니면 편리함을 추구할 것인가 또한 그 사회의 문화적 특징으로 볼 수 있다. 불편을 감수하는 삶의 양식으로 전환할 필요가 있다.

4. 정책 형성 문화 전환을 위한 정책 방안

1) 사후 정책 평가제도의 도입

정책 형성 문화를 효율성 중심에서 효과성 중심으로 전환하기 위해서는 정책을 수립하고 5~10년 후에 정책의 실적 또는 효과가 어떠한지 검증하는 사후 정책 평가제도의 도입이 필요하다. 예비타당성평가 및 환경영향평가제도처럼 사업 혹은 개발 이전의 사전 평가는 있지만 사

표 7-1 | 사후 정책 평가제도 제안

정책 제목	사후 정책 평가제도
필요성	• 예비타당성평가나 환경영향평가와 같이 정책이나 사업 수립 이전에 실시하는 사전 평가제도는 있으나, 사후 평가제도는 없음. • 정책 도입에만 몰입하는 아웃풋 중심의 정책 수립에서, 정책의 효과를 검증하기 위해 아웃컴에 대한 사후 관리가 필수적임. • 정책의 수용성 확보 차원과 동시에 정책 수립 담당자의 책임성 확보 측면에서도 사후 평가의 필요성이 제기됨.
주요 내용	• 대상: 사후 정책 평가의 대상은 추후 논의가 필요함. • 평가 시기: 정책 및 사업 실시 후 5년 주기로 사업 성과를 측정함. • 평가 항목: 적절성, 효율성, 효과성, 영향력, 지속 가능성의 5개 항목이며, 항목별 주요 내용은 다음과 같음. 표 참조 • 평가 주체: 환경부의 자체 평가 및 제3자 위원회의 리뷰. • 평가 예시: 배출권 거래 제도 도입 후 온실가스 감축 효과의 검증, 환경영향평가제도 도입 후 운영 성과 분석. • 도입 방안: 전략환경영향평가(정책 단계)의 사후 평가제도를 도입하는 방안, 예비타당성조사제도에 사후 평가제도를 도입하는 방안, 또는 '환경정책기본법'에서 주요 환경부 정책 및 시책에 대해 사후 평가제도를 새롭게 도입하는 방안 등이 있을 수 있음.
기대 효과	• 사전 평가가 예측 기법이라면 사후 평가는 검증 기법임. • 정책의 효과를 검증함으로써 정책 담당자의 책임 의식 강화를 기대함.
선행 사례	• ODA 분야에서는 이미 사업 평가제도를 도입해 실시하고 있음. • 국무조정실 '국제개발 협력 통합 평가 지침'. • 대외경제협력기금 '사후 평가 보고서 작성 가이드라인'.
환경부 역할	• 사후 평가 시범 실시 및 사후 평가제도의 도입 방안 검토.

적절성	정책 수요가 실제로 존재하는지, 존재한다면 그 근거는? 정책 추진 과정이 절차적으로 공정한지?
효율성	당초 계획한 예산, 기간, 자원으로 정책 수립?
효과성	실제 목표한 성과를 달성했는가? 실제 기대한 파급 효과가 발생했는가?
영향력	정책으로 인한 긍정적·부정적 영향이 발생하는가?
지속 가능성	지속적으로 효과를 유지할 수 있는가?

후 평가제도는 없는 실정이다. 사후 평가를 통해 사업의 적절성, 효율성, 효과성, 영향력, 지속 가능성 등을 확인할 필요가 있다. 또 정책 담당자의 책임성 확보라는 측면에서도 필요하다. 예비타당성조사 대상

에는 사후 평가를 의무화하는 제도를 도입할 수 있다. 좀 더 폭넓게는 '환경정책기본법'에서 환경부의 주요 정책 및 시책의 사후 평가제도를 새롭게 도입하는 방안도 있다. 구체적인 내용은 〈표 7-1〉과 같다.

2) 어젠다 설정 단계의 공론화 제도 도입

정책이나 계획의 구상 단계에서 전문가와 이해관계자가 함께 참여하도록 하는 것은 정책의 타당성 확보 차원에서도 중요한 조건이라고 볼 수 있다. 따라서 어젠다 설정 단계부터 주민 및 이해관계자들이 참여하는 공론화 제도를 도입할 필요가 있다. 이를 통해 사업이 정말 필요하고 타당한지를 검토할 수 있을 뿐만 아니라 사업이 진행되면서 나타날 수 있는 갈등 원인을 사전에 조율할 수 있을 것이다. 결과적으로 이러한 제도는 사업에 대한 주민 수용성을 높이고 불필요한 행정 및 사회 비용을 사전에 차단할 수 있다. 공론화 방식으로는 공론 조사, 시나리오 워크숍 등 다양한 숙의 민주적 방법을 활용할 수 있을 것이다. 어젠다 설정 단계에서 공론화 또는 주민의 참여 기회를 보장하는 내용을 '환경정책기본법'이나 개별 사업 추진 계획에 포함하는 식으로 도입할 수 있을 것이다. 공론화 제도의 도입 방안을 〈표 7-2〉와 같이 제시한다.

3) 회의 공개 제도의 도입

위원회 제도는 정책을 수립하는 행정기관의 자문에 응하는 중요한 기구임에도 불구하고, 위원회의 결론을 지역 주민이 수용하지 못하는 경우가 있다. 물론 관점 차이 때문이기도 하지만 투명성, 공정성, 신뢰

표 7-2 ｜ 어젠다 설정 단계의 공론화 제도 제안

정책 제목	어젠다 설정 단계의 공론화 제도
필요성	• 환경 갈등의 첫 단계는 정책 및 사업의 필요성을 논의하는 단계임. 그런데 현행 주민 참여 제도는 정책 및 사업의 도입을 전제로 한 설계 단계에서 실시함. 이에 주민의 반발이 지속적으로 발생함. • 어젠다 설정 단계, 필요성 검토 단계에서의 다양한 이해관계자 참여를 보장하는 근거 제도 마련 필요.
주요 내용	• 대상: 모든 사업에 대해 실시할 필요는 없음. 대상 사업을 미리 정하는 방법이 있을 수 있으며, 주민이 사업 필요성에 대한 공론화 제도를 요청할 수 있는 제도를 도입하는 것도 가능함. • 방식: '환경정책기본법'에 어젠다 설정 단계에서 공론화 또는 주민 참여의 기회를 보장하는 내용을 포함하는 방식, 또는 개별 사업 추진 계획 속에서 참여를 보장하는 방안도 가능(신재생에너지 계획 입지 선정 단계에서의 공론화 보장, 전략환경영향평가의 스코핑 단계에서의 주민 참여 보장 등). • 공론화 방식: 공론화는 공개된 논의를 전제로 하는 다양한 회의 방식을 의미함. 따라서 숙의형 여론조사만이 아닌 워크숍 방식, 위원회 방식 등 다양한 형태가 있음. 중요한 것은 토의 내용을 공개함으로써 회의 참석자만이 아닌 지역 주민과도 논의 과정을 공유하는 것임.
기대 효과	• 초기 단계에서의 공론화를 통해 지역 수용성이 확보되지 않는 사업은 추진하지 않는다고 전제하면, 사업의 수용성이 높아질 것임. • 사업의 기획 조사 단계에서 지역민의 의식조사를 실시함으로써 초기부터 갈등을 관리할 수 있게 됨.
선행 사례	• 신고리 원전 공론화위원회(2017년) • 동남권 신공항 입지평가위원회(2011년)
환경부 역할	(제도 개선) • '환경정책기본법'에서 정책 구상 단계에서의 주민 참여 추가. • 개별법에서 주민 참여 규정을 강화하는 방안 검토. (시범 사업) • 하천 복원 사업의 필요성에 대한 공론화 시범 사업.

성 문제도 제기된다. 전문가의 책임성 강화라는 측면에서 회의 공개 제도 도입을 검토할 수 있다. 회의 공개 제도는 위원회에 참여한 발언자와 발언 내용을 모두 기록하고 공개하는 것으로, 미국 및 일본 등지에서는 이를 실행하고 있다. 회의 공개 제도는 전문가가 특정 집단에 치우치거나 정치성을 드러내는 발언을 하지 못하도록 사전에 차단할 수 있을뿐더러 어용 전문가의 위원회 참여를 예방할 수 있다. 이러한 제도

표 7-3 | 회의 공개 제도 제안

정책 제목	회의 공개 제도의 도입
필요성	• 정보공개법이 도입되었으나, 회의는 정보 공개의 대상이 아님. • 정책 의사 결정의 주요 자문기구인 위원회가 비공개로 진행됨에 따라 투명성 및 신뢰성에 대한 문제 제기가 많음. • 전문가의 비전문적 발언, 정치 편향적인 발언, 비소신 발언 등의 문제 발생. (예) 도시계획위원회, 환경영향평가위원회.
주요 내용	• 회의 공개 제도에서 규정해야 할 사항은 다음과 같음. ① 회의 공개의 목적, 원칙, 정의, 적용 대상. ② 회의 공개의 방법: 회의 개최의 공지, 회의 방청의 허용, 회의 결과의 공개. • 회의록은 발언자와 발언 내용을 모두 기록하여 공개.
기대 효과	• 발언 내용이 공개됨으로써 전문가의 책임감 강화 기대. • 어용 위원 시비에서 탈피 가능하며, 위원 선정의 공정성 확보. • 전문가 인선 과정 및 논의 과정, 의사 결정의 투명성 및 신뢰도 확보.
선행 사례	• 미국, 일본 지자체의 회의 공개 제도.
환경부 역할	• 환경부 회의 공개 제도의 도입 또는 지자체 회의 공개 조례 지침 마련.

는 전문가의 책임성을 강화하여 위원회의 공정성과 토론의 질을 향상 시킬 수 있을 것이다.

4) 기업의 사회적 책임(CSR) 확대

기업은 이윤을 추구하면서 동시에 지역사회에 대한 사회적 책임을 강화하는 방향으로 자율적인 노력을 하고 있다. 특히 최근에는 기업의 사회적 책임CSR: Corporate Social Responsibility 보고서를 발행하여 사회적 평 판을 높이려고 노력한다. 그러나 아직까지 CSR 보고서는 형식적이고 단편적인 내용이 많으므로 내실을 기할 필요가 있다. 특히 현대 산업자 본주의 사회에서 기업은 환경 문제를 발생시키는 주요 원인 제공자임 을 감안할 때, 환경 경영을 중심으로 한 기업의 사회적 책임을 강화하 는 것은 윤리적으로 정당하다. 대기업을 넘어 중소기업들도 환경 책임

표 7-4 | 기업의 사회적 책임 강화 제안

정책 제목	기업의 사회적 책임 강화(환경 경영을 중심으로)
필요성	• 기업의 의사 결정에서 환경, 사회 등 사회적 책임을 요구. • 기업 활동으로 인한 환경 피해의 예방 및 지역 갈등 방지 등 포함. • 우리나라도 CSR 보고서를 작성하는 기업이 늘었으나 아직은 형식적인 부분이 많음. • 대기업만이 아니라 중소기업에도 CSR 경영을 확대하고 권장하는 제도가 필요함.
주요 내용	• CSR 중에서 환경 경영에 관한 부분은 다음을 포함해야 함. 환경 경영은 환경 관리와 이를 수행하기 위한 거버넌스 구조를 모두 포함함. - 리더십: 기관장의 환경 경영 관련 정보 발신, 매체 인터뷰, 양해각서(MOU) 등 환경 경영 의지. - 거버넌스: 환경경영위원회, 환경 담당 임원(사외이사), 환경 전담 부서 설치 등. 전략적 의사 결정을 위한 경영 시스템과 환경 관리 시스템의 연계 방안 등. - 커뮤니케이션: 대내외 환경 소통 기구 설치, 대내외 환경 교육 기회 제공. - 환경 관리: 기후변화(온실가스, 에너지), 폐기물(자원순환), 생물 다양성(환경 복원) 등. - 법령 준수: 환경 법령 준수 사항, 관련 민원 대책 마련. - 환경 경영 체계: 경영 전략과 환경 경영 계획의 연계성 마련.
기대 효과	• 기업의 사회적 책임을 강화하는 동시에 내부 거버넌스에서 환경 분야 강화 가능. • 기업의 의사 결정 및 사후 관리에 환경 분야 강화 효과.
선행 사례	• 국제 규범에 따른 CSR 보고서 발행(유엔 글로벌 콤팩트 등).
환경부 역할	(지침 마련) 환경부는 기업의 환경 경영 보고서 작성 지침 마련. (모니터링) 매년 우수 환경 경영 보고서에 대한 표창 등. (보급 확대) 환경영향평가 시 기업의 환경 관리 대책에 대한 내용 강화 등.

에서 자유로울 수 없다는 점 또한 분명히 할 필요가 있다. 정부, 시민사회, 비정부기구NGO 중심의 환경 거버넌스의 틀을 넘어 기업도 환경 문제 해결의 한 축으로 참여해야 한다.

5) 환경영향평가 공청회 개선

환경영향평가제도의 큰 특징 중 하나는 주민 참여의 보장이다. 평가 과정에서 설명회 및 공청회를 개최하는 것으로 주민 참여를 보장하고

표 7-5 ｜ 환경영향평가 공청회 제도 개선 방안

정책 제목	환경영향평가 공청회 제도 개선(사업자 주관에서 행정기관 주관으로 전환)
필요성	• 현행 환경영향평가제도는 모든 사업의 설명회 개최를 의무화하고, 주민 30명 이상의 요청이 있으면 공청회를 개최하도록 되어 있음. 그런데 상당수 공청회는 주민 반대로 무산되는 경우가 많음. 즉, 공청회 제도의 근본적인 개혁이 필요함.
주요 내용	• 공청회 주관 기관의 검토 - 현재는 공청회를 사업자가 주관함. 공청회는 public hearing이라는 말처럼 주민 의견을 듣는 장치임. 그런데 사업자가 주관하다 보니 주민 의견의 반영이 잘 안 되므로 주민들은 공청회 개최를 방해함. 공청회 주관 기관을 지자체 또는 협의 기관인 환경부로 변경하는 방안 검토. • 공청회 운영 기법의 검토 - 현재는 공청회를 사업자가 추천하는 전문가와 주민이 추천하는 전문가가 토론하는 형식으로 진행함. 이 외에도 다양한 운영 기법에 대한 연구가 필요함. 상황에 맞춰 회의 운영 기법은 달라질 수 있기 때문임. 예를 들어 일본 가와사키시의 공청회와 같이 주민들에게 세 차례 질문 기회를 주면서, 관심 사항의 우선순위를 정하게 하는 방법도 있음. 또 컨센서스 회의와 같이 전문가와 주민이 토론하는 공청회도 있음. 다양한 운영 기법이 마련되어야 함. • 공청회 운영 시기의 검토 - 공청회는 초안에서만이 아니라 스코핑 단계에서 오히려 더 필요함. 참여 시기에 대한 조정이 필요.
기대 효과	• 주민 의견과 사업자 의견을 조율하는 공청회 운영을 통해 개발 사업 환경영향평가의 수용성을 제고하는 역할. • 협의 기관이 쟁점 사항에 대한 조정 역할을 강화하는 효과를 기대.
선행 사례	• 미국, 일본 지자체 환경영향평가 조례 등.
환경부 역할	(제도 개선) '환경영향평가법', 지자체 환경영향평가 조례의 공청회 개선 방안, 주민 참여 매뉴얼 마련 검토.

있다. 주민 30명 이상이 요청하면 공청회를 개최할 수 있기 때문에 공청회의 개최 조건은 까다로운 편이 아니다. 하지만 현실에서는 공청회 자체가 주민 반발로 무산되어 갈등의 장이 되는 경우가 많다. 이는 현재의 공청회 제도가 주민 참여에 기반을 둔 갈등 조정이라는 공청회의 본래 목적을 달성하지 못한다는 것을 보여준다. 그럼에도 불구하고 공청회가 두 차례 무산되면 개최한 것으로 인정해 주는 규정이 있다. 이러한 규정은 사업 추진자로 하여금 공청회를 단순한 형식적 단계로 인

식하게 만든다. 따라서 공청회를 주관하는 주체를 사업자에서 지자체 및 환경부로 변경하는 방안을 검토할 필요가 있다. 또 사업자와 주민이 추천하는 전문가가 토론하는 현재의 공청회 형식을 벗어나 주민의 의견과 생각을 직접 반영할 수 있는 다양한 숙의 민주적 기법을 결합할 필요가 있다.

5. 정책 형성 문화와 프로세스의 전환

지금까지 한국 사회의 특징으로서의 정책 형성 문화를 살펴보았다. 결과적으로 우리 사회의 녹색화를 위해서는 일부 전문가만의 노력, 일부 관료만의 노력이 아닌 우리 사회 전체가 녹색화를 위해 의식을 개혁해야 할 것이다. 그리고 각계각층의 다양한 목소리가 정책 형성 과정에 녹아들 수 있도록 분위기와 제도를 조성하는 것이 정책 형성 문화의 개선 방안이라고 요약할 수 있다.

누가 주인공인지에 대한 이해를 위하여 심포지엄 기념사진을 예로 들어본다. 〈그림 7-1〉은 국내에서 개최된 심포지엄의 기념사진이다. 우리나라 행사 대부분의 기념사진은 〈그림 7-1〉과 같이 외빈, 발제자, 토론자가 단상에 모여서 기념사진을 남긴다. 심지어 외빈은 기념촬영 후 자리를 뜨는 경우가 허다하다. 그런데 필자가 참여한 외국의 어느 심포지엄에서는 전혀 다른 기념사진을 찍은 기억이 있다. 해외 심포지엄에서는 기조 강연이 끝나고 기념사진을 찍자고 청중 모두에게 안내를 한다. 주요 인사들이 단상으로 올라가는 것이 아니라, 사진 촬영자가 단상으로 올라가서 심포지엄에 모인 모든 청중을 촬영한다. 사진에는 심포지엄에 참여한 100여 명의 청중들이 함께 찍힌다.

그림 7-1 | 국내에서 개최된 심포지엄 기념사진

기념사진 촬영 시점의 차이는 마치 우리나라 정책 형성 과정의 특징을 보여주는 듯하다. 국내의 기념사진 모습은 전문가를 비롯한 소수의 참여자가 주인공인 정책 형성 과정을 보여주는 듯하며, 해외의 모습은 모든 참여자가 주인공인 참여형 정책 형성 과정을 보여주는 듯하다. 이러한 차이가 바로 정책형성 문화의 차이가 아닌가 싶다.

이 장에서는 녹색 사회로 전환하기 위해 정책을 만들어가는 과정, 즉 방법론의 전환이 필요하다는 것을 강조했다. 전문가와 관료 중심의 정책 형성에서 수요자와의 협업을 병행하는 방식으로, 효율성 중심에서 효과성 중심으로, 매체·기술 중심에서 사람 중심으로 전환해야 한다.

또 정책을 수립하고 실행하는 집단의 문화도 바뀌어야 한다. 먼저 전문가 집단의 토의 과정과 의사 결정 과정의 투명성과 공개성을 확보하고, 기업은 이윤 추구 중심에서 사회적 가치 추구를 확대해야 한다. 이를 위해서는 직장 내 민주주의, 발주처의 갑질 문화 등도 바뀌어야 할 것이다.

무엇보다 강조하고 싶은 것은 서둘러 신속하게 결론을 도출하는 문화에서 이제 다양한 이해관계자가 참여하여 신중하게 논의하는 과정을 중시하는 문화를 만드는 것이다. 그 과정이 투명하고 공정해야 함은 기본이다. 지금까지 이러한 문화를 유도하기 위한 정책 방안을 제시해 보았다. 사후 정책 평가를 통해 정책 효과성을 검증하는 것은 정책 수립자의 책임을 강화하는 효과를 기대하게 한다. 회의 공개 제도는 전문가 집단과 관료 집단의 책임을 강조하고, CSR 제도는 기업의 사회적 책임을 강화하게 될 것이다. 또 다양한 숙의적 참여를 제도화하는 것과 함께 형식적인 주민 참여에 면죄부를 주는 기존 제도의 점검도 병행되어야 할 것이다.

참고문헌 ■■

국무조정실. 2014. 「국제개발협력 통합평가매뉴얼」(2014.1.13 개정).

조공장·김지영·신경희·이창훈·양은정. 2013. 「대규모 개발사업의 지속 가능성 확보를 위한 예비타당성조사 제도 개선 방안 연구」. 한국환경정책평가·연구원.

조공장·김지영·이상범·안승혁. 2013. 「도시기본계획의 전략환경평가 방법론 연구」. 한국환경정책평가·연구원.

조공장·서아람. 2016. 「환경분야 공적개발원조(ODA) 사업평가 지침 마련을 위한 연구」. 한국환경정책평가·연구원.

조공장·정주철·신경희·이희선·최준규·이상범·안승혁. 2011. 「사회영향평가 지표 개발 및 운영 가이드라인 마련 연구」.

조공장·주용준. 2015. 「환경영향평가 설명회·공청회 운영 현황 분석」. 한국환경정책평가·연구원.

조공장·최준규·박영민·송영일·사공희·이상범·정주철·임영신. 2008. 「환경평가제도 30년의 성과분석과 발전방향」. 한국환경정책평가·연구원.

Harris, Marvin. 1975. *Cows, Pigs, Wars and Witches: The Riddles of Culture*. London: Hutchinson & Co.

08

GREEN TRANSFORMATION

과학기술의 녹색전환[*]

박진희

1. 기후 위기와 과학기술 혁신 정책

기후 위기에 대응하기 위해 각국 정부에서는 최근 탄소 배출 제로, 탄소 중립 사회를 만들기 위한 정책 이행에 나서고 있다. 재생에너지 시스템으로의 에너지 시스템 전환에서부터 순환경제 실현, 내연기관 차 생산 중단에 이르기까지 탄소 배출 제로 사회 실현을 위한 다양한 전환 정책을 수립하고 있다. 수송 연료 전환 및 내연기관을 대체하는 전기차 생산 및 보급을 위해서는 관련 규제 정책 혹은 보조금 지원 정책이 필요하지만 전기차 배터리 기술 등 관련 과학기술 개발을 위한 과학 및 기술 혁신 정책 추진 역시 필수적이다. 28% 효율에 정체되어 있

---

[*] 이 글은 「전환적 혁신 정책의 관점에서 본 재생에너지 기술 혁신 정책」, ≪기술혁신학회지≫, 23권 2호(2020)를 수정·보완한 것이다.

는 태양전지 기술이 한계를 넘어서자면 규소 기반 기술에서 벗어나 혁신 소재를 개발하기 위한 투자 및 인력 양성이 필요하다. 화석연료에 고착되어 있고 생태효율성 대신 노동생산성을 따르는 과학기술 정책의 전환 없이 사회의 녹색전환은 가능하지 않다.

과학기술의 녹색전환은 어떻게 가능할까? 신기술 혹은 과학의 연구 결과가 기후 위기와 생태 위기 문제를 해결하는 데 기여하고 동시에 기후, 생태 위기를 가속하지 않기 위해서는 기존 과학기술 연구 체제, 과학기술 정책이 어떻게 변화해야 할까? 과학기술의 녹색전환 모색을 위해 이 장에서는 지속 가능한 기술 혁신에 관해 그동안 진행되어 온 논의, 녹색 화학 논의와 새로운 과학기술 거버넌스 논의를 먼저 살펴보고자 한다.

경제성장보다 환경의 지속 가능성을 우선시하는 기술 개발을 촉진하기 위해 기존의 혁신 정책에서 벗어나야 함을 주장하는 지속 가능한 기술 혁신 논의는 녹색 기술 혁신의 얼개를 구성하는 데 도움을 줄 수 있을 것이다. 환경에 유해하지 않은 과학과 기술을 개발하는 전략은 일반 상품 개발과 달리 경제적 동인에만 근거하는 것이 아니라는 주장은 이미 1990년대 초반부터 제기되었다. 화학제품 공정에서 나오는 유독물질을 규제하는 정책이 제도화되면서 덜 유해한 화학제품이 새로이 개발되거나 최종 제품에 유해한 화학물질이 들어가지 못하도록 하는 새로운 공정이 출현할 수 있었다. 진화 경제학 이론에서 파생된 이들 기술 혁신 설명은 환경 정책과 경제정책의 결합으로 친환경 기술 혁신이 가능함을 보이는 것이었다(Kemp, 2001: 160~161). 그러나 이들 이론은 그 후 기술 혁신 체제론, 다중 전환 이론보다 '지속 가능한 기술' 확산 전략을 뒷받침하지 못하는 것으로 드러났다. 지속 가능한 기술 제품이 확산되려면 제품 시장 형성이 중요하지만 시장 창출만으로는 부족하며 혁신 주체인 기술 집단의 형성, 협회와 같은 집단 네트워크의 형성, 지속 가능 가치를 공유하는 소비자 문화 형성 등이 이루어지는 '기술 레짐의 안정화'를 정책으로 뒷받침해야 한다. 이와 같은 지속 가능 혁신 논의는 과학기술의 녹색전환 정책 내용에 시사점을 줄 수 있을 것이다.

다음으로 녹색 화학에 관한 논의는 과학 분야가 환경 위기라는 맥락에서 연구 내용의 방향을 어떻게 바꿀 수 있는지를 보여준다. 안전한 화학물질 디자인, 재생 가능한 물질을 사용하는 제품 개발, 에너지 최소화 화학물질 디자인 등의 녹색 화학 논의에서 에코 디자인 원리의 기본 원칙들이 파생되었다. 기후 위기, 에너지 고갈 등 지구촌이 직면한 위기는 또한 전통적인 과학 및 기술 지식, 전문가 지식의 불확실성을 높이고 있다. 물리·화학 법칙으로 기후 위기 영향을 예상하기는 어려워지고 어떤 위험을 위기로 정의할 것인가를 두고도 사회, 정치, 문화적 차이에 따라 서로 의견이 달라 해결책에 대한 합의도 어려워졌다. 전문가의 지식이 오히려 위험을 야기하고 있다고도 하고, 위험에 관한한 전문가와 비전문가를 구분하기도 어려워졌다. 지식의 불확실성, 가치가 내재된 지식으로 인해 전문 지식에 근거한 전통적인 과학기술 정책의 한계가 드러나게 되었다. 전문가와 관료 중심의 과학기술 정부로부터 전문가, 비전문가와 정부 관료 등으로 구성되는 과학기술 거버넌스의 중요성이 강조되고 있다.

여기서는 먼저 새로운 사회 기술 시스템 출현과 새로운 시스템의 안정화를 통해 사회의 지속 가능성을 확보하고자 하고 이에 필요한 기술 및 사회 혁신을 지원하는 지속 가능한 기술 혁신, 전환적 혁신 논의를 개괄한다. 이어 녹색 화학의 전개와 과학 연구 방향의 전환 가능성을 알아본다. 3절에서는 지속 가능한 과학기술 거버넌스의 형성을 다룰 것이다. 4절에서 녹색전환을 지향하는 과학기술 발전 사례를 보면서 국내 정책에 대한 시사점을 정리한다.

2. 지속 가능한 기술 혁신에서 전환적 기술 혁신으로

녹색 기술 혁신을 연구해 온 일군의 연구자들은 2000년대에 혁신 시스템과 다층적 관점[1]을 결합하여 기술 혁신 시스템Technical Innovation System 이론을 제안했다. 태양광 전지 혹은 바이오 가스 설비 등 재생에너지 기술이 기존의 화석연료 기반 기술과의 경쟁에서 성공하자면 전통적인 기술 혁신 정책만으로는 가능하지 않다고 본 것이다. 지속 가능을 지향하는 혁신 기술의 성공은 혁신의 주체가 되는 기업, 지식 생산을 담당하는 대학과 산업 조직, 비정부기구NGO와 정부 기관으로 구성되는 행위자, 네트워크와 법, 규제를 모두 아우르는 기술 혁신 시스템의 안정화에 달려 있었다.

새로운 혁신 기술 니치의 출현, 기술 레짐으로의 성장과 기존 레짐의 대체로 기술 발전 과정을 추적하는 다층적 관점을 수용하여 이들 연구자들은 지속 가능 기술 혁신 과정을 기술 혁신 시스템의 변화 과정과 연계했다. 즉, 기업의 지식 생산 혹은 새로운 기술 상품의 개발이나 정부의 신기술 연구개발R&D 투자 등으로 새로운 기술 혁신 시스템 형성이 시작된다. 이들 지식 혹은 기술 상품은 생산자와 사용자, 대학 연구

---

1 기술 변화를 기술 내용만의 변화가 아니라 사회 기술 시스템 내의 상호작용에 의한 변화로 보는 시각으로 네덜란드 전환 학자들이 정의한 개념이다. 사회 기술 시스템은 새로운 기술이 출현하는 공간인 기술 니치, 신기술의 확산, 안정화와 연관되는 기업, 엔지니어, 사용자, 정책 입안자 혹은 규제자, 관련 법제와 기관들로 구성되는 사회 기술 레짐, 그리고 니치와 레짐에 영향을 주는 맥락으로서 사회 기술 경관, 이렇게 세 가지 층위 간의 상호작용으로 전환을 이루게 된다고 보는 것이다.

자들을 연계해 주는 다양한 학습 네트워크를 통해 전파되거나 확산된다. 기술 혁신 시스템을 구성하는 네트워크에는 신기술 혹은 기술 지식에 관한 기대, 믿음을 공유하고 기술 확산에 유리한 정치 어젠다를 만들어내는 옹호 연합[2]도 속해 있다. 시스템을 구성하는 세 번째 구성 요소인 제도는 법, 규정, 규범 혹은 인지 규칙을 말하는데 행위자들 사이의 상호작용에 영향을 미치고 사회 여러 부문의 가치 기반을 형성하며 행위자들의 학습 과정에도 영향을 준다. 기존의 기술 혁신 시스템과 경쟁 관계에 있는 새로운 기술 혁신 시스템이 성공하자면 시장 창출만이 아니라 이런 제도 변화도 이루어야 한다는 것이다.

새로운 기술 혁신 시스템의 형성은 세 단계의 구조적 과정을 거쳐 일어난다. 즉, 기업들이 여러 층위의 생산 과정 내로 진입하면서 소규모의 기술 시스템이 만들어지고 신규로 진입하는 기업들이 시스템에서 만들어지는 새로운 수요를 충당하고 산업 부문에 새로운 지식과 자원을 제공하면서 학습 네트워크가 만들어지고 새로운 기술 혁신 시스템에 필요한 제도가 정비되는 것이다. 태양광 전지 생산 업체의 출현, 생산자 협회, 전지 연구자 그룹의 형성, 고정 가격 구매제Feed in Tariff의 출현 등이 연속해서 진행된다는 것이다. 그런데 이렇게 형성되는 기술 혁신 시스템의 목적은 새로운 기술 지식, 특히 지속 가능한 기술 지식을 개발하고 적용하고 확산하는 데 있다. 기술의 적용과 확산이 빠르게 일어날수록 기술 혁신 시스템의 성능이 좋다고 평가할 수 있으며 이런 성능을 판단하기 위해서는 기술 혁신 시스템의 기능을 분석해 볼 수 있다.

기술 혁신 시스템 연구자들에 따르면, '기능'은 혁신 시스템의 목표

---

2 특정 기술 혁신 시장 형성에 유리한 제도, 재정 지원 등을 가능하게 하는 행위자 그룹으로 산업 협회, 엔지니어 연합 혹은 정치가 집단의 네트워크를 일컫는다.

표 8-1 | 7가지 기술 혁신 시스템 기능의 정의

기능	이름	내용
기능 1	지식 개발과 확산	대학과 기업의 연구 개발, 실행 학습, 사용(학습 네트워크를 통해 일어나는 일).
기능 2	연구 방향에의 영향	기술 혁신 시스템 내에 탐구 방향에 영향을 줄 수 있는 메커니즘. 인센티브, 다른 국가에서의 성장 기회, 사회 경관(글로벌 사건, 트렌드, 가치 등)의 변화, 기대, 다른 종류의 지식에 대한 행위자들의 인지, 규제와 정책, 선도 고객들에 의한 수요 축적, 역돌출 등의 요인과 결합하여 이런 기능이 강화됨.
기능 3	기업의 실험	기업의 실험이 다양하게 일어날 수 있음을 보장해 주는 것. 지식 생산과도 관계되지만, 사용자들, 시장 상황에 적응하는 과정과 관계됨.
기능 4	시장 형성	니치 마켓의 형성. 신기술의 장점이 높이 평가될 수 있는 시장 영역을 확정하는 것. 또 다른 옵션은 규제를 통해 잠정적인 경쟁력을 만들어내는 것. 고정 가격 구매제, 녹색 인증제 등에 의해 창출된 보호 공간 등을 일컬음.
기능 5	자원 동원	기술 혁신 시스템이 어느 정도로 인력(특정 과학기술 분야 교육을 통해, 혹은 기업 경영과 재정을 통해), 금융자본(벤처 자본, 정부 펀드 등)과 보충 자산(보완재, 서비스, 네트워크 인프라 등)을 동원하는지를 보여주는 것.
기능 6	정당화	정당화는 주어지는 것이 아니라 다양한 조직과 개개인의 의도적 행위로 형성됨. 옹호 연합의 구체적 행동이 있어야 가능. 이들 옹호 연합의 규모와 성공은 가용 자원과 미래에 대한 기대와 긴밀히 연관됨.
기능 7	외형 확장 (positive externalities)	노동력 풀의 출현, 전문 중간재 공급자들의 출현, 정보 지식의 흐름 형성을 말함.

자료: Hekkert and Simona(2009); Bergek et al.(2008).

에 기여하는 행위를 일컫는다. 여기에는 학습 행위 혹은 상호작용 학습, 정보 전송, 보존, 새로움을 창출하는 것, 선택, 네트워킹 등의 행위가 포함된다. 기술 혁신 시스템의 수행력을 평가할 수 있는 분석 틀로는 7가지 시스템 기능이 정의되고 있다. 기능은 기술 혁신 시스템 내에서 실제로 무엇이 진행되고 있는지를 알려주고 시스템의 수행력에 직접적인 영향을 줄 수 있다.

이들에 따르면 혁신 정책을 입안하기 위해서는 먼저 위의 기준에 따라 기술 혁신 시스템을 분석하여 어떤 장점과 강점이 있는지, 시스템의 진화를 촉진하는 것은 무엇이며 저지하는 것은 무엇인지를 파악해야 한다. 기능 분석과 동시에 현재 시스템 단계에 대한 판단도 필요하다. 시장 실패와 공급 측면에 강조점을 둔 기존 혁신 정책의 한계를 넘어서 기술 혁신 시스템 이론은 사용자 실천, 제도 규제와 산업 네트워크 형성 등을 강조한다. 그러나 이 이론은 특정 시점의 기술 혁신 시스템 기능 향상에 초점을 두고 있어 장기간의 전환 정책 수립에 적용하는 데는 한계를 보인다.

이런 기술 혁신 시스템 이론에 대한 성찰을 바탕으로 전환적 혁신 이론이 등장하고 있다. 베버와 로래서(Weber and Rohracher, 2012)는 다층적 접근과 기술 혁신 시스템 혁신 정책을 비교하여, '시스템 실패'를 '전환 실패' 개념으로까지 확장하여 장기간의 전환 혁신 정책 원칙을 제안했다. 이에 따르면 기술 혁신 시스템에서 주목하는 시장 실패, 시스템 실패 논의가 방향성을 갖고 진행해야 하는 장기적인 전환 혁신 추진에 기여하는 바가 적다는 것이다. 즉, 전환을 지향하는 혁신 정책은 사회적 도전 과제를 해결하고자 하는 사회 비전에 바탕을 둔 전환의 방향성을 설정하지 않고는 전환 혁신 목표 달성이 어렵다는 점을 직시해야 한다. 기술 혁신 시스템의 방향성 실패를 극복하는 정책이 전환적 혁신 정책의 핵심임을 주장하고 있다. 녹색전환을 위해서는 녹색 기술 혁신 정책의 장기 비전 수립이 전제되어야 하고 이 비전에 따른 혁신 정책 평가가 지속되어야 함을 의미한다. 두 번째로 전환을 목표로 하는 혁신 정책에서는 사용자와 소비자들이 혁신 제품 혹은 서비스를 활용하고 혜택을 누릴 수 있도록 관련 사회 기술 환경을 만들어야 함을 강조한다. 친환경 혁신 제품, 녹색 기술 제품이 소비자의 외면을 받는 것은 소비자 혹은 기술 사용자가 기술 대상에 대한 학습 기회, 제품의 새로운 가능성을 탐구할 기회를 마련해 주지 못한 것에서 원인을 찾을 수 있다고 본다. 제품 확산을 위해 공공의 공급 확산으로 시장을 확대하는 것은 실제 수요자 형성을 준비하지 않아 시장 실패를 낳은 과거의 혁신 정책을 진전시킨 것이다. 세 번째로는 기술 정책, 산업 정책, 조세 정책 등 사회 기술 시스템 구성 부문 간의 수평적인 정책 조응의 실패, 국가와 지자체 정책 간의 조응 실패 등 서로 다른 영역에서의 정책 조정 실패도 전환적 혁신 정책이 고려해야 할 핵심 사안이다. 사회 기술 시스템 전환에는 다층위의 부문별 정책 조응이 전제되기 때문에 정책 조응은 기존의 혁신 정책에서보다 더욱 중요해진다. 네 번째로 시스템 전환은 장기적이라는 특성이 있기 때문에 혁신과 변화를 둘러싼 불확실성이 높아 전환 목표로의 진전 과정을 지속적으로 모니터링하고 정책 실패를 보정하는 성찰 과정이 필요하다. 거버넌스 체제로서 전환 혁신 정책을 모니터링하고 정책 평가를 수행하며 영향 평가를 수행할 수 있는 제도 마련이 필요하다는 것이다.

쇼트와 스타인뮬러(Schot and Steinmueller, 2018: 1563)는 과학기술 정책에서 시작된 혁신 정책이 전환 혁신 정책으로 이행하고 있다고 본다. 전환 혁신 정책에서는 우선 혁신의 결과가 현재의 환경적·사회적 문제라는 부정적 결과를 낳고 있음을, 즉 혁신을 사회적 진보와 동일시할 수 없음을 강조한다. 에너지, 이동성, 식품과 건강 등의 측면에서 사회 기술 시스템의 전환이 필요한데 이 전환을 위해서는 새로운 혁신 기술 해법만을 찾아서는 안 된다는 것이다. 사회적 행위 차원과 기술 차원의 전환을 함께 이루어야 한다. 즉, 물리적 기술, 인프라, 산업 구조, 생산물, 규제, 사용자 선호도와 문화적 지향 등의 모든 차원에서 변화가 동반되어야 한다는 것이다. 다양한 행위자가 참여하는 다층 차원의 전환은 장기적으로 계속해서 진행되는 특징이 있기 때문에 정책 이행 과정에서 전환의 방향성을 공유하는 것이 무엇보다 중요하다. 또 시기별로 혁신 참여자들 사이의 협의와 협상 과정을 통해 가능한 대안을 마련하는 것도 중요하다고 본다. 두 번째로 혁신 체제에 기반을 두고 과학기술 영역에서의 정책 조응을 강조했던 지난 시기 혁신 정책과 달리 전환 혁신에서는 수송, 에너지 등의 부문별 정책 간의 수평적 조응이 중요해진다. 또 세금 정책, 경제정책, 사회정책과의 조응, 중앙정부와 지방자치단체 간의 다층적 정책 조응이 중요하다.

세 번째로 혁신 정책은 실험 과정으로 정책 내용 수정이 가능하도록 성찰성과 개방성이 있어야 한다고 본다. 전환 경로를 만드는 과정에서 다층위의 협업이 개선, 진전을 이루기 위해서는 실험을 장려할 필요가 있다. 실험 공간은 기술 시연 공간을 의미하는 것이 아니라 실패를 통한 학습 과정이 보장되고 다양한 집단이 새로운 기대감 혹은 비전을 공유하고 새로운 네트워크, 새로운 니치를 만들 수 있는 장을 의미한다. 혁신 행위자는 기업, 소비자, 단체 등 사회의 다양한 구성원을 포함하고 혁신 기반 지식 역시 다학문적이며 숙의 과정을 거쳐야 한다. 새로운 생산구조를 만드는 것뿐만 아니라 새로운 형태의 수요와 사용자 선호도가 지배적이 되는 사용자 환경과 시장을 만드는 것이며 이런 시장 창출 등에 사용자들이 적극적으로 참여하도록 하는 것이다. 즉, 사용자 참여를 장려하는 정책의 개발이 필요하다. 네 번째로 다양한 경로 실험의 효과와 결과를 예견하고 실험을 통해 학습하고 이에 기반을 두고 경로를 수정하는 과정을 전환 혁신 정책에 포함해야 한다. 이런 특징에 따라 정부, 시장과 시민사회를 아우르는 새로운 제도 배치와 거버넌스 구조 또한 필요하다. 전환 혁신 정책은 지난 혁신 정책의 결과로 현재 사회에 깊숙이 뿌리박힌 대량생산, 개인화된 대량소비, 생산성, 자원 집약적이며 탄소 집약적인 생산방식 같은 특성의 근본 변화를 지향하고, 사회 전반에 걸친 전환을 지향한다. 또 정부, 기업과 시민사회, 국제 연계의 새로운 관계 형성을 의미한다.

기후변화와 같은 전 지구적 차원의 문제를 해결하는 혁신 정책은 이들 문제에 내포된 논쟁적 특성, 비선형성 등의 특성을 고려할 수 있어야 한다. 최근 혁신 정책에서 일어나고 있는 '규범적 전환'에 따르면 혁신 정책은 혁신 시스템이 경제 측면에서의 경쟁성과 성장 개선에 기여할 수 있는 방향으로 적정화될 수 있도록 함은 물론, 바람직한 사회적 목적에 따라 전환이 일어날 수 있도록 전략적 방향성을 지니고 혁신 과정을 지도할 수 있도록 해야 한다. 전환적 혁신 정책은 정책 목표가 경제성장에서 사회·환경 문제 해결 지향으로 선회하도록 하는 것을 의미한다(Diercks, Larsen and Steward, 2019: 884). 전환 혁신 정책을 주장하는 학자 중에는 정부의 적극적인 개입으로 새로운 시장을 형성하여 학계와 산업계가 주도하는 기술경제적 산업혁명을 이끄는 것을 정책 결과로 해석하는 이들도 있다. 이들에 따르면 사회적 도전을 R&D 우선 과제로 놓고 여기에 임무 지향의 공적 재정을 투입하는 것이다. 기술의 급진적 변화를 이끌어내기 위해 과학의 급진 혁신에 정책 우선순위를 두고 정부의 적합한 지원 방식 기획을 강조한다.

이와 달리 전환적 혁신 정책을 혁신 과정에 대한 폭넓은 이해와 관련 행위자들, 혁신 모드에 대한 새로운 이해에 기반하여 정의하는 학자들도 있다. 이들은 사회기술적 전환 혹은 사회적 전환 개념에 토대를 두고 있다. 사회 혁신, 생태 혁신, 풀뿌리 혁신, 책임 있는 연구와 혁신, 혁신 확산 이론 등의 다양한 이론에 기반을 두고 논의를 전개한다. 이 학자들 사이에서 공통적인 것은 전문가 주도 기술 변화의 대안으로 참여적 사회 혁신을 강조한다는 점이다. 당대의 사회적 도전은 규모 면에서 방대하고 명확히 정의하기 어려우며 이를 공식화하고 설명하기 위해서는 다양한 행위자의 다양한 행동이 필요하다고 본다. 가능한 해결책에는 기술 혁신만이 아니라 사회, 제도의 변화 및 개인의 행동 차원의 변화도 포함된다고 주장한다. 공급 측면의 행동만으로는 부족하고 그간의 임무 지향 연구에서의 국가 역할에 대해서는 의문을 제기한다. 혁신의 선형 모델에 기반을 둔 과학기술의 상업화를 비판하고 사용자, 시민, 비정부기구와 자선기관 혹은 도시와 같은 행위자들이 혁신 과정에 참여하는 것이 필수불가결함을 강조한다.

전환적 혁신 정책에 관한 다양한 논의를 종합하면 다음과 같은 정책 특성으로 정리할 수 있다. 첫째, 정책의 목표를 사회적 도전 과제를 해결하기 위한 현재 사회 기술 시스템의 전환에 두고 있다. 정책 어젠다가 경제성장과 같은 경제 문제에서 사회·환경 문제 해결로 이동하고 있다는 것이다. 둘째, 혁신 행위 주체로 사용자, 시민, 비정부기구 등 기존 혁신 주체보다 훨씬 다양한 행위자들을 정의하고 있으며, 기술 혁신만이 아닌 참여적 사회 혁신을 혁신 행위에 포함시키고 있다. 셋째, 다층적 전환을 목표로 다양한 부문의 행위자들이 관여하고 있기 때문에 이들 간에 전환 방향성이 공유되도록 하는 과정이 무엇보다 중요하다. 넷째, 전환 경로를 만들어가는 과정에서 다층위의 협업이 개선, 진전을 이루기 위해 정책은 실험적이어야 하고 개방성을 띠어야 한다. 다양한 행위자들이 기술, 사회 혁신을 다양한 방식으로 추동하면서 전환 비전을 학습하고 공유할 수 있는 실험 공간을 마련할 필요가 있다는 것이다. 다섯째, 전환 혁신 정책에서는 무엇보다 다층위적 정책 조응 노력을 해야 한다는 점이다. 수송, 에너지 등의 부문별 정책의 수평적 조응만이 아니라 부문 정책을 넘어서는 세금 정책, 경제정책, 사회정책과의 조응도 중요해진다. 또 중앙정부와 지자체의 수직적 정책 조응에도

표 8-2 | 전환적 혁신 정책의 정책 특성

구분		내용
정책 지향	정책 목표	• 사회적 도전 과제를 해결하기 위한 현재의 사회 기술 시스템의 전환.
	혁신 주체	• 혁신 행위 주체로 사용자, 시민, 비정부기구 등 다양한 행위자들을 정의.
정책 활동	전환 방향성 공유	• 전환 방향성 공유를 위해 전환을 주도하는 그룹의 형성, 관련 혁신 주체들의 네트워크 형성에 노력.
	정책 실험성	• 기술, 사회 혁신을 다양한 행위자가 다양한 방식으로 추동하면서 전환 비전을 학습하고 공유할 수 있는 실험 공간 마련.
	정책 조정과 학습	• 부문별, 경제 및 사회 정책과의 수평적 조정뿐만 아니라 중앙과 지방정부 간의 수직적 조정에 노력.
	수요의 구체화	• 최종 사용자 수요가 혁신 기술에 제대로 반영되어 시장 수요가 창출될 수 있도록 하는 수요 구체화 정책에 노력.
	성찰 거버넌스 제도화	• 다양한 정책 실험의 효과와 결과를 평가하고 이에 기반한 정책 수정 및 조정 활동 제도화.

노력해야 한다. 여섯째, 성찰적 거버넌스의 제도화가 필요하다. 다양한 정책 실험의 효과와 결과를 예견하고 실험을 통해 학습하고 평가하고 이에 기반을 두고 정책의 수정 및 조정을 하는 성찰 과정이 제도화되어야 한다. 정부 주도가 아닌, 다양한 행위자가 참여하는 거버넌스 제도로 수행할 필요가 있다. 녹색전환을 위한 기술 혁신 정책 역시 이런 전환적 혁신 정책의 특성에 기반을 두고 새롭게 구성할 필요가 있다.

3. 녹색 화학, 지속 가능 과학 논의의 전개와 발전

과학과 기술의 개발 목표는 1980년대 이후로 경제성장만을 지향하

는 것이 아니라 환경과 사회의 지속 가능성을 유지하는 것으로 바뀌었
다. 토머스 그레델Thomas E. Graedel과 브래든 앨런비Braden R. Allenby에 따
르면, 인류는 환경 위기에 직면하여 인간종의 유지, 지속 가능한 개발,
생물 다양성의 유지, 미적 풍부함의 유지라는 거대 목표Grand Objectives를
새롭게 세워야 한다(Manahan, 2006: 5에서 재인용). 이들 목표는 또한 과학
기술 발전의 새로운 지향점이 되어야 한다. 즉, 경제성장만이 아니라
인간 사회가 직면한 환경 위기를 해결하는 것을 과학과 기술 개발의 목
표로 설정해야 한다는 것이다. 이런 지향점 중에서도 '지속 가능한 개
발'이 화학 분야와 긴밀하게 결합하면서 1990년대 중반에 '녹색 화학'
개념이 등장했다.

녹색 화학은 혜택을 최대화하면서도 부정적 영향을 제거하거나 최
대한 감축하는 방식으로 행하는 화학 연구, 화학제품 개발 과정을 의미
한다. 녹색 화학은 안전한 화학물질 디자인, 합성 등 다양한 연구 실천
을 거치면서 다음과 같은 '녹색 화학의 12원칙'을 정립했다.

녹색 화학의 12원칙

① **예방.** 폐기물을 만든 후 이를 처리하거나 제거할 방안을 생각하는 것
보다는 폐기물을 만들지 않는 것이 좋다.

② **원자 경제.** 최종 상품을 만드는 공정에 사용하는 모든 물질의 결합력
을 최대화하도록 합성 방법을 디자인해야 한다.

원칙 ①, ②는 질적인 방식으로보다는 양적인 방식으로 실행할 수 있도록
한다.

③ **덜 유해한 화학 합성.** 합성 방법은 인간의 건강과 환경에 유해한 독성
을 전혀 함유하지 않거나 좀 더 적게 함유하는 물질을 사용하고 만들
수 있도록 디자인한다.

④안전한 화학물질 디자인하기. 화학제품은 독성을 최소화하면서도 원하는 기능을 유지할 수 있도록 디자인해야 한다.

⑤안전한 용매와 보조물. 용매, 분리제 등 보조 물질 사용은 가능한 한 필요 없도록 하고 사용할 때는 해가 없도록 해야 한다.

원칙 ③, ④, ⑤는 안전과 관련되어 있다. 원칙 ③에 표현된 유보 조항에도 불구하고 도덕적 태도는 타협하지 않고 지키도록 해야만 한다. 원래 안전하다는 새로운 프로토콜을 디자인해야만 하고 안전을 보장하지 못할 때에도 낡은 원칙을 유지하는 일을 용납하지 않는다. 혁신적인 순환을 발전시킴으로써 학제적이면서 통합적인 연구 방식으로 안전한 화학물질을 디자인하고 이 과정에서 독성학자와 화학자들이 협력할 수 있도록 한다.

⑥에너지 효율을 위한 디자인. 과학 공정에 필요한 에너지가 환경과 경제에 미치는 영향을 인지하고 최소화해야 한다. 가능하면 합성 방법을 온도와 압력 환경에서 조사해야 한다. 항상 더 비싼 에너지를 사용하는 일은 최소화해야 하고 유순한 환경에서 일어나는 새로운 공정을 도입하고 자연이 가르쳐준 길을 따르도록 한다.

⑦재생 가능한 재료 사용. 원재료 혹은 공급 원료를 기술적으로 경제적으로 이용 가능할 때마다 고갈시키는 것이 아니라 재생 가능하도록 해야 한다. 목표는 바이오매스를, '엷은 공기'로부터 탄소를 제거하는 방식이 아니라 더 많은 탄소를 배출하지 않는 방식으로 유용한 화학물질로 전환시키는 것이다. 공기에서 나온 탄소와 사용한 에너지에서 방출된 탄소 사이의 차이가 탄소 발자국이다.

⑧부산물 감축. 불필요하게 부산물이 발생하는 것을 최소화(방해 그룹 이용, 보호 이용, 물리·화학 공정의 일시적 수정)하고 가능한 한 피하도록 한다. 자연으로부터 학습하고 촉매 공정을 사용하는 것이 좋은 선택이다.

⑨ 촉매. 촉매제는 가능한 한 선택적으로 이용하는 것이 화합물제를 사용하는 것보다 우수하다.

⑩ 분해 가능성을 지향하는 디자인. 화학제품은 기능을 다한 후에 무해하고 분해가 가능한 제품으로 해체되어 환경에 저항하지 않도록 디자인해야 한다. 유해성과 분해성을 고려하여 분자 특성을 역학적으로 더 잘 이해하게 되면 환경에 대한 영향을 조절할 수 있는 녹색 화학의 적용력을 높일 수 있다.

⑪ 오염 예방을 위한 실시간 분석. 분석 방법을 더 발전시켜 실시간, 공정 중의 모니터링, 유해 물질 형성 이전에 조절하기가 가능하도록 해야 한다. 실시간 피드백은 공정에 대한 조절 실패를 피하기 위해서, 화학 공정이 제대로 기능하도록 하기 위해서도 반드시 필요하다.

⑫ 사고 예방을 위해 원래부터 안전한 화학 원칙 준수. 화학 공정에 쓰이는 물질은 유출, 폭발과 화재를 포함하는 화학 사고 가능성을 최소화할 수 있도록 선택해야 한다. 녹색 화학 원칙 준수가 더 안전한 시나리오를 가능하게 해준다(Albini and Protti, 2016: 14~15).

녹색 화학에 관한 논의는 화학 연구의 방향에 많은 영향을 미쳤다. 대다수의 화학 연구가 저렴한 비용의 원료 화학물질 개발을 추구했다면 녹색 화학 논의가 부상하면서 환경에 독성을 미치지 않는 새로운 원료를 찾는 연구, 자연에서 분해되어 자연으로 돌아가는 원료 개발 연구가 점차 늘었다. 오염 예방을 위한 실시간 분석 방법에 관한 연구도 이어지면서 화학 분석 방법에 관한 지식도 확장되었다. 녹색 화학 원리는 화합물 자체에만 한정되지 않고 화합물 생산 과정에 투입되는 화석연료에도 적용되었다. 탄소원으로 석유, 석탄이나 천연가스 대신에 바이오매스를 활용해야 한다는 주장도 나오면서 바이오 에너지, 바이오 기반 합성물질 생산 산업 출현으로도 이어졌다(IPEN, 2017). 녹색 화학이 유해 화합물의 경감으로 환경오염을 줄이는 동시에 작업자의 건강 보호, 폐기물 처리 비용 감축 및 생산 효율성 증가라는 효과를 이끌면서 현재 녹색 화학은 일반 화학의 한 분야로까지 성장했다. 환경 위기 대응이 과학의 새로운 목표로 부상하면서 녹색 화학 사례처럼 과학 연구의 방향 전환이 진행되고 있는 것이다. 과학 분야에서의 녹색전환은 녹색 화학의 사례에서처럼 지속 가능 발전, 환경의 지속 가능성이 각 연구 분야에서의 목적으로 정의되고, 이에 따라 학제적이고 통합적인 연구가 수행될 수 있도록 제도 인프라를 갖출 수 있을 때 가능할 것이다.

한편, 1987년 세계환경개발위원회가 주도한 '지속 가능 발전' 논의는 과학기술 차원에서 지속 가능성에 기여하기 위한 노력으로 이어졌다. 1992년 리우회의에서 탄생한 유엔 경제사회이사회ECOSOC: Economic and Social Council 산하 지속가능발전위원회는 의제 21에 지속 가능성에 기여하는 과학기술자의 역할을 정의해 두기도 했다. 이를 배경으로 지구온난화, 빈곤, 에너지 고갈 등 지구촌의 지속 가능성을 위협하는 문제들을 해결하기 위한 새로운 학문으로 '지속 가능 과학'이 필요하다는 논의가 출현했다. '지속 가능 과학'은 광의적으로는 '과학기술 발전에 따르는 부작용을 최소화하면서 인간이 자연과의 조화 속에 윤택하고 건강한 삶을 지속적으로 누릴 수 있는 과학기술을 확보하기 위한 혁신 체제를 연구하는 과학'을 의미했다. 좁은 의미로는 '환경적으로 건전한 기술로서 자원 사용 시 생태적 효율성이 높고 환경보전 능력이 좀 더 개선된 기술을 연구하는 과학'으로도 정의되었다(박성현 외, 2011: 7). 미국 과학아카데미에 따르면 지속 가능 과학은 '자연계와 사회계 사이의 상호작용, 이들 상호작용이 지속 가능성이라는 도전 과제에 어떤 영향을 미치는지를 다루는 첨단 연구 분야로 현재와 미래 세대의 욕구를 충족시키고 동시에 빈곤을 낮추며 지구의 생명 지원 시스템을 보전'해 준다(Kates, 2012: 7). 환경, 경제, 사회 분야를 통합적으로 고려해 균형 있는 발전을 지향하는 지속 가능 발전에 기여하는 것이 지속 가능 과학이 지향하는 목표이다. 기술 개발로 인한 환경오염을 예방하면서도 기술 개발의 결과가 경제, 사회에 긍정적인 영향을 미칠 수 있도록 하자면 전통 과학 연구에서와 같은 단일 학제 연구 형태에서 벗어나야 한다. 이러한 까닭에 지속 가능 과학은 자연과학, 사회과학과 공학을 통합하는 다학제적 연구의 특성을 띠고 인접 분야 학문의 결합으로 구성되는 융합적 학문의 특성도 있다(Kates, 2012: 6). 학제 간 연구나 학제 내 연구가 중요하고 개별 학문이 성숙하여 지식이 축적되어야 연구의 진전이 빨라질 수 있다.

기후변화, 환경 위기 등에 대처하기 위해 필요한 새로운 학문으로서 지속 가능 과학은 기초나 응용으로 분리되었던 전통 과학과는 달리 '활용 중심의 기초 연구'로 자리매김하기도 했다(박성현 외, 2011: 9). 인류가 맞닥뜨린 전 지구 차원의 문제를 이해하는 데 머무는 것이 아니라 문제를 해결하기 위한 연구이며 실질적인 적용을 염두에 둔 연구이기 때문이다. 활용을 전제로 하기 때문에 지속 가능 과학의 연구는 시스템 사고 역량, 예견 역량, 전략 역량, 규범 역량, 대인 역량을 갖출 필요가 있다. 지속 가능성의 최종 목표를 개발하고 시험하고 구현하는 전략 역량과 더불어, 지속 가능성을 정확히 평가할 수 있는 규범 역량을 갖추어야 한다. 지속 가능 시스템의 복잡성을 이해하고 미래 방향과 비전을 도출하기 위해서는 다양한 연구자, 정책 결정자 및 다양한 이해관계자 간의 협력, 조율 능력인 대인 역량 또한 필요하다(박성현 외, 2011: 11). 이와 같은 역량 함양은 전통적인 과학 연구 방식으로는 이루어질 수 없으며 따라서 방법론적으로도 새로운 길을 따를 수밖에 없다.

2000년 미국 국립과학재단NSF: National Science Foundation의 지원을 받아 하버드대 케네디스쿨에서 '지속 가능 과학 프로젝트'를 시작했고 일본에서는 도쿄대 등 5개 대학이 참여하는 IR3S Integrated Research System for Sustainability Science 프로그램을 추진하는 등 지속 가능 과학 연구는 국제적으로 확산하며 다양하게 이루어지고 있다. 2015년 조사에 따르면, 지속 가능 과학 연구는 지구환경 시스템에 대한 연구에서 과학자, 공학자와 인문사회학, 정책 입안자도 참여하는 지속 가능 개발을 위한 다학제적 연구로 진보하고 있는 것으로 나타났다(Elsevier, 2015). 다학제성뿐만 아니라 지역사회 현장 맥락에서의 문제 해결 찾기 등의 방법론적 변화도 겪고 있었다.

지속 가능 과학 연구의 출현은 녹색 화학과 마찬가지로 전통 과학 분야 연구의 질적 전환을 이끌었다. 기초와 응용이라는 이분법적 구분을 넘어서는 '활용 중심의 기초 연구'로서 과학의 역할을 확장했다. 다학제적 연구 활동이 장려되면서 개별 분과 학문 중심으로 분절되었던 과학계 지형을 변화시키고 분과 학문 사이의 소통, 인문과 과학 분야 사이의 소통을 진작했다. 동시에 융합 연구에 적합한 새로운 연구 방법론의 개발을 추동했다. 사회문제—지속 가능 발전에 기여한다는 목표 달성— 해결을 위해서는 정책 결정자, 이해관계자들의 행위를 이끌어내야 할 뿐 아니라 연구자와 다양한 행위자 간의 소통이 중요해졌다. 과학자 사회와 시민사회, 정부 간의 소통을 강조하고 시민이 연구에 참여하는 것도 장려하기 시작한 것이다. 과학기술의 녹색전환은 이처럼 과학 연구에서 연구 분야 간의 소통 진전, 전통적 역할 구분의 소멸, 연구 주체에 대한 새로운 정의 등을 의미하고 있다.

4. 성찰적 과학기술 거버넌스

앞서 전환적 혁신 정책을 다루면서 과학, 기술 혁신의 성공은 개별 기술 차원이 아닌 사회 기술 시스템의 차원에서 다루어야 함을 서술했다. 정부 주도의 시장 창출만이 아니라 기술 학습장을 통해 혁신 기술에 대한 구체적인 수요를 만들어내는 사용자 역시 혁신을 완성하는 주체임을 밝혔다. 1970년대 반핵 시민운동, 유전자 변형 생물GMO: Genetically Modified Organism 반대운동 등은 재생에너지 기술 혁신에 대한 공공 투자 확대, GMO 안전 확보에 필요한 기술 개발 등 과학기술 혁신의 결과물에 변화를 이끌었다.

1986년 체르노빌 사고로 인한 영국의 컴브리아 지역 방사능 오염 문제가 발생했을 때 그 지역 목양농들이 경험으로 체득한 지역 특화 지식3이 영국 과학 전문위원회가 산출한 전문 지식을 보완해 줄 수 있음이 밝혀진 바 있다. 즉, 시민은 자신의 고유한 지식을 바탕으로 과학기술 정책에서 공동 정책 결정자 역할을 할 수 있음이 입증되었던 것이다(Wynne, 2007). 핀란드, 영국 등에서는 바이오 난방 시스템, 태양열 난방 기술이 사용자들에 의해 어떻게 지속적으로 수정되었는지에 대한 보고가 이어지고 있다. 엔지니어들이 설계한 처음의 기술을 사용자들이 개별 사용 환경 혹은 일상 습관 등에 따라 수정하고, 다시 설계하여 사용한 것이다. 비전문가인 시민이 단순한 기술 지식 수용자가 아닌 새로운 지식 창출자, 기술 설계자로서 역할을 할 수 있음을 보여주는 것이다.

새로운 시민의 탄생, 시민사회의 변화는 과학기술 거버넌스 출현을

---

3 과학자와 같은 전문교육을 받은 전문가들의 지식이 아니라는 점에서 평범지(lay knowledge)라 불리는 지식이다.

낳았다. 첨단 과학과 기술의 사회적 영향 예측에서 전문 지식의 불확실성이 점점 뚜렷해지면서 과학기술 거번먼트의 기능에 대한 회의가 증가했다. 관료와 전문가 중심의 과학기술 혁신 정책의 결과가 회복하기 어려운 환경 훼손, 과학기술 혜택을 받지 못하는 사회 집단의 양산, 과학기술 자체가 위험이 되는 결과로 이어지면서 과학기술 거버넌스의 필요성이 강조되었다. 전통적인 화석연료 기반의 기업 이해관계자와 규제 담당 관료, 연구자들의 이해관계에 바탕을 두고 결정한 정책에 재생에너지 확산 운동에 앞장서는 시민단체, 대안 기술 시민모임 등 새로운 이해관계자들이 참여함으로써 정책 내용이 변화했다. 독일에서는 2000년대 들어 연구개발 및 혁신에 관한 과제를 도출하기 위해 '아래로부터의 중장기 연구개발 과제 기획 프로그램'인 FUTUR와 연방 총리가 직접 주재하고 산학 연관 및 노조 등 사회단체 대표들이 참여하는 '위로부터의 혁신 과제 도출 및 실행 프로그램'인 Partner für Innovation을 실행한 바 있다. 2001년부터 2005년 11월까지 FUTUR 프로그램에는 일반 시민과 학생을 포함해 총 1500명이 참여하여 과학기술 혁신의 새로운 비전을 함께 만들어낸 바 있다(성지은 외, 2010). 전문가와 전혀 다른 배경과 가치관이 반영된 시민 지식은 과학자와는 다른 과학기술 사회의 비전을 만들어낼 수 있고, 이는 사회·환경 문제 해결에 과학기술이 직접 기여할 수 있게 했다. 또 시민 지식은 '기술적 해결'이 아닌 사회적 해결 방안을 만들어낼 수도 있다. 정책 결정자에게 기존과는 다른 방식의 사고를 하게 할 수도 있다.

과학기술 거버넌스를 바탕으로 이루어지는 과학기술 정책은 유럽공동체EC의 정책들이 보여주는 것처럼 환경 위험에 관한 공공의 우려를 전문가들이 연구 과정에 반영하여 연구 방향을 전환할 수 있도록 하고, 연구자와 시민사회 조직 간의 협동 연구를 지원함으로써 공동의 지식 생산, 전문가와 비전문가 간의 소통 장려를 지향하게 한다. 환자 그룹 참여, 노년층의 새로운 기술 개발 참여와 같은 새롭게 부상하는 행위자 그룹이 연구개발, 혁신 과정에 적극적으로 참여할 수 있는 제도 지원을 통해 '수행되지 않은—사회적으로 필요하지만 전문가들이 배제하여 진행되지 못한—과학과 기술 개발'을 진전시킬 수도 있다. 첨단 과학 혹은 기술의 수요를 진작시키는 분야가 아니라는 이유로 배제되어 온 적정 기술—지속 가능 사회 구현에 필요한 다양한 로(low) 테크닉을 포함한—에 대한 사회적 지원은 과학기술 거버넌스로 더욱 장려될 수 있다. 경제성장 지향의 기존 과학기술 혁신 정책은 환경 가치, 지구 생물종의 가치를 높게 보고 관련 과학기술 연구를 지원하는 시민사회가 정책 결정 과정에 참여할 수 있는 과학기술 거버넌스 제도화로 전환될 수 있다. 녹색전환을 위한 과학기술의 기여는 이런 과학기술 거버넌스의 정착으로 가능할 것이다.

과학기술의 녹색전환은 이처럼 과학기술 거버넌스 제도화 및 내실 있는 운영이 뒷받침되어야 한다. 시민사회와 전문가 집단의 협치가 녹색 기술 혁신, 녹색전환에 필요한 과학 연구 성과 진작으로 이어질 수 있도록 해야 할 것이다. 협치를 수행하기 위한 제도 공간, 지원 조직 구성, 결과의 정책 피드백에 필요한 규칙 제정 등을 구체적으로 고민해야 할 것이다. 또한 전환 과정에서 일어날 수 있는, 예컨대 성장하는 기술 분야와 쇠퇴하는 기술 분야의 이해관계자들 간 갈등을 거버넌스를 통해 관리해야 한다.

5. 녹색전환 연구 사례

1) 리빙랩을 활용한 성대골 태양광 기술 개발 실험[4]

성대골 리빙랩은 미니 태양광의 수용성을 높이기 위해 주민 주도로 미니 태양광 제품과 금융 상품, 제품 홍보물을 개발하는 사업으로 2016년 9월부터 2017년 8월까지 1년간 한국에너지기술평가원 과제로 진행되었다. 에너지기후정책연구소, 성대골 에너지자립마을, 마이크로 발전소, 연세대 도시공학과의 지속가능한 도시전환 연구실이 컨소시엄을 이루어 프로젝트를 진행했고 서울 동작구 상도 3, 4동의 성대골 에너지자립마을 주민들이 참여했다.

먼저 주민 워크숍을 통해 리빙랩에 참여할 주민들을 '마을 연구원'으로 명명하여 모집했는데 총 7회 워크숍을 진행하면서 49명을 뽑았다. 마을 연구원들에게 기술, 금융, 교육 홍보 분과 활동에 대한 설명회를 포커스 그룹 설명회 방식으로 수차례 진행했다. 설명회를 거쳐 활동 분과를 선정한 연구원들은 각 분과에서 전환 실험 활동을 수행했다. 기술 분과에 참여한 연구원들은 미니 태양광 패널 손수제작DIY 개발에 참여하여 기업 마이크로 발전소 엔지니어들과 함께 실제 DIY 제작을 진행했다. 참여한 연구원들은 DIY 제품 개발 관련 아이디어를 각각 제시하고 서로 의견을 나누며 기존 시제품들을 개량해 나갔다. 예를 들어 기존 제품들이 운반에 불편했던 점을 개선하기 위해 패널 크기를 조절하고 운반 시 차량에 손상을 가하곤 했던 모서리 부분의 포장 방법을 개선하기도 했다. 또 미니 태양광 패널에 연결하는 배선의 어려움을 줄이

---

4 이 글과 관련해서는 김준환(2017)을 참조했다.

기 위해 플랫 케이블을 도입했으며 거치대에 물이 고이는 문제점을 개선하기 위해 배수구를 내는 제안을 하기도 했다. 스마트폰 애플리케이션을 개발하여 계측기의 불편함을 개선했다.

한편, 금융 분과에서는 동작신협에서 제안한 녹색 금융 상품인 '우리 집 솔라론' 아이디어를 주민의 관점에서 다시 검토하는 작업을 거쳐 실제 상품으로 완성했다. 동작신협이 설치 초기 비용을 부담하고 미니 태양광 패널 소비자가 매월 일정 금액을 갚아나가도록 설계한 것이다. 300와트 미니 태양광 패널에 대해서는 무이자, 600와트와 900와트에 대해서는 2%의 저리 대출을 제시한 초기 안에 대해 연구원들은 저리 대출을 전액 지역의 에너지 빈곤층을 위한 에너지 복지 기금으로 사용하는 방식으로 대체했다.

이들 리빙랩 실험은 마을 주민들의 태양광에 대한 사회적 수용성을 높일 수 있는 기회를 제공했으며 기술에 대한 마을 주민들의 이해도 높일 수 있었다. 그러나 전문가와 시민의 협동이라는 관점에서 이 사례의 경우, 참여 전문가들이 제한적이었다는 문제점이 지적되었다. 참여 시민들에 대한 지원 제도가 없었고 사업 평가제도 역시 리빙랩에 적합하지 않았던 것도 문제로 지적되었다. 주민 참여형 연구 사업 정착을 위해서는 기존의 연구 지원 및 평가제도 개선이 선행되어야 할 것이다.

2) 재난 위험 공동 관리 사례: 영국 피커링 지역 홍수 위험 관리[5]

영국 피커링 지역의 잦은 홍수 관리를 위해 지자체에서는 새로운 방식의 연구 모델을 적용함으로써 홍수를 성공적으로 관리할 수 있게 되

---

5   이 글은 REF2014(2019)를 참조했다.

었다. 기존의 전문가 중심 연구 대신 피커링 지역 주민이 전문가와 함께 홍수 관리 모델을 연구 개발하도록 함으로써 홍수 관리 효과를 높였다. 홍수 관리 모델 연구 프로젝트 팀을 홍수 모델러 1명과 사회과학자 3명, 지역 자원봉사 시민 2명으로 구성했다. 이들은 격월로 모임을 가지면서 시민들이 홍수 관련 각종 문헌 데이터, 사진 데이터들을 직접 수집하고 이를 바탕으로 홍수 관리 모델을 만들어보게 했다. 격월 모임에서 시민들은 전문가와 함께 자신들이 수집한 데이터가 증거로서 가능한 것인지를 검증하는 작업을 지속했고 자신들의 지역 정보를 전문가와 공유함으로써 홍수 관리 모델이 지역 특성을 잘 반영할 수 있도록 했다. 이 모든 과정은 충분한 시간을 두고 이루어졌기에 시민들은 전문가와는 전혀 다른 차원에서 자신들의 우려를 표현할 수 있었고 전문가들 역시 충분한 소통을 통해 시민들이 무엇을 더 위험하다고 생각하는지 이해할 수 있었다. 정책 결정에 초점을 두지 않고 소통과 이해에 초점을 두면서 홍수 관리 모델을 완성했다. 모델에 기초하여 홍수 대책이 마련되었고 이 대책이 적용된 이후로 피커링 지역은 홍수를 겪지 않았다. 환경청에서 마련한 홍수 대비 벽 건설이 모델을 통해 필요 없음이 입증되자 벽 건설이 취소되었고 중앙정부 예산 절감도 이루어졌다.

한편 참여한 자원봉사 시민들은 프로젝트 이후로도 '홍수 연구 그룹 모임'을 이어가고 관련 학술회의에도 참여하면서 전문가로 성장하기도 했다. 피커링 지역의 사례는 공동 지식 생산을 통해 재난 위험을 극복한 사례라고 할 수 있다.

앞의 두 사례가 보여주듯이 기후 위기, 환경오염 등 지구적 차원의 문제에 직면하여 과학기술은 전통 과학기술과는 지식의 사회적 위상, 연구의 역할과 사회의 관계에서 다른 모습을 보이고 있다. 지구적 차원의 문제의 복잡성으로 인해 단일 분야 전문가의 전문 지식은 과거와 같은 주요한 역할을 하지 못하며 비전문가가 체득한 지식의 도움을 받고 있었다. 인접 학문과의 학제 연구를 넘어서 시민사회와의 협업 연구가 진행되고 있었다. 이들 연구 결과가 사회문제 해결에 직접 기여하는 것으로 나타남으로써 이런 형태의 연구가 사회적으로 진작될 필요가 있다는 것도 알게 되었다. 이는 새로운 과학기술 혁신 정책 수립의 필요성을 의미하는 것이기도 한데 이런 정책 모델은 전환적 혁신 정책으로 구체화되고 있었다. 과학기술의 녹색전환은 새로운 과학기술 거버넌스의 구축과 우리 사회에 적합한 전환적 혁신 정책 모델 개발에서 출발해야 할 것이다.

6. 과학기술의 녹색전환을 위하여

지금까지 서술한 바와 같이 과학기술의 녹색전환은 기술 혁신, 과학 연구, 과학기술 거버넌스 등에서 이론 논의 과정을 통해 혹은 정책 실천으로 진행되고 있음을 알 수 있다. 기술 혁신 정책과 관련해서는 사회·환경 문제 해결에 목표를 둔 전환적 혁신 정책 논의가 출현하면서 경제성장에 우선의 목표를 두었던 전통 기술 혁신 정책의 내용이 변화하고 있다. 기후 위기와 환경 위기에 대응하기 위해서는 혁신적인 녹색 신기술 발명과 시장 창출만으로는 가능하지 않다. 녹색전환이라는 장기적인 사회 전환을 지향하는 전환적 혁신 정책을 기획하고 이를 실천하는 것이 중요하다. 전환적 혁신 정책에서는 전환 목표를 공유하고 개인 소비자를 비롯한 다양한 혁신 주체가 참여하는 개방적인 정책 실험이 진행될 수 있도록 하고 각 부문의 정책 간 조응 노력, 장기 혁신 정책의 지속 가능한 정책 모니터링이 중요함을 강조하고 있다.

녹색 화학으로 대표되는 과학 연구 분야에서의 녹색전환은 전통적인 과학 연구 방식의 변화를 의미하고 있다. 과학의 환경 영향을 사전에 방지하기 위한 연구를 위해서는 단일 분야 연구자들만의 연구로는 가능하지 않고 학제적이고 통합적인 연구가 필요하다. 또 과학이 녹색전환 과정에 필요한 연구를 지향하기 위해서는 어떤 사회문제를 해결하는 것이 필요한지에 대한 연구 목표를 설정해야 하고 이는 과학 전문가만이 결정할 수 있는 것이 아니다. 과학자 간의 소통만이 아닌 시민사회와의 소통이 필수적이다. 즉, 과학의 녹색전환은 '지속 가능한 과학' 논의가 보여주는 것처럼, 과학 연구 방법, 과학자 사회와 시민사회의 관계 변화를 의미하는 것이기도 하다.

과학기술의 녹색전환은 또 과학기술 거번먼트에서 과학기술 거버넌스로의 전환을 의미한다. 과학기술 거버넌스의 제도화와 거버넌스의 실질적인 운영 정착이 중요하다는 것이다. 시민사회와 전문가 집단의 협치가 녹색 기술 혁신, 녹색전환에 필요한 과학 연구 성과 진작으로 이어질 수 있도록 해야 할 것이다. 협치가 수행되기 위한 제도 공간, 지원 조직 구성, 결과의 정책 피드백에 필요한 규칙 제정 등을 구체적으로 고민해야 할 것이다. 거버넌스의 정착, 지속 가능한 과학 연구로의 전환과 전환적 혁신 기술 정책의 정착이 녹색전환을 위한 과학기술의 기여를 촉진할 것이다.

참고문헌 ■ ■

김준한. 2017. 「에너지전환 리빙랩의 경험: 성대골 도시지역 미니태양광 리빙랩」. 서

울: 에너지기후정책연구소.

박성현·고광호·최항순·김혜경. 2011. 「지속가능과학의 본질연구 및 과학 분류체계 작성과 중장기 발전 로드맵 작성에 관한 연구」(연구보고서 75). 성남: 한국과학기술한림원.

성지은·송위진·정병걸·장영배. 2010. 『미래지향형 과학기술혁신 거버넌스 설계 및 개선방안』. 서울: 과학기술정책연구원.

Albini, Angelo and Stefano Protti. 2016. *Paradigms in Green Chemistry and Technology*. Heidelberg: Springer.

Bergek, Anna, Staffan Jacobsson, Bo Carlsson, Sven Lindmark and Annika Rickne. 2008. "Analyzing the Functional Dynamics of Technological Innovation Systems: A Scheme of Analysis." *Research Policy*, 37(3), pp.407~429.

Diercks, Gijs, Henrik Larsen and Fred Steward. 2019. "Transformative Innovation Policy: Addressing Variety in an Emerging Policy Paradigm." *Research Policy*, 48(4), pp.880~894.

Elsevier. 2015. "Sustainability Science in a Global Landscape." https://www.elsevier.com/__data/assets/pdf_file/0018/119061/SustainabilityScienceReport-Web.pdf (검색일: 2020.2.20).

Hekkert, Marko P. and Simona O. Negro. 2009. "Functions of Innovation Systems as a Framework to Understand Sustainable Technological Change: Empirical Evidence for Earlier Claims." *Technological Forecasting and Social Change*, 76(4), pp.584~594.

IPEN. 2017. "Beyond 2020: Green Chemistry and Sustainable Chemistry." https://ipen.org/sites/default/files/documents/Beyond%202020%20Green%20chemistry%20and%20sustainable%20chemistry%2024%20Jan%202017.pdf (검색일 2019.9.10).

Kates, Robert W. 2012. "From the Utility of Nature to Sustainability Science: Ideas and Practice." in Michael P. Weinstein and R. Eugene Turner(eds.). *Sustainability Science: The Emerging Paradigm and the Urban Environment*. Heidelberg: Springer.

Kemp, Rene. 2001. "Opportunities for a Green Industrial Policy from an Evolutionary Technology Perspective." in Manfred Binder, Martin Jänicke and Ulrich Petschow(eds.). *Green Industrial Restructuring: International Case Studies and Theoretical Interpretations*. Berlin: Springer.

Manahan, Stanley E. 2006. *Green Science and Technology: The Path to a Sustainable Future*. CRC Press.

REF2014. 2019. "Engaging Communities in Flood Risk Science and Management." https://impact.ref.ac.uk/casestudies/CaseStudy.aspx?Id=4574 (검색일: 2019. 10.10).

Schot, Johan and W. Edward Steinmueller. 2018. "Three Frames for Innovation Policy: R&D, Systems of Innovation and Transformative Change." *Research Policy*, 47(9), pp.1554~1567.

Weber, K. Matthias and Harald Rohracher. 2012. "Legitimizing Research, Technology and Innovation Policies for Transformative Change: Combining Insights from Innovation Systems and Multi-level Perspective in a Comprehensive 'Failures' Framework." *Research Policy*, 41(6), pp.1037~ 1047.

Wynne, Brian. 2007. "Public Participation in Science and Technology: Performing and Obscuring a Political-Conceptual Category Mistake." *East Asian Science, Technology and Society: an International Journal*, 1, pp.99~110.

공간 환경의 녹색전환

김선희

1. 국토 발전이란 무엇인가?

'발전'이란 무엇인가? 어떠한 발전이며, 무엇을 위한, 누구를 위한 발전인가? '국토 발전'이란 도대체 무엇인가? 누구와 무엇을 위한 발전인가? 우리나라에서 1960~1970년대는 개발의 시대였다. 아무것도 없던 상태에서 새로운 것을 만들어가는 시대였다. 개발 시대의 가장 중요한 국가 계획이던 제1차 경제개발 5개년 계획이 1962년부터 시작되었다. '경제개발 5개년 계획'은 20년이 지난 1982년 제5차 계획부터 '경제사회발전 5개년 계획'으로 명칭이 바뀌었다. '경제개발'을 '경제사회발전'이란 용어로 대체한 것이다. 국토 분야도 마찬가지이다. 국토 분야 최상위 계획으로 1972년 처음 수립된 '국토종합개발계획'도 2001년 제4차 국토종합계획부터는 명칭에서 '개발'이 빠졌다. 국토종합계획은 국토의 개발과 이용, 보전을 위한 최상위 경제 발전 계획이다. 우리나라는

그림 9-1 ㅣ 국토종합계획 수립 추진과 1인당 실질국민소득 변화

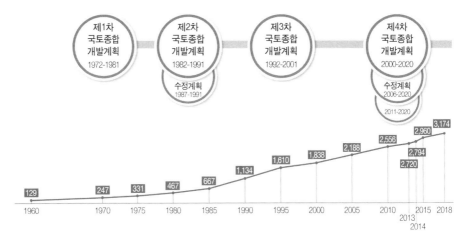

자료: 국토연구원(2019).

국가 경제 발전을 촉진하고 국토의 이용·관리·보전을 목표로 1972년 '제1차 국토종합개발계획'을 수립한 후 7차례에 걸쳐 국토 계획(수정계획 포함)을 수립해 추진하고 있다. 그 성과로 1인당 실질국민소득이 1960년 대 129만 원에서 2018년 25배인 3174만 원으로 증가했다.

센(2018)은 고용과 수출이 늘고 국민총생산GNP과 1인당 소득이 증가하는 것이 발전의 전부가 아니며, 삶의 질이나 개인의 행복, 사회적 연대와 포용 수준이 높아지는 것을 '진정한 발전'으로 보고 있다. '발전'이란 사람들이 향유하는 실질적 자유를 확장하는 과정이라고 정의하고, 발전의 최우선 목적을 '인간의 자유'로 보았다. GNP 성장이나 개인소득 증대 혹은 산업화, 기술 진보, 사회 근대화 등과 발전을 동일시하는 것은 발전에 대한 협소한 관점이다. 따라서 국민의 '삶의 질 향상'을 위해서는 경제적 확장뿐만 아니라 사회적·생태적·문화적 격차 해소와 조화 등이 필요하다. 경제성장은 그 자체가 목적이 아니라 자유를 확대

그림 9-2 | 국토의 현안 문제: 국민 의식조사(2018)

자료: 국토연구원(2018: 19).

하는 데 기여하는 도구이다. 자유의 확대는 발전의 일차적 목적이자 핵심 수단이다(강현수, 2019: 46~47).

7차례에 걸친 국토종합계획이 실질국민소득 증가, 국가 기간망과 사회간접자본SOC 확충 등에 기여했지만 지역 간 격차 확대, 환경오염, 난개발로 인한 부조화와 단절 등이 국토와 관련한 현안으로 꾸준히 제기되고 있다. 수도권 집중 억제와 지역 균형 발전을 목적으로 그동안 지속적으로 추진해 온 국가 균형 발전 정책과 혁신도시, 세종시 등으로의 공공기관 이전 등이 혁신적으로 이루어졌으나, 양질의 교육·의료, 교통 여건 등 쾌적한 정주 기반 구축 미흡으로 생활 만족도는 여전히 저조해 무엇을 위한 계획, 발전이었는지에 대한 문제 제기가 이루어지고 있다.[1]

제5차 국토종합계획 수립 과정에서 수행한 일반 국민 의식조사 결과

---

[1] 혁신도시 정주 여건 만족도(국토부, 2017): 교통 환경(44.5점), 여가 활동 환경(45.2점), 편의와 의료 서비스 환경(49.9점), 교육 환경(50.9점) 등 전반적인 정주 환경 만족도는 52.4점 수준(100점 기준)임.

(국토연구원, 2018)에 따르면, 수도권과 지방 간 격차, 양극화와 주거 격차 등 격차의 문제(52%), 난개발과 환경 훼손 등 부조화의 문제(33.2%), 인프라의 접근성과 생태계 네트워크의 파편화 등 단절의 문제(14.0%)가 국토 관련 현안으로 인식되고 있다. 따라서 국토 발전은 이러한 격차, 부조화, 단절의 문제를 국토 및 환경 정책 등 공공 정책의 근본적인 변화와 시스템의 변화를 통해 발전의 경로를 전환하는 데서 출발한다. 이러한 점을 고려하여 이 장에서는 우리나라 국토와 경제·사회 구조의 특성을 검토한 후 공간 환경의 녹색전환 필요성 및 국토 공간의 녹색전환 방향과 이슈를 제안하고, 결론으로서 공간 환경을 녹색화하기 위한 전략을 제안하고자 한다.

2. 국토 공간의 다양한 특성과 녹색전환의 필요성

공간 환경의 녹색전환을 위해서는 우리 국토가 직면한 국토 관련 현안−격차, 부조화, 단절−을 해소할 수 있도록 환경의 다양성, 사회적 풍토의 다양성, 국가 행정 시스템 및 공간 구조, 예산과 자원 배분 등의 사회·경제 시스템을 고려해야 한다.

1) 풍토의 측면

홍수와 가뭄, 폭염과 폭설 같은 자연환경은 국토 정책 및 환경 정책에 영향을 미치며, 이는 바로 국민의 소득과 삶에 영향을 미친다. 추운 지역에 사는 가난한 사람들은 난방과 의복이 필요하지만 따뜻한 지역에 사는 가난한 사람들은 그렇지 않다. 최근 중국 우한 지역에서 발생한 코로나19 바이러스처럼 한 지역에 전염병이 유행하면 이 지역의 거주자들뿐만 아니라 전 세계 사람들의 삶에까지 영향을 미친다. 오염이나 다른 환경 문제도 마찬가지이다.

우리 국토는 사계절이 있는 몬순형 기후이고 삼면이 바다로 둘러싸여 있고, 산, 강, 섬이 많은 3해 3다의 국토이다. 계절적 편차가 심해 겨울과 봄철에는 미세먼지 등 대기오염에 취약하고 따뜻한 의식주 확보가 주요 관심사가 된다. 여름철인 6~9월에 강수가 집중되어 대기 순환이 활성화되므로 대기오염 문제는 일정 부분 자연적으로 해소되나 홍수, 태풍 등이 내습하여 국토 안전 관리와 국토 리질리언스resilience 강화에 자원과 예산 등을 집중하고 있다.

이처럼 국토가 숙명적으로 처한 환경이 다르기 때문에 국토의 풍토 topology를 기반으로 정책과 제도를 설계하는 것은 필수적이다. 아마르티아 센Amartya Kumar Sen이 주장했듯이 인도의 도시와 미국의 도시를 동일한 잣대로 비교 평가할 수는 없다. 백두산과 한라산 높이를 비교할 때 세계 최고봉인 에베레스트산 높이가 불필요한 것처럼 현실적인 대안들 사이의 비교 평가에 절대 정의의 기준은 불필요하다.

2) 경제·사회 구조의 측면

경제·사회적 공간 구조 역시 공간 환경에 영향을 미치는 중요한 요소이다. 국가 행정 시스템이 중앙집중형인가, 지방분권형인가에 따라, 또는 국토 공간 구조가 대도시 집중적인가, 지역 분산적인가에 따라 국토 공간 관리에 지대한 영향을 미친다. 우리나라는 전형적인 중앙정부 집중형 국가이고 대도시 및 수도권의 집중이 심각한 수준이다.

수도권 집중 심화와 연담화가 가속되어, 국토 면적의 11.8%인 수도

표 9-1 | 수도권 인구 집중도 추이 (단위: %)

구분	1980년	1990년	2000년	2005년	2010년	2015년	2018년
인구 집중도	35.5	42.8	46.2	48.3	48.9	49.1	49.7

자료: 국토연구원(2019: 39).

표 9-2 | 수도권의 경제활동 집중도(2016년) (단위: %)

구분	집중도	구분	집중도
국토 면적	11.8	투자	45.9
경제활동인구	50.8	예금	68.7
총생산	49.5	매출액 500대 기업	69.2
취업자	50.2	매출액 100대 기업	78.0

자료: 통계청(2016).

권에 인구의 49.7%가 집중해 있으며, 향후 수도권 집중 현상은 지속될 것이라는 전망이 지배적이다. 지역내총생산GRDP, 연구개발R&D 투자, 문화시설 집중도도 매년 증가하고 있으며, 1000대 기업 본사의 74%가 집중되어 있다(국토연구원, 2019: 39). 최근에는 경북 구미, 경남 창원 등지의 정보기술IT, R&D 센터 등의 수도권 이전으로 남방 한계선이 기흥 라인(2000년대 초반), 판교 라인(2015년) 등으로 북상하고 있다는 분석도 나오고 있다(조성철, 2019).

인구구조와 소득 구조 역시 국토 환경 문제와 직결된다. 2017년 현재 대한민국의 1인 가구는 30.7%에 달한다. 1985년 66만 가구에서 2017년 558만 가구로 8.5배가 되었다. 1인 가구의 급증, 부부+자녀 가구의 급감 등 가구 구성의 변화 등으로 도시, 주택 정책의 변화가 이루어지고 있으나 정책 대응 속도는 사회 변화를 따라가지 못하는 실정이다. 향후 30년 내 228개 시군구 중 85개가 소멸할 것으로 전망된다(≪중앙일보≫,

표 9-3 | 지역 주요 공공시설 운영 실태(문화 · 체육 · 복지 시설)　　　(단위: 억 원)

구분	2014년	2015년	2016년	비고
주요 공공시설	622개	667개	691개	• 건립 비용 100억 원 이상(기초) • 건립 비용 200억 원 이상(광역)
운영 비용	11,516	12,998	14,196	• 최근 3년간 연평균 11.02% 증가
운영 수익	6,612	6,917	7,322	• 최근 3년간 연평균 5.23% 증가
적자 규모	4,904	5,756	6,874	

자료: 지방재정365(2020)를 토대로 작성.

2017.9.4). 공간과 지역 소멸은 시간의 소멸이고, 그곳에 터 잡고 있는 생명, 생태계 소멸이고, 더 나아가 문화와 문명의 소멸을 의미한다.

우리나라는 2031년경이면 인구가 감소하는 시대에 접어들고, 수도권과 대도시권으로의 인구 집중은 더욱 심화될 것으로 전망된다. 반면 지방 중소도시, 농산어촌 지역 인구는 지속적으로 감소하여 2040년경 전 국토의 80% 이상에서 인구가 감소할 것으로 예상된다(국토연구원, 2019). 따라서 과거 성장 기조의 국토·지역 계획과는 다른 합리적인 인구 전망과 토지 이용 계획, 주변 지역과의 연계 협력이 필요한 시점이다. 그러나 여전히 도시·군 기본계획에서는 인구를 과다하게 전망하고, 이에 맞춰 토지 이용 계획(시가화 예정 용지)을 확장적으로 계획하고 있다. 과도한 인구 전망을 토대로 개발을 위해 확보한 시가화 예정 용지는 개발 수요가 없어 그대로 방치되어 환경 문제를 야기하는 악순환을 거듭하고 있다. 현재 도시·군 기본계획상의 계획 인구를 모두 합치면 전국 인구보다 훨씬 많고, 인구가 적은 시군일수록 계획 인구를 과도하게 잡는 경향이 있다. 도 종합계획과 도시·군 기본계획의 계획 인구 격차는 약 800만 명에 달한다. 이처럼 목표 연도 계획 인구의 과다 설정은 시가화 예정 용지의 과다 설정과 기반시설의 과다 계획 등을 초

그림 9-3 | 과도한 인구 계획이 초래하는 자연환경 훼손 개념도

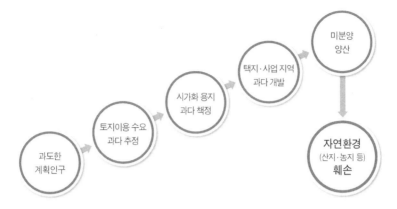

래한다(민성희 외, 2018).

　지방 중소도시에서는 이미 인구가 감소하고 있는데도 '우리 지역에만 그 시설이 없다'라는 논리로 문화·체육·복지 시설 등 공공시설 확충을 계속하고 있다. 2014년 주요 공공시설이 622곳이었으나 2016년 691곳이 늘어 시설 수익 창출의 한계에 도달한 지 오래고, 시설 운영 적자가 지속되는 악순환이 계속되고 있다.

　이처럼 인구 및 가구 구성, 경제구조, 생활양식 및 가치관 등이 변하는데 고도성장기 국토 발전의 경로 의존성, 국토 계획 및 도시·군 계획의 경로 의존성, 개발 사업 및 공공시설의 확충 등의 경로 의존성 등은 지속되고 있다. 경로 의존성이란 과거에 형성된 인프라, 제도, 관행 등이 현재의 정책 선택에 제약 요건으로 작용하는 현상이며, 이 때문에 정책 선택이 미래를 위한 최선과 차선 사이의 선택이 아닌 최악과 차악 사이의 선택으로 제한될 수 있다. 따라서 녹색전환이라는 커다란 미래 비전을 갖고, 기존 경로를 전환시키는 노력이 필요하다.

3) 국토의 녹색전환의 필요성과 범위

기후변화 등 환경 문제 악화, 혁신 성장의 부진, 인구 절벽과 불평등 심화 등은 과거 자본 중심의 양적 성장 극대화를 지향한 경제사회 발전 모형의 근본적 한계를 드러내고 있다. 단기적·부분적 정책을 넘어 중장기적·포괄적 방향으로의 전환, 즉 발전 패러다임의 전환이 필요하다. 급속한 경제성장 속에서 시장에 맡겨진 국토·도시 등 공간·건축 계획 및 사업 등의 부작용과 문제점 등을 진단하여 국토·도시·주택 등 공간 정책에 내재된 환경, 경제, 사회구조, 문화 등 사회적 가치와 공공성 등을 정상화할 정책의 전환이 필요하다.

그렇다면 국토 공간의 녹색화를 위한 녹색전환의 범위는 어디서부터 어디까지일까? 무엇부터 시작해야 할까? 기후변화, 저성장 시대, 인구 변화의 공간적 부익부 빈익빈 시대, 불균형과 단절, 부조화 시대의 국토 녹색전환의 범위는 어떻게 잡아야 할까? 국토 공간 내 모든 생명체의 존재를 인정하고 공생하면서 지속 가능성을 높이고, 국민의 삶의 질, 행복도를 높일 수 있는 녹색전환의 가능성과 그 접점을 어디서 찾아야 할까? 다음의 다섯 부문에서부터 공론화를 위한 이슈를 제기하고자 한다.

- 국토 발전의 패러다임 전환, 발전의 경로 전환
- 국토 공간 법체계 전환: 그린벨트GB 해제, 공원 일몰제: 재산권과 환경권의 조화(그린벨트, 공원) 등
- 균형 발전의 개념 전환: 균등 배분(1/N)→전국 어디서나 일정 수준의 삶의 질 보장
- 국토·도시·지역 계획 등 공간 계획 시스템의 전환: 전망 지표 등의 개선

• 토지 이용 및 개발 방식의 전환: 효율성, 경제성→공공성, 사회적 가치

3. 국토 공간의 녹색전환 방향과 이슈

1) 국토 발전 패러다임의 전환

국토 발전의 목표를 경제 효율성과 국가 기간망 확충 등 GNP 증대에서 국민의 삶의 질 향상과 행복의 증진으로 전환해야 한다. 발전의 목표와 수단은 궁극적으로 '인간 자유의 확장'이어야 하기 때문이다. 경제적 용이성, 정치적 자유, 사회적 기회, 투명성 보장과 안전보장 등은 인간 자유의 확장과 깊은 상호 연관성이 있으며, 발전 과정은 이러한 상호 연관성에 크게 영향받는다. 경제성장 결과보다는 국민의 자유를 확장하기 위한 기반 조성과 과정이 국민의 '삶의 질'을 성취할 수 있는 처방전이며 정책적으로 중요하다.

영국은 20세기에 두 차례의 세계대전(1914~1918년, 1939~1945년)을 거치면서 보건 의료 등의 지원 프로그램을 공공 정책으로 추진해 기대수명이 증가한 사례가 있다. 물론 이 시기 국내총생산GDP 증가율은 낮아졌지만 기대수명은 증가했다(센, 2018: 100~101). 물리적인 국토 개발을 통한 발전과 성장 그 자체가 정책의 목표일 수는 없고, 인간의 삶의 질 향상과 행복의 증진이 모든 정책의 궁극적인 목적이 되어야 한다. 특히 저성장, 인구 감소 시대가 도래하면서 삶의 질 개선과 개개인의 행복 증진은 중요한 녹색 공간 정책의 핵심이 될 것이고, 과학기술의 발전과 더불어 스마트 기술을 활용한 스마트 지속 가능 성장이 미래 국토·도시 계획 체계에서 중요한 과제가 될 것이기 때문이다.

그림 9-4 | 미래 국토 · 도시 계획 체계의 패러다임 전환

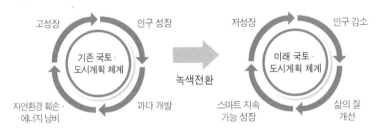

2) 자연과 공동체를 되살리는 국토 공간 법체계 전환

국토 공간 법체계 전환은 가장 기본적인 과제이다. 이를 위해서는 헌법상 기본권으로서의 환경권에 대한 논의도 필요하다. 헌법 제35조 제1항에서는 "모든 국민은 건강하고 쾌적한 환경에서 생활할 권리를 가지며, 국가와 국민은 환경보전을 위하여 노력하여야 한다", 제3항에서는 "국가는 주택개발정책 등을 통하여 모든 국민이 쾌적한 주거생활을 할 수 있도록 노력하여야 한다"라고 밝히고 있다.

카프라와 마테이(2019)는 미래 세대를 위해 세계를 보호할 수 있는 새로운 생태적 법질서ecological order를 창출하기 위한 법 선포를 주장하고 있다.

지속 가능한 공동체, 곧 미래 세대의 기회를 줄이지 않으면서 우리의 욕구와 포부를 충족할 수 있는 사회적·문화적·물리적 환경을 만들고 양성하는 일은 우리 시대의 위대한 도전 가운데 하나이며, 경제적 효율성에서 생태적 지속 가능성으로, 사유재산권에서 접근 가능한 커먼즈 자산으로 관점을 근본적으로 전환할 필요가 있다고 주장한다(카프라·마테이, 2019).

지속 가능한 공동체는 생활 방식, 사업 방식, 경제 방식, 물리적 시설

방식, 기술 방식을, 생명을 부양하는 자연의 내재적 능력을 간섭하거나 침해하지 않는 방식으로 설계해야 한다. 지속 가능한 공동체에서 지속되는 것은 경제성장, 경쟁력 우위, 그 밖에 경제학자가 사용하는 그 어떤 척도도 아니고, 우리의 장기 생존이 달려 있는 전체의 생명 그물이다. 지속 가능한 공동체를 위한 첫 번째 단계는 어떻게 자연이 생태를 부양하는지를 이해하는 것이다. 이는 생명에 대한 새로운 생태적 이해, 생태적 소양과 새로운 종류의 시스템 사고-관계, 패턴, 맥락에 따른 사고와 관련이 있다(카프라·마테이, 2019).

생태적 소양을 어느 정도 갖춘 뒤에는 법과 경제학에서 긴급히 요구되는 새로운 전환이 이루어져야 한다. 우리는 자연법칙처럼 개인이 아니고 서로 연결되어 있음을 이해하고, 전 지구의 커먼즈에 동등한 접근권을 부여받은 지구의 다른 생명 거주자와 권능을 공유하는 관계적 질서의 표현으로 법을 이해해야 한다. 인간뿐만 아니라 동식물, 일반적으로 모든 지구 생태계가 생명 거주자이다. 카프라와 마테이(2019)는 생태계가 지속 가능하려면 법이 생명 그물을 착취하고 파괴할 것이 아니라 그것을 보전하기 위해 노력해야 한다고 주장한다. 이러한 이해를 촉진하려면 고대부터 현대에 이르기까지 과학적 사고와 법적 사고 간의 공진화 과정을 따라야 할 것이다. 폭주하는 자본주의 체계에 대한 통제를 주장할 수 있는 법체계는 생태적 소양, 생태 디자인, 커먼즈 보호의 법의식을 바탕으로 스스로를 조직하는 공동체의 행동에서 시작되어야 한다고 주장한다.

그러나 우리나라는 미세먼지 등 대기오염이나 기후변화에 따른 환경 재난뿐만 아니라 4대강 사업과 같이 국가에서 시행하는 대규모 토목공사로 인한 대규모 수질오염이나 생태계 파괴 때문에 국민 일반이 환경 침해를 받으면 기존의 환경권 이론에 근거해 헌법상 환경권 침해를 이유로 소송 등의 방법으로 사법 구제를 받기가 참으로 어렵다.

현재 우리나라 헌법은 환경권, 주거권, 재산권 등을 보장한다. 그러나 만약 환경권과 주거권, 환경권과 재산권의 이해가 상충될 때는 무엇이 우선될까? 프랑스의 작은 마을에서 있었던 수탉 모리스의 소음 공해 소송에서 모리스가 승소한 판결(2019.9.14)은 시사하는 바가 크다.

프랑스 서부 로슈포르 지방법원은 2019년 9월 5일 소음 공해를 유발한다는 이유로 소송에 휘말린 수탉 모리스에게 수탉으로서 시골에서 울 권리가 있다는 판결을 내렸다. 재판부는 소송을 제기한 이웃집 노부부가 수탉에게 위자료 1000유로(약 132만 원)를 지급해야 한다고 판결했다. 은퇴 후 프랑스 남서부의 휴양지 올레롱에 별장을 얻어 살던 노부부는 이웃이 키우는 수탉의 울음소리를 소음 공해로 인정해 달라는 소송을 제기했다. 모리스 주인의 변호인은 "공해가 인정되려면 소음의 정도가 지나치거나 영구적으로 이어져야 하는데, 모리스는 두 가지 모두에 해당하지 않는다"라고 밝혔다(≪헤럴드경제≫, 2019.9.6).

환경권과 재산권이 충돌한 대표적 사례는 개발제한구역greenbelt과 도시 내 장기 미집행 도시공원에 대한 헌법 불합치 판결이다. 1999년 헌법재판소는 그린벨트와 도시 내 장기 미집행 도시공원과 관련해 "토지의 사적 이용권을 제한하는 것은 과도한 제한이며 불합리하고 무분별하게 도시계획시설로 지정하여 사권을 침해하는 것은 위헌이다"라고 헌법 불합치 결정을 내린 바 있다.[2] 이에 따라 도시 내 장기 미집행 도

---

2 개발제한구역(그린벨트)은 1971년 수도권을 시작으로 1977년 여수권에 이르기까지 총 8차에 걸쳐 전국 14개 도시권에 5397.1제곱킬로미터(전 국토의 5.4%)가 지정·운영되어 왔다(김중은·이우민, 2018). 1997년 대통령 선거에서 김대중 후보는 "그린은 보호하고 벨트는 풀자"라는 개발제한구역 조정 공약을 발표했으며 김 대통령 당선 후부터 이후 정권들에서 2017년 말까지 1550.8제곱킬로미터의 개발제한구역을 해제했다. 1999년 '도시계획법' 제21조의 헌법 불합치 결정에 따라 '개발제한구역 제도 개선

시공원은 2020년 7월 1일부터 대규모로 실효할 위기에 놓였다. 우리나라 헌법의 환경권은 인간 중심의 관점을 취하고 있는 것으로 평가할 수 있다. 법의 녹색전환이 어디까지 가능할까?

2020년 7월 전체 실효 대상 도시계획시설은 703제곱킬로미터이며 그중 공원은 397제곱킬로미터로, 지자체 재정 여건 및 실효 규모 등을 고려할 때 모든 시설의 집행은 사실상 불가능한 상태이다. 특히 공원은 미래 세대를 위한 소중한 자산이고, 국민의 삶의 질 차원에서 중요한 시설임에도 불구하고, 해당 공원 조성이 지방 사무여서 지자체들은 재원의 한계 등으로 문제 해결에 어려움을 겪고 있는 것이 현실이다.

1999년 헌재 결정 취지를 보면 사유재산권은 공익보다 우선한다. 정부에서는 그간 헌재 결정 취지에 맞추어 사유재산권과 공익 간의 균형을 위해 불요불급한 시설 해제 등 미집행을 해소하기 위해 토지 소유자의 매수 청구제(2002.1), 지방의회의 해제 권고제(2012.4), 해제 가이드라인(2014.12), 토지 소유자 해제 신청제(2017.1) 등을 도입하는 수준(국토부,

---

방안'을 확정 발표한 후, 7개 대도시권, 7개 중소도시권 그린벨트를 해제해 온 것이다. 정부는 옛 '도시계획법'상 개발제한구역 제도의 위헌 문제를 해소하기 위해 주민 불편 해소와 '선 환경평가 및 도시계획, 후 해제'라는 대원칙하에 개발제한구역을 해제해 활용하고 있다. 개발제한구역 해제의 주요 대상은 국책 사업과 공공 기여 사업 등 공공성과 충돌한다. 해제 기준 및 요건은 국책 사업 및 지역 현안 사업 등 도시 용지 공급을 목적으로 하는 사업의 경우, '개발제한구역 해제 지침'에서 제시하는 사업의 공익성, 환경 평가 등급, 공공 기여 방안 등이다. 해제 대상은 공공 주택단지, 산업단지 등 도시 용지를 공급하기 위한 목적과 집단 취락, 주민 불편 해소를 위한 자투리 토지 등이다. 도시공원 일몰제는 도시관리계획상 공원 용지로 지정돼 있지만 장기간 공원 조성 사업에 착수하지 못한 용지를 공원 용도에서 자동 해제하도록 한 제도이다(연합뉴스, 2019.8.15). 1999년 헌법재판소는 "사유지에 공원 등을 지정해 놓고 보상 없이 장기간 방치하는 것은 사유재산권의 침해"라는 헌법 불합치 결정을 내린 바 있다. 이에 정부에서는 2000년 '도시계획법'을 개정해 '국토의 계획 및 이용에 관한 법률'을 제정하고 부칙을 통해 20년간 원래 개발되지 않은 도시계획시설을 2020년 7월 1일을 기해 도시계획시설에서 해제한다는 규정을 담았다(국토부, 2019.8.15).

2018)에 그쳤다.

3) 균형 발전 정책의 전환

지역 균형 발전이란 '모든 지역의 주어진 발전 잠재력을 극대화하고
이를 통하여 국가 발전의 촉진, 국민 생활의 균등한 향상 및 지역 발전
의 자율성 확보가 이루어질 수 있도록 지역 간 발전 격차의 일정한 수
준의 균등화와 국부의 공정한 지역 간 배분 및 지역 간 차별화된 특화
발전이 이루어지는 국가 공간 발전 상태와 과정'을 의미한다.

지역 균형 발전의 보편적 개념 속에 포함된 가치와 구성 요소는 시대
와 장소에 따라 정책적·학문적 우선순위가 바뀌는 가변성이 있어 한국
사회가 어떤 가치와 구성 요소를 중시하느냐에 따라 실질적 의미가 달라
진다. 예를 들면 영국, 프랑스 등 선진 국가들은 1940년대 지역 정책의
도입 초기에는 지역 균형 발전 개념의 정책적 학문적 목적으로 '지방의
정체성과 자율권'의 회복을 중시한 반면, 제2차 세계대전 후 독립한 후발
공업국들은 지역 정책 도입 초기 단계에는 '국가 발전 촉진'을 중시했다.

그러나 최근에는 서구나 후발 공업국이나 모두 고유한 '지역 발전 잠
재력의 극대화'와 '국민 생활의 균등한 향상'을 중시하는 경향을 보이고
있다. 이와 함께 바람직한 지역 간 관계를 의미하는 공간 전략 차원의
구성 요소도 정책 도입 초기에는 공통으로 '지역 간 발전의 균등화'를
우선시했으나 점차 지역 간 국가 발전 성과의 '공정한 배분'과 '지역 간
차별적 발전'의 가치를 중시하고 있다. 현재는 어디에서도 '지역 간 발
전 수준의 균등성'을 지역 균형 발전 정책의 중심적 가치로 삼고 있지
않다(김용웅, 2019).

세계은행은 「세계개발보고서World Development Report」에 포함된 정책

표 9-4 ┃ 지역 균형 발전의 유형 및 기본 요건

구분	지역 균형 발전 유형별 기본 요건과 내용
지역 균등 발전	• 지역 간 일정 범위의 균등성(equality) 확보 - 국가별 경제 수준, 정치 사회적 이념 차원의 합의 필요 - 전국 평균: EU 75%, WTO 85%, 실업률 115% • 국가·번영 지역 성장 저해 없는 자연적 지역 발전 격차 허용 범위
지역 공정 발전	• 국가 부의 지역 간 배분의 공정성과 형평성(equity) 확보 - 국가 발전의 모든 지역 기여도에 대한 정당한 몫 배분 실현 - 공정으로서의 사회 정의(justice as fairness) 실현
지역 특화 발전	• 지역 자율성(autonomy)을 바탕으로 지역 발전의 특화, 독자성 또는 차별성 (differentiation) 확보 - 지역 발전 잠재력 극대화를 위한 지역 고유의 발전 비전 실현 - 지역의 개성적 특화 발전 정책 추진 역량 확보

자료: 김용웅(2019).

지침policy guidance을 통해 경제 차원의 지역 간 균등화 정책은 실효성도 없고 바람직하지 않은 것으로 판단하고, 지역 균등 발전을 생활수준의 공간적 불평등 해소에 치중하는 정책으로 전환할 것을 권고한 바 있다 (The World Bank, 2009). 이에 북미, 유럽 등 대부분의 OECD 회원국은 특정 지역의 1인당 평균 소득이 전국 평균의 일정 수준(75~85%) 이하이거나 실업률이 전국 평균의 115%를 넘으면 '참을 수 없는 지역 격차'로 보아 저발전 지역으로 지정하고 다양한 지원책을 제공하고 있다.

따라서 우리나라도 어디에 살든 일정 수준의 삶의 질이 보장되어야 하고, 접근성이나 서비스 비용 등에 공간적 불평등과 격차가 발생하지 않는 기반을 갖출 수 있도록 국토 균형 발전 정책의 전환이 필요하다.

4) 국토·도시·지역 계획 등 공간 계획 시스템의 전환

환경친화적이고 지속 가능한 국토 관리를 위해서는 국토 계획과 환

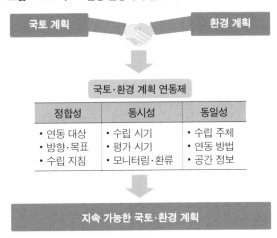

그림 9-5 ｜ 국토·환경 연동제의 달성 목표

국토 계획   환경 계획

국토·환경 계획 연동제

정합성	동시성	동일성
• 연동 대상 • 방향·목표 • 수립 지침	• 수립 시기 • 평가 시기 • 모니터링·환류	• 수립 주체 • 연동 방법 • 공간 정보

지속 가능한 국토·환경 계획

자료: 왕광익·김선희 외(2015).

경 계획의 연동이 필요하다. 국토 계획은 국토종합계획, 도 종합계획, 시·군 종합계획, 지역계획, 부문별 계획으로 구분되고('국토기본법' 제6조 제2항), 국토종합계획을 최상위 계획으로 하여 모든 하부 계획은 상위 계획의 내용과 조화를 이루도록 하고 있다('국토기본법' 제7조). 환경 계획은 국가 환경보전 계획을 최상위 계획으로 하여 그 시행을 위해 환경보전 중기 종합계획, 각 시도와 시군구의 환경보전 계획으로 규정되어 있다('환경정책기본법' 제4조). 현재 환경보전은 사업 시행 단계에서 주로 이루어지고 있어, 개발 입지나 용도 등 정책적이고 계획적 단계에서의 사전적 환경보전에 제한적이다. 따라서 계획 단계에서 국토 계획과의 연동이 시급하고, 실행 단계에서 관계 부처의 협력과 통합 관리가 이루어져야 환경보전이 가능하다(왕광익·김선희 외, 2015).

이에 정부에서는 '국토 계획 및 환경 계획의 통합 관리에 관한 공동 훈령'(2018년)을 통해 제5차 국토종합계획(2020~2040년)과 제5차 국가 환경보

그림 9-6 | 우리나라 토지 관련 계획 수단과 실행 수단들

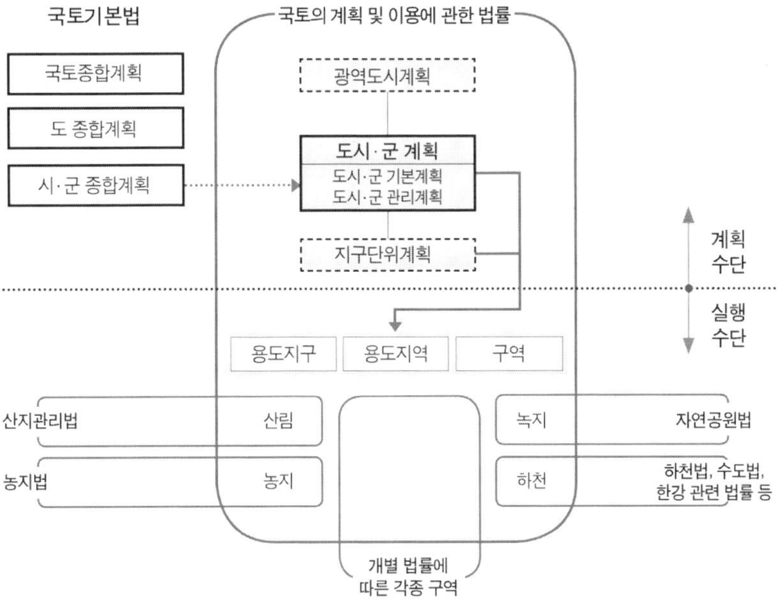

자료: 왕광익·김선희 외(2015).

전 계획(2020~2040년)을 상호 연계하여 동시에 수립하고, '국토 생태 축의 관리', '그린 인프라의 확충', '품격 있는 경관 만들기', '에너지 소비가 최적화된 도시 공간 구조 조성' 등을 위한 범부처 협업 체계를 강화하고 통합 관리 및 실천을 위한 계획 지침을 공표했다(국토연구원, 2019: 114~115).

5) 토지 이용 방식의 전환

토지는 식량, 물 등 인류 생존·복지의 주요 기반이며 기후 시스템과도 밀접하게 연계되어 있다. 그러나 토지 이용-기후변화의 시너지로 인해서 생물 다양성, 인류의 건강, 식량 체계가 악화되고 있으며 극한 현

상(폭염, 가뭄, 호우 등)의 빈도, 강도, 지속 시간이 변화하고 있다. 따라서 상호 보완적인 '기후-토지' 정책과 지속 가능한 토지 이용을 통해 토지 황폐화를 예방하고 줄임으로써 생산성을 유지하고 생물 다양성 등 기후변화 위험을 완화하기 위한 노력이 필요하다.

기후변화에 관한 정부 간 협의체IPCC: Intergovernmental Panel on Climate Change는 지구의 기온 상승이 음식과 자원에 대한 인류의 끝없는 욕구에서 비롯되었다고 진단한 바 있다. IPCC 수석고문 스티븐 코닐리우스Stephen Cornelius는 "우리의 토지 사용 방식 전환이 절박하다. 자연생태계를 보호하고 회복하는 것을 시작으로 지속 가능한 식량 생산과 소비도 함께 만들어가야 한다. 지표 기온 상승을 1.5도 이하로 제한하자는 내용이 담긴 파리기후협약의 목표를 달성하려면 토지의 지속 가능한 관리와 함께 대범하고 신속한 화석연료 사용의 감축이 반드시 병행되어야 한다"라고 강조했다(안승만, 2019에서 재인용).

현대 미국의 환경윤리학이 발전하는 데 독창적이고도 막대한 영향을 끼친 사상가 중 한 사람인 알도 레오폴드Aldo Leopold는 1949년 『모래군의 열두 달Sand County Almanac, and Sketches Here and There』을 통해 토지 윤리Land Ethic라는 개념을 만들어 인간만이 아니라 자연까지 도덕적으로 배려해야 한다고 요구했다. 레오폴드는 "토지 윤리란 요컨대 공동체라는 개념의 테두리를 토양, 물, 식물, 동물, 즉 이 모두를 총칭하는 토지로 확대한 것을 가리킨다. 이와 동시에 인간은 자연의 정복자에서 일개 평민으로 전락해 토지 공동체 안에서 특별한 지위를 갖지 못하게 되었다"라고 주장했다(레오폴드, 2000).

토지 윤리로 볼 때 일정 기간, 일정 목적으로 사용한 토지는 휴식하게 해야 하고, 복원해야 한다. 경기도 화성시 매향리 농섬은 미군 포격장으로 54년 동안 사용되다가 미군기지가 이전하면서 생태계가 회복

돼 도요새, 저어새 같은 멸종위기종 등 40여 종이 서식하기 시작했다. 이러한 땅은 토지 윤리에 따라 휴식하게 해야 하고, 복원해야 한다. 강원도 정선군의 가리왕산 알파인스키장 갈등[3] 역시 이러한 이유로 지역 주민과 가리왕산을 살리는 슬기로운 복원 방안을 모색할 필요가 있다.

4. 공간 환경의 녹색화 전략

논의의 연장선에서 공간 환경의 녹색화를 위한 전략을 다음과 같이 제안하는 것으로 마무리하고자 한다.

1) 기본 방향

공간 환경의 녹색화 전략은 국토 풍토 특성과 국민의 인식 등을 고려하고 미래 국토 공간 구조와 인구구조, 경제 및 사회 구조, 국민 삶의 형태와 가치관, 기후변화 등을 고려하여 마련해야 한 걸음이라도 실현 가능하다. 너무 급진적이거나 이상적인 전략은 국민의 참여와 정책 실현

---

3   가리왕산 민관합동위원회는 2018년 평창 올림픽 알파인스키 활강슈퍼대회가 끝난 뒤 알파인센터를 전면 복원할 것인가, 합리적으로 존치할 것인가를 놓고 갈등 중에 있다. 가리왕산 알파인스키장 복원 비용은 700억~800억 원이 소요될 것으로 예상되는 가운데, 복원 방법을 결정하지 못하는 동안 가리왕산은 더 황폐해지고 복원 비용도 더 늘어나고 있다는 것이 산림청의 주장이다. 산림청은 가리왕산 해발 1000미터부터는 생태 가치가 높은 산림유전자원 보호구역으로 지정되어 원래 개발이 안 되는 곳이었으나, 평창 동계올림픽이라고 하는 국책 사업을 위해 원상 복구를 조건으로 경기장을 건설한 바 있기 때문에 올림픽이 끝난 후에는 원래 상태로 복원해야 한다고 주장하고 있다. 알파인스키 코스를 만들기 위해 35만 톤가량의 흙과 돌을 채워 넣은 상태로 시공비 2034억 원이 집행된 바 있다(연합뉴스, 2019.11.19).

성을 보장할 수 없다. 전략의 대상과 시기 등도 공유할 필요가 있다.

현재 파울 크뤼천Paul Crutzen과 클라이브 해밀턴Clive Hamilton 등이 주장하는 인류세Anthropocene 논의부터 에릭 카즈Eric Katz, 비외른 롬보르Bjørn Lomborg 등이 중심이 되는 환경 실용주의Environmental Pragmatism에 이르기까지 논의의 스펙트럼이 넓고, 심층 생태론Deep Ecology-표층생태론Shallow Ecology-인간중심주의에 이르기까지 관점이 다르다. 생태적 세계관과 생태 문명, 커먼즈 관점과 인간 문명을 고려한 기계론적 세계관과는 정책과 전략이 달라질 수 있다. 지구적 생태 위기, 사회-생태적 공생과 공진화도 관점에 따라 달리 해석될 수 있기 때문이다.

또 우리 국토의 풍토와 기후변화, 인구 감소와 인구구조 변화, 경제 구조 변화, 과학기술의 발달과 4차 산업혁명, 국민 가치관의 변화 등도 공간 환경의 녹색화 전략을 모색할 때 기본적으로 고려해야 한다.

2) 비전과 목표

국토 공간의 녹색화는 지속 가능한 미래 국토 전환을 위해 반드시 가야 할 길이다. 공간 환경의 녹색화를 위한 비전과 목표는 자연과 인간이 공존하면서, 도시에서나 농촌에서나 일정한 삶의 질을 영위할 수 있는 녹색 공간 기반 구축으로 하고 세부 전략으로 다음을 제안한다. 구체적인 추진 방안은 국토 차원, 지역 차원, 생활권 차원에서 한 가지씩 예시적으로 제안한다.

- 산·강·바다 유역 통합 관리를 통해 유역의 자립적 순환 기반을 구축한다.
- 어디에 살든 일정 수준의 삶의 질을 보장할 수 있도록 국토 공간의 균형

발전을 전제로 중소도시 간의 연계 협력형 압축 도시들을 재정비한다.

- 지역 환경의 수용 능력을 고려한 생태 공동체를 구성하고 경제사회 체계를 재지역화(re-localization)한다.
- 자연과 유기적으로 연계된 주거 환경과 녹색 경관을 구축한다.
- 에너지 이용과 온실가스 배출을 절감하는 도보권 생활공간을 조성한다.
- 고령친화적 건강의료 복지타운을 정비하고, 지역공동체에서 공동으로 소유·관리·이용하는 공적 공간을 확충한다.

3) 추진 방안

(1) 국토 차원: 산·강·바다 유역 통합 관리

최근 산촌 지역 소멸이 가속화되면서 사람이 살지 않는 '산촌'이 황폐 일로에 접어들고 있다. 이로 인해 산에 햇빛이 들지 않아 나무 밑 풀들도 죽고 지력은 저하되어 보수력을 잃은 산림은 새소리도 들리지 않는 '침묵의 숲'이 되고 있다. '산'의 황폐는 강과 바다의 자연환경에 막대한 영향을 미치고, 적토 오염으로 해안의 유기물질을 고갈시켜 굴, 조개 등의 생육 불량을 야기하고, 도시 수해 및 갈수의 증가 등으로 인해 하류의 어업 종사자 및 도시 주민의 생산과 생활에 큰 장애를 일으키고 있다. 현대 산촌의 이러한 문제는 상류의 산촌 주민의 문제에 그치지 않고, 하류의 어업 종사자 및 도시 주민에게도 광범위하게 영향을 미치고 있다(大野晃, 2015).

이처럼 산의 빈곤화가 산과 바다의 빈곤화로 직결되는 것처럼 산의 풍요로움이 강과 바다의 유역을 풍요롭게 하는 것과 긴밀히 연결되어 있다. 중류, 하류의 주민이 상류 주민과 함께 산의 풍요로움을 누리기 위해서는 상류, 중류, 하류를 유역 사회권[4]으로 한 유역 공동 관리의 조

그림 9-7 │ 산촌 재생과 지원: 유역 공동 관리

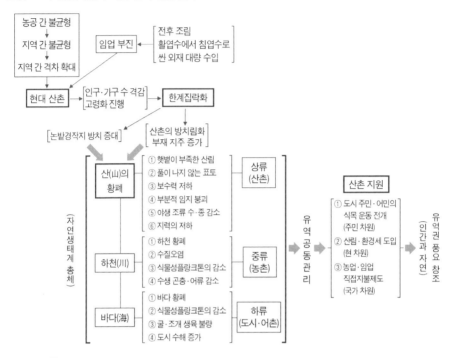

자료: 大野晃(2015: 3).

직화를 도모하고, 이를 실천하는 산림·환경세 도입 등 구체적인 전략

모색이 필요하다(大野晃, 2015: 3).

(2) 지역 차원: 강소 도시권 육성 방안

과거 지역 거점으로서 고차 서비스의 중심지 기능을 하던 지방 중소

---

4 유역을 사회적 공공 공간 측면에서 보면 상류, 중류, 하류의 각 유역이 행정구역으로
서 상대적으로 독립되어 있으면서 상호 연결되어 있는 총체적 존재로 볼 수 있는데, 유
역의 사회적 공공 공간으로서의 상류, 중류, 하류의 총체를 '유역 사회권'이라 부른다.

도시들은 최근 급속한 고령화와 저출산 등으로 인구 감소가 지속되고 있다. 2015년 기준 10만 명 미만 시군은 전국에 87곳으로 국토 면적의 59% 이상이지만 인구는 전체 인구의 8.34%에 지나지 않는다. 인구의 78%는 대도시권에 거주하고 있다. 국토의 지속 가능성이 높은 것으로 평가되는 독일은 전국에 10만 명 이하의 중소도시가 3057곳으로 전 국토의 약 70%를 차지하고 있으며 이곳에 전국 인구의 약 61%가 거주하며 전체 일자리의 약 56%를 창출하고 있다(김선희 외, 2018).

강소 도시권은 기초 중심지, 중위 중심지로서 대도시로의 인구 유출을 막는 댐 기능, 지역 기반의 일자리 창출 기능, 국토의 자연환경·역사문화 및 공동체 관리 기능을 한다. 헌법 제119조, 제123조에 국가는 균형 있는 국민경제의 성장과 지역 간 균형 있는 발전에 대한 의무가 있다고 명시했다. 전국 어디에 살든 일정 서비스를 받을 권리가 있다. 농산어촌에 살더라도 생활권 내에서 장을 보고, 병원 치료를 받고, 미장원에 가고, 목욕탕에 갈 수 있어야 한다. 이런 기초 중심지 역할을 수행하던 중소도시의 쇠퇴가 심각하다. 서둘러 중소도시의 중심지 기능을 유지할 수 있는 강소 도시권 육성 정책을 마련해야 한다. 단독으로 기능하기 어려우면 주변 지역과 연계 협력하여 생활 중심지 기능을 서로 공유하고 강화하는 노력이 필요하다.

강소 도시권 육성은 국토의 60% 지역에서 사는 국민 삶의 질 제고를 위한 의료, 주거 복지 등 기초 서비스 위계를 회복하는 지역 재생 전략이다. 국토 방방곡곡의 작은 마을, 소도시의 인구가 지속적으로 유지되고 편리한 생활 서비스를 제공받을 수 있을 때 국토 전체의 지속 가능성은 높아진다. 지역의 관문 혹은 중심지 기능이 집약된 버스터미널, 종합병원(국립 의료원) 주변 지역을 건강·복지·의료·생활 거점으로 재생하여 편리한 생활 서비스 제공을 가능하게 해 살고 싶게끔 함으로써 인구

그림 9-8 | 강소 도시권 육성 전략(안)

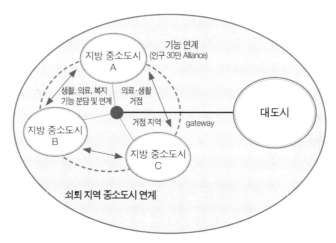

자료: 김선희 외(2018).

유출을 막아야 한다. 동일 생활권과 경제권을 이루는 인구 10만 이하의 시군들이 연합하여 '콤팩트 네트워크compact network'의 '30만 강소 도시 (권)'를 형성하면 종합병원, 상업 문화 시설, 법률사무소 등 고차 생활 서비스를 받을 수 있다. 시군의 인구 규모나 여건에 따라 기능을 공동 이용하는 다양한 유형의 강소 도시(권) 형성이 가능하다(김선희 외, 2018).

(3) 생활권 차원: 고령친화적 건강의료 복지마을 만들기

고령화 인구·사회 구조 변화에 맞춰 도시계획, 도시 공간 구조를 고령친화적으로 개편할 필요가 있다(김선희, 2015). 유럽과 미국, 일본 등에서는 고령자의 지역·공간 선호 행동 특성 등을 고려해 기존 도시를 고령 친화 도시AFC: Age Friendly Cities로 개편하고 있다. 세계보건기구WHO에서는 AFC 지침을 만들어 고령 친화 도시를 인증하고 있다.

고령자의 지역 내 계속 거주aging in place를 지원하기 위해서는 '살기 좋은 커뮤니티, 친숙한 장소 만들기'를 위한 건강의료 복지타운 조성이 필요하다. 이를 위해서는 기존 주택단지들의 노인 친화도를 진단하고, 노인들이 생활하기 편리하도록 도보 생활권에 주택, 교통, 의료보건, 여가 문화 시설, 공원 등 도시 생활환경 시설을 집적시킬 필요가 있다. 도시 곳곳에 좀 더 많은 도시공원과 공동 텃밭 등 열린 공간을 조성하고 접근성을 높여 모든 세대의 자연스러운 교류와 접촉을 늘려 건강하고 행복한 공간을 창조할 필요가 있다. 이는 에너지를 최소화하는 녹색 친화적 공간 만들기의 시작이며, 인간의 삶의 질 개선을 위한 공간 조성의 기본이다.

참고문헌 ■■

강현수. 2019. 「발전의 최우선 목적은 인간의 자유」(연구원의 서가). ≪국토≫, 448, 46~47쪽.

경제·인문사회연구회. 2019. 「전환적 뉴딜」(2019.7.3).

국토부. 2017. 「혁신도시 정주여건 만족도 조사연구」.

_____. 2018. 「장기미집행 도시·군계획시설 해제 가이드라인 일부개정」(2018.3.14).

_____. 2019.8.15. "공원일몰제, 우리 지자체는 어떻게 준비하고 있을까"(보도 자료).

국토연구원. 2018. 「국민의식조사」.

_____. 2019. 「제5차 국토종합계획(2020~2040)(안)」.

김선희. 2015. 「고령자를 위한 도시공간 만들기」. ≪미래정책포커스≫, 여름 호.

김선희·차미숙·민성희·김명한. 2018. 「고루 잘사는 국가 실현을 위한 강소도시권 육성 방향」. ≪국토정책 Brief≫, 648.

김용웅. 2019. 「지역균형발전정책의 관행적 논리체계와 추진방식의 문제점과 개선방안」. 국토연구원 내부발표 자료.

김중은·이우민. 2018. 「2020년 이후의 개발제한구역 조정 제도 운영방향」. ≪국토정책 Brief≫, 688.

레오폴드, 알도(Aldo Leopold). 2000. 『모래 군의 열두 달: 그리고 이곳저곳의 스케치』. 송명규 옮김. 서울: 따님.

민성희 외. 2018. 「저성장시대에 대응한 도시·지역계획 수립의 합리화 방안 연구」. 국토연구원.

센, 아마르티아(Amartya Kumar Sen). 2018. 『자유로서의 발전』. 김원기 옮김. 서울: 갈라파고스.

안승만. 2019. 「IPCC 기후정의 실현을 위한 국토·도시 관리」. ≪국토이슈리포트≫, 10.

연합뉴스. 2019.8.15. "전국 지자체, '공원 일몰제' 대상 부지 44%에 공원 조성 추진".

_____. 2019.11.19. "가리왕산 전면 복원할 것인가? 합리적으로 존치할 것인가? 민관 합동위원회 개최".

왕광익·김선희 외. 2015. 「국토·환경계획 연동에 따른 도시계획적 대응방안 연구」. 국토연구원.

조성철. 2019. 「인구감소시대 지역산업기반 강화방안」. 국토연구원 연구협의회 자료 (2019.10).

≪중앙일보≫. 2017.9.4. "[단독] 지자체 85곳 30년 내 사라진다 … 전남, 소멸위험지역 첫 진입".

지방재정365. 2020. "지방자치단체: 공공시설운영 현황". http://lofin.mois.go.kr/websquare/websquare.jsp?w2xPath=/ui/portal/stat/local/settle/sd002_se403.xml (검색일: 2020.4.1.).

카프라, 프리초프(Fritjof Capra)·우고 마테이(Ugo Mattei). 2019. 『최후의 전환: 지속가능한 미래를 위한 커먼즈와 생태법』. 박태현·김영준 옮김. 서울: 경희대학교 출판문화원.

통계청. 2016. 「KED 빅데이터」.

≪헤럴드경제≫. 2019.9.6. "수탉은 '꼬끼오' 울 권리 있다 … 소음공해 소송서 닭 승소".

大野晃(Ohno Akira). 2015. 『山·川·海の流域社會學: '山'の荒廃問題から '流域'の環境保全へ』. 文理閣.

The World Bank. 2009. *World Development Report 2009: Reshaping Economic Geography.* Washington, DC: The World Bank.

한반도 녹색전환과
남북한 환경 협력 방안

추장민

1. 북한의 환경 위기

북한은 광범위한 지역의 산림 황폐화, 상하수도 등 환경 인프라 및 시스템 붕괴, 산업지대와 광산지대의 중금속 오염 등 심각한 환경 문제로 주민의 건강과 삶이 위협받고 있다. 기후변화의 영향으로 홍수와 가뭄 등 자연재해도 자주 발생하여 사회 기반시설과 국토 자원의 유실을 넘어서 주민의 생명과 재산에 미치는 손실 또한 막대하다. 이처럼 환경 측면에서 북한은 지속 가능성sustainability과 회복력resilience의 기반이 매우 취약한 상태이다. 2016년 유엔과 북한이 체결한 '유엔전략계획 2017-2021Strategic Framework for Cooperation between the United Nations and the Democratic People's Republic of Korea 2017-2021'의 4개 우선 협력의 상당 부분이 유엔 지속 가능 발전 목표SDGs: Sustainable Development Goals의 환경 관련 목표와 관련이 있다.[1] 북한 스스로도 북한의 지속 가능성과 회복력이 매우 취약하다는 것을 인지하고, 이의 해결을 국가 당면 과제로 설정하고 있음을 보여준다.

북한의 생태 환경은 또한 자원 개발 등 개발 중심의 경제개발정책으로 인한 개발 압력pressure에 직면해 있다. 압력의 유형과 정도는 다르지만 북한도 전통적인 자본주의 개발 국가와 마찬가지로 개발 압력으로 인한 환경 위험에 직면해 있다는 점에서 남한과 유사한 양태를 보인다. 남북 관계 및 북-미 관계의 개선과 맞물려 추진될 대북한 경제협력도 열악한 북한의 환경 상태를 더욱 악화시킬 잠재적 압력 요인이 아닐 수 없다. 하지만 남한과는 달리 환경 위험을 줄이고 예방하는 시스템과 능력이 부족하여 사실상 무방비 상태로 위험에 노출되어 있거나 위험이 가중되면서 심각한 피해가 발생하고 있는 실정이다.

문제는 북한에서 발생한 미세먼지의 접경 지역 영향, 임진강 및 북한강 유량 감소 등 북한의 환경 문제와 개발로 인한 환경 위험이 북한 지역을 넘어서서 남한으로 확대되는 현상이다. 홍수 등 기후변화로 인한 자연재해의 영향도 북한 지역에 국한되지 않고 남한의 접경 지역에까지 미치고 있다. 대기오염 물질의 이동에 따른 영향의 범위는 접경 지역을 넘어서서 확대될 개연성이 크다. 한반도 차원에서 북한 환경 문제

---

1 2016년 9월 1일, 북한과 유엔은 '유엔과 조선민주주의인민공화국 간의 협력을 위한 유엔전략계획 2017-2021(Strategic Framework for Cooperation Between The United Nations and The Democratic People's Republic of Korea: UNSF)'을 체결했다. 이 유엔전략계획은 유엔과 북한이 2017년부터 2021년까지 5년 동안 북한에서 진행할 협력 활동으로 식량 및 영양 안보(Food and Nutrition Security), 사회 개발 서비스(Social Development Services), 회복력과 지속 가능성(Resilience and Sustainability), 데이터와 개발 관리(Data and Development Management)의 4대 우선순위를 정하고 UNSDGs 17개 목표 가운데 목표 2 등 총 10개 목표와 관련하여 구체적인 활동을 통해 얻어야 할 성과물을 제시하고 있다(UN Resident Coordinator, UN Country Team, National Coordinating Committee, Ministry of Foreign Affairs, 2016: 16~21).

에 접근함으로써 북한의 환경 문제를 함께 해결해야 하는 이유이다.

이와 같은 열악한 환경 상태와 그로 인한 남한과 한반도 전체에 미치는 부정적인 영향을 북한의 문제로만 국한시켜서는 해결하기 어렵다. 왜냐하면 북한은 당면한 환경 문제를 해결할 능력이 부족할 뿐만 아니라 경제난 극복을 위한 자원 개발과 산업 활동으로 인해 열악한 환경 상태가 더욱 악화될 가능성이 높기 때문이다. 그리고 남한 지역 특히 남북한 접경 지역의 환경에 미치는 부정적인 영향의 범위와 강도가 점점 확대될 것이다. 따라서 북한의 환경 문제를 해결하고 한반도 전체의 지속 가능한 발전을 위해서는 북한도 전통적인 개발 우선 정책에서 탈피하고 남북한이 함께 협력하여 개발 국가에서 탈개발 녹색 국가로 전환하는 한반도 전체의 '녹색전환'이 필요하다.

이 장에서는 한국 사회 녹색전환의 공간 범위를 한반도 전역으로 확대하기 위한 실천 방안으로서 북한의 환경 상태를 진단하여 한반도 전체의 녹색전환을 위한 남북한 간 환경 협력의 전략을 세우고 실천 방안을 제시하고자 한다.

2. 북한 환경 상태 진단 및 전망

1) 북한의 환경 상태 진단

북한의 수질오염은 주로 대도시, 공장과 광산에서 배출하는 오염 물질에서 기인하는데 주요 오염 물질은 분뇨, 생활 오수, 공장 및 광산 폐수, 폐광석 침전물 등이다. 특히 단천, 무산 등 광산 지역에서 배출되는 중금속 함유 폐수, 폐광석 등의 오염 물질로 인해 하천 지표수, 지하수,

표 10-1 | 대동강 수질 상태

지표	봄		여름		가을		겨울		평균		기준
	1999	2008	1999	2008	1999	2008	1999	2008	1999	2008	
COD (mg/L)	2.14	2.82	1.33	2.11	0.78	1.56	0.73	2.10	1.25	2.15	3.00
NH4-N (mg/L)	0.27	0.30	0.87	0.20	0.08	0.20	0.20	0.19	0.35	0.22	0.3
Cl (mg/L)	7.20	8.60	8.40	16.33	8.40	13.553	10.00	7.49	8.70	11.49	30
Coliform (no./L)	311,666	33,743	4,847	63,234	2,300	25,780	68,500	12,000	96,828	33,689	10,000

자료: UNEP(2012: 38).

토양의 오염 상태가 심각한 수준으로 알려져 있다. 북한 주민들의 생존과 경제난 해결 수단인 철가루와 사금 채취 등 각종 자원 개발 행위도 두만강 등 하천의 수질오염과 수생태계 파괴를 가중시키는 요인으로 보인다.

　북한 주요 하천의 수질 상태를 알 수 있는 구체적인 자료는 극히 제한적이다. 유엔환경계획UNEP: United Nations Environment Programme과 북한이 2012년에 공동 발표한 보고서에 따르면, 당시의 대동강 하류 등 북한 대도시 유역의 수질오염은 악화 추세를 보였다. 〈표 10-1〉과 같이 1999년과 비교해 2008년의 대동강은 암모니아성 질소NH4-N는 약간 감소했으나 화학적산소요구량COD, 염소Cl의 농도가 증가했다(UNEP, 2012: 38). 분뇨 등의 방류로 인해 발생하는 것으로 추정되는 대장균Coliform 개체 수는 1999년에 비해 2008년에는 감소했지만 불규칙한 증감 상태를 보이고 있다. 2008년 기준으로 연평균 개체 수가 기준치(1만 개/L)의 약 3.4배였으며, 특히 여름철에는 1999년에 비해 오히려 증가해 6.3배나 초과했다(UNEP, 2012: 38). 그런데 이러한 북한 하천의 수질오염은 기본적인 위생시설의 미비, 배출시설의 오염 처리 설비 미설치, 에너지 부족 등으로 인한 처리시설 미가동, 처리되지 않은 오염 물질의 방류 또는 방치, 하천 자원 개발에 대한 관리 소홀 등 위생시설, 환경기초시설, 관리시스템의 미비에서 초래되고 있다는 사실을 지적하지 않을 수 없다. 한편, 북한의 주요 하천에는 산 등지에서 유입된 토사가 광범위하게 쌓여 있으며 하천 인프라가 온전하게 구축되어 있지 못하다. 일례로 인공위성 영상을 분석한 결과, 보통강, 재령강, 곤양강, 합장강, 노산천 등 대동강 주요 지류에서 하천제방이 붕괴되거나 유실된 것으로 추정된다(추장민 외, 2013: 39~46).

물 환경 분야에서 더욱 심각한 문제는 상수도 설비가 제대로 작동하지 않으면서 북한 주민들이 안전하고 깨끗한 식수를 공급받지 못하고 있는 현실이다. 2009년 북한의 통계국에서 유엔인구기금UNFPA: United Nations Population Fund의 지원을 받아 조사 발표한 「북한 2008년 인구센서스 국가 보고서DPR Korea 2008 Population Census National Report」에 따르면, 북한에서 상수도관을 통해 주택에 수돗물이 공급되는 형태piped water into dwelling unit의 상수도 보급률은 약 85%에 달했다(Central Bureau of Statistics of DPR Korea, 2009: 252). 그런데 또 다른 유엔 보고서인 유엔과 북한이 2016년에 체결한 '유엔전략계획 2017-2021'에서 밝힌 상수도 보급률은 77%로, 앞의 2009년 보고서에 비해 8%가 감소했다(UN Resident Coordinator, UN Country Team, National Coordinating Committee, Ministry of Foreign Affairs, 2016: 19). 2019년에 유엔이 발표한 「2019 북한 인도주의 필요와 우선순위DPR Korea Needs and Priorities」에 따르면 북한 전체 인구의 39%인 약 975만 명이 안전한 식수를 공급받지 못하고 있는데, 특히 농촌 지역의 인구는 56%에 달한다(유엔, 2019: 8).

상수도 보급률에 비해 안전한 식수 접근성이 낮은 이유는 상수도 공급 시스템 문제인 것으로 판단된다. 즉, 전력난, 설비 낙후와 고장 등으로 말미암아 대부분 지역에서 상수도 공급시설이 제대로 가동되지 못하면서 수돗물 공급이 중단되거나 극히 제한적으로 공급되고 있다. 또 정수 처리 등을 제대로 못 하면서 공급되는 수돗물도 비위생적이고 안전성이 낮다. 북한 주민들은 자구책으로 직접 개발한 개인 또는 공동 우물로 식수 문제를 해결하는데 이들 우물물도 위생과 안전성에서 수돗물과 큰 차이가 없다. 이처럼 북한 주민 상당수가 안전하고 깨끗한 식수를 제공받지 못하고 있으며, 비위생적인 식수와 하천의 수질오염으로 인해 건강 위험에 노출되어 있다.

북한의 물 환경 문제는 북한 지역에 그치지 않는다. 임진강과 북한강 상류 지역의 유역변경댐(황강댐, 임남댐 등) 건설로 임진강과 북한강의 유량이 감소하여 남한 하류 지역의 수자원 고갈, 수력발전 및 어족자원 감소, 수질 악화, 수생태계를 포함한 유역 생태계의 변화, 해수 역류, 철새 서식지 감소 등 사회경제 및 환경 전반에 미칠 부정적인 영향이 우려된다. 또 홍수 발생 시 북한의 무단 방류로 인해 하류 유역 주민의 재산과 생명이 위협받고 있다. 실제로 2001년부터 2009년까지 북한의 임진강댐 무단 방류로 여섯 차례 남한 지역 어민들의 피해가 발생했으며, 2009년 9월에는 황강댐 무단 방류로 6명이 실종되기도 했다.

대기오염은 북한의 에너지 사용 실태와 직접적인 관련이 있는 환경 문제이다. 북한의 일차에너지 총공급량은 〈그림 10-1〉과 같이 1990년의 2396만 3000석유환산톤TOE에서 감소와 증가를 반복하다가 2015년에는 1990년의 약 36.3% 수준인 870만 석유환산톤으로 감소해 최저점을 기록했다. 2016년부터 다시 증가세를 보이고 있으나 여전히 에너지 공급 부족 상태에서 벗어나지 못하고 있는 것으로 판단된다(통계청 북한 통계포털, 2020b). 특히 2013년 기준으로 발전 가동률은 34.8%에 불과한

그림 10-1 ┃ 북한의 일차에너지 총공급량 변화 추이(1990~2018년)

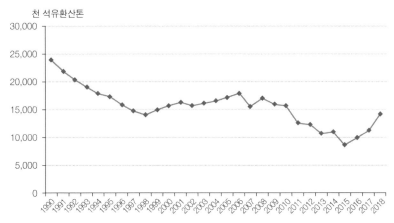

자료: 통계청 북한통계포털(2020b).

것으로 나타났다(홍순직, 2015). 1인당 에너지 공급량도 지난 약 30년간 지속적으로 감소하는 가운데 일시적으로 증가하는 추이를 보이고 있는데, 2018년 기준으로 0.57석유환산톤으로 1990년의 1.19석유환산톤에 비해 절반 이하로 줄어들었다(통계청 북한통계포털, 2020b).

북한의 일차에너지 수급 구조는 석탄과 수력이 80% 이상을 점하고 있다. 통계청 자료에 따르면, 2018년 기준으로 북한의 일차에너지 공급(열량) 1422만 석유환산톤 가운데 석탄 881만 석유환산톤, 석유 95만 석유환산톤, 수력 320만 석유환산톤, 기타(신탄, 폐기물 가열 등) 126만 석유환산톤으로 각각 62%, 6.7%, 22.4%, 8.9%를 점한 것으로 나타났다(통계청 북한통계포털, 2020a). 석탄은 1990년부터 2010년까지 일차에너지에서 차지하는 비율이 66~71%를 유지했다가 2011년부터 감소하여 2016년에는 43.2%로 최저점을 기록했다. 수력의 비율은 2011년부터 2018년까지 증감을 반복하는 추세를 보이는데 2016년에 최고 32.5%까지 증

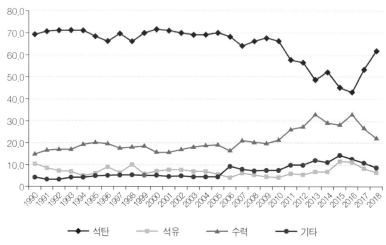

그림 10-2 | 북한의 일차에너지별 구성비 변화 추이(1990~2018년)　　　　　(단위: %)

자료: 통계청 북한통계포털(2020a).

가하다가 다시 감소했다. 반면에 석탄은 다시 증가하는 추세를 보이고 있다. 북한의 에너지 사용 실태에서 대기오염과 관련하여 주목할 부분은 최근 2, 3년 사이의 일차에너지 공급량 증가는 석탄 공급량이 늘었기 때문으로 추정된다는 점이다.

　　북한의 대표적인 고정 대기오염원은 화력발전소, 대형 공장, 집중 난방시설 등 석탄 연소시설이다. 대부분 1960년대부터 1980년대에 걸쳐 구소련과 중국의 지원으로 건설된 것으로, 평양 등 대도시, 함흥·김책시 등 산업단지에서 낙후된 석탄 연소시설이 가동되고 있다. 최근에는 자동차의 원동기를 이용하여 갈탄으로 전기를 생산하면서 매연 등 대기오염 물질을 배출하는 새로운 고정 오염원으로 주목받고 있는 것으로 알려지고 있다(자유아시아방송, 2019.10.16). 경제적 어려움과 전력난으로 인해 북한은 이들 석탄 연소시설에 대기오염 물질 처리시설을 설치하지 못하고 있는 실정이다.[2] 이 때문에 최근 석탄 공급량의 증가는 석탄 연소 과정에서 대기오염 물질 배출량의 증가를 초래하여 북한의 대기질에 부정적인 영향을 미칠 것으로 보인다. 북한 주민들의 난방과 취사용 시설도 주요 대기오염 물질 고정 배출원이다. 나무, 석탄 등이 취사와 겨울철 난방용으로 사용되는 주 연료이다. 2008년 기준으로 북한 주민들의 취사용 에너지원은 도시 지역은 석탄(63%)과 나무(28%)가 전체의 91%를 점하고 있으며, 농촌 지역은 나무(77%)와 석탄(19%)이 전체의 96%를 차지한다(UNEP, 2012: 28).

소형 승용차 등 개인의 자동차 소유가 보편화되어 있지 않은 북한에서는 이동 오염원에 의한 대기오염 영향은 고정 오염원에 비해 상대적으로 크지 않다. 다만 북한의 에너지 수급 여건을 고려할 때, 휘발유와 같은 일반적으로 사용되는 자동차 연료 부족으로 목탄 또는 갈탄을 연료로 운행하는 차량에서 배출되는 대기오염 물질이 상당할 것으로 추정된다. 산림 황폐 지역과 생태 훼손 지역에서 발생하는 비산 먼지, 그리고 중국 등 북한 외부에서 유입되는 황사 등도 겨울철과 봄철의 주요 대기오염 물질이다. 특히 2002년 황사 발생 시기에 북한이 남한보다 많게는 4배 이상 황사가 침적된 사례에서 확인되듯이 북한은 남한보다 한반도 외부에서 유입되는 대기오염 물질의 영향이 상대적으로 높을 것으로 추정된다(추장민, 2003: 57~58).

2018년 WHO가 발표한 북한의 대기질 상태에 관한 자료에 따르면, 2016년 기준으로 북한 전체, 도시 및 농촌의 연간 $PM_{2.5}$ 농도의 중위 값

---

2 UNEP가 2012년에 발표한 보고서에서도 북한이 취하고 있는 대기오염 저감 대책에 배출 처리시설 설치 등 석탄 연소시설에 대한 구체적인 저감 대책이 포함되어 있지 않다. 다만 주민들의 난방과 취사에서 배출되는 오염 물질을 저감하는 대책으로 연소효율이 높은 성형탄 사용 등 좀 더 깨끗한 석탄 연소 기술을 도입하고 있다고 밝히고 있다(UNEP, 2012: 29~30).

이 각각 세제곱미터당 30마이크로그램, 31마이크로그램, 29마이크로그램인 데 비해 남한은 세제곱미터당 25마이크로그램, 25마이크로그램, 24마이크로그램으로 나타나 대기오염 상태가 남한보다 나쁜 것으로 추정되었다(WHO, 2018). 그리고 「2017 세계보건통계World Health Statistics 2017」에 따르면 실내 및 실외 대기오염으로 인한 북한의 사망률은 전 세계 172개국 가운데 가장 많은 인구 10만 명당 238.4명으로 남한의 23.2명의 10배가 넘고, 전 세계 평균 92.4명의 2.6배에 달했다(WHO, 2017: 66). 최근 몇 년 사이에 국내 미세먼지 문제가 악화되면서 북한의 대기오염이 남한에 미치는 영향에 대한 관심이 높아지고 있다. 특히 미세먼지의 영향과 관련하여 한미 대기질 공동 연구KORUS-AQ 2017 결과에 따르면, 북한에서 배출된 오염 물질의 남한 $PM_{2.5}$ 농도 기여율을 9%로 추정했다(김순태, 2019: 44). 국내 미세먼지 해결을 위해서는 북한의 대기오염 문제도 함께 고려해야 하는 상황이 된 것이다.

대기오염 문제와 더불어 북한은 기후변화의 영향에 매우 취약하다. 저먼워치Germanwatch의 「글로벌 기후 위험 지수 2013 Global Climate Risk Index 2013」에 따르면 1992년부터 2011년까지 20년 동안 북한은 홍수, 가뭄 등 기후변화로 인한 위험 지수가 전체 180여 개국 가운데 7번째로, 막대한 생명과 재산 손실을 입고 있다(Harmeling and Eckstein, 2012: 6). 이는 산림 황폐화, 열악한 하천 인프라, 하천 기능 저하 등 기후변화, 자연재해에 매우 취약한 국토 환경 여건에서 비롯되고 있다. 특히 식량난과 경제난 해결을 위한 무분별한 산지 개간과 과도한 벌목으로 빚어진 산림 황폐화는, 집중호우 등 극한 기상 현상이 발생하면 홍수와 산사태 등의 자연재해를 유발함으로써 북한 주민들의 생명과 재산을 위협하는 주요 요인이 된다.

2) 북한의 환경 상태 전망

북한의 국가정책, 관련 데이터 및 현장 접근성의 제약으로 미래 북한의 환경 상태에 미치는 압력pressure 요소와 대응response 요소가 지속되거나 악화될 것으로 가정하고 정성적인 차원에서 북한의 미래 환경 상태state를 전망하면 다음과 같다.

첫째, 주요 오염 지역을 중심으로 북한 환경 상태는 계속 악화할 것으로 보인다. 북한의 일차적 관심은 경제난, 에너지난, 식량난을 해결하는 것이기 때문에 산업 생산 등 경제활동을 회복하고 에너지 등 자원 소비량이 증가한다면 각종 오염 물질의 배출량이 증가할 것으로 예상된다. 오염 물질 처리시설이 설치되지 않은 공장과 광산 등 산업 부문에서 배출되는 중금속 등으로 인해 환경오염은 더욱 악화할 가능성이 높다. 상수도 시스템이 사실상 붕괴되어 있는 상황에서 비위생적인 식수 사용과 오염 물질의 지속적인 배출에 따른 생활환경의 악화로 북한 주민의 건강과 생명에 미치는 환경 위험은 가중될 것으로 우려된다. 그리고 북한이 현재 대대적인 조림 사업을 추진하고 있으나 식량과 에너지 문제 등 경제난이 해결되지 않고서는 산림 황폐화 개선 효과가 크지 않을 것이다. 북한의 산림 황폐화는 식량과 에너지 부족을 포함한 경제난에서 비롯된 것이며, 경제난→산림 황폐화→토양 유실·자연재해 증가→경제난 심화→산림 황폐화로 악순환하는 구조가 고착되었고 산림 황폐화 지역도 확대되는 추세에 있기 때문이다.

둘째, 북한 지역의 기후변화 취약성과 위험 지수는 계속 증가할 것으로 보인다. 「한반도 기후변화 전망 보고서」에 따르면, 한반도 전체에서 북한 지역의 기후변화 경향이 상대적으로 큰 것으로 예측되었다(기상청, 2012: 77). 폭염 일수, 열대야 일수, 호우 일수 등이 현재보다 증가할

표 10-2 │ RCP 4.5에 따른 북한의 21세기 기후변화 전망(괄호 안은 RCP 8.5에 따른 변화)

구분	현재 기후 값 (1981~2010)	21세기 전반기 (2011~2040)		21세기 중반기 (2041~2070)		21세기 후반기 (2071~2100)		경향성 (10년당)	
평균기온	8.5	10.0	(10.1)	11.0	(12.1)	11.6	(14.5)	0.34	(0.67)
일 최고기온	14.1	15.5	(15.6)	16.5	(17.6)	17.0	(20.0)	0.32	(0.66)
일 최저기온	3.7	5.4	(5.3)	6.3	(7.5)	7.0	(9.9)	0.37	(0.69)
강수량	919.7	973.6	(942.4)	1,030.7	(1,041.1)	1,050.6	(1,095.2)	14.54	(19.50)
풍속	1.6	1.6	(1.6)	1.6	(1.6)	1.5	(1.6)	-0.01	(0.00)
상대습도	72.8	72.5	(72.6)	72.0	(72.5)	72.7	(72.2)	-0.01	(-0.07)
운량	5.5	5.5	(5.5)	5.5	(5.5)	5.4	(5.5)	-0.01	(0.00)
폭염 일수	2.8	4.2	(5.0)	5.5	(8.6)	7.0	(19.9)	0.47	(1.90)
열대야 일수	0.6	1.1	(1.7)	3.1	(8.1)	5.5	(24.0)	0.54	(2.60)
호우 일수	1.3	1.6	(1.4)	2.1	(1.9)	1.8	(2.0)	0.06	(0.08)

* 표의 각 항목별 단위는 다음과 같다. 기온 ℃, 강수량 mm, 풍속 m/s, 상대습도 %, 운량 할(1-10), 폭염·열대야·호우 일수는 연간 일수. 10년당 경향성은 21세기 후반기와 현재 기후 값(1981~2010년)의 차이를 10년당 변화 값으로 환산함.
자료: 기상청(2012: 77).

것으로 예측되는데 평균기온 상승, 해수면 상승, 극한 기후 빈발 등 기후변화의 영향으로 북한 지역의 자연재해 위험성 및 피해가 증가할 가능성이 크다. 기상청은 특히 개마고원을 포함한 북한 북부 산악 지역의 급속한 온난화는 고산지대의 생태계 취약성과 겨울철 적설량 감소, 눈 녹는 시기의 변화 등의 요인으로 수자원 관리의 취약성을 더욱 악화시킬 것으로 전망했다(기상청, 2012: 78).

셋째, 북한의 자체 경제개발과 남한과 국제사회의 대북 경제협력은 북한 지역의 환경 상태에 새로운 압력으로 작용할 것으로 전망된다. 북한은 만성적인 경제난을 해결하기 위해 27개 경제개발구를 지정하고 해외 자본 유치에 나서는 등 경제개발을 추진하고 있다. 최근 유엔 제재하에서 추진하고 있는 분야가 바로 '원산-금강산 국제관광지대' 등 대규모 관광단지 개발이다. 관광산업 육성에 초점을 두고 각종 혜택과 우대 조건을 마련하여 해외 자본 유치를 추진하고 있는데, 생태 환경 상태가 우수한 연안 지역과 접경 지역이 주된 개발 대상 지역이다. 마식령스키장 등 실제 개발이 진행되고 있는 북한의 경제개발구 개발 및 운영으로 환경오염 및 생태계 훼손 등 환경에 미칠 악영향이 우려된다. 그뿐만 아니라 도로, 철도 등 사회 기반시설 개발, 자원 개발, 연안 개발은 북한 지역의 육상과 해양 생태계 훼손, 동물 서식지 감소와 단절 등을 유발해 생물 다양성에 부정적 영향을 끼칠 것으로 예상된다. 특히 에너지난 해결을 위한 대규모 수력발전 댐 건설과 탄광 등 광산 개발, 철가루와 사금 채취를 위한 하천 준설과 같은 기존의 개발 행위로 인해 자연생태계 훼손과 하천 오염 및 수자원 고갈 등 환경에 부정적인 영향이 가중될 것이다. 남북 관계의 개선으로 남북한 경제협력이 활성화되고 비무장지대DMZ 일원의 비무장화가 진행된다면 서해와 동해의 연안과 바다, DMZ 일원 육상 등 남북한 접경 지역의 환경에도 부정적인 영향을 미치게 될 가능성이 높다. 현재 남한의 중앙정부와 지자체가 우후죽순 격으로 DMZ 일원 접경 지역에 진행하고 있거나 계획하고 있는 각종 개발 사업은 이러한 전망과 우려가 과언이 아니라는 점을 보여준다.

3. 북한 사회 녹색전환의 주요 과제

북한 사회 녹색전환의 핵심 과제이자 궁극적인 목표는 환경 상태의 지속 가능성과 회복력의 제고를 통해 모든 북한 주민이 환경 위험으로부터 보호받고 건강하고 안전하며 쾌적한 환경에서 삶을 영위하게 하는 것이다. 이러한 목표를 달성하기 위한 북한 사회 녹색전환의 주요 과제는 다음과 같다.

첫째, 북한 주민이 환경 위험에서 벗어나고 인간다운 삶을 유지할 수 있도록 기본적인 환경 서비스를 보장하는 것이다. 환경 위험에서 벗어나기 위한 주요 과제는 기후변화, 극한 기상의 영향에 대한 대응력 및 회복력 증진과 대도시, 산업 지대, 광산 지역 등 오염이 심각한 지역의 오염 개선과 주민들의 건강 피해 예방으로 구성된다. 기본적인 환경 서비스를 보장하기 위한 주요 과제는 상수도 시스템 구축으로 안전하고 깨끗한 식수를 제공하고 일상생활에 필요한 기본적인 에너지를 공급하는 것이다. 북한 주민의 건강, 생명, 재산을 위협하는 당면한 환경 문제의 해결은 북한 사회 녹색전환의 출발점이자 최우선으로 추진해야 할 과제이다. 북한 사회 녹색전환의 첫 번째 전략적 의의는 바로 북한의 환경 상태를 개선하고 환경 서비스를 제공해 북한 주민이 인간답게 살 수 있는 최소한의 여건을 조성함으로써 한반도 전체의 녹색전환을 위한 기반을 구축하는 데 있다.

둘째, 환경적으로 건전하고 지속 가능한 발전을 할 수 있도록 북한의 사회경제 발전 경로의 전환을 유도하는 것이다. 현재 북한의 경제개발 계획과 방식은 소위 '선 개발 후 보전'의 전통적인 경제개발 경로를 답습하여 대다수 국가가 경험한 경로와 크게 다르지 않다. 북한의 경제는 상당 부분 지하자원, 산림자원, 농어업자원에 대한 약탈적 자원 개발과 수출에 의존하고 있는데, 이는 지하자원 등 자원을 보유하고 있는 개도국에서 일반적으로 관찰되는 전형적인 양태로 심각한 환경오염과 생태 훼손을 동반한다. 그런데 북한의 정책 결정 및 집행 구조가 개발독재 국가와 유사하게 절차와 과정이 배제되고 최고지도자의 결정에 따라 좌지우지된다는 점에서 환경에 더욱 심각한 영향을 미칠 수 있다. 이런 점에서 친환경 개발 정책과 산업 정책을 포함한 환경과 경제가 상생하는 새로운 발전 전략을 채택한다면 경제난을 극복하고 자원 의존형 경제구조에서 탈피할 수 있는 기회를 갖게 될 것이다. 동시에 북한 주민의 참여가 보장되는 이러한 새로운 발전 전략은 민주 절차를 통해 개발과 환경 파괴의 악순환을 차단하고 환경을 보전하는 돌파구가 될 수 있다. 북한 사회 녹색전환의 두 번째 전략적 의의는 사회주의 개발 국가 체제에서 벗어나 탈개발의 생태적 민주국가 체제를 구축해 한반도 전체의 지속 가능 발전을 실현하는 데 있다.

셋째, 남한과 국제사회의 북한에 대한 각종 경제개발 사업이 친환경적으로 진행될 수 있도록 관련 제도를 도입하는 것이다. 북한에서 계획하고 있는 경제개발구 건설 등 주요한 경제개발계획은 남한을 포함한 국제사회의 투자 없이는 사실상 불가능하다. 북한의 환경 상태 전망에서 언급했듯이 만약 북핵 문제가 해결의 과정으로 진입하고 남한과 국제사회의 대북 개발 투자가 활성화된다면 북한의 환경 상태에 영향을 미칠 가장 큰 개발 압력은 북한 내부가 아니라 외부에서 비롯될 것으로 예상된다. 북한 외부의 개발 압력에 의한 환경 영향을 최소화하기 위해서는 대북 투자와 개발 시 환경 세이프가드 등 세계은행과 같은 국제금융기구에서 적용하고 있는 환경 기준의 도입이 필수적이다. 특히 남북한 간 경제협력이 북한 개발 투자의 핵심 부분을 점할 것이기 때문에 역설적이게도 북한 사회 녹색전환의 주요 과제를 해결하기 위해서는 대북 경제협력 관련 환경법규 제정 등 국내 제도를 강화할 필요가 있다. 이런 점에서 북한 사회 녹색전환의 전략적 의의는 남한-북한-국제사회가 준수해야 할 친환경적인 개발 투자에 관한 공동의 제도를 도입함으로써 북한을 포함한 한반도에 미칠 부정적인 환경 영향을 최소화하는 데 있다. 특히 이들 과제는 한국 사회 녹색전환의 필요불가결한 부분으로서 남북한 경제협력에 따른 북한 지역의 환경 영향을 최소화하고 남북한 접경 지역 환경을 보전하는 전략적 의의가 있다.

4. 한반도 녹색전환을 위한 남북한 환경 협력 방안

1) 남북한 환경 협력의 현주소

남북한 간 환경 협력의 역사는 1990년대 초부터 시작되었다. 남북한 당국 간 교류 협력의 법적 근거라고 할 수 있는 '남북 사이의 화해와 불가침 및 교류 협력에 관한 합의서'(1991.12)에서 환경을 교류 협력의 한 분야로 채택한 것이다. 이에 따라 1991년 이후 2007년 말까지 남북 당국 간 주요 합의서에 지속적으로 포함되는 등 교류 협력의 상설 의제로 남북한 환경 협력 추진이 논의되어 왔다.[3] 특히 '남북관계 발전과 평화 번영을 위한 선언'(2007.10)의 이행을 위한 일련의 후속 합의서에 근거하여 2007년 12월에 남북 보건의료 환경보호 협력 분과위원회 제1차 회의가 개최되었다. 제1차 회의에서는 백두산 화산 공동 연구 등 협력 사업, 황사를 비롯한 대기오염 측정시설 설치 및 자료 교환, 환경보호센터와 한반도 생물지 사업 추진, 산림녹화 협력 사업 관련 양묘장 조성 및 공동 조사, 산림 병해충 피해 방제 조사 및 농약 설비 등 제공 등에 합의했다. 이러한 합의에도 불구하고 2008년 이후 남북 관계가 악화되

---

3 '남북 사이의 화해와 불가침 및 교류 협력에 관한 합의서' 외에 환경 협력이 포함된 남북한 간 주요 합의서는 '남북 사이의 화해와 불가침 및 교류 협력에 관한 합의서의 교류 협력 관련 부속 합의서'(1992.9), '남북공동선언'(2000.6), '남북관계 발전과 평화 번영을 위한 선언'(2007.10), '남북관계 발전과 평화 번영을 위한 선언' 후속 '남북 총리회담 합의서'(2007.11), '남북관계 발전과 평화 번영을 위한 선언' 후속 '남북경제협력공동위원회 합의서'(2007.12) 등이 있다.

면서 남북한 정부 간 환경 분야 교류 협력은 사실상 중단되었다.

10여 년 동안 중단되었던 교류 협력은 2018년 남북 정상 간 '4·27 판문점 선언'과 제3차 남북 정상회담에서 발표한 '9월 평양 공동선언'을 통해 남북한 당국자 간 환경 협력을 재개할 수 있는 전기를 마련했다. '9월 평양 공동선언' 제③항에서 "남과 북은 자연생태계의 보호 및 복원을 위한 남북 환경 협력을 적극 추진하기로 하였으며, 우선적으로 현재 진행 중인 산림 분야 협력의 실천적 성과를 위해 노력하기로" 합의한 것이다. 북한 지역 생태환경 보전과 복원, 그리고 이를 통한 한반도 지속 가능 발전을 위한 협력 기회가 창출될 것으로 기대되었다. 하지만 북핵 문제를 둘러싼 북-미 협상과 이와 사실상 연동된 남북 관계의 진전이 교착상태에 빠지면서 '9월 평양 공동선언'이 제대로 이행되지 못하고 있는 상태이다.

남북 당국자 간 정부 차원의 교류 협력이 실제 진행된 사례는 많지 않고 소수에 불과하다. 먼저 산림 부문의 병해충 방제 지원 사업, 기상 부문의 기상예보 자료 제공, 개성공단과 금강산관광단지에 자동 기상 관측 장비 및 황사 관측 장비 설치 사업 등이 있다. 그리고 남북 경협 경제특구 환경기초시설 관리를 위한 교류 협력으로 개성공단 등에 대한 환경 관리 규정 제정, 환경기초시설 운영 및 교육 훈련, 개성공단 환경질 모니터링 등이 있다. 1997년부터 DMZ 생물권보전지역 남북 공동 지정을 위한 노력이 진행되었으나 북한의 반대와 무반응으로 실질적인 진전을 보지 못하고 2012년에는 무산되기도 했다.[4] 지자체 및 민간단체의 교류 협력은 주로 북한의 황폐한 산림 복원과 산림 병해충 예방을

---

4 2018년 남한 단독으로 강원도 지역의 유네스코 생태평화 생물권보전지역 등재를 신청해 2019년 지정되는 성과를 거두었다.

위한 조림 사업, 양묘 사업, 병해충 방제 사업, 종자 지원 사업 등 산림 분야에 집중되었다. 한편, 세계기상기구WMO, UNEP, 유엔 아시아태평양경제사회위원회UNESCAP 등 국제기구 또는 제3국을 통해 전문가 및 환경 관리 공무원 교육 훈련 등 북한의 환경 관리 능력 증진 사업이 추진되었다.

이처럼 남북한 간 환경 협력은 협력의 필요성에 공감해 상설 의제로 다루고 공동선언 또는 합의서 등을 통해 합의는 지속적으로 해왔으나 합의 이행을 위한 실질적인 협력은 거의 추진하지 못했다. 지자체와 민간단체의 지원 사업은 산림 분야를 중심으로 비교적 활발하게 진행했으나 대부분 소규모 사업이어서 북한의 황폐한 산림의 복원에 실질적으로 기여한 바는 크지 않은 것으로 판단된다. 여타 분야와 대동소이하게 환경 분야 교류 협력은 첫째, 남북한 간 교류 협력 접근 방식의 상이성, 주요 관심사와 수요의 차이, 둘째, 남북한 간 협력 체계의 상이성 및 관련 제도의 미비 등 취약한 협력 기반, 셋째, 외교·안보·군사 문제를 둘러싼 남북 및 북-미 관계의 변화라는 외부 요인의 절대적인 영향에 따른 제약 등이 한계로 작용하면서 거의 진행되지 못했으며 성과도 매우 미미한 것으로 평가된다. 이처럼 한반도 전체의 지속 가능 발전을 위한 녹색전환의 유력한 전략이자 수단인 남북한 간 환경 협력은 실질적인 진전을 보지 못하고 사실상 공전 상태에 놓여 있다.

2) 남북한 환경 협력의 비전 및 전략

앞에서도 언급했듯이 한반도 녹색전환을 위한 남북한 환경 협력의 핵심 과제이자 궁극적인 비전은 북한 지역 환경 상태의 지속 가능성과 회복력을 제고하여 안전하고 지속 가능한 한반도를 건설하고 모든 북한 주민이 환경 위험으로부터 보호받고 건강하고 안전하며 쾌적한 환경에서 삶을 영위하게 함으로써 한민족 현세대와 미래 세대 전체의 지속 가능한 발전을 구현하는 데 있다. 이러한 비전을 달성하기 위해 첫째로 깨끗하고 안전한 한민족 생활환경과 정주 공간 확보, 둘째로 건강하고 풍요로운 한반도 환경 공동체 건설 및 생태계 서비스 향유, 셋째로 한반도 환경 안보 강화 및 환경 자원 확충이라는 3대 목표를 제시하고자 한다.

남북한 환경 협력의 비전과 3대 목표를 달성하기 위한 5대 전략은 다음과 같다. 첫째, 환경 인프라 구축 및 환경 질 개선을 통한 안전한 음용수 접근성 확보 및 깨끗한 한민족 생활환경 보장이다. 둘째, 북한의 취약한 기후변화 적응 역량 제고 및 재난 안전 시스템 구축을 통한 한반도 차원의 환경 재난 예방이다. 셋째, 북한의 황폐한 산림 등의 복원을 통한 한반도 국토 환경의 건강성 회복, 생태환경 보전과 자연환경의 지속 가능한 이용과 관리이다. 넷째, 남북한을 연결하는 한반도 생태환경 보전축 구축 및 우수한 한반도 국토 환경 자원을 활용한 양질의 생태계 서비스 제공이다. 다섯째, 북한 지역 경제 및 국토 개발 협력에 대한 환경보호 원칙 적용을 통한 경협 사업의 녹색화 및 능력 배양이다.

3) 남북한 환경 협력의 중점 과제

5대 전략별 중점 과제 및 세부 실천 과제, 구체적인 협력 사업을 다음과 같이 제안하고자 한다. 첫 번째 전략의 중점 과제로서 북한 지역 환경 인프라 건설 및 한반도 환경 통합 관리 시스템 구축을 제안한다. 이를 위한 세부 실천 과제로서 북한 지역 상하수도 등 환경 인프라 건설, 주요 환경오염 지역의 오염 개선시설 건설, 북한 지역 환경 관리 시스템 구축 및 인력 양성, 한반도 환경 인프라 및 환경 질 통합 관리 시스템의 단계적 구축 등을 추진할 필요가 있다.

구체적인 협력 사업으로 첫째, 인도주의적 지원 차원에서 우선적으로 오염 지역, 안전한 식수 접근성이 취약한 지역, 병원, 학교, 양로원, 유아원 등 취약 지역·시설·계층에게 깨끗하고 안전한 식수를 공급하기 위해 간이 상수도 설치 사업을 추진해야 한다. 간이 상수도 설치 사업은 에너지 지원 사업과 연계해 태양광 간이 상수도 시설을 지원한다면 식수 부족 문제와 에너지 부족 문제를 동시에 해결할 수 있을 것이다. 둘째, 단천 광산지대, 함흥 공업지대 등 오염이 심각한 지역의 실태를 조사해 주요 오염원을 파악하고 이들 지역의 대기, 하천, 지하수 및 토양 오염에 대한 통합 오염 개선 사업을 개발하여 시범적으로 추진할 필요가 있다. 특히 단천 광산지대 오염 개선 사업은 남북한의 광산 개발에 관한 경협 사업과 연계해 '단천 광산지대 개발협력 사업'의 세부 사업 방식으로 추진한다면 남북한의 광산 개발 수요와 환경 개선 수요를 동시에 충족시키는 상생 효과를 얻을 수 있을 것으로 기대된다. 셋째, 북한의 수요를 반영해 상하수도 등 환경 인프라에 관한 기술 인력 및 관리 인력을 양성하는 사업을 제안하고자 한다. 구체적으로 개성공단이 정상화된다는 전제하에 개성공단의 환경기초시설에 북한의 기술 인력과 관리 인력을 체계적으로 양성하는 기술훈련센터를 설치하고 교육 훈련 프로그램을 운영하는 협력 사업을 추진할 필요가 있다. 또한 개성공단에 설치되어 있는 황사 측정시설을 미세먼지 측정시설로 전환하여 남북한 공동의 미세먼지 모니터링 인프라를 구축하여 운영할 것을 제안한다.

두 번째 전략의 중점 과제로서 기후변화로부터 안전한 한반도 건설을 제안하고자 한다. 이를 위한 세부 실천 과제로 북한 지역 기후변화 자연재해 예방 인프라 구축, 북한 지역 기후변화 대응 시스템 구축 및 인력 양성, 한반도 차원의 자연재해 예방 인프라 및 기후변화 통합 대응 시스템 구축 등을 추진할 필요가 있다. 구체적인 협력 사업으로 북한 지역에서 자연재해가 상습적으로 발생하는 지역을 남북이 공동으로 조사하여 홍수 피해 상습 발생 지역 주민들의 피해를 예방하기 위한 인프라 및 대응 시스템 구축, 복구 물자 지원을 하는 사업을 들 수 있다. 이 사업은 단기적으로 홍수 예보·경보 정보 제공, 대피시설 설치, 홍수 피해 대응 및 복구 물자 지원을 추진하고, 중장기적으로 홍수 피해 상습 발생 지역의 하천 정비 및 제방 복원 등 인프라를 구축하는 사업으로 확대 발전해 가야 할 것이다. 다음으로 남한의 협력 수요를 반영하여 우선적으로 임진강 유역의 홍수 피해 방지를 위해 설치되어 있는 남북한 간 협의 채널을 복구하고 공동 대응 시스템을 구축할 필요가 있다. 중장기적으로 '남북 강 협력 위원회'(가칭)를 설치하고, 남북 공유 하천의 공동 관리와 이용을 목적으로 한 수자원, 물 환경, 상하수도, 자연재해, 관광, 에너지, 농어업을 포함한 종합 협력 사업으로서 '남북 평화와 번영의 물길'(가칭)을 개척하는 사업을 추진할 것을 제안한다.

세 번째 전략의 중점 과제로서 북한의 황폐한 산림 복원 및 한반도 통합 산림 관리 기반 구축을 제안한다. 이를 위한 세부 실천 과제로서 북한 지역의 황폐한 산림의 단계적 복원 및 산림 축적을 남한 수준으로 제고하고 한반도 산림 관리 통합 시스템 구축이 필요하다. 구체적인 협력 사업으로 북한의 황폐한 산림 복원을 위한 남북 협력 조림 단지를 조성할 필요가 있다. 북한의 수용성 및 남북 산림 협력의 상징성 등을 고려해 연료림, 유실수, 경제수 등이 포함된 임농 복합형 조림 단지를 조성한다면 황폐한 산림의 복원뿐만 아니라 북한의 에너지와 식량 부족 문제를 동시에 해결하는 시너지 효과를 거둘 수 있을 것이다. 이 협력 사업은 기후변화 온실가스 감축 국제 협력 사업과 연계해 국제기구 및 제3국의 참여를 통한 산림 복원 청정개발체제(CDM: Clean Development Mechanism) 사업으로 추진하는 방안도 검토할 필요가 있다. 황폐한 산림의 복원 사업과 함께 산림 병해충 방제와 산불 예방 및 진화를 위한 약품, 장비, 기술 등 북한의 산림 보호 기반시설 확충과 능력을 배양하는 지원 사업도 적극 추진하여 한반도 산림 관리 통합 시스템 구축의 기반을 조성할 필요가 있다.

네 번째 전략의 중점 과제로서 북한의 생태환경 보전과 한반도 주요 생태망 연결 및 복원을 제안한다. 이를 위한 세부 실천 과제로서 북한 지역 자연보호구 보전 강화 및 한반도 자연 자원 통합 관리·정보 시스템 구축, 북한 지역 4대 생태보전축(백두대간, 도서 연안, DMZ, 북한·중국·러시아 접경 지역) 관리 및 남북한 생태보전축 연결을 통한 한반도 통합 생태망 구축이 필요하다. 구체적인 협력 사업으로, 북한 자연보호구에 대한 생물 다양성 남북 공동 조사 및 한반도 생물지 발간, 백두산·금강산 등 북한의 주요 자연보호구 관리시설 및 장비의 현대화를 위한 지원 등을 고려할 수 있을 것이다. 다음으로 DMZ 자연 자원의 공동 관리와 한반도 생태망 연결 및 주요 복원 거점 지역 조성을 위해 설악산-금강산-원산을 연결하는 '동해안 국제 생물권보전지역' 지정, 그리고 북·중·러의 두만강 하류 접경 지역의 람사르 국제 습지 지정을 위해 남북 협력을 추진한다면 국제사회의 지지를 받을 수 있을 것으로 기대한다.

다섯 번째 전략의 중점 과제로서 남북 환경 협력 제도 및 추진 기반의 조성과 남북 환경 협력에 대한 국내외 공론화를 제안한다. 이를 위한 세부 실천 과제로서 '남북 환경 협력법'(가칭)을 제정해 제도적 기반을 조성해야 한다. 또 기존의 '남북 교류 협력에 관한 법률'을 개정하여 환경보호 관련 규정을 강화하고 '대외 경제협력 기금 환경 세이프 가이드' 수준의 남북 경협 환경 세이프 규정을 관련 법규에 도입해 남한 및

표 10-3 | 북한의 보호구 현황

보호구 유형	보호구 명칭	개수
자연보호구	백두산 자연보호구, 오가산 자연보호구, 묘향산 자연보호구, 구월산 자연보호구, 금강산 자연보호구, 칠보산 자연보호구	6곳
동물보호구	대흥동 동물보호구, 통계 동물보호구, 백산 동물보호구, 당아산 동물보호구, 천마산 동물보호구, 금석 동물보호구, 신전 동물보호구, 천불산 동물보호구, 사수산 동물보호구, 대각산 동물보호구, 금수봉 동물보호구, 크낙새 동물보호구(3곳), 양암산 동물보호구, 수룡산 동물보호구	16곳
식물보호구	무봉 식물보호구, 관모봉 식물보호구, 운만대 식물보호구, 황표만산 식물보호구, 차일봉 식물보호구, 백암 식물보호구, 삭주온천 식물보호구, 신미도 식물보호구, 명산 식물보호구, 두류산 식물보호구, 양덕 식물보호구, 장산곶 식물보호구, 열악산 식물보호구, 수양산 식물보호구	14곳

자료: 추장민(2019).

국제사회의 대북 경협 사업이 환경에 미치는 개발 압력을 최소화해야 할 것이다. 특히 북한이 기존에 지정한 환경보호 지역에 대해서는 기본적으로 난개발 불허 및 개발 최소화를 위한 환경 가이드 도입을 적극적으로 검토할 것을 제안한다. 남북 환경 협력의 국내 실행 조직으로서 주관 부처인 환경부 내에 '남북 환경 협력과'를 설치하고 범부처 협의 기구로서 총리실 산하에 '남북 환경 협력단'을 설치하여 운영할 필요가 있다. 그리고 국장급을 대표로 하는 '남북 환경보호 협력 분과위원회' (가칭)를 설치해 2007년 이후 중단된 대화 채널을 복원하고, 남북공동연락사무소에 담당자를 파견해 대화 창구를 개설함으로써 남북한 환경 협력의 기본적인 대화 체계를 구축할 필요가 있다. 또한 한반도 녹색전환을 위해 남한과 국제사회의 대북 환경 협력을 촉진하고 국내와 국제사회의 공감대 형성 및 자원 동원 등 국내외 공론화를 유도함과 동시에 국내외 이해 당사자와 전문가가 참여하는 거버넌스 기능을 담당할 수 있는 '한반도 녹색전환 포럼'(가칭)을 운영할 것을 제안한다.

5. 남북한이 함께하는 녹색전환

북한 주민들은 일상적으로 환경 위험에 노출되어 있고 기본적인 환경 서비스를 제공받지 못하는 상태에 처해 있다. 따라서 한민족 전체의 생존과 한반도의 지속 가능한 발전을 위해서는 한국 사회 녹색전환의 핵심 과제로 북한이 당면한 환경 문제 해결 방안이 포함되어야 한다. 북한 지역의 심각한 환경 문제 해결과 녹색전환은 한반도 녹색전환의 필수적인 구성 요소가 되어야 한다. 남북한을 포괄하는 한반도 녹색전환은 한민족 전체의 현세대와 미래 세대의 지속 가능한 발전을 위해서는 존재Sein의 문제이자 당위Sollen의 문제이기 때문이다. 남북한이 함께 환경 협력을 통해 북한 주민이 안전하고 깨끗한 식수를 안심하고 먹을 수 있고, 매년 여름철 홍수로부터 생명과 재산을 보호하는 데도 기여한다면 그것은 한반도 차원에서 녹색전환이 크게 진전하고 있음을 보여주는 움직일 수 없는 증거가 될 것이다. 북한 사회와 한반도 녹색전환의 핵심 전략이자 이를 실현하는 플랫폼으로서 남북한 환경 협력의 구체적인 실현 방도를 찾고 실천에 나설 때이다. 이 글이 그러한 노력에 일조하기를 기대해 본다.

참고문헌 ■■

기상청. 2012. 「한반도 기후변화 전망 보고서」.
김순태. 2019. 「미세먼지 발생원인」. 국민정책참여단 미세먼지 정책 제안 참고 자료집.
유엔. 2019. 「2019 북한 인도주의 필요와 우선순위」(2019.3). 어린이어깨동무·World Vision·우리민족서로돕기·평화 3000.
자유아시아방송. 2019.10.16. "북, 전력난 속 갈탄 발전기까지 등장".

추장민. 2003. 「동북아 지역의 황사 피해 분석 및 피해 저감을 위한 지역 협력 방안 I」. 서울: 한국환경정책·평가연구원.

_____. 2019. 「남북 환경협력 방향」. 국무총리 시민사회비서관실 주관 "DMZ 일원 개발 문제와 보전 방안 회의" 발표 자료(2019.7.23).

추장민 외. 2013. 「대동강 하천복원 및 유역관리 남북협력방안 연구(4차)」. 한국환경정책·평가연구원.

통계청 북한통계포털. 2020a. "1차에너지 공급(열량)". http://kosis.kr/bukhan/statisticsList/statisticsListIndex.do?menuId=M_01_01_01&vwcd=MT_BUKHAN&rootId=101_101BUKHANB01&treeId=101_101BUKHANB01/101_101BUKHANB01_AA19#SelectStatsBoxDiv (검색일: 2020.3.1).

_____. 2020b. "1차에너지 총공급량 및 1인당 공급량". http://kosis.kr/bukhan/statisticsList/statisticsListIndex.do?menuId=M_01_01_01&vwcd=MT_BUKHAN&rootId=101_101BUKHANB01&treeId=101_101BUKHANB01/101_101BUKHANB01_AA19#SelectStatsBoxDivv (검색일: 2020.3.1).

홍순직. 2015. 「북한의 전력난 현황과 남북 협력 방안」. ≪통일경제≫, 1, 37쪽.

Central Bureau of Statistics of DPR Korea. 2009. "DPR Korea 2008 Population Census National Report." https://www.undp.org/content/dam/unct/dprk/docs/Census-2008.pdf (검색일 2019.12.26).

Harmeling, Sven and David Eckstein. 2012. "Global Climate Risk Index 2013: Who Suffers Most from Extreme Weather Event? Weather-related Loss Events in 2011 and 1992 to 2011." Briefing Paper, Germanwatch. https://germanwatch.org/sites/germanwatch.org/files/publication/7170.pdf (검색일: 2020.1.15).

UN Resident Coordinator, UN Country Team, National Coordinating Committee, Ministry of Foreign Affairs. 2016. "Strategic Framework for Cooperation between The United Nations and The Democratic People's Republic of Korea 2017-2021." https://dprkorea.un.org/sites/default/files/2019-07/DPRK%20UN%20Strategic%20Framework%202017-2021%20-%20FINAL.pdf (검색일: 2019.12.30).

UNEP[United Nations Environment Programme]. 2012. "Democratic People's Republic of Korea Environment and Climate Change Outlook, Pyongyang."

https://wedocs.unep.org/bitstream/handle/20.500.11822/9679/-Environm
ent_and_Climate_Change_Outlook-2012ECCO_DPRK_2012.pdf.pdf?sequ
ence=3&%3BisAllowed= (검색일: 2019.12.26).

WHO. 2017. "World Health Statistics 2017: Monitoring Health for the SDGs."
https://apps.who.int/iris/bitstream/handle/10665/255336/9789241565486-
eng.pdf?sequence=1 (검색일: 2019.11.30).

_____. 2018. "Air Pollution/Maps and Databases/Ambient Air Pollution/Country
Estimates for PM2.5 for 2016." https://www.who.int/airpollution/data/en/
(검색일: 2019.11.30).

3부

녹색전환을 위한 이행 방안

녹색전환 이행을 위한 법제 개선

한상운

1. 녹색전환과 법제도

1) 현행 녹색 법제 개관

녹색 사회의 개념과 범주가 분명하지 않은 것은 '녹색'의 의미가 무엇인지에 따라 다르기 때문이다. 현행법상 '녹색'과 관련된 개념으로는 '저탄소 녹색성장 기본법'의 '녹색 성장', '녹색 기술', '녹색 산업', '녹색 제품', '녹색 생활', '녹색 경영'이 있다(제2조 제2호 내지 제7호 참조). '녹색 성장'이란 에너지와 자원을 절약하고 효율적으로 사용하여 기후변화와 환경 훼손을 줄이고 청정에너지와 녹색 기술의 연구 개발을 통해 새로운 성장 동력을 확보하며 새로운 일자리를 창출해 나가는 등 경제와 환경이 조화를 이루는 성장이다. '녹색 기술'이란 온실가스 감축 기술, 에너지 이용 효율화 기술, 청정 생산 기술, 청정에너지 기술, 자원순환 및 친환경 기술(관련 융합 기술 포함) 등 사회·경제 활동의 전 과정에 걸쳐 에너지와 자원을 절약하고 효율적으로 사용하여 온실가스 및 오염 물질의 배출을 최소화하는 기술을 말한다. '녹색 산업'이란 경제·금융·건설·교통·물류·농림수산·관광 등 경제활동 전반에 걸쳐 에너지와 자원의 효율을 높이고 환경을 개선할 수 있는 재화財貨의 생산 및 서비스의 제공 등을 통하여 저탄소 녹색 성장을 이루기 위한 모든 산업을 말한다. '녹색 제품'은 에너지·자원의 투입과 온실가스 및 오염 물질의 발생을 최소화하는 제품이다. '녹색 생활'은 기후변화의 심각성을 인식하고 일상생활에서 에너지를 절약하여 온실가스와 오염 물질의 발생을 최소화하는 생활이다. '녹색 경영'은 기업이 경영 활동에서 자원과 에너지를 절약하고 효율적으로 이용하며 온실가스 배출 및 환경오염 물질 발생을 최소화하면서 사회적·윤리적 책임을 다하는 경영이다.

이와 같은 '저탄소 녹색성장 기본법'상의 '녹색' 관련 용어의 공통된 의미는 첫째로 자원·에너지의 절약과 효율적 이용, 둘째로 온실가스 배출 및 환경오염 발생 최소화를 의미한다. 그렇다면 이 장에서 다루고자 하는 '녹색 사회'의 개념 요소도 '저탄소 녹색성장 기본법'의 녹색의 두 가지 요소인 '자원·에너지의 절약과 효율적 이용', '온실가스 배출 및 환경오염 물질 발생 최소화'와 동일한 것인가? 아니면 이를 포함한 그 이상의 개념 요소가 필요한가?

생각하건대 '자원·에너지의 절약과 효율적 이용', '온실가스 배출 및 환경오염 물질 발생 최소화'라고 하는 '녹색' 자체의 의미와 관련해서는 다양한 평가가 가능하겠지만 저자 관점에서는 특별히 문제가 있어 보이지 않는다. 다만 이러한 녹색의 의미에 다른 가치보다 우월한 지위가 있는지가 중요하다고 본다. 이명박 정부 시절, 녹색의 의미가 퇴색되고 가식적이라고 평가받은 이유 가운데 하나는 '녹색' 자체의 의미 실현보다도 개발이나 성장 등 종래에 경제·사회적으로 지향했던 가치를 추구하면서도 '녹색'을 당시 정부 정책의 홍보 수단으로 전락시켰기 때문이다. 지금은 당시보다 개선된 측면이 있지만 아직도 '녹색'의 가치를 중요하게 인식하지 못한다는 점에서 녹색의 의미를 핵심 정책으로 실현하기에는 여전히 미흡하다.

2) 녹색전환과 법제

이론적으로 '녹색전환'의 '녹색'은 인간과 자연의 상호 관계에서 구성된 '생태 가치'를 말하며, '전환transformation'은 사회-자연 관계에 관한 인식론적 패러다임의 전환과 더불어 현실 사회구조의 전환까지 포함하는 것으로서 단순한 사회기술적 변화로 추동되는 변화로서의 전이transition와는 다르다. 그리고 전환의 목적과 필요성은 인류세의 지구 생태 위기를 극복하기 위함이다(최병두, 2019).

녹색전환을 국가 핵심 정책으로 시행하기 위해서는 정부와 사회의 제반 가치 인식이 변화해야 한다. 즉, 근대국가의 출현에 맞추어 자본주의에 기초한 산업혁명 후 형성된 사회의 제반 가치 인식을 전환해야 한다. 녹색 사회를 구현하기 위한 가치 인식의 전환 방법과 수단은 다양하지만 그 가운데 유용하면서도 중요한 수단으로 법을 들 수 있다. 물론 법도 사회적 가치 변화에 터 잡아 입법되겠지만 녹색이나 환경 등과 같이 직접 사회 구성원들의 이익에 기여하는 가치가 아니라면 녹색 사회를 위한 사회적 가치 변화는 용이하지 않다. 이 경우에는 미래 지향적인 리더십에 의해 녹색전환을 위한 법을 먼저 제정하고 사회 가치 변화를 강제하거나 추동할 필요가 있다. 그 대표적인 사례가 영국의 '기후변화법Climate Change Act'이다. 이 법은 영국 의회와 내각이 중심이 되어 미래의 기후변화에 대응하기 위해 시민사회가 요구하기 전에 입법하여 국가와 사회를 견인했는데, 법 내용 가운데 에너지 효율이 일정 수준 이하인 제품은 일정 기간이 지나면 시장에서 퇴출시킨다는 규정을 둠으로써 기업이 친환경·고효율 기술을 개발하도록 간접으로 강제했다.

그러나 현행 '저탄소 녹색성장 기본법'에는 이처럼 강력한 규정은 없고 녹색 기술 지원 규정 등이 있을 뿐이다. 이 법에 근거한 개별적 '녹색' 관련 법률은 ① '자원' 분야의 이용 법제, ② 에너지 분야의 이용 법제, ③ 온실가스 배출 관련 법제, ④ 환경오염 저감 관련 법제 등으로 구분할 수 있다. 그러나 이와 관련된 법들은 지구 시스템의 위기에 대한 진지한 반성적 고려가 아닌 기존의 고도화된 자본주의에 기초한 사회경제 체계의 일환으로 인식되고 있다는 점에서 입법의 방향성이나 목적에 한계가 있을 수밖에 없다. 녹색전환은 전면적인 사회경제 체계의 변화와 혁신을 추구해야 한다. 하지만 현실 사회에서의 한계를 고려한다면 사회 영역별로 구체적인 방향과 목적을 설정하고 이를 실행 가능한 부분부터 단계적으로 변화를 꾀할 수밖에 없다. 이를 위한 근거를 마련하고 장기적인 녹색전환을 위한 국가정책의 지속성을 확보하기 위해서는 구체적인 법이 있어야 한다.

녹색전환을 위해 필요한 법의 범위를 여기서 구체적으로 언급하는 것은 한계가 있지만 적어도 녹색전환이 의미하는 사회 변화를 추동하기 위해서는 최고 법규범인 헌법의 개정이 필요하다. 더불어 정치·경제·사회·환경·교육 등 각 분야의 기본 사항을 규율하는 기본법과 구체적 시행을 담보하는 개별 법의 체계적인 개선이 필요하다. 헌법 개정을 위시하여 관련 법제의 개정 방안에 관한 논의를 위해 법적 관점에서 녹색전환의 가능성을 검토하고 그 방안을 제시하고자 한다.

2. 녹색전환은 헌법 가치에 위배되는가?

1) 헌법상 인간의 존엄과 가치의 위배 여부

헌법 제10조는 "모든 국민은 인간으로서의 존엄과 가치를 가지며"라고 규정하고 있다. 이는 1789년 프랑스혁명 이후 확립된 근대 입헌주의 헌법의 천부인권 사상을 반영한 것이다. 그렇지만 헌법 규범으로 본격 수용되기 시작한 것은 제2차 세계대전 이후이다(정재황, 2003). 인간의 존엄·가치는 전국가적인 자연법 원리이자 근본 규범으로서 모든 헌법 규정의 해석 기준이 되는 최고의 기본 원리라는 점에 이론이 없다(한상운, 2006b). 그러나 이와 같은 인간 우선주의는 근대국가의 당연한 산물로서 인간과 자연의 이분법적 사고에 기초하고 있다. 녹색전환은 인간과 자연도 단순한 주체와 객체의 이분론에 따른 단절적 관계가 아닌 생명 순환적 관계로서 상호 의존적이라고 본다. 이와 같은 새로운 패러다임을 기존의 인간 중심 패러다임과 전혀 양립할 수 없는 대립·갈등 관계라고 볼 것인지, 아니면 부분적으로 보완하고 조화시킬 수 있는 관계라고 볼 것인지가 문제이다.

헌법은 사회의 기본 가치를 규정하는 최고 규범이라는 점에서 일반적인 법률과는 차원이 다르며, 또 현대 국가가 미래에도 법치국가일 수밖에 없다는 점에서 녹색전환을 달성하기 위한 필요조건으로 자본주의에 입각한 헌법 가치를 녹색 가치로 전환해야만 한다. 그러나 현행 헌법에서 규정한 인간의 존엄과 가치를 대립되는 다른 가치로 변경하려면 수많은 사회적 논쟁과 갈등을 야기할 수밖에 없다. 이와 같은 논의 결과가 반영되어 진정한 헌법 개정이 이루어지기는 역사적으로 볼 때 대단히 어렵다. 독일도 제22차 기본법 개정과 관련해 생태주의와 인간

중심주의를 놓고 격렬하게 논의했지만 종래 인간중심주의로 결론이 난 것으로 보인다. 그 근거는 대체로 두 가지로 요약할 수 있다. 첫째, 생태중심주의는 최고의 가치를 지니고 있는 독일 기본법 제1조 제1항의 '인간의 존엄' 조항에 위배된다. 둘째, 생태중심주의에 따라 자연의 이익을 법적으로 고려해야 한다면 그 자연의 이익의 불명확성으로 인해 인간의 해석에 의한 확정이 필요하고, 그렇다면 생태주의는 곧 인간중심주의일 수밖에 없다(Kloepfer, 1989; 한상운, 2006a, 2018a).

녹색전환도 이와 같은 전통적인 헌법 해석에 의해 헌법 제10조의 인간의 존엄과 가치에 위배될 소지가 있다. 더구나 현재의 우리 헌법재판소를 포함한 사법부를 지배하고 있는 소극주의로 인해 위헌으로 판단될 소지가 크다. 아쉽게도 이것이 여타 학문과 다른 법학의 엄격성이다. 그렇다면 현행 헌법에서 녹색전환의 가능성은 봉쇄되어야 하는가? 달리 방안이 없는가? 핵심은 녹색전환의 내용이 인간의 존엄과 가치를 훼손하지 않는 범위에서 전략적으로 접근할 필요가 있다는 것이다. 또 인간의 존엄과 가치는 앞에서 언급한 바와 같이 그 내용이 확정된 구체성을 띠고 있지 않다는 점에서 녹색전환을 포용할 수 있는 새로운 헌법 해석이 필요하다. 즉, 녹색전환의 내용 구성은 일차적으로는 인간중심주의를 훼손하지 않는 범위에서 접근하고, 반대로 인간의 존엄과 가치는 새로운 사회 변화에 맞추어 좀 더 유연하게 해석할 수 있어야 한다.

생태주의의 관점은 환경에 대한 근본적인 인식 변화를 요구한다는 점에서 독일에서와 같이 환경 문제에 대한 철학적·윤리적 논의의 장을 확대하는 계기가 될 수 있으며, 환경보호를 위한 사회운동의 배경이 된다는 점에서 환경보호라는 목적 달성을 위해 충분히 고려할 만한 가치가 있지만, 법학의 영역으로 끌어들이기에는 여러 가지 문제가 있다(한상운, 2006a). 예를 들면 아르네 네스Arne Naess의 근본생태주의의 신비적 색채는 윤리학자의 반감을 불러일으키며, 폴 테일러Paul W. Taylor의 생명 평등주의는 실천적 측면에서 심각한 한계를 드러낸다(한상운, 2006a). 베어드 캘리컷J. Baird Callicott의 대지 윤리land ethics도 생태계의 안정을 추구한다는 점에서 생명평등주의의 문제점을 보완할 수 있지만 환경 파시즘의 우려가 제기될 수 있다(김명식, 2004). 결론적으로 모든 자연물을 수단으로 다루지 않고 탈인간중심주의적 가치를 부여한다고 하더라도 여전히 인간이 부여한 가치일 뿐이라는 점에서 인간중심주의일 수밖에 없다(하그로브, 1994; 한상운, 2006a).

그렇다면 녹색전환의 핵심 가치인 인간과 자연 또는 지구와의 관계에 관한 내용이 인간중심주의를 인정하는 방향으로 수정되어야 한다. 이것이 법 현실이고 생태 문명으로 향하는 법제도적 접근법일 수밖에 없다. 그 이유는 법은 사회도덕이나 윤리와 다르며, 사회 변화에 따른 새로운 가치의 수용은 기존의 기득권과의 타협이 항시 요구된다는 점에서 차선책일 수밖에 없다. 다만 국민 합의가 이루어진다면 국가 최고 법규범인 헌법은 마땅히 준수해야 할 최선의 윤리 가치를 담아내고 이를 준수하도록 지침을 마련하고 강제할 수 있을 것이다. 근대 산업주의 시대의 이념적 기초인 인간중심주의는 왕정 시대의 앙시앵레짐인 인간의 수단화를 방지하고 모든 인간을 인격 주체로 보아 자연을 포함한 물건보다 인간의 우월적 지위를 인정하는데 이러한 취지와 배경은 지금도 여전히 존중받아야 한다. 그러나 기후변화 등 환경 문제가 심각하게 제기되고 지구 생태 위기가 초래되고 있는 오늘날 인간 이외의 모든 생명체에 대한 인간의 우월적 지위가 무조건 인정되어야 한다는 것은 현대사회에서 더는 공감을 받을 수 없음이 명확하다. 그 이유는 인간중심주의에 의한다고 하더라도 생존 기반인 지구 생태계 차원의 지속성을 확보할 수 없다면 인류도 더는 지속 가능하지 않기 때문이다. 종래의 인간중심주의에 따르면, 자연은 인간의 선호를 만족시켜 주는 한도 내에서만 가치가 있고 필요할 때마다 개발될 수밖에 없기 때문에 환경 문제를 해결하는 데 한계가 있다. 그러나 수정된 의미의 인간중심주의는 인간의 선호를 심사숙고하고 심미적 대상이자 목적으로서 자연의 가치를 인정함으로써 자연보호가 가능하게 된다. 따라서 자연보호라는 관점에서 생태주의와 결론을 달리하지 않는다(한상운, 2006a). 환경보호를 위한 환경윤리학 논쟁 대부분은 기존의 윤리 체계를 유지하면서도 인간 중심의 환경보호를 위한 이론으로 제기되었으며, 이것은 기존의 인간만을 위한, 좁은 의미의 인간중심주의와 다르다(이상만, 2013; 한상운 2006a). 이러한 관점으로는 유진 하그로브Eugene C. Hargrove의 미학적 공리주의나 H. 매클로스키H. J. McClosky의 이상적 공리주의 등이 있다. 브라이언 노턴Bryan Norton은 강한 인간중심주의와 약화된 인간중심주의를 구분하고, 약화된 인간중심주의를 주장한다(한상운, 2006a에서 재인용). 이와 같은 논리는 인간중심주의에 기초한 현행 헌법의 인간 존엄과 가치에 관한 의미를 모든 인간의 '인격 보장'과 목적으로서의 존재로 인간을 수단으로 삼아서는 안 된다는 의미로 한정하여 해석하되, 종래의 생태계에 대한 몰이해적인 '협소한 인간중심적 세계관'이 아니라 모든 생명체에 대한 존중과 생명체 간의 평등 및 생명 보호를 인간 본연의 의무로서 이해한다.

이는 새로운 가치관의 부분적 수용을 통해 기존의 가치관을 변형함으로써 기존의 인류 문명의 성과를 유지·발전시키면서 헌법 제10조의 '인간의 존엄과 가치'를 훼손하지 않도록 인간과 자연의 호혜 평등이라는 관계를 인정하고 인간에게 자연을 보호할 선량한 관리자로서의 의무를 강조하는 것이라고 보아야 한다(한면회, 2002: 59; 한상운, 2006a). 이것은 이기적인 인간의 무한한 욕망을 충족시키고자 하는 종래의 협소한 인간중심주의를 극복하고 자연 상태에서 종 다양성artenvielfalt의 보전을 목적으로 하는 '생태적인 예방 원칙'을 확보하고 생태계의 파괴 방지 등 환경을 보호하기 위한 인간중심주의를 의미한다(한상운, 2006a). 오늘날 환경보호의 특징으로서 환경오염의 제거를 넘어 환경 관리와 환경의 사전 배려가 중심 과제가 되는데, 이것은 생명체와 생명체, 생명체와 환경, 생태계와 생태계 사이에는 서로 상관관계가 있다는 종속성 이론과 밀접한 연관이 있다(Kloepfer, 1997). 협소한 의미의 인간중심적 관점에 따라서는 생태적 환경보호가 불가능하다면 마찬가지로 자연계의 복잡성과 그 고유한 법칙에 대한 통찰을 하지 않고는 인간과 관련된 환경보호도 가능하지 않다고 본다(한상운, 2006a). 이와 같은 인간중심주의와 관련한 헌법 제10조의 문제는 녹색전환을 요구하는 생태주의 관점에서도 법제도적 실현을 위해 전략적으로 타협이 불가능한 것은 아니라고 본다.

2) 녹색전환은 헌법상 자본주의 경제 질서에 반하는가?

통상 헌법은 전문, 기본 원리나 기본 질서, 기본권, 국가권력에 관하여 규정하고 있다. 여기서 기본 원리나 기본 질서는 헌법 제정 또는 개정 당시의 사회 제반 가치 가운데 가장 핵심적이고 기본이 되는 가치를 담아내는데 녹색전환을 달성하기 위해서는 원칙적으로 이 같은 기본 원리나 기본 질서의 변경이 이루어져야 한다. 현행 헌법은 '민주주의 원리'(제1조), '사회국가 원리'(전문, 제10, 31~36, 119조 등), '법치국가 원리'(제12, 13조 등), '권력분립 원리'(제3~6장), '자유주의 원리'(전문, 제4, 12, 14~22, 37조 등) 등을 기본 원리로 규정하고 있다(한상운·서은주, 2019). 헌법재판소는 헌법의 기본 원리에 대해 "헌법의 이념적 기초인 동시에 헌법 전반을 지도하는 지배 원리로 기능하여 입법이나 정책 결정의 방향을 제시하고, 공무원은 물론 모든 국민과 국가기관이 이들 원리를 존중하고 수호하도록 하는 지침이 된다. 또 구체적인 기본권을 도출하는 근거로서는 부족하나 기본권을 해석하고 기본권 제한 입법의 합헌성 심사의 경우에 해석 기준의 하나로 작용한다"(헌법재판소, 1996.4.25)라고 해석하고 있다.

녹색전환은 현행 헌법상 자본주의에 기초한 법치국가와 자유주의, 경제 질서 등 기존의 헌법 가치에 위배될 소지가 있다. 자본주의의 폐해에 따른 지구 생태계의 위기라는 점에서 이를 극복하기 위한 녹색전환은 자본주의에 반대되는 가치를 추구한다. 이와 같은 점은 머리 북친 Murray Bookchin의 사회생태주의에 따르면 더욱 분명하다(생태주의 등 녹색전환 이론에 관해서는 1부 참조). 물론 다양한 생태주의 이론 가운데는 무정부주의나 사회주의와 연계된 주장이 있을 수 있지만, 여기서는 현행 헌법 질서 내에서 녹색전환의 수용 가능성을 검토하는 것이므로 당연히 기존의 역사적 가치 논쟁과 형식논리주의에 함몰되어 녹색전환이 자본주의에 반대된다고 하여 당연히 사회주의를 추구한다는 것은 아니다. 즉, 인간의 존엄성 확보에 대한 근대국가 이데올로기 차원의 과제의 연장선이 아니라, 좀 더 차원을 달리하여 지구 생태 위기의 주된 원인인 자본주의의 폐단에 대응하여 인류세와 지구 차원의 지속 가능성을 확보하기 위한 녹색전환의 실현 가능성을 적어도 국가 차원으로 헌법 가치의 틀에서 논의해야 한다는 것이다.

1789년의 프랑스혁명은 왕정 시대의 앙시앵레짐을 타파했으며 자본주의를 근간으로 하는 근대국가 출현의 원동력이 되었다. 자본주의에 근거하여 자유주의와 법치주의라는 새로운 가치를 제시한 자유주의 법치국가가 헌법 차원에서 수용되었다(헌법 국가). 근대국가의 기본 원리로서 법은 개인의 자유를 보장하기 위한 수단이다. 국가의 목적을 이루기 위해 개인의 자유를 제한하는 것은 법으로만 할 수 있다고 하여 자의적인 공권력 행사를 배제하고 있다. 그뿐만 아니라 개인의 자유를 보장하는 전제인 기본권으로서의 재산권 보장 사상은 오늘날에도 여전히 중요한 헌법 가치이다(한상운·서은주, 2019). 그렇지만 재산권은 자유의 전제가 되는 기본권으로서 법률로도 제한할 수 없도록 입헌주의를 채택해 헌법에 그 불가침성을 명시했다. 그 이유는 당시 민주주의에 의거하여 선출된 의회 다수 세력이라도 법률로 자본가의 재산을 제한할 수 없도록 법률의 상위 법인 헌법에 명기하도록 하는 헌법주의를 수용했기 때문이다(한상운·서은주, 2019). 물론 이와 같은 재산권 절대 불가침은 현대의 사회국가 원리 조항과 결부되어 철회되었으며 지금은 재산권도 법률로써 제한할 수 있는 상대적 기본권으로 인식하고 있다. 녹색전환은 본질적으로 지구 생태 위기를 극복하기 위해 개인의 자유와 재산권의 행사를 제한할 수밖에 없다는 점에서 역사적으로 개인의 자유 보장 수단으로서 출발한 법치국가(이를 '형식적 법치국가'라 함)와 구조적으로 갈등 관계일 수밖에 없다(한상운·서은주, 2019).

그렇다면 현대 자본주의에 기초한 자유 시장경제 질서하에서 녹색전환은 헌법 해석상 수용 가능한 것인가? 가능하다면 그 방법은 무엇인가? 이와 관련하여 검토할 수 있는 것은 1919년 독일의 사례로, 바이마르공화국 헌법 이래로 현대 국가에서 대부분 수용하고 있는 사회국가 원리의 역사적 수용 과정에서 자유 시장경제 질서와 헌법의 타협이 독일에서 어떻게 이루어졌는지를 살펴보는 것이다. 주지하다시피 서구 선진국들의 산업화 과정에서 나타난 노동력 착취 등 자본주의의 폐단은 1918년 러시아 사회주의혁명을 초래했으며 이에 대한 대응으로 서구 사회는 수정된 자본주의로서 사회국가 원리를 헌법에 수용하게 되었다. 개인의 자유도 인간다운 삶을 위한 최소한의 생존 조건이 충족되지 않는다면 자유주의 법치국가의 가치는 존속될 수 없다(한상운, 2018b). 따라서 오늘날 법치국가는 인간의 최소한의 생존권을 보장해야할 사회보장 등의 책무를 과제로서 수행해야 하는 사회적 법치국가일 수밖에 없다. 이것은 역사적으로 볼 때 사회정의를 추구하는 사회국가 원리의 헌법적 수용으로 나타난다. 우리 헌법재판소도 "결국 우리 헌법은 자유 시장경제 질서를 기본으로 하면서 사회국가 원리를 수용하여 실질적인 자유와 평등을 아울러 달성하려는 것을 근본이념으로 하고 있는 것이다"(헌법재판소, 1998.5.28, 1998.8.27, 2002.7.18, 2002.11.28) 또는 "사유재산제를 바탕으로 하고 자유경쟁을 존중하는 자유 시장경제 질서를 기본으로 하면서도 이에 수반되는 갖가지 모순을 제거하고 사회복지·사회정의를 실현하기 위하여 국가적 규제와 조정을 용인하는 사회적 시장경제 질서로서의 성격을 띠고 있다"(헌법재판소, 1996.4.25)라고 했다.

그렇다면 녹색전환도 사유재산제를 바탕으로 하고 자유경쟁을 존중하는 자유 시장경제 질서를 기본으로 하면서도 이에 수반되는 갖가지 모순 가운데 하나인 지구 생태 위기를 해소하기 위해 실현할 가치로서 현행 헌법을 해석하는 것이 용인되어야 한다. 즉, 녹색전환도 현행 헌법 해석상 자본주의 시장경제를 원칙적으로 부인할 수 없다는 제약을 수용하고 일단은 그 한계 내에서 지구 생태 위기를 해소할 수 있도록 정책 수단을 강구해야 한다.

3. 녹색전환과 헌법 개정

1) 녹색전환의 실현을 위한 입법 형식

녹색전환을 실현하기 위해 헌법 개정을 논하기 이전에 녹색전환을 위한 헌법 가치 또는 정의가 현행 헌법에 수용되었다고 볼 수 있는지, 수용되었다면 어떠한 형태로 규정하고 있는지 확인할 필요가 있다. 여기서는 구체적으로 살펴보기 어렵지만 헌법의 규정을 검토해 보건대 명시적으로 녹색전환에 관해 규정한 바가 없다. 현행 헌법은 헌법 제10조의 인간의 존엄과 가치, 인간의 자유 보장, 국민주권, 민주주의를 절대적 가치 원리로서 대한민국이 추구하고 보장해야 할 최고의 권리로 본다. 그리고 국민주권과 민주주의를 구현하기 위해 대의제 원리→권력분립 원리→법치주의→사회국가 원리와 국제평화주의 원리 그리고 문화국가 원리를 수단적 원리로 인정하고 있다. 이들 수단적 원리는 단절과 갈등 관계가 아닌 상호 간의 보완 및 조화의 관계로 인식되며, 궁극적으로 헌법은 국민의 자유 보장을 위한 이들 원리의 가치 체계와 다름없다. 헌법재판소도 "우리 헌법의 전문과 본문의 전체에 담겨 있는 최고 이념은 국민주권주의와 자유민주주의에 입각하고 있으며, 기타 헌법상의 제 원칙이 여기에서 연유되는 것"이라고 하여 목적 차원의 원리와 수단 차원의 원리를 구분하고 있다(헌법재판소, 1989.9.8 참조). 녹색전환의 헌법 원리로서 현행 헌법에는 목적 차원의 원리든, 수단 차원의 원리든 직접 규정된 바가 없다.

그렇다면 현행 헌법에서 녹색전환을 위한 입법으로서 헌법 개정을 통해 법 원리성Prinzip을 인정할지, 아니면 입법자의 정책 판단의 결과로서 녹색전환을 위한 확정적 법규범Regel으로 할지 검토할 필요가 있다

(한상운, 2006a).

일반적으로 '법 원리'와 '확정적 법규범'은 구별되는데[1] 로널드 드워킨Ronald Dworkin은 한 사회의 법체계는 확정적 법규범뿐만이 아니라 법 원리도 함께 포함하고 있으며, 특정 사안을 해결하기 위한 확정적 법규범의 적용이 불확실하면 법원의 자유재량이 아니라 법 원리 규정을 통해 해결해야 한다고 보았다. 또 대부분의 법적 권리와 의무에 관한 법규범은 확정적 법규범이지만 법 원리에 근거해 법적 권리와 의무가 파생될 수도 있다고 보았다(Dworkin, 1997). 확정적 법규범은 어떤 조건이 충족되면 확정적으로 명령·금지·허용하거나 수권하는 규범으로서 조건적 일반 법규범의 형식을 취하며, 특정 행위나 제재, 또는 정책이나 규범 장설을 지시하는 법규범으로서의 확정적 명령definitive Gebote이다 (한상운, 2006a). 여기서 '확정적'은 사실 부분으로서의 구성요건의 내용이 명확하고 구성요건이 충족될 때 발생하는 법적 효과의 내용 또한 명확하다는 의미이다. 따라서 구성요건을 충족하면 반드시 그에 대응하는 법적 효과가 발생해야 하고, 충족되지 않으면 법적 효과는 발생될 수 없다(한상운, 2006a). 확정적 법규범의 효력 발생은 '전부 아니면 전무all-or-nothing'의 방식을 취하고 있으며, 확정적 법규범이 충돌하면 이들 법규범은 서로 '모순 관계'가 된다. 이런 문제의 해결에서는 충돌하는 법규범 가운데 하나의 법규범만 적용하며, 나머지 법규범은 무효화하거나 예외 조항을 두어 그 유효성을 인정하기도 한다('포섭적 추론')(한상운, 2006a).

이에 반해 '법 원리'는 원리가 담고 있는 내용이 현실은 물론, 법적으

---

1 양자의 구별 이론에 관해서는 로베르트 알렉시(Robert Alexy)와 로널드 드워킨이 대표적이다. Dworkin(1997: 14~80)을 참조하라.

로 실현 가능한 범위에서 최대한 실현되어야 함을 명하는 규범으로서, 규범들과의 관련 속에서 현실적인 조건의 원리가 담고 있는 내용이 가능한 한 최대로 실현될 것을 요청하고 있는 이상적 당위ideales Sollen의 성격이 있다(한상운, 2006a). 이것은 법 원리의 실현이 규범적·현실적으로 주어진 조건에 따라 다양한 정도degree로 실현될 것을 의미하며, 그 실현을 위해서는 현실적 가능성뿐만 아니라 법적 가능성이 있어야 한다.

다시 말해 법 원리는 타당하다고 인정된 도덕철학 및 정치철학의 원리들 중 법체계와의 정합성을 가지는 규범으로서 그 내용이 최적화의 요청을 지시하며, 구체적 조건에서 비중의 우열이 결정되고, 적용 방식에서 비교 계량의 방법을 취하는 규범이라고 할 수 있다(한상운, 2006a). 이에 반해 확정적 법규범은 이상을 구현하기 위해 필요한 경우에 인정되는 법적 지위를 나타내며 법 원리와 달리 '포섭'에 의해 적용된다.

결론적으로 녹색전환을 실현하기 위한 입법 전략으로서 확정적 법규범의 형식은 부적합하다. 그 이유는 녹색전환의 '녹색'의 의미가 포괄적이고 불확정적인 개념이라는 점에서 사실 부분으로서의 구성요건과 그 법적 효과가 명확한 확정적 법규범의 형식은 적합하지 않기 때문이다. 그럼에도 확정적 법규범의 형식을 취하는 경우에는 '녹색전환'의 취지에 맞지 않는 사법 판단으로 그 효력이 상실될 수도 있으며, 현실적으로 국회 입법 과정에서 헌법 위배의 문제가 지속적으로 제기될 것이다. 이로 인해 헌법 판단 여부를 떠나 녹색전환의 예측 가능성을 낮추게 되어, 결국 녹색전환이 지속적인 국가정책으로 추진되기 어렵다.

이에 반해 녹색전환이 추구하고자 하는 내용은 현실적으로는 물론 법적으로 실현 가능한 범위에서 최대한 실현될 수 있기 때문에 '법 원리' 방식으로의 녹색전환의 입법 전략을 추진할 필요성이 크다. 즉, 법 원리로서의 녹색전환은 그 추구하고자 하는 가치를 가능한 한 최대로 실현할 것을 요청하고 있는 이상적 당위라는 점에서 규범적·현실적 조건에 따라 다양하게 실현될 수 있다. 결국 녹색전환을 완벽하게 실현하려면 현실적으로 어렵더라도 가능한 선에서 헌법 차원의 녹색전환을 위한 가치를 헌법 개정을 통해 헌법 원리에 수용해야 한다.

이렇게 해야만 기존의 자본주의에 기초한 헌법 원리와 충돌할 때 '확정적 법규범'들 상호 간에 충돌하는 경우와 달리 일방의 법 원리가 무효화되지 않고, 충돌하는 법 원리 간에 비교 계량되어 사안에 따라 우열을 정할 수 있다. 즉, 법 원리 간에 상호 충돌이 있으면 특정 사안과 관련된 비중의 우열dimension of weight 또는 중요성의 정도importance에 따라 해결하는 것이다. 구체적 사안과 관련해 상충하는 법 원리들의 비중의 우열 또는 중요성의 정도에 따라 비중 또는 중요성이 큰 법 원리를 적용함으로써 해결하지만 그렇다고 해서 열위의 법 원리가 무효화되는 것은 아니며 비중의 우열은 개별 사안의 특징과 맥락에 따라 비교 계량 Abwägung해 정해진다(한상운, 2006a). 또 녹색전환에 관한 헌법 원리는 헌법상의 다른 기본 원리와 마찬가지로 규범으로서의 효력이 인정된다. 헌법재판소도 헌법상의 기본 원리의 규범성과 재판 규범성까지 인정하고 있다. 따라서 헌법상의 기본 원리인 녹색전환에 관한 원리를 헌법 재판의 기준으로 적용해 공권력의 행사 또는 불행사가 이에 위배되는 지를 판단하여 위배되는 경우에는 무효화할 수 있다.

2) 헌법 국가의 이념적 단계: 생태적 환경 국가로의 진입

루돌프 슈타인베르크Rudolf Steinberg는 헌법 국가의 이념적 전개 과정을 5단계로 구분하고 생태적 헌법 국가로의 발전 단계별 모델은 역사적 흐름을 바꾸는 이념적인 역사를 유형화한 것이라고 했다(한상운, 2006a에서 재인용). 즉, 헌법 국가는 이념적으로 개인의 안전보장 단계, 법치국가를 통한 개인의 자유와 평등의 보장 단계, 국가 통치의 민주적 질서 단계, 제2차 세계대전 이후 급진전된 사회국가의 단계를 거쳐 20세기 후반에 제기된 환경 위기에 대한 해답으로서 마지막 단계인 '생태적 헌법 국가'의 단계로 진입하게 된다고 했다(한상운 2006a에서 재인용). 여기서 생태적 헌법 국가Der ökologische Verfassungsstaat는 환경보호를 목적으로 하는 '생태적 환경 국가Der ökologische Umweltstaat'를 의미하는데 이를 위해 국가적·정치적·사회적 영역에서 기존의 법 이론이나 정치 실재의 격렬한 반발에 맞서 격렬한 논쟁이 필요하다(한상운, 2006a).

오늘날 환경 파괴의 위험은 도처에 널려 있고, 이것은 미래 세대가 누려야 할 환경을 고려할 때 더욱 심각한 우려를 낳고 있다. 슈타인베르크는 인간 스스로 자신들의 생존을 위한 생활 기반Lebensgrundlagen을 위협하는 이유는 자기 파괴적 성향 때문이 아니라 무관심Gleichgültigkeit, 이기심Egoismus, 숙명주의Fatalismus의 만연 때문이라고 보았다(한상운, 2006a에서 재인용). 현대 국가의 과제로서 지구 생태의 위험에 대해 국가는 안전 원리에 근거해 시민의 안전을 확보할 의무를 지며 이러한 국가의 의무를 부과하기 위해서 헌법상의 독자적인 원리로서 생태적 환경 국가 원리의 도출이 정당화될 수 있으며 여기에는 국가의 안전보장 원리와 같이 근본적이고 필수불가결한 의미가 있다고 보았다.

3) 현행 헌법 체계 내에서의 녹색전환 실현 방안

앞에서 검토한 바에 따르면 녹색전환을 헌법상 기본 원리화하기 위해서는 헌법 개정이 이루어져야 한다. 그러면 헌법 개정의 구체적 내용은 무엇이어야 하는가? 헌법 전문에 녹색전환을 위한 내용을 규정하는 것도 필요하지만 녹색전환을 위해서는 현행 헌법 해석상 헌법의 기본 원리로서 인정될 수 있어야 한다. 그 이유는 앞에서도 살펴보았지만 무엇보다도 녹색전환의 지향점이나 가치가 지구 생태 위기의 대응이라는 점에서 기존의 자본주의에 기초한 법치국가나 자유주의 등의 수정을 요구하고 있기 때문에 헌법의 기본 원리로서 '녹색' 가치가 인정될 필요가 있다. 또 녹색전환은 단기간에는 그 목표 달성이 불가능한 장기 과제로서 국가가 지속적으로 추구해야 할 가치라는 점에서 기본 원리로서 기능할 수 있도록 헌법을 개정해야 한다.

이와 같은 취지는 프랑스혁명이 성공한 후 1791년 프랑스혁명 헌법에 기존의 왕정 체제와 다른 국가 체제인 자유주의와 법치주의 등을 규정한 것과 그 이유가 같다. 즉, 왕정복고라는 반동주의에 대응하고 그 지속성을 확보하기 위해서, 또 의회 다수 세력이 바뀌더라도 헌법의 기본 원리는 변경될 수 없기 때문이다. 마찬가지로 20세기의 사회주의에 대응하여 서구 자유주의 국가들이 수정자본주의에 따른 사회국가 원리를 헌법에 규정하게 되는 이유도 근대국가 체제로의 회귀를 방지하고 국가가 추구할 미래의 가치로서 사회복지와 사회정의의 지속성을 확보하기 위해서이다.

그렇다면 녹색전환을 위해 헌법 원리로 규정할 수 있는 가치를 무엇으로 규정할 것인가? 이에 대해서는 녹색전환 자체가 표방하는 핵심 내용을 담을 수 있어야 하지만 그 개념과 방향이 다의적이라는 점에서 더욱 심도 깊은 논의가 필요하다. 일단 현행 헌법 제35조에서는 환경권과 환경보호 의무를 규정하고 있으며, 여기서 환경이 의미하는 바는 보호 대상으로서의 환경이다. 이것이 궁극적으로 누구를 위한 것이냐는 점에서 인간중심주의와 생태주의는 각기 그 답을 달리한다. 전자는 '인간을 위하여', 후자는 '모든 생명체를 위하여'라고 할 수 있다. 헌법은 모든 국가권력을 기속하는 최고의 가치와 지향점을 담는 최고의 법규범으로서, 국가 내외의 갈등 해결을 위한 본질적 기능이 필요하다. 헌법이 기존의 인간중심주의 가치를 유지하면서도 새로운 패러다임을 받아들여 생태주의 가치를 수용하는 조화점을 찾을 수 있는가? 지구 생태계의 한계는 객관적으로 분명히 존재하지만 그 기준은 명확하게 객관적으로 판단하기 어렵다(문순홍, 1993: 227).

'환경'의 법적 의미도 다의적이지만 일의적이고 정확해야 할 필요는 없고, 오히려 '환경'의 개념과 의미도 유연하고 역동적이어야 한다. 언어는 현실을 형성해 가며, 언어를 가진 자만이 세계를 갖게 되며, 사물을 명명할 수 있는 자만이 사물에 의미를 부여하고 사물을 조율할 수 있다. 언어의 상호 주관성에 의해서만 인간 사이의 공동 세계가 성립되며, 이러한 공동 세계의 윤곽은 일상 언어의 모호성 때문에 어느 정도는 불확실하게 남는다. 언어의 다의성은 결코 단점이 아니며, 오히려 언어가 일의적이고 정확하기만 하면 그 대가로 언어는 경직되어 단순한 기호로 전락할 수 있다(카우프만, 1984: 205). 그런 의미에서 '환경'의 법적 의미는 사회 변화에 따른 역사적 가치의 변화와 세계관의 흐름에 맞추어 재조명할 필요가 있다. 근대 산업사회에 바탕을 둔 기계론적 세계관에 입각한 '환경'의 전통적 의미를 탈피하여 새로운 가치관에 적합한 '환경'의 의미를 새롭게 정립할 필요가 있다. 즉, 종래의 '환경'이라는 불확정 개념의 기계론적 세계관에 근거한 의미 부여에서 탈피하여 새로운 생태 문명으로의 전환에 맞추어 재정립해야 한다. 그리고 더욱 중요한 것은 녹색전환을 위한 헌법 원리화에 그쳐서는 안 되고 녹색전환을 실현하기 위한 견고한 법체계를 갖추어야 한다. 이를 위해서는 현행 관련 법체계의 개선은 물론 실행 법으로서 일련의 확정적 법규범을 제정하고 개정하여 기존의 녹색전환에 위배되는 법들을 무효화해야 한다(입법 투쟁).

4. 녹색전환을 위한 관련 법제 개선

1) 녹색전환기본법 제정 및 녹색전환위원회 설치

지구 생태 위기의 극복을 위하여 녹색전환기본법의 제정이 필요하다. 이 기본법은 한국의 정치·경제·사회·환경·문화·교육·노동 등 제반 영역에서의 녹색전환을 위한 기본 사항을 규율하는 것을 목적으로 한다. 지구 생태 위기의 원인이라고 할 수 있는 자본주의 시장경제의 폐단을 극복할 수 있는 방안으로서 기존의 경제성장 중심 사회 시스템을 녹색 사회 시스템으로 전환할 수 있는 기본 방향과 원칙을 규정하고 이를 영역별로 구체화할 필요가 있다. 기존의 '저탄소 녹색성장 기본법'을 녹색전환기본법으로 바꾸고 '저탄소 녹색성장 기본법'상의 녹색성장위원회를 녹색전환위원회로 변경하는 입법의 최소화를 지향할 필요가 있다. 녹색전환위원회는 대통령 직속으로 변경하고 위원장은 대통령이 맡고 총리급 민간 부위원장을 두어 실질적으로 녹색전환 업무를 총괄할 수 있도록 한다. 기존의 대통령 소속 자문위원회 성격이 아니라 녹색전환을 위한 심의·의결권과 대외적으로 의사 표시를 할 수 있는 독립된 특별 행정청으로서의 기능도 확보할 수 있도록 인사와 재정에 관한 권한 및 행정 각부의 업무를 조정할 수 있는 지위를 부여할 필요가 있으며, 필요시 과거의 통일주체국민회의와 같이 헌법 개정을 통해 그 근거를 마련할 필요가 있다. 위원회에는 분과별 상임위원회를 두어, 영역별 녹색전환을 위한 계획 수립 등의 방안을 마련하고 이를 실천할 수 있도록 각 부처의 업무를 조율하고 감독할 수 있도록 해야 한다. 이와 같은 강력한 녹색전환기본법은 종래까지의 근본적 인식 변화가 없는 상태에서의 법만으로는 녹색전환을 이룰 수 없다는 경험적 사유의 결과로서, 정권 차원에서의 전폭적인 혁신과 인식을 바탕으로 강력하게 추진해야 한다.

2) 관련 기본법의 통폐합 및 녹색 사회 비전과 기본 방향 설정

녹색전환기본법의 시행을 위해서는 유사 관련 기본법을 통폐합하여 지향점을 명확히 할 필요가 있는데, '저탄소 녹색성장 기본법'은 물론 '지속가능발전법', '에너지법', '환경정책기본법' 등 관련 내용 가운데 기본 사항을 녹색전환기본법에 규정하여 중복 입법을 방지하고 일관된 정책을 추진할 수 있는 법체계를 마련해야 한다.

녹색전환기본법에서는 장기 비전을 '지구 생태 위기의 극복을 위한 녹색 사회의 구현'으로 설정하고 이를 위하여 기후변화에 능동적이고 적극적으로 대응할 방안과, 대량생산·대량소비의 근절을 위해 산업계의 생태주의 확산과 수요 관리 정책의 강화, 생태계 보전과 환경오염 최소화 등을 달성하기 위한 원칙을 규정해야 한다.

먼저, 녹색전환기본법에 지구 생태 위기의 주된 요인인 기후변화와 관련해 확고한 온실가스 감축 의지와 감축 목표를 좀 더 적극적으로 규정하고, 대기·수질·토양 오염 물질 배출의 대폭 감축, 폐비닐이나 폐플라스틱의 사용 억제를 위한 제조 단계에서의 생산량 감축 및 사용 금지, 폐기물 제로화 같은 산업·발전·건설·운송 등 부문별 달성 목표를 설정하고, 스마트 도시 건설 등을 통한 지역 특성별 관리 강화 방안을 담아야 한다.

녹색전환을 달성하기 위한 기본 원칙으로서 첫째, 책임과 형평성의 원칙을 구현해야 한다. 자본주의의 고도화에 따른 지구 생태 위기와 불평등 심화를 초래한 부분에 대한 책임을 규명하고 그 책임에 따른 부담을 형평성 원칙에 맞게 배분해야 한다. 자연 생태계를 포함한 사회적 약자를 보호할 적극적 우선 조치를 취할 수 있는 근거를 마련해야 한다.

실례로서 온실가스 대응과 관련해서 살펴보면, 현행 감축 목표의 설정은 법률에서 규정하지 않고 녹색 성장 국가 전략과 이에 근거한 온실가스 감축 로드맵에서 정하고 있다. 이에 따라 2030년 배출 전망치 대비 37%의 온실가스를 감축하도록 목표를 설정하고 있으나, 실제로는 현재까지도 배출량이 계속 증가하는 추세이다. 국가의 책임을 강화하고 실질적인 목표 달성을 위해서 온실가스 감축에 관한 국가 목표 또는 목표 설정의 원칙과 기준 및 그 근거 등 감축 목표의 적정성을 판단할 수 있는 규정을 법률로 명시하여 국가의 법적 의무를 강화할 필요가 있다. 기후변화에 따른 영향의 크기도 시간이 갈수록 강화되는 추세에 있다. 특히 한반도는 대기 중 이산화탄소 농도 증가, 평균기온 상승 등 기후변화의 영향이 전 세계 평균보다 더 크게 나타나고 있다. 그러나 기후변화의 영향이 사회적·공간적으로 동일하게 나타나는 것은 아니다. 기후변화로 인한 영향은 소득, 연령, 직업, 이동성, 사회적 고립, 거주 환경 등 사회구조와 요인으로 인해 국가 간, 지역 간, 계층 간에 불평등하게 나타난다. 이에 따라 취약 집단에 대한 특별한 고려가 필요하다. 현재는 '저탄소 녹색성장 기본법', '보건의료기본법' 등의 기본법을 통해 기후변화가 국민 건강에 미치는 영향 등을 조사하고 평가하도록 하고 있다. 또 취약 계층 등에 대한 보건의료 서비스 등의 제공을 위해 '국민건강증진법', '지역보건법' 등 다수의 법률에 구체적인 내용을 담고 있지만 이러한 보건의료 관련 정책은 기후변화와 무관하게 사회복지 차원에서 종래부터 존재했던 사후적·소극적 법제도라는 점에서 기후변화 원인을 고려한 예방 대책이 필요하다.

재난 분야에서도 '저탄소 녹색성장 기본법' 제40조에서 기후변화 대응 기본계획에 재난 방지 등 적응 대책에 관한 내용을 포함하도록 하고 있으나, '재난 및 안전관리 기본법'을 비롯한 재난 관련 법제도에서는 기후변화로 야기되거나 악화될 수 있는 재난과 통상적 의미의 재난을 구분하지 않고 동일 선상에서 사후 대응을 하고 있다. 향후 한국에서 기후변화 책임과 그 영향에 대한 중요성이 강화될 수밖에 없음을 고려하면, 이러한 분배 정의의 관점을 포함하는 기후 정의의 개념에 입각하여 기후변화대응 기본법을 중심으로 관련 법제도를 체계적으로 정비할 필요가 있다.

둘째, 생산과 공급 관리 측면에서 녹색전환을 이루어야 한다. 즉, 녹색전환을 위한 산업구조의 재편이 탈탄소 산업으로 가속화되어야 하며, 이를 위한 중장기 정책 목표를 명시하여 산업 부문별 목표를 설정하고 그 이행을 위한 방안을 구체화해야 한다. 여기서는 부문별·사업장별 탈탄소 산업의 재편 및 전환을 위한 국가의 재정 투입을 선택과 집중 원칙에 따라 철저히 할 필요가 있다. 이를 위해서는 '산업발전법' 및 '친환경산업법' 등 관련 법제를 대대적으로 개선할 필요가 있다. 또 종래의 자발적 참여 정책을 획기적으로 개선하고 최소한의 연한을 두어 시장 퇴출 같은 강력한 제재 수단을 적용하는 방안도 강구해야 한다.

산업구조의 재편 및 전환과 더불어, 노동자의 고용 지속성을 확보하기 위하여 신재생에너지 산업 및 신소재 산업 등 탈탄소 산업에 대한 관련 기술 등 직무 전환 교육을 대대적으로 시행할 필요가 있다. 이를 위해서는 녹색전환교육진흥법을 제정하고 '교육기본법'과 '노동법', '경제교육지원법', '환경교육진흥법', '과학·수학·정보 교육 진흥법' 등 관련 법률의 개선안을 마련해야 한다.

셋째, 화석연료에 기초한 자본주의의 고도화에 따라 지구 생태계의 자정 능력은 이미 한계를 초과했으며, 지구 차원의 생태계 파괴가 진행되고 있다. 이와 같은 지구 생태계 파괴로 인하여 특정의 소수 계층이 경제적 이득을 얻을 수 있지만 그로 인해 발생하는 피해는 원인을 제공하지 않은 다수에게 전가된다. 이런 측면에서 저엔트로피 사회를 구축하기 위해 물질과 에너지의 사용에 관한 새로운 생태 문명의 명시적인 목표와 방안을 마련해야 한다. 이를 위하여 멸종위기종 등 파괴된 생태계의 복원 및 생태계 보전을 위한 생태계 보전 기본법을 마련해야 하며, 개별적으로는 생태 산업 등을 진흥할 수 있도록 생태 순환 산업단지, 생태 농업, 생태 관광, 생태 도시, 생태 공동체 등이 정책의 핵심으로 추진될 수 있도록 관련 법률을 제정하고 개정해야 한다.

5. 미래 세대를 위하여

인간의 본질에 내재한 탐욕에 따라 인간의 삶에 얼마나 치명적인 결과가 초래될 수 있는지 명백히 알 수 있는 현세대는 역사적으로 최초가 아닐까 생각한다. 인류의 삶이 종언을 고할지, 아니면 지속할지가 현재의 삶을 살아가는 현세대의 판단과 행동에 달려 있다면 현대 인간은 그 탐욕을 멈출 것인가? 역사적으로 그리 오래되지 않은 자본주의도 발생 초기에는 이와 같은 지구 차원의 위기를 초래하리라고 생각하지 못했을 것이다. 이런 생각에 근거하면 자본주의 자체의 문제는 아니라는 점을 금방 알 수 있다. 문제는 이와 같은 자본주의의 속성에 인간의 탐욕이 결합되어 물질적 풍요를 구가하는 동안 지구는 위기를 맞고 있다는 점이며, 그 지구에 사는 인간은 여전히 삶의 기반인 지구와 별개의 존재로 자기 자신을 인식하고 위기를 가중시키고 있다. 현재까지 지구상에서 나타난 일련의 주장과 행동이 있지만 위기의 탈출은 불가능하게 만 보인다. 여전히 온실가스 배출은 지구는 물론 국내 차원에서도 증가 일로에 있고, 멈출 수 있는 기회도 명확히 보이지 않는다. 다만 경험으로 알 수 있는 것은 이를 멈출 수 있는 기회도 얼마 남지 않았으며, 이것을 멈출 수 있는 주체도 다름 아닌 인간이라는 점이다.

이런 인식에 기초하여 헌법 등 실정법상의 녹색전환을 위한 가능성을 검토하는 것은 실제 한국 사회에서 생태 위기의 극복을 위한 윤리적 몸짓에 불과할 수도 있다. 만일 우리 공동체가 미래 세대에게 애정을 갖고 있다면 지구 생태 위기 극복을 위한 녹색 사회로의 전환이 이루어질 것이라고 믿는다. 그러나 헌법상 추구하는 가치를 변경하는 입법 고민은 실로 난감한 과제이다. 법의 틀 안에서 녹색전환과 인간 존엄성, 자본주의 시장경제 질서의 관계에 대한 고민도 아주 생경한 주제이다. 녹색전환을 위하여 그것이 추구하는 가치를 우리 헌법의 기본 원리로 반영하여 헌법을 개정하고 녹색전환기본법을 제정하는 것도 마찬가지이다. 새로운 생각의 법적인 침투를 예비하는 마음으로 이 글을 썼으나 자료와 재주가 부족하여 선명한 그림을 제시하지는 못했다. 앞으로 한국 사회에서 녹색전환을 위한 진지한 담론이 형성되기를 바라면서 차후에 자료 축적과 논의의 진전을 통해 좀 더 진전된 녹색전환의 법제적 접근 방안을 제시하고자 한다.

참고문헌 ■■

김명식. 2004. 「영미권 환경철학의 역사」. ≪환경철학≫, 3, 29~53쪽.
문순홍. 1993. 『생태위기와 녹색의 대안』. 서울: 나라사랑.
이상만. 2013. 「헌법상 환경권의 보장범위에 대한 연구」. ≪원광법학≫, 29(4), 181~

210쪽.

정재황. 2003. 「한국에서의 인간의 존엄성의 보장」. ≪세계헌법연구≫, 7, 5~146쪽.

최병두. 2019. 「인류세를 위한 녹색전환, 한국사회의 녹색전환 가치와 전략」. 한국사회
녹색전환 기획위원회 초안 자료집.

카우프만, 아더(Kaufmann, Arthur). 1984. 「法과 言語(Recht und Sprache)」. 심헌
섭 옮김. ≪서울대학교법학≫, 25(2, 3), 203~216쪽.

하그로브, 유진(Eugene C. Hargrove). 1994. 『환경 윤리학』. 김형철 옮김. 서울: 철
학과 현실사.

한면희. 2002. 「[특집] 생태, 환경담론을 생각한다: 문명 패러다임 전환과 생태주의」.
≪과학사상≫, 41, 43~60쪽.

한상운. 2006a. 「생태적 환경국가원리의 헌법적 수용」. 성균관대학교 법학 박사학위
논문.

_____. 2006b. 「현행 헌법상 생명존중에 관한 연구: 배아복제, 낙태, 사형, 안락사의
문제를 중심으로」. ≪성균관법학≫, 18(1), 121~154쪽.

_____. 2018a. 「생태철학과 환경권」. 한국환경정책·평가연구원 엮음. 『생태문명 생
각하기: 내 삶을 바꾸는 환경철학』. 서울: 크레파스북.

_____. 2018b. 「환경헌법 포럼 자료집」.

한상운·서은주. 2019. 「최근 환경헌법 개정의 방향 및 법적 효과」, ≪환경정책≫, 27
(2), 99~133쪽.

헌법재판소. 1989.9.8. "88헌가6 결정".

_____. 1996.4.25. "92헌바47 결정".

_____. 1998.5.28. "선고 96헌가4 결정".

_____. 1998.8.27. "선고 96헌가22 결정".

_____. 2002.7.18. "선고 2001헌마605 결정".

_____. 2002.11.28. "선고 2001헌바50 결정".

환경부. 2019. 「제5차 국가환경종합계획(2020~2040)」.

Dworkin, Ronald. 1997. *Taking Rights Seriously: With a New Appendix, a Re-
sponse to Critics*. Cambridge: Harvard University Press.

Kloepfer, Michael. 1989. *Umweltrecht*. München: C.H.Beck.

_____. 1997. "Entwicklung und Instrumente des deutschen Umweltrechts." ≪공
법연구≫, 25(2), 53~95쪽.

Norton, Bryan G. 1984. "Environmental Ethics and Weak Anthropocentrism." *Environmental Ethics*, 6(2), pp131~148.

Steinberg, Rudolf. 1998. *Der ökologische Verfassungsstaat*. S. 46. Frankfurt am Main: Suhrkamp Verlag.

녹색전환을 위한 거버넌스

윤순진

1. 녹색 거버넌스의 주류화

경제의 녹색화, 사회의 녹색화, 더 크게 국가의 녹색화를 위해서는 적절한 절차와 논의의 과정, 그 일을 진행할 기구가 필요하며 논의와 합의 결과가 녹색 가치를 담아야 한다. 녹색 사회 건설을 위한 사회운 동으로서 환경운동은 사회의 녹색화를 위한 문제 제기를 하고 시민사 회의 인식 제고와 실천을 견인할 수 있다. 사회 전반의 변화와 구조의 혁신을 이루기 위해서는 다양한 행위 주체가 정책 결정 과정에 참여하 고 녹색 가치가 의사 결정의 주요 기준이 되어야 하며 그 결과 제도의 변화를 이루어내야 한다. 이를 위해서는 거버넌스 차원의 접근이 필요 할 뿐 아니라 거버넌스 기구의 녹색화와 녹색 거버넌스green governance의 주류화가 필요하다.

녹색 거버넌스의 실현을 위해 우리는 무엇을 고민하고 실천해야 할까? 첫째, 녹색 거버넌스란 무엇일까? 둘째, 누가 참여해야 할까? 셋째, 어떻게 논의해서 결론을 내려야 할까? 넷째, 절차의 민주성은 결과의 생태성을 확보할 수 있을까? 절차의 민주성이 결과의 생태성을 확보하려면 어떻게 해야 할까?

이 장에서는 우선 이론적 논의를 통해 녹색 국가와 녹색 거버넌스의 의미를 이해하고 녹색 거버넌스 실현을 위한 요소들을 살펴본다. 다음으로 한국 사회 녹색 거버넌스의 현주소를 파악하기 위해 현재 우리 사회의 대표적인 녹색 거버넌스 기구인 녹색성장위원회와 국가기후환경회의의 구성과 운영, 논의의 방식과 활동 성과를 검토한다. 이를 통해 현재 실행 중인 녹색 거버넌스의 가능성과 한계를 탐색해 보고 녹색 거버넌스를 향한 우리 사회의 과제를 도출한다.

2. 녹색 국가와 녹색 거버넌스의 이해

1) 녹색 국가 등장에 대한 역사적 이해

녹색 가치를 중심에 두고 정책을 결정하고 이행함으로써 제도와 구조를 녹색화하는 국가를 녹색 국가라 부를 수 있다. 드라이젝 등(Dryzek et al., 2002)에 따르면 〈표 12-1〉에 요약한 것처럼 근대국가는 사회운동의 성장으로 요구받는 임무가 달라지면서 역사적으로 변모를 거듭해 왔다. 모든 국가가 반드시 이러한 단계를 거친다거나 반드시 이런 순서대로 이행해 나가는 것은 아니지만 세계적으로 많은 국가의 성격이 대개 이러한 방향으로 변화해 왔다.

초기 권위주의 국가는 내부 질서(치안) 유지, 생존을 위한 국제 경쟁

표 12-1 | 국가의 성격 변화: 초기 근대국가로부터 세 번의 변모

국가의 종류	관여된 운동	국가의 임무
초기 근대국가 (early modern state)	없음	치안, 국방, 세입
자유주의적 자본주의 국가 (liberal capitalist state)	초기 자본가 계급주의	치안, 국방, 세입, 경제성장
케인스식 복지주의 국가 (Keynesian welfare state)	연합, 사회주의 정당	치안, 국방, 세입, 경제성장, 정당성
녹색 국가 (green state)	환경주의	치안, 국방, 세입, 경제성장, 정당성, 환경보전

자료: Dryzek et al.(2002).

에서의 우위 확보(국방), 또 이 둘을 실현할 수 있는 세입 확보를 주요 임
무로 했다. 즉, 당시 국가의 임무는 공공의 관심사인 존재의 지속성과
안정성의 확보였다. 초기 근대국가에서 세입은 정태적인 경제에 기초
해서 과세를 통해 이루어졌지만 자본주의의 성장으로 경제가 성장하면
서 세율 인상 없이 세입이 증가했다. 따라서 세입 증가의 바탕이 된 자
본주의 사회 질서를 유지하기 위해 경제성장을 지속하는 것이 중요해
졌으며 그 결과로 경제성장을 보장하는 경제 질서 유지가 국가의 중요
임무로 추가되었다. 이러한 국가 임무 변화에 맞춰 경제 규모를 키워야
한다는 새로운 사회적 요구를 주장한 자본가계급은 제도 밖의 비판적
인 공론장public sphere에서 국가 중심부로 진입하게 되었다. 이윤 증가를
추구하는 이들과 국가의 이해관계가 조화를 이루었기 때문이다.

하지만 자본주의 발전은 자본주의 정치경제의 안정성을 위협하는
조직화된 노동자계급의 등장을 불러왔다. 처음에는 이들의 도전을 억
압했지만 자본주의의 전위dislocation를 막기 위해 노동자계급이 제기한
부의 재분배 요구를 수용하여 복지국가로 이행하게 되었다. 그 결과 노
동자계급이 사회운동을 통해 주장한 재분배, 즉 복지를 실현함으로써

정당성을 확보하는 것이 국가의 다섯 번째 임무로 추가되었다. 그리고 조직된 노동자계급은 제도 밖 비판자로 머물러 있지 않고 국가 내로 진입할 수 있게 되었다.

현대 국가는 다양한 활동을 수행하지만 치안, 국방, 세입, 경제성장, 정당성이라는 다섯 가지를 핵심 임무로 삼고 있다. 국가의 임무가 추가되는 국가 전환이 성공적으로 이루어질 수 있었던 것은 전환을 야기한 사회운동의 관심이 국가의 핵심 임무로 이전될 수 있었고 이를 통해 사회운동 당사자가 국가 제도권 내부로 진입할 수 있었기 때문이다. 이러한 전환의 과정에서 새로운 계급이 출현하고 국가 내부로 진입하는 과정에서 민주주의 또한 확대되었다.

새롭게 제기된 환경 문제의 해결을 둘러싸고 근대국가는 또다시 전환 요구에 직면했다. 드라이젝 등(Dryzek et al., 2002)은 환경에 대한 관심이 국가의 핵심 영역으로 진입하고 환경주의environmentalism를 체화하는 것이 국가의 임무가 될 수 있다면 녹색 국가green state로의 전환이라는 제3의 전환이 일어날 수 있다고 보았다. 이전의 전환 과정을 되짚어 보면 환경보전 요구가 국가의 주요 임무가 되고 환경운동 주창자들이 국가 내부로, 즉 정책 결정 과정에 진입할 수 있을 때 녹색 국가로의 전환이 가능하다. 그리고 이 과정은 새로운 의제의 확산과 더 많은 행위자가 정책 결정 과정에 참여하는 것을 의미하기에 민주주의의 확대를 수반한다.

이러한 과정이 단선적으로 이루어지거나 반드시 각 단계를 밟아서 국가 성격이 전환된다고 단언하기는 어렵다. 모든 국가가 이러한 경로를 반드시 거친다고 보기도 어려우며 한 단계에서 반드시 다음 단계로 전환한다고 단언하기도 어렵다. 경우에 따라서는 이전 단계로 회귀할 수도 있다. 개별 국가 상황에 따라 다양한 양상으로 진행될 수 있다. 그럼에도 불구하고 이제 대부분의 국가에서는 환경보전이란 시대적 요구를 외면할 수 없다. 문제는 환경보전이 얼마나 주류화되는가에 달려 있다. 또 기후 위기 시대에 기후변화 대응이 얼마나 중요한 국가 과제로 진지하게 다뤄지는지가 국가의 녹색성을 측정하는 중요한 잣대가 될 수 있다.

2) 녹색 국가 정치 원리인 생태 민주주의와 운영 체계로서의 녹색 거버넌스

녹색 국가로 전환하기 위해서는 근대국가의 생태 파괴에 대한 자기 성찰과 숙의 과정이 필요한데 이 과정에서 생태 민주주의와 만나게 된다. 생태 민주주의는 자유민주주의의 생태적 한계를 극복하기 위한 대안적 민주주의이다(윤순진, 2007). 자유민주주의의 생태적 한계란 무엇이며, 왜 그런 한계가 생기는 걸까? 자유민주주의에 대한 정의는 참으로 다양하지만, 기본적으로는 자유주의와 민주주의가 결합한 것이며 인간의 존엄성 존중에 기반을 두고 개인의 자유와 권리를 보장하며 민주 절차로 다수가 선출한 대표자들이 헌법의 틀 안에서 의사 결정을 하는 체제를 지향하는 정치 원리이다. 존 드라이젝John S. Dryzek에 따르면, 자유민주주의란 선출직 경쟁, 자유로운 결사를 통한 정부에의 압력 행사, 헌법에 기초한 자유권 보장, 사적 이해의 전략적 추구 등을 주요 특성으로 한다(윤순진, 2009에서 재인용). 그 결과 모든 시민의 정치·사회적 평등과 시민의 책임성civil accountability, 정체의 형성과 국가 권력 행사의 합리성rationality이 중요한 특성으로 작동한다(윤순진, 2009에서 재인용).

문제는 이러한 자유민주주의에서 중시하는 정당한 절차를 거치더라도 논의와 합의의 결과가 반드시 생태적으로 건전한 것은 아닐 수 있다는 데 있다. 자유민주주의의 정의나 특성에서 보이듯 자유민주주의는 지구 '부양 능력carrying capacity의 한계'를 인식하거나 고려하지 않고, 모두의 자유와 평등의 실현을 위해 더 많은 물질이 필요하다고 보면서 지속적인 경제성장을 추구한다. 하지만 자연의 부양 능력에는 한계가 있고 경제성장 과정에서 발생하는 환경 문제로부터 모두가 동등하게 보호받지도 못하고, 모두가 책임에 상응하는 부담을 지지도 않는다. 바로이 대목에서 생태 민주주의가 등장하게 된다. 생태 민주주의는 생태 정의를 지향하며, 환경의 오염과 파괴, 교란에 영향받는 이들이 정책 결정 과정에 참여하여 숙의하는 과정이 핵심 절차가 된다(윤순진, 2009). 생태 민주주의는 생태적 한계를 인식하지 않은 채 끊임없이 경제성장을 추구함으로써 환경의 오염과 파괴를 야기하고 그 과정에서 경제적·환경적 편익과 비용을 사회 구성원들에게 불평등하게 배분함으로써 사회·경제·보건적 불평등을 심화시키고 이러한 결과가 다시 생태 위기를 심화시키는 악순환에 대한 성찰을 기반으로 하여, 생태적 한계 안에서 사회정의와 조화로운 방식으로 경제 발전을 추구하되, 정보의 공개와 공유를 기초로 숙의를 통해 의사를 결정하는 방식을 취한다. 즉, 생태정의ecological justice와 숙의deliberation가 생태 민주주의의 주요 특성이다.

생태 정의는 환경 정의가 사회 내 집단이나 국가 간, 세대 간 관계의 차원에 정의 개념 적용을 한정한 것을 넘어 사회와 자연의 관계로까지 확장한 것이다. 환경 정의 개념이 처음으로 태동하고 다양한 규정을 통해 환경 정의를 강조하는 미국의 경우 기관에 따라 내용과 적용 범위가 다소 다르지만, 환경 정의를 종합적으로 정의하면 모든 사람은 깨끗한 환경에서 살 권리가 있는 주체라는 인식과 인정을 기초로 환경오염으로부터의 동등한 보호, 환경 이용의 편익과 부담의 공평한 배분, 의사 결정과 이행 과정에 대한 의미 있는 참여를 보장하는 것이다. 의미 있는 참여란 개발 사업이나 정책에 영향받는 주민이 정책 결정이나 이행 과정에 참여할 수 있어야 하고 그 과정에서 관련 정보가 공개되고 상호 소통을 통해 정보의 의미가 공유되어야 하며 이해 당사자들의 동의에 기초해서 결정이 이루어져야 함을 말한다. 이러한 정의의 차원을 각각 실질적 정의substantive justice, 분배적 정의distributive justice, 절차적 정의procedural justice라 부를 수 있다(Agyeman, 2005). 이 외에도 생산 과정에서부터 정의를 구현해야 한다는 생산적 정의productive justice와 모든 구성원이 권리 주체임을 인정하는 승인적 정의recognition justice 등도 포함될 수 있다.

이러한 환경 정의는 자유민주주의를 통해서 구현할 수 있지만 대체로 제한적이다. 자유민주주의 원리의 작동이 시간과 공간, 종의 차원에서 한계가 있기 때문이다. 시간 차원에서 자유민주주의는 대체로 대의제를 기본으로 하기에 선출직들은 당선을 위해 현세대의 단기적인 관심사에 초점을 맞춘다. 선거에서 주요 의제로 다뤄지지 않는 한 미래 세대는 관심사가 될 수 없다. 공간도 마찬가지이다. 일정 지역, 기껏해야 국가 내로 한정되어 국경을 넘어서는 국가 간 환경 정의에는 주목하지 않는 경향이 있다. 종의 경우도 인간에게만 관심을 둘 뿐 다른 생물종들과의 환경 정의에는 주의를 기울이지 않는다. 생태 위기는 미래 세대와 현세대, 국가와 국가, 자연과 인간, 사회의 '정의로운 관계'로 시야를 넓히지 않으면 해결하기 어렵다. 현세대에서 한 사회 내의 환경 불의를 바로잡고 정의로운 관계를 회복한다고 해서 현세대에 의한 미래 세대의 희생이, 한 국가에 의한 다른 국가의 수탈이, 인간에 의한 자연의 착취가 자연스럽게 해결되지는 않는다. 미래 세대와 다른 생물종들에게 환경 위기와 부담을 전가하지 않고 그들을 권리 주체로 인정하는 것이 생태 정의의 기본 출발이다.

그렇다면 생태 정의가 추구하는 가치는 어떻게 실현할 수 있을까?

어떤 방법과 절차가 필요할까? 기본적으로 의사 결정 과정에서 '다른 처지 되어보기'가 가능해야 한다. 이를 위해서는 숙의가 필수적이다(윤순진, 2009, 2018). 생태 민주주의는 자유민주주의와 완전히 구분되기보다 자유민주주의의 전통을 기반으로 한다. 생태 민주주의가 추구하는 숙의는 자유민주주의의 합리성을 기초로 한다. 담화의 합리성discursive democracy에 의지해서 대화와 소통의 과정을 거친다면, 시간과 공간, 종의 경계 안에서 자유롭지 못했던 자유민주주의의 근시안적인 관점을 벗어나 생태적으로 건전한 결과를 낳을 수 있다(Dryzek, 1990, 1996, 1998). 숙의적 의사 결정 과정을 거치게 되면 민주적인 '절차'에만 관심을 둠으로써 생태적으로 건전한 '내용'을 담보할 수 없는 자유민주주의적 의사 결정의 한계를 넘어설 가능성이 높아진다.

문제는 의사 결정 과정에 누가 참여할 것인가이다. 자유민주사회에서는 주로 선출직과 임명직 공무원들이 주요 결정을 내렸다. 하지만 1990년대 이후에는 의사 결정 과정에 시민사회의 참여와 합의 형성이 강조되고 있다(이상헌, 2005; 윤순진, 2006). 거버넌스 패러다임이 출현한 것이다. 전 세계적으로 세계화와 지방화, 정보화, 시민사회의 성장, 정부의 실패 등 환경 변화가 이루어짐으로써(Pierre and Peters, 2000) 정부가 일방적으로 사회를 관리하고 통치하던 '정부government의 시대'로부터 정부와 기업, 시민사회가 함께 정책을 만들고 함께 문제를 해결하며 함께 책임지는 '거버넌스governance의 시대'로 변화한 것이다(최병대 외, 2002; 윤순진, 2006). 정부만이 공공 정책의 유일한 결정자여서는 곤란하며 국가 의사 결정 과정을 민간에 개방할 수 있다는 인식이 확산된 결과이다.

거버넌스는 원래 국가가 행정 권한을 행사하는 방식, 즉 국정 운영 체계를 뜻했지만 이제는 정부의 일방적인 통치를 넘어서 비정부 영역의 다양한 행위 주체가 참여하여 공공의 가치와 목적에 대한 사회적 합의를 모색하는 협력적 의사 결정 방식을 의미하게 되었다(이상헌, 2005; 윤순진, 2006, 2015). 좀 더 구체적으로는 다양한 이해 당사자가 동등한 권한과 충분한 정보를 가지고 참여하여 학습과 토론을 통해 목표하는 가치에 합의해 나가면서 성찰을 통해 협력적 의사 결정을 꾀하는 것이다 (정규호, 2002). 다양한 이해 당사자가 참여해 수평 관계 속에서 합의를 이룸으로써 갈등 해결에 기여할 수 있다(고재경·황원실, 2008). 시민사회 행위자들의 참여 확대가 의사 결정 과정에서 독점적 지위를 누려온 정부 역할의 쇠퇴를 의미하지는 않는다. 직접적인 '노 젓기rowing'에서 '조타하기 또는 방향 잡기steering'로 정부 역할이 변화함을 의미한다(Pierre and Peters, 2000). 시민이 참여하여 더욱 광범위한 사회적 합의를 도출함으로써 오히려 정책의 정당성과 효과성이 높아지게 된다(윤순진, 2015).

거버넌스 체제에서는 정보에 입각한informed 참여자들의 판단과 결정이 중요하다. 따라서 참여자들에게 다양한 정보를 충분히 공개하고 공유해야 한다. 제공된 정보를 기반으로 다양한 이해 당사자가 토론하고 숙의하는 과정을 거치면 참여자들은 자신의 의견이나 자신이 참여해서 함께 내린 결정에 책임감을 느끼게 된다. 그 결과 정책의 질이 높아지게 된다. 참여자들이 형식적 참여를 넘어 공동으로 의사 결정을 하기 위해서는 정보를 투명하게 개방하고 공유해야 한다. 이를 기초로 토론과 소통, 설득과 숙의가 이루어져야 하며, 참여자들은 도출된 결정에 책임을 져야 한다. 바로 이 점에서 생태 민주주의와 녹색 거버넌스가 만날 수 있다. 조명래(2003)는 녹색 거버넌스를 '지속 가능 발전을 실현하는 거버넌스'란 의미로 사용하기도 했는데 절차의 민주성에 머무르지 않고 이를 넘어 결과의 생태성을 지향하기 때문이다. 참여자들이 생태 민주주의가 추구하는 생태 정의의 중요성과 필요성을 인식하고 정보의 공개와 공유를 기반으로 숙의적 의사 결정 과정을 거칠 때 절차의 민주성과 함께 결과의 생태성 또한 확보할 가능성이 커진다.

3. 한국 녹색 거버넌스의 현재

현재 한국에서는 중앙정부는 물론 지방정부에서도 거버넌스 기구를 적지 않게 마련해 두고 있다. 다만 거버넌스 기구가 있다고 해서 녹색 거버넌스가 실현되고 있다고 단정할 수는 없다. 한국에서는 녹색 거버넌스가 어느 정도 이루어지고 있을까? 한계가 있다면 어떤 부문에서 왜 발생할까? 이 절에서는 우리나라의 최상위 녹색 거버넌스 기구인 녹색성장위원회와 미세먼지 문제 해결을 위한 거버넌스 기구인 국가기후환경회의를 살펴보면서 한국 녹색 거버넌스의 현재를 탐색하고자 한다.

1) 녹색성장위원회

(1) 녹색성장위원회의 법률상 역할과 지위, 구성
법률상 우리나라의 최상위 녹색 거버넌스 기구는 녹색성장위원회(약칭 녹색위)이다. 우리 현대사에서 녹색 거버넌스를 지향하며 등장한 기구는 2000년에 설립된 대통령 자문 지속가능발전위원회(약칭 지속위)이다. 김대중 정부가 2000년 6월 동강댐 건설 계획 백지화를 선포하면서 개발을 둘러싼 사회적 협의를 위한 대통령 자문기구로 그해 9월 설치했다. 지속위는 노무현 정부를 지나 이명박 정부 초기까지 운영되었다. 이명박 정부 초기에는 노무현 정부 시절인 2007년에 제정해 2008년부터 시행에 들어간 '지속가능발전 기본법'에 따라 국가지속가능발전위원회로 위상을 격상하여 운영했다. 하지만 이명박 정부는 2008년 8월

광복절 기념 축사를 통해 녹색 성장을 새로운 국가 발전 패러다임으로 천명하면서 2009년 제정된 '저탄소 녹색성장 기본법'을 통해 녹색위를 녹색 거버넌스 기구로 새롭게 출범시켰다.[1] 현재 한국에서는 이론적으로 하위 범주를 다루는 녹색위가 좀 더 상위 범주를 다루는 지속위보다 법률상 지위가 더 높은 상태이다(윤순진, 2009).[2]

1　2008년 2월, 2007년에 제정되었던 '지속가능발전 기본법'이 발효되어 제5기 지속가능 발전위원회가 대통령 직속 자문기구에서 독립적인 행정위원회인 국가지속가능발전위원회로 격상되어 재출범하게 되었다. 하지만 이명박 정부가 출범한 후 '저탄소 녹색성장 기본법' 제정과 맞물려 '지속가능발전 기본법'이 환경부 관할의 일반법인 '지속가능발전법'으로 격하되고 이에 근거해서 환경부 산하의 부처위원회인 지속가능발전위원회로 지위가 낮아졌다(윤순진, 2009). 지속위는 위원장 1명을 포함한 50명 이내 위원으로 구성하고, 공무원 아닌 위원이 전체의 과반수가 되어야 한다. 당연직 위원은 대통령령에 따른 중앙행정기관의 고위공무원단 소속 고위공무원이며, 위촉 위원은 시민사회단체, 학계, 산업계 등에서 지속 가능 발전에 관한 지식과 경험이 풍부한 자를 대통령이 임명한다. 위원회는 다음 사항의 심의를 주요 기능으로 한다. '저탄소 녹색성장 기본법'에 따른 지속 가능 발전 기본계획 수립·변경, 지속 가능 발전 이행계획의 협의·조정, 국가 이행계획의 추진 상황 점검, 지속 가능 발전 법령 및 행정계획에 대한 검토 및 통보, 지속 가능 발전 지표의 작성 및 지속 가능성 평가, 지속 가능성 보고서의 작성 및 공표, 지속 가능 발전 지식·정보의 보급, 지속 가능 발전 교육·홍보, 국내외 협력, 그 밖에 지속 가능 발전을 위하여 고려해야 할 주요 정책과 이와 관련된 사회적 갈등 해결에 관하여 환경부 장관에 대한 자문이 필요한 사항. "지속가능발전포털"에 올려진 자료를 보면 현재 지속위 민간 위원은 26명인데 연구 분야로 위원을 구분하고 있다. 연구 분야별로 보면, 파트너십(2명), 물과 위생(3명), 기후변화 대응(2명), 건강 및 웰빙(2명), 기아 해소·지속 가능 농업(2명), 양질의 교육(2명), 지속 가능한 소비·생산(1명), 평화와 정의·제도(1명), 양질의 일자리(1명), 에너지(1명), 지속 가능한 도시(1명), 육상생태계(1명), 해양생태계(2명), 빈곤 종식(2명), 양성평등(1명), 불평등 완화(1명), 산업·혁신과 인프라(1명) 등이다.

2　녹색위는 '저탄소 녹색성장 기본법'(2010. 1 발효)이 제정되기 전 2009년 1월 대통령훈령 제239호 '녹색성장위원회의 구성 및 운영에 관한 규정'에 바탕을 두고 2월에 출범했다. '저탄소 녹색성장 기본법'의 녹색성장위원회 규정은 대통령훈령을 그대로 이어받았다. 출범 당시에는 대통령 직속이었으나 박근혜 정부 때 국무총리실 소속으로 변경되었다.

녹색위의 구성과 기능은 '저탄소 녹색성장 기본법' 제3장(제14~21조)에서 규정하고 있다. 녹색위의 주요 역할은 국가의 저탄소 녹색 성장과 관련된 주요 정책 및 계획과 그 이행에 관한 사항, 기후변화 대응 기본계획, 에너지 기본계획 및 지속 가능 발전 기본계획 등을 심의하는 것이다(제14조 ①).

녹색위는 위원장 2명을 포함한 50명 이내의 위원으로 구성되는데 국무총리와 위원들 중 대통령이 지명하는 민간 위원이 공동위원장이 된다. 녹색위는 기획재정부 장관, 과학기술정보통신부 장관, 산업통상자원부 장관, 환경부 장관, 국토교통부 장관 등 대통령령으로 정하는 공무원인 당연직 위원과 '기후변화, 에너지·자원, 녹색 기술·녹색 산업, 지속 가능 발전 분야 등 저탄소 녹색 성장에 관한 학식과 경험이 풍부한 사람' 중에서 대통령이 위촉하는 위촉직 위원으로 구성한다. 위원의 임기는 1년이며 연임할 수 있다(제14조). 녹색위는 업무를 효율적으로 수행·지원하고 녹색위 위임 업무를 검토·조정 또는 처리하기 위하여 분과위원회를 둘 수 있다. 지방자치단체의 저탄소 녹색 성장과 관련된 주요 정책 및 계획과 그 이행에 관한 사항을 심의하기 위하여 시도지사 소속으로 지방녹색성장위원회를 둘 수 있다(제20조).

(2) 녹색성장위원회의 인적 구성

2019년 현재 녹색위는 9기에 접어들었다. 2010년 이명박 정부에서 1기 위원회가 출범한 이후 이명박 정부에서 1~3기, 박근혜 정부에서 4~7기를 거쳐 문재인 정부 들어서 8기와 9기가 구성되었다.[3] 문재인 정부 출

---

3 이 장의 주목적이 녹색위를 통해 본 정부 간 녹색 거버넌스 비교보다 녹색위의 녹색 거버넌스 현황을 파악하는 데 있기에, 문재인 정부의 8기와 9기 녹색위만을 대상으로 한다. 현 녹색위 위원장, 위원들과의 인터뷰를 통해 박근혜 정부에서는 녹색위가 법에

범 직후인 2017년 5월 26일 환경부는 국정기획위 업무 보고를 통해 환경부 산하 지속가능발전위원회와 총리실 산하 녹색성장위원회를 통합해 대통령 직속 '국가지속가능위원회'로 격상해서 설립하고 2030년 국가 지속 가능 목표 설정 등 환경 정책의 장기 마스터플랜을 수립하기로 했다. 하지만 이 방안은 전임자 업적 지우기 차원에서 이명박 정부의 녹색위를 폐지하기 위한 것이라는 제1 야당의 반발로 추진하지 못하는 상태이다. 따라서 문재인 정부에서도 녹색위가 대표적인 녹색 거버넌스 기구로 기능하고 있다.

문재인 정부의 녹색위 8기와 9기는 〈표 12-2〉와 같이 구성되어 있다. 〈표 12-2〉는 녹색위가 제9기 녹색위 위원 구성을 자체적으로 분석해서 작성한 표를 재구성하고 그와 동일한 방식으로 8기 녹색위 위원 구성을 분석한 것이다. 녹색위가 자체적으로 이런 표를 작성했다는 것은 9기 위원 구성에서 성별, 연령별, 지역별, 활동 분야별로 다양한 위원들을 위촉하려는 의지가 있었음을 드러낸다. 8기에 비해 9기의 위원 구

따라 설치되기는 했지만 서면 심사 위주로 운영되었을 뿐 제대로 운영되지 않았음을 알 수 있었다. 같은 정당에 기반을 둔 정부였지만 박근혜 정부에서는 이명박 정부가 설치한 녹색위에 별다른 의미를 부여하지 않았으며 심지어 전임 정부 업적 지우기 차원에서 법적 기구임에도 불구하고 의도적으로 녹색 거버넌스 기구의 활동을 회피하는 경향을 보였다. 박근혜 정부는 녹색위를 대통령 직속에서 국무총리 산하로 격하시키면서 대부분의 업무를 서면 심사로 처리하고 예산 또한 별로 배정하지 않아, 그런 조건에서 출범한 문재인 정부의 녹색위 8기는 활동에 많은 제약이 있었다는 피면접자들의 발언이 있었다. 이 글에서는 '지속 가능한 대한민국'을 대통령 공약으로 내세웠던 문재인 정부의 대표적인 녹색 거버넌스 기구인 녹색위를 통해 녹색 거버넌스의 현재를 살펴보고자 하므로 문재인 정부의 녹색위 활동으로 범위를 제한한다. 대선 후보 시절 문재인 대통령은 4대 비전 중 하나로 '지속 가능한 활기찬 대한민국'을 내세웠고 '12대 공약'의 11번으로 '지속 가능하고 성평등한 대한민국'을 주창했으며 11번 공약의 세부 주제 28번으로 '지속 가능한 대한민국'을 내걸었다. 그 가운데 50번 약속으로 "신기후 체제에 대응하는 에너지 거버넌스를 구축하겠습니다"라고 했다.

표 12-2 | 녹색위 제8기와 제9기 위원 구성

분류		제8기			제9기		
		인원(명)	비율(%)	비고	인원(명)	비율(%)	비고
분과위별	총괄 기획	15	60.0	민간 공동위원장은 제외, 분과 중복 참여 허용(4명은 한 분과, 그 외는 2개 분과 참여)	8	33.3	민간 공동위원장은 분과위원에서 제외
	기후변화	11	44.0		8	33.3	
	에너지 전환	18	72.0		8	33.3	
성별	남자	14	56.0		13	52.0	
	여자	11	44.0		12	48.0	
연령별	30대	2	8.0	민간 공동위원장은 70대	3	12.0	민간 공동위원장은 70대
	40대	7	28.0		4	16.0	
	50대	13	52.0		15	60.0	
	60대 이상	3	12.0		3	12.0	
지역별	수도권	23	92.0	비수도권은 충남 공주 1, 부산 1	20	80.0	비수도권은 세종 2, 울산 2, 부산 1
	비수도권	2	8.0		5	20.0	
활동 분야 (직능)별	학계 (대학교수)	12	48.0	환경공학 2, 전기공학 2, 환경에너지정책학 2, 경제학 4, 건축학 1, 해양학 1	8	32.0	환경공학 1, 전기공학 1, 환경에너지정책학 1, 경제학 3, 건축학 1, 해양학 1
	공공기관	-	-		4	16.0	국토연구원, 에너지공단, 한국환경정책·평가연구원, 에너지경제연구원
	시민사회	5	20.0	환경운동연합, 녹색연합, 녹색교통, 녹색전환연구소, 녹색에너지전략연구소	4	16.0	환경운동연합, 녹색연합, 녹색교통, 녹색전환연구소
	기업인	3	12.0	바이오스마트, 루트에너지, 에코앤파트너스	3	12.0	바이오스마트, 루트에너지, 에코앤파트너스
	지자체 전문가	3	12.0	지자체 소속 연구원: 충남연구원, 경기연구원, 서울연구원	3	12.0	지자체 소속 연구원: 경기연구원, 서울연구원, 경기테크노파크

			변호사 1			변호사 2
기타	2	8.0	(녹색법률센터),	3	12.0	(녹색법률센터,
			전 국회의원 1			기후솔루션),
						전 국회의원 1

자료: 녹색성장위원회(2018.4.19); 녹색성장위원회(2019.5.17)를 기초로 재구성.

성이 좀 더 다양해졌으며 편향성이 조금씩 개선되고 있음을 알 수 있다.

8기와 9기 구성을 비교하면 남녀가 거의 절반씩이어서 상당한 성적 균형이 이루어졌음을 알 수 있다. 연령별로는 50대 위원이 많지만 50대가 우리 사회나 다양한 위원회에서 중심 역할을 하는 것을 감안한다면 크게 문제 된다고 보기는 어렵다. 30대와 40대까지도 포괄하려는 모습을 볼 수 있으며 60대 이상이 현재의 인구 비율에 비해 오히려 소수인 점도 눈에 띈다. 지역별로는 여전히 수도권에 편중되어 있기는 하지만 8기에 비해 9기가 조금 개선된 것으로 나타났으며 활동 분야별로도 8기가 학계(대학교수) 비율이 거의 절반에 가깝게 상대적으로 높았던 데서 다소 개선되어 국책연구원을 비롯한 공공기관 소속 인사가 추가되었음을 알 수 있다. 또 시민사회의 경우 환경운동연합, 녹색연합 같은 전국 규모의 단체만이 아니라 교통 분야와 함께 소규모 민간 연구소 연구자들도 포함되었음을 알 수 있다. 기업인의 경우 많은 위원회에서 대기업, 에너지 다소비 기업, 업종별 협의회 대표들을 참여시키는 것과 달리 녹색위에는 소규모 신생 기업 대표들이 참여하는 것도 눈에 띄는 대목이다.

(3) 녹색성장위원회의 녹색 거버넌스 현황

실제 녹색위는 운영 과정에서 녹색 거버넌스를 어느 정도나 구현하고 있을까?[4] 현재 녹색위는 '저탄소 녹색성장 기본법'상 국무총리실 소속으로 에너지, 기후변화, 지속 가능 발전 관련 계획을 심의하는 최상위 거버넌스 기구임에도 불구하고 8기 녹색위는 예산도 인력도 충분하지 않은 상태에서 시작했다. 이명박 정부 때 만든 위원회라는 낙인 효과와 함께 박근혜 정부에서는 분과위 활동이 이루어지지 않았고 전체 회의도 거의 서면 회의로 진행했기 때문에 현 정부에서도 역할이 줄어들 것이라는 전망이 강한 가운데 예산과 인력 배정이 부실한 열악한 조건에 놓여 있었다. 하지만 8기와 9기 녹색위는 녹색 거버넌스 차원에서 그 나름의 성과를 거두고 있다는 것이 대체적인 평가이다.

무엇보다 문재인 정부에서 녹색위는 폐지되어야 할 과도기적 기구로 보는 시각이 일부 있는가 하면 존재감이 별로 드러나지 않아 역할에 대한 별다른 기대가 없기도 하다. 위상과 대외 인식은 낮은 상태이지만 법적인 권한과 책임이 있으므로 8기와 9기 녹색위는 현 정부의 국정 과제로 제시한 에너지 전환 기조를 반영해서 기후변화 대응 기본계획과 에너지 기본계획, 지속 가능 발전 기본계획 등의 장기 계획을 수립할 수 있도록 주어진 여건 속에서 노력하고 있다. 이들 계획을 심의할 때 산업통상자원부, 환경부, 국토교통부 등 온실가스 감축의 핵심 부처들의 이해관계가 맞부딪혀 이를 조정할 필요가 컸다. 이에 녹색위에서는 '심의 기준'을 수립하여 이 기준에 따라 심의할 것을 부처들에 공표하여 조정을 위한 기준으로 삼았다. 녹색위 8기 때 만든 녹색위 일반 심의 기준, 2030 로드맵 심의 기준, 3차 에너지 기본계획에 대한 심의 기준이 녹색위 활동 방향을 잘 드러내고 있다. 심의 기준은 위원들이 자발

---

4 이 절은 녹색위 8기와 9기에 참여 중인 위원들을 대상으로 한 심층 면접 결과를 토대로 기술한 것이다. 피면접자들은 녹색위 위원장(학계, 70대 남성)과 간사(시민사회계, 40대 여성), 위원 3인(학계, 50대 남성 위원 1인/학계, 30대 여성 위원 1인/기업 소속, 30대 남성 위원 1인)이다.

적인 회의를 여러 차례 열어서 깊이 있게 논의하여 작성했다. 심의 기준은 '① 간결하게 만들되 정부 계획에 꼭 반영되어야 할 원칙을 담을 것, ② 각각의 계획에 방향을 제시하는 기준으로 삼을 수 있는 내용으로 할 것'이란 원칙하에 채택했다. 그 결과 채택한 녹색위의 일반 심의 기준은 다음과 같다.

  가. '녹색성장 기본법' 등 관계 법령에 부합되어야 하고 기후 환경과 에너지 계획 등 유관 계획 간 정합성을 확보할 것.
  나. 제3차 에너지 기본계획은 2차 에너지 기본계획 등 지난 계획에 대한 평가와 에너지 생산과 소비 전반에 대한 전환을 포함할 것.
  다. 필요시 정책 및 계획별 세부 심의 안건은 분과위별로 별도 심의 기준 마련.

이러한 심의 기준을 토대로 심의 안건은 분과위 검토를 거쳐 통합 분과위 전체 논의 후 본회의에 상정하기로, 보고 안건은 원칙적으로 분과위 검토를 거쳐 본회의에 상정하기로 논의 절차를 정했다. 8기 녹색위는 제3차 에너지 기본계획을 심의했는데 심의에 앞서 부처들에 대해 다음의 심의 기준을 제시했다.

제3차 에너지 기본계획은 '안전하고 깨끗한 에너지로의 전환'이라는 국정 철학이 반영되어야 함. 2040년 지속 가능한 사회에 대한 전망을 바탕으로 국민의 삶과 직결된 전기, 열에너지, 수송 연료 전반에 걸친 제도와 기술 혁신을 통해 에너지 전환을 실현할 수 있어야 함. 이를 위해 다음 사항을 심의 기준으로 제시함.
1. 국가 온실가스 감축 로드맵과의 정합성 등 에너지 정책과 환경 정책의

조화를 통해 미세먼지와 온실가스 감축 목표를 달성해야 함.

2. 에너지 전환의 정책 의지를 반영한 에너지 수요 목표와 실현 방안 제시. 특히, 에너지 수요 관리를 최우선 과제로 실효성 있는 에너지 세제, 요금, 규제 및 시장 제도의 혁신 방안을 마련해야 함.

3. 에너지 생산과 소비의 전환에서 기술 혁신과 투자 확대를 통해 새로운 일자리 창출 방안을 마련해야 함.

4. 에너지 분권 및 분산형 에너지 체제 구축 방안 마련. 특히, 에너지 전환의 주체로서 정부, 지자체, 시민과 기업이 참여하는 에너지 거버넌스를 구축해야 함.

5. 계획 수립 이후 실행력이 담보될 수 있는 추진 체계를 구축하고, 이행에 대한 평가 체계를 마련해야 함.

또 문재인 정부는 2016년에 박근혜 정부가 발표한 '2030 온실가스 감축 로드맵'의 수정·보완에 나섰는데 이에 대해 녹색위는 다음의 심의 기준을 제시했다.

'2030 온실가스 감축 로드맵' 수정안은 다음의 주요 조치와 수단을 포함해야 한다.

• 2030년의 온실가스 감축 목표는 후퇴 금지 원칙을 고려하여 2030년 온실가스 예상 배출량 대비 37% 감축 달성으로 하되, 배출량 기준으로 2030년 5억 3600만 톤까지 감축해야 한다.

• 국외 감축분 11.3%는 국내로 전환하되, 국외 감축분의 책임 주체와 정책 수단을 제시해야 한다.

• '전기사업법'상 환경 급전을 반영하고, 발전 연료 저탄소화를 통해 온실가스 감축을 이행해야 한다.

• 향후 제출할 NDC를 감안하여 시나리오를 작성하고, 2030년까지 매년 혹은 일정 기간(3~5년)의 국내 총배출량을 제시해야 한다.

녹색위가 마련한 심의 기준은 관련 부처가 지켜야 할 최저 기준으로, 관련 부처들의 성장 지향성을 완전히 제압하지 못했다는 한계가 있지만 제한적으로나마 '환경 건전성'을 일정 부분 담보할 수 있는 토대가 되었다. 이런 기준을 바탕으로 녹색위는 온실가스 감축 2030 수정 로드맵에서 해외 감축분을 국내 감축분으로 대폭 반영했고, 그 과정에서 감축분으로 확정하지 못한 3400만 톤을 제3차 에너지 기본계획에 반영하려고 노력했다. 결국 이 부분까지는 달성하지 못하고 2020년에 장기 저탄소 발전 전략과 국가별 기여 방안, 제9차 전력 수급 기본계획에 반영하는 것으로 미뤄졌지만 환경부, 산업통상자원부, 국토교통부 등 부처 간 의견 차를 조율하면서 온실가스 감축 목표가 여타 에너지 관련 계획에 최대한 반영되도록 부단히 노력했다. 아울러 녹색위는 제3차 녹색성장 기본계획에 온실가스 감축 목표 달성 여부에 대한 모니터링 평가 시스템을 마련해 정의로운 전환, 참여 분권형 에너지 거버넌스, 금융 부문 기후변화 대응 체계 수립 등을 촉구했다.

절차의 민주성을 넘어 결과의 생태성까지 담보할 수 있는 녹색 거버넌스를 위해서는 정보의 공개와 공유, 참여자 간의 숙의와 소통이 중요하다. 녹색위에서의 정보 공개와 공유의 경우 충분하지 않다는 의견이 지배적이다. 지원단을 통해 정보를 제공하지만 민감 자료의 사전 유출 우려로 사전 심의를 위한 자료 제공이 충분하지 않거나 보안을 이유로 회의가 끝나는 대로 자료를 수거하는 사례가 적지 않다. 정책 실시에 따른 비용 추산이나 전기요금 체계 개편과 같은 정책 변화가 야기할 영향 등에 대한 자료는 공개가 어렵거나 제대로 분석된 자료가 없는 경우도 있다. 기후변화 대응 관련 각 부처의 배출량 산정 자료는 환경부와 제대로 공유되지 않는 등 부처 간 자료 공유 부족 또는 미흡이 녹색위에 제출되는 자료 문제와 연결되어 있다. 그럼에도 불구하고 제공 가능한 정보는 대체로 신속하게 제공하고 있다. 회의 진행 과정과 의사 결정 방식은 상당히 민주적이다. 연령이나 성별에 관계없이 모두가 자유롭게 발언할 수 있다. 분과위에서나 전체 회의에서 모든 위원은 질문할 권리를 보장받고 있으며 모두가 열정적으로 질문하고 의견을 피력한다. 박근혜 정부에서 서면 심의로 진행되었기에 8기 녹색위 출범 당시 예산이 아주 미흡하게 배정된 상태에서 위원들은 여타 위원회의 절반 정도에 불과한 회의 수당을 받거나 때로는 회의 수당 없이 자발적으로 회의를 개최하여 수차례 논의하고 경청하며 숙의한 후 합의를 통해 결정을 내렸다.

(4) 녹색 거버넌스 기구로서의 녹색성장위원회의 도전과 과제

최고 거버넌스 기구로 출범했던 이명박 정부에서와 달리 최근 존재감이 상당히 낮아진 녹색위가 제한된 여건 속에서도 환경 건전성, 즉 결과의 생태성을 추구하면서 활동할 수 있었던 것은 녹색위 위원장의 철학과 지도력leadership, 헌신성과 함께 민간 위원들의 적극적인 의지와 열의 덕분이다.[5] 녹색위 8기와 9기 위원들은 문재인 정부의 기후·에너

---

5 이러한 사실은 면접에 참여한 모든 피면접자가 한결같이 지적하는 부분이다. 참여 위원들의 적극성에 대해 피면접자 한 명은 이렇게 표현했다. "8기 위원회는 거의 투사 정신으로 산업부와 맞서기도 하면서 전반적으로 온실가스 감축에 대한 정책 의지를 높이고 이것을 여러 안에 넣으려고 노력했고, 실제로 이번 9기 심의안에서는 종래에 비해 상대적으로 높은 목표를 관철했다고 볼 수 있습니다." 이런 접근이 가능했던 이유에 대해서는 "녹색위 위원장의 철학과 리더십이 상당히 영향을 미쳤고, 녹색위 위원들의 열정 또한 컸기 때문"이라고 의견을 밝혔다.

지 정책에 대해 주요 심의 기능이 있는 녹색위의 역할이 크다는 인식에서 최선을 다하는 것으로 이해할 수 있다.[6] 비록 제3차 에너지 기본계획이나 2030 온실가스 수정 로드맵, 제2차 기후변화 대응 기본계획이 생태적 건전성을 충분히 담고 있다고 보기는 어려우나 현재의 녹색위 위원들은 녹색 거버넌스를 구현하고 그 나름의 역할을 하기 위해 노력하고 있다.

하지만 현재의 녹색위 체제는 녹색 거버넌스 실현에 여전히 한계가 있다. 녹색위는 비상임 회의체 기구이기에 위원은 물론 위원장조차 심의 대상인 정책이나 계획 내용을 깊이 있게 파악하고 보완해 나가기 어려운 구조이다. 이런 구조적 한계 외에도 8기와 9기 녹색위는 녹색성장지원단 부단장이 오랫동안 공석이었고, 8기 출범 때 예산도 제대로 잡혀 있지 않은 상태여서 녹색위 회의가 제대로 지원되기 어려웠다. 본질적으로는 여전히 성장주의가 전 사회적으로 지배적인 상황에서 녹색가치를 녹색위가 제대로 실현하기에는 한계가 있다. 녹색위 위원들은 대체로 기후변화 대응에 한국이 더 적극적으로 나서야 한다고 보지만 이러한 의견이 2030 국가 온실가스 감축 로드맵 수정이나 기후변화 대응 종합계획에 충분히 반영되기 어려웠다. 녹색위에 산업계 소속 위원이 상대적으로 적다는 사실도 향후 녹색위가 산업계와의 협력과 대화에 좀 더 적극적으로 나서야 함을 드러내기도 한다. 녹색위 위원장이나 위원들의 헌신적 참여를 통해 지켜야 할 기준을 정하고 부처 간 협력을 요구하며 조정 역할을 해왔으나 본질적으로 목표 수립 시 정부가 정한 일정 수준을 넘어서기는 어려운 한계가 있다. 게다가 녹색 성장보다 상

---

6 특히 녹색위 위원장은 회의 때마다 '저탄소 녹색성장 기본법' 조문을 읽으면서 녹색위가 법에 따라 권한을 행사하기 위해 노력하고 있음을 강조했다고 한다.

위 개념인 지속 가능 발전을 추구하기 위해 부처 간 조정 역할이 맡겨진 지속가능발전위원회가 환경부의 위원회로 존재하고 있어 두 거버넌스 기구의 위상과 역할에 대한 혼란이 걸림돌로 작용하고 있기도 하다.

2) 국가기후환경회의

(1) 국가기후환경회의의 등장 배경과 역할

미세먼지에 대한 국민의 우려가 갈수록 높아짐에 따라 2018년 8월 14일 '미세먼지 저감 및 관리에 관한 특별법(미세먼지법)'이 제정되어 2019년 2월 15일부터 시행에 들어갔다. 세계보건기구WHO 산하 국제암연구소는 2013년 미세먼지를 1군 발암물질로 분류했다. 우리나라의 미세먼지 평균 농도는 지난 20여 년간 꾸준히 개선되어 왔으나 여전히 미국, 유럽 등 선진국보다 2배 정도 높은 수준이고 경제협력개발기구OECD 36개 회원국 가운데 최하위 수준인 데다 갈수록 고농도 미세먼지 발생 일수와 농도가 증가하는 경향이 나타나고 있다. 2018년 환경부가 실시한 환경 문제에 대한 국민 인식 조사에서 미세먼지는 응답자의 82.5%가 심각하다고 답할 정도로 가장 심각한 환경 문제로 인식되고 있다. 이러한 배경에서 '미세먼지법'이 제정되고 그 법 제10조에 따라 '미세먼지의 저감 및 관리를 효율적으로 추진하기 위하여' 관제탑control tower 역할을 하는 거버넌스 기구로 미세먼지특별대책위원회(약칭 미세먼지특위)를 국무총리 소속으로 설치했다.[7] 미세먼지특위는 위원장을 포함한 40명

---

7 미세먼지특별대책위원회는 다음 각 호의 사항을 심의한다. 1. 종합계획의 수립·변경, 2. 시행 계획 추진 실적의 점검·평가, 3. 미세먼지 등의 배출 저감 및 관리, 4. 미세먼지로 인한 국민의 건강 관리, 5. 미세먼지 저감을 위한 대응 요령 등 국민 제안 및 실천 사항, 6. 미세먼지 저감 및 관리를 위한 국제 협력, 7. 미세먼지 등의 저감 및 관리를

이내의 위원으로 구성하는데 당연직 위원은 대통령령으로 정하는 관계 중앙행정기관의 장들이며 위촉 위원은 미세먼지에 관한 지식과 경험이 풍부한 사람 중에서 위원장이 위촉하는 사람으로 한다.[8] 위원장은 국무총리와 위촉 위원들 중 대통령이 지명하는 자가 공동으로 맡는다. 미세먼지특위는 '미세먼지법'이 시행에 들어간 2019년 2월 15일에 출범했다. 미세먼지특위의 존속 기한은 5년(2019년 2월 15일~2024년 2월 14일)으로 만료 1년 전 연장 여부를 국회에 보고하도록 되어 있다. 사무국으로 국무총리 소속 미세먼지개선기획단(단장은 국무조정실 사회조정실장)을 두도록 했다.

그런데 미세먼지특위가 출범한 지 얼마 지나지 않은 2019년 3월 1일부터 7일까지 무려 일주일 동안 수도권에 고농도 초미세먼지 비상 저감 조치가 시행되는 최악의 고농도 미세먼지 사태가 발생했다. 일주일 연속 고농도 비상조치 시행 바로 이튿날인 3월 8일 바른미래당이 미세먼지에 대한 초당적이며 범국민적 대처를 위한 범국가 기구 구성을 제안하고 초대 위원장으로 반기문 전 유엔 사무총장을 추천했다. 이에 3월 12일 문재인 대통령은 바른미래당의 제안을 적극 수용할 것을 지시하고 3월 21일 반기문 전 사무총장이 위원장직을 수락함으로써 4월 29일 대통령 직속의 '미세먼지 문제 해결을 위한 국가기후환경회의'가 출범

위하여 필요한 사항으로 대통령령으로 정하는 사항, 8. 그 밖에 위원장이 필요하다고 인정하여 부의하는 사항.

8 당연직 위원은 공동위원장인 국무총리 위원장 외에 기재·교육·과기·외교·행안·문체·농림·산업·복지·환경·고용·국토·해수·중기부 장관, 국조실장, 산림·기상청장 등 18명이다. 위촉직도 현 1기 위원회의 경우 공동위원장 포함 18명이다. 위촉직의 임기는 3년으로 1회 연임이 가능하다. 1기 민간 위원은 대학교수가 8명, 공공기관 1명, 국책 연구원 3명, 기업인 4명(공기업 1명 포함), 시민단체 2명으로 구성되어 있다. 1기 미세먼지특위는 3개 분과로 국민 건강 보호·소통 분과에 5명, 과학·국제 협력 분과에 6명, 미세먼지 저감 분과에 6명이 배치되어 있다.

하게 되었다. 그 사이 3월 13일에는 미세먼지를 사회 재난으로 정의한 '재난 및 안전관리 기본법' 일부 개정 법률안이 국회 본회의를 통과했다. 국가기후환경회의는 대통령령 제29713호 '미세먼지 문제 해결을 위한 국가기후환경회의의 설치 및 운영에 관한 규정'(2019.4.25 공포 및 시행)을 근거로 설치되었다.

대통령 직속 자문기구인 국가기후환경회의는 '미세먼지 문제 해결에 사회 각계각층의 국민이 직접 참여하여 국민이 체감하고 납득할 수 있는 미세먼지 정책 수행 기반을 마련하는 것'을 목표로 한다. 구체적으로 세 가지를 주요 역할로 한다(국가기후환경회의, 2019a). 첫째, 광범위한 국민 의견 수렴 과정을 통해 범국가 의제를 발굴하고 정부에 근본 해법을 제안한다. 둘째, 미세먼지 해결을 위한 국민 행동 변화를 위해 산업계, 시민사회 등과 소통하며 범사회적 실천과 참여를 권고한다. 셋째, 기후변화와 연계하여 미세먼지 문제 해결을 위한 국제 네트워크를 구축하고 강화한다. 국가기후환경회의는 이 기구의 출범으로 많은 국민이 직접 미세먼지 정책에 참여해서 목소리를 낼 수 있는 공식 채널이 마련되었고 사회적 파급 효과가 크지만 부처 갈등과 기득권 장벽 등으로 추진이 어려웠던 큰 과제를 국민 눈높이에서 검토함으로써 국민의 정책 수용성과 만족도를 높일 수 있게 되었다는 데 의의가 있다고 보았다. 아울러 미세먼지를 실질적이고도 근본적으로 해결하기 위해 기후변화와 연계해서 중국 등 다른 국가들과의 국제 협력 증진에 기여할 수 있다고 보았다.

국가기후환경회의 설치 및 운영 규정에 따르면 국가기후환경회의는 다음 각 호의 사항에 관하여 국민 의견을 수렴하여 논의하고, 대통령 자문에 응하는 것을 목적으로 한다.

1. 미세먼지 문제 해결을 위한 범국가적 대책 마련에 관한 사항.

2. 산업, 수송, 발전 등 주요 부문의 미세먼지 저감에 관한 사항.

3. 국내외 미세먼지 배출과 이동 등에 대한 과학적 분석에 관한 사항.

4. 동북아 미세먼지 저감을 위한 공동 연구 등 국제 협력에 관한 사항.

5. 미세먼지 문제 관련 사회경제적 손실 완화와 그 지원에 관한 사항.

6. 미세먼지로 인한 국민 건강 피해의 예방에 관한 사항.

7. 미세먼지 관련 국민 이해 증진 및 홍보·소통에 관한 사항.

8. 미세먼지 문제와 관련된 기후변화 대책에 관한 사항.

9. 그 밖에 국가기후환경회의의 기능과 관련하여 국가기후환경회의의
   위원장이 필요하다고 인정하는 사항.

국가기후환경회의 출범 당시 이미 미세먼지 관련 거버넌스 기구로 특별법을 통해 법적 지위를 가진 미세먼지특위가 존재하고 있어서 역할의 중복성 논란이 있었다. 하지만 국가기후환경회의는 미세먼지특위와 달리 정당 추천 국회의원들과 함께 광역지자체장과 기초지자체장 대표 등 지자체장들도 위원으로 참여하고 국민정책참여단 운영 등 국민 의견을 광범위하게 수렴하여 범국가적 국민 행동 변화를 권고하는 데 중점을 둔다는 점에서 미세먼지특위와 다소 차이가 있다. 반기문 위원장의 외교적 리더십을 십분 활용하여 중국을 포함한 다른 국가들과의 국제 협력을 적극적으로 이끌어낸다는 점에서도 의미를 더한다.

(2) 국가기후환경회의의 구성

국가기후환경회의의 본회의는 위원장 1명과 부위원장 1명을 포함해 50명 이내의 위원으로 구성한다. 당연직 위원은 기획재정부 장관, 과학기술정보통신부 장관, 외교부 장관, 산업통상자원부 장관, 환경부 장

표 12-3 | 국가기후환경회의 본회의 위원회 인적 구성 (단위: 명)

당연직(18)			위촉직(민간 위원)	
정부 (8)	기획재정부 장관, 과학기술정보통신부 장관, 외교부 장관, 산업통상자원부 장관, 환경부 장관, 국토교통부 장관, 국무조정실 실장, 대통령비서실 사회수석 비서관	학계 (5)*	호서대 융합과학기술학과 특임교수, 광주과학기술원 지구환경공학부 교수, 연세대 의과대학 예방의학교실 교수, 서울대 사회학과 명예교수, 수원대 환경에너지공학과 교수	
		산업계 (3)	중소기업중앙회 회장, 세계에너지협회 회장, 대한상공회의소 회장	
지자체 (2)**	대구광역시장, 수원시장	시민사회단체 (4)	한국YWCA연합회 회장, 환경운동연합 공동대표, 녹색소비자연대 공동대표, 환경재단 이사장	
		종교계 (3)	대한예수교장로회 사무총장(목사), 민족공동체추진본부 본부장(스님), 천주교 주교회의 생태환경위원회 총무(신부)	
위원회 (2)	미세먼지특별대책위 위원장, 녹색성장위원회 위원장	국제 협력 (3)	전 주유엔 대표부 대사, 광운대 국제학부 교수, 인천대 석좌교수	
정당 (6)	더불어민주당(2), 자유한국당, 바른미래당, 민주평화당, 정의당	시민 대표 (7)	서울노원초등학교 교장, 한국도로공사 수원신갈영업소 실장, 미세먼지 해결 시민본부 대표, 비아캄페시나 동남동아시아 국제조정위원***, 충남 당진시 송악읍 부곡1리 이장, 법무법인 케이씨엘 고문변호사, 소상공인연합회 회장	

* 국가기후환경회의 홈페이지에는 학계가 5명으로 되어 있으나 실제 학계 소속 위원은 7명임. 2명을 국제 협력이란 구성으로 분류함.
** 지자체의 경우 광역지자체장과 기초지자체장 대표가 위촉됨(각각 시도지사협의회 회장, 시장군수협의회 회장).
*** 1993년 출범한 국제농민단체로, 81개국 182개 단체 2억 농민이 회원으로 참여 중.
자료: 국가기후환경회의(2019d)를 재구성.

관, 국토교통부 장관, 국무조정실장, 대통령비서실의 기후환경 정책을 보좌하는 수석비서관, 미세먼지특별대책위원회 위원장, 녹색성장위원회 위원장 등 10명이며, 위촉직 위원은 국내외 기후 환경 및 미세먼지 문제 해결에 관하여 경험과 학식이 풍부한 사람으로 대통령이 위촉하는 사람이다. 위촉 위원의 임기는 2년이다. 1기 위원의 경우 앞서 기술한 장관 6명과 국무조정실장, 대통령비서실 사회수석비서관 등 정부 인사 6명, 대구광역시장과 수원시장 등 지자체장 2명, 미세먼지특위 민간 위원장과 녹색위 민간 위원장 등 위원회 2명, 정당 추천 국회의원 6명(더불

어민주당 의원 2명, 자유한국당 1명, 바른미래당 1명, 민주평화당 1명, 정의당 1명),
위촉직 민간 위원 25명이다. 민간 위원은 산업계 3명, 시민사회단체 4명,
학계 5명, 종교계 3명, 국제 협력 3명, 시민 대표 7명이다. 다른 거버넌
스 기구와 달리 학계와 산업계, 시민사회단체 외에 종교계와 시민 대표
란 범주가 있는데 다양한 이해관계자들을 본회의 위원으로 참여시키려
는 의지가 반영된 것이다. 또한 국제 협력이란 범주를 따로 둔 점도 차
별적이다. 자세한 내용은 〈표 12-3〉으로 정리했다.

국가기후환경회의는 업무 관련 사항에 대한 전문적 검토를 위해 분
야별 전문위원회를 둔다. 현재 전문위원회는 저감위원회(산업발전 분과
와 수송생활 분과), 피해예방위원회, 과학기술위원회, 국제협력위원회,
홍보소통위원회가 있다. 미세먼지특위와 달리 국가기후환경회의의 업
무에 관한 국민의 폭넓은 의견 수렴과 정책 참여를 위하여 '국민정책참
여단'을 둔다. 국민정책참여단은 국민이 숙의 과정을 거쳐 대책 마련에
직접 참여한다는 취지에서 대표성을 갖춘 시민들로 구성해서 운영한
다. 아울러 국민 정책 제안의 분야별 의견 수렴과 조율을 위해 정부·지
자체·산업계가 참여하는 3개 협의체를 운영한다. 국민정책참여단이
제안한 의제의 타당성이나 실행 가능성 등에 대해서는 전문위원회가
검토와 분석을 하고 사회 원로나 석학 등으로 구성된 자문단에 국가기
후환경회의 활동에 대하여 자문한다. 행정 차원에서는 관계 부처 공무
원과 전문 임기제 직원 등으로 사무처를 구성해서 국가기후환경회의
활동을 행정적으로 지원하고 운영위원회를 두어 사무처의 업무를 조정
하고 관리하도록 했다. 국가기후환경회의는 '미세먼지 문제 해결을 위
한 국가기후환경회의의 설치 및 운영에 관한 규정' 시행일로부터 5년간
존속한다. 국가기후환경회의의 조직 구성은 〈그림 12-1〉과 같다.

그림 12-1 ㅣ 국가기후환경회의 조직도

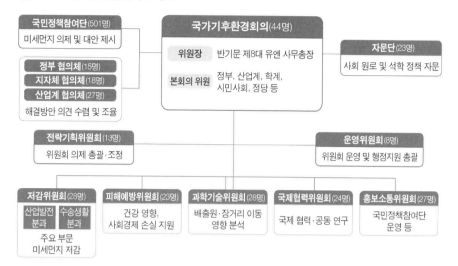

자료: 국가기후환경회의(2019a)를 재구성.

(3) 국가기후환경회의의 국민정책참여단 출범과 공론화 과정

국가기후환경회의는 국민과의 소통을 통한 정책 의제의 공론화와 정책 수용성 향상을 주요한 역할로 삼고 있다. 국가기후환경회의는 '사회 각계의 동참과 숙의를 통한 사회적 합의 도출'을 위해 세 가지 기본 운영 방향을 제시했다. 첫째, 참여자의 포괄성과 대표성 확보이다. 미세먼지나 미세먼지 대응 방안은 사회 전반에 영향을 미치기 때문에 사회적 합의 도출을 위해 성별은 물론 다양한 계층이나 집단, 지역의 참여가 필수라고 보았다. 둘째, 충분한 숙의의 보장이다. 단순 참여가 아니라 논의에 충분히 동참할 수 있는 여건을 제공하고 참여자들이 충분히 토론하고 설득하며 성찰할 기회를 주어야 한다는 것이다. 셋째, 논의 결과의 정책 수용이다. 이는 사회적 합의로 도출되는 논의 결과를 정부가 적극 수용하겠다는 의지에 따른 것이다. 국민정책참여단의 운영과 함께 정부 협의체, 지자체 협의체, 산업계 협의체를 운영함으로써 다양한 차원에서 범국민적 의견을 수렴하도록 했다.

국민정책참여단은 국민의 직접 참여를 위해 고안되었다. 이들의 활동 목표는 국민이 일상생활에서 경험하는 미세먼지 관련 문제점을 확인하고 숙의를 통해 이를 해결할 수 있는 정책 아이디어와 국민 실천 방안을 도출하는 것이다. 포괄성과 대표성, 선발 과정의 투명성과 객관성을 충족하기 위해 국가기후환경회의에서는 성별·연령별·지역별 대표성에다 직업군을 고려하여 501명의 참여자들을 통계적으로 선발했다. 대한민국 국적의 만 19세 이상 국민을 지역(17개 광역시도)·성·연령(20~60대 이상 5개 층)을 고려하여 170개 층으로 세분하여 비례 할당 방식으로 추출하되 학력과 직업을 추가로 고려했다. 정책참여단 모집은 무작위로 선정된 전화번호를 활용한 여론조사 방식RDD: Random Digital Dialing으로 휴대전화 조사(80%)와 집 전화 조사(20%)를 통해 대표성을 갖춘 전국 19세 이상 성인 남녀 중 참여를 희망하는 자들로 선정했다.[9]

2019년 6월 1일에 충남 천안시에서 국민정책참여단 출범식을 열었다. 이 자리에서 국민정책참여단 참가자들은 각오와 기대를 발표하고 공유했다. 그 후 7월부터 8월에는 국가기후환경회의 전문위원회와 자문단, 이해관계자 검수를 통해 마련한 숙의 자료집과 참여단 전용 누리집에 게시한 교육 프로그램으로 이러닝e-learning(온라인 교육)을 수행하면서 온라인 Q&A 코너를 통해 문의할 경우 전문위원 등이 신속하게 답변하여 다양하면서도 정확한 정보의 습득과 학습을 지원했다. 아울러 국

---

9 모집 인원은 총 501명이었으나 제2차 국민대토론회까지 참여한 최종 인원은 464명이다. 국민정책참여단 출범 당시 2년간 활동할 예정임을 공지했는데 2020년에 본인 사정상 활동이 가능하지 못한 일부 참여자는 본인 의사를 존중해서 해촉하고 새로운 인원을 추가 모집하여 보완 교육을 실시할 계획이다.

그림 12-2 | 국민정책참여단 지원과 활동 내용

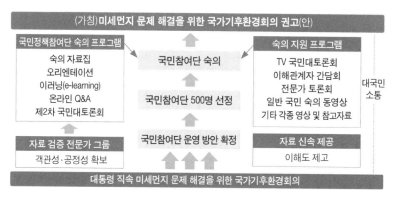

자료: 국가기후환경회의(2019c).

민대토론회, 권역별 토론회 등을 통해 참여자들이 의견을 개진하고 숙의할 수 있게 했다. 출범식 당시 사전 1차 설문 조사를 실시하고 제2차 국민대토론회 전후에 2, 3차 설문 조사를 실시하여 숙의 전후 인식 변화를 파악하고 설문 조사 결과를 과정 평가와 결론 도출에 참고했다. 일반 국민에 대해서도 미세먼지 정보를 공유하고 전문가 의견과 시민 의견을 공유하면서 자신들의 의견을 개진할 수 있도록 TV 국민대토론회나 이해관계자 간담회, 전문가 토론회를 개최하고 일반 국민 숙의 동영상, 기타 각종 영상 및 참고 자료를 국가기후환경회의 홈페이지를 통해 제공했으며 온라인 소통 창구를 운영했다. 이를 그림으로 나타내면 〈그림 12-2〉와 같다.

국가기후환경회의는 국민정책참여단 출범 당시 배포한 「미세먼지 문제 해결을 위한 국민정책참여단 구성 및 운영 계획」이란 자료를 통해 공론화 성공 요인으로 6대 기본 요건과 2대 필수 역량 등 8가지를 제시했다. 6대 기본 요건으로 '공론화에 대한 이해, 대표성, 전문성, 공정성, 분석력, 자료화'를, 2대 필수 역량으로 '수용성, 실행력'을 제시했다.

국민정책참여단 참여자들에게는 5가지의 참여 규칙을 제시했다.[10] 아울러 경청 토의 규칙으로 7가지를 제시했다.[11]

국가기후환경회의는 2019년 4월 29일 출범한 이후부터 2019년 9월 27일까지 5개월에 걸쳐 미세먼지 문제 해결을 위한 단기 정책 방안 도출을 위한 공론화를 진행했으며 9월 '국민 정책 제안'이란 이름으로 미세먼지 대응 정책 방안을 정부에 제안했다. 5개월에 걸쳐 국가기후환경회의가 진행한 공론화 과정은 〈그림 12-3〉과 같다. 국가기후환경회의는 그 기간에 본회의와 5개 전문위원회, 분야별 협의체 간담회, 권역별(영남권, 수도권, 호남·충청권) 토론회를 3회, 국민대토론회를 2회 열어 각계각층의 의견을 수렴했으며 자문단에 자문하는 과정과 국민정책참여단의 숙의·토론을 거쳐 정책 제안 내용을 확정했다. 9월 27일 제4차 국가기후환경회의 본회의 심의 의결을 거쳐 9월 30일 기자회견을 통해 정책 제안 내용을 공식 발표한 후 10월 7일 정부에 제출했다. 이에 미세먼지특위는 11월 1일에 제3차 회의를 열어 국가기후환경회의의 제안 내용이 거의 대부분 반영된 미세먼지 관리 종합계획(2020~2024년)과

---

10 5가지 참여 규칙은 다음과 같다. ① 나는 미세먼지 문제 해결을 위한 공론화 숙의 과정에 국민의 대표로 참여하는 국민정책참여단입니다. ② 나는 국민정책참여단으로서 미세먼지 문제 해결을 위한 공론화와 관련한 정보를 다양한 방식으로 학습하고 이해하기 위해 노력하겠습니다. ③ 나는 국민정책참여단으로서 내 생각에만 몰두하지 않고 나와 다른 의견을 귀 기울여 들을 것이며, 합리적이고 균형 잡힌 결과를 도출하기 위해 노력하겠습니다. ④ 나는 국민정책참여단으로서 출범식과 국민대토론회에서 나와 동료 국민정책참여단에 어떠한 안전사고가 발생하지 않도록 유의하겠습니다. ⑤ 나는 국민정책참여단으로서 공익과 관련한 사항에 대한 비밀을 반드시 지키겠습니다.

11 경청 토의 규칙은 다음과 같다. ① 모든 생각은 타당합니다. ② 말할 때와 들을 때 서로 존중합니다. ③ 한 사람이 말할 때는 끼어들지 않고 듣습니다. ④ 생각이 다르더라도 끝까지 마음을 다해 듣습니다. ⑤ 다른 사람들도 충분히 말할 수 있도록 주어진 발언 시간을 지킵니다. ⑥ 생각 나누기, 질문하기, 듣기 등에 적극적으로 참여합니다. ⑦ 원활한 토론회 진행을 위해 사회자의 안내를 잘 따릅니다.

그림 12-3 | 국가기후환경회의 2019년 공론화와 정책 제안 주요 일지

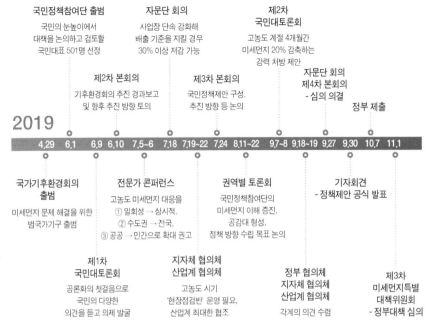

국민정책참여단 출범
국민의 눈높이에서 대책을 논의하고 검토할 국민대표 501명 선정

자문단 회의
사업장 단속 강화해 배출 기준을 지킬 경우 30% 이상 저감 가능

제2차 국민대토론회
고농도 계절 4개월간 미세먼지 20% 감축하는 강력 처방 제안

제2차 본회의
기후환경회의 추진 경과보고 및 향후 추진 방향 토의

제3차 본회의
국민정책제안 구성, 추진 방향 등 논의

자문단 회의 제4차 본회의
- 심의 의결

정부 제출

2019

4.29 | 6.1 | 6.9 | 6.10 | 7.5~6 | 7.18 | 7.19~22 | 7.24 | 8.11~22 | 9.7~8 | 9.18~19 | 9.27 | 9.30 | 10.7 | 11.1

국가기후환경회의 출범
미세먼지 문제 해결을 위한 범국가기구 출범

전문가 콘퍼런스
고농도 미세먼지 대응을
① 일회성 → 상시적,
② 수도권 → 전국,
③ 공공 → 민간으로 확대 권고

권역별 토론회
국민정책참여단의 미세먼지 이해 증진, 공감대 형성, 정책 방향 수립 목표 논의

기자회견
- 정책제안 공식 발표

제1차 국민대토론회
공론화의 첫걸음으로 국민의 다양한 의견을 듣고 의제 발굴

지자체 협의체 산업계 협의체
고농도 시기
'현장점검반' 운영 필요, 산업계 최대한 협조

정부 협의체 지자체 협의체 산업계 협의체
각계의 의견 수렴

제3차 미세먼지특별 대책위원회
- 정부대책 심의

자료: 국가기후환경회의(2019a)를 재구성.

미세먼지 고농도 시기(2019년 12월~2020년 3월) 대응 특별 대책을 심의 확정했다. 제안된 대표적인 정책은 고농도 미세먼지 발생이 집중되는 시기인 12월부터 이듬해 3월까지 강도 높은 계절 관리제를 시행하는 것이다. 겨울철에 해당하는 12월~이듬해 2월에는 석탄 화력발전소 9~14기를, 봄철인 3월에는 22~27기를 가동 중지하고 나머지 석탄 화력발전소의 가동률 상한을 80%로 한 것은 봄철에만 4기를 가동 중지하도록 한 이전 조치와 비교해 상당히 파격적이었다. 또 계절 관리제 기간 중 생계형을 제외한 5등급 경유 차량 114만 대의 전국 운행 제한과 고농도 주간의 차량 2부제 실시는 획기적인 제안이었다.

국가기후환경회의는 정부에 제출한 국민 정책 제안을 지역 주민에게 설명하고 현장 의견을 직접 듣기 위해 11월 29일부터 타운홀 미팅을 진행하고 있다. 첫 번째 타운홀 미팅 개최지는 충남 당진시였다. 이어 12월 19일 울산과 부산에서 연속 타운홀 미팅을 열었으며, 2020년 1월 6일 경기 안성시에서 타운홀 미팅을 열었다.[12] 이후에는 충북 음성군 등 총 10곳에서 타운홀 미팅을 개최할 예정이다.[13] 미세먼지 고농도 시기에 집중적으로 타운홀 미팅을 열어 국가기후환경회의의 방침을 설명함과 동시에 현장 목소리를 듣기 위해서이다. 타운홀 미팅 개최 시 반기문 위원장을 비롯해 국가기후환경회의 소속 위원들과 운영위, 사무처 관계자들은 산업 현장을 참관하고 지자체 관계자들이나 산업계와 간담회를 개최하여 이해 당사자들의 협조를 구하면서 그들의 의견을 수렴하는 작업도 동시에 진행한다.

(4) 국가기후환경회의의 녹색 거버넌스에 대한 평가와 과제[14]

국가기후환경회의는 환경 문제 가운데 최근 들어 국민이 가장 심각

---

12 타운홀 미팅 개최지별 선정 이유에 대해서는 국가기후환경회의 홈페이지(https://www.ncca.go.kr)를 참고하라.

13 2020년 5월 기준으로 남은 일정은 6회로, 1월 충북 음성(축산 분야와 영농 폐기물), 2월 전남 여수(석유화학과 산단 등 산업 부문)와 전북 전주(영농 폐기물 저감 대책), 3월 경북 안동·포항(영농 폐기물과 대형 사업장 등 산업)과 강원 원주·영월(중소도시 시멘트 문제), 4월 인천(산업·발전·수송 복합, 대도시)에서 개최될 예정이었으나 코로나19로 인해 잠정 연기되었다(국가기후환경회의, 2019b).

14 필자는 미세먼지특위 저감 분과 위원회 위원장이면서 미세먼지특위와 국가기후환경회의 활동을 연계시키기 위한 목적으로 국가기후환경회의 저감 분과 위원회 위원으로 위촉되어 활동 중이다. 따라서 미세먼지특위와 국가기후환경회의 활동에 대해서는 참여 관찰이 가능하여 이 절에서의 평가는 참여 관찰에 기초하고 있음을 밝혀둔다. 또 위원 이외 관계자들의 의견을 듣기 위해 운영위원회와 사무처 관계자들에게 서면으로 의견을 받아 기술에 활용했음을 밝힌다.

하게 생각하는 미세먼지 문제를 해결하기 위해 미세먼지특위와의 중복성 논란에도 불구하고 전격 출범한 거버넌스 기구이다. 국가기후환경회의가 출범할 수 있었던 것은 미세먼지에 대한 국민의 관심이 극대화된 상황에서 정치권 인사를 포함해 미세먼지특위보다 더 광범위한 기관과 조직, 행위자들의 참여가 필요하고 일반 국민의 직접 참여와 국민소통이 필요하다는 데 사회적 공감과 동의가 있었기 때문이다. 그뿐만 아니라 다른 환경 문제에 비해 중국 등 이웃 국가의 직접 영향이 훨씬 커서 국제 협력의 필요성이 높은 문제이기에 더욱 적극적이고 효과적으로 국제 협력을 이끌어낼 수 있는 기구로서 국가기후환경회의 출범에 대한 사회적 공감대가 있었다.

국가기후환경회의 활동은 녹색 거버넌스에 대체로 부합하는 편이라고 평가할 수 있다. 국가기후환경회의는 '참여', '경청', '숙의'를 주된 원칙으로 하여 국민정책참여단 참가자들이 지켜야 할 원칙과 자세를 미리 제시하고 이를 공유하여 의사 결정 과정이 숙의적이고 민주적일 수 있도록 노력했다. 또 다양한 전문위원회와 자문단을 두어 국민정책참여단과 일반 국민에게 과학에 근거한 정보를 제공할 수 있도록 했다. 본회의 참여 위원의 구성을 다양화한 점도 주목할 만하며, 특히 다른 거버넌스 기구와 달리 시민 대표란 범주로 일반 시민을 본회의 위원으로 선정한 점도 인상적이다. 거버넌스 기구라 하더라도 대개 정부와 일부 전문가 중심으로 정책을 결정하거나 정책 결정을 위한 의견을 제공하는 데 비해, 국가기후환경회의는 국민정책참여단 활동으로 상향식 정책 결정 방식을 취하면서 협치에 좀 더 근접한 양상을 보이게 되었다.

그럼에도 불구하고 지금까지의 정책 제안 범주가 아직은 단기 처방 위주의 미세먼지로 한정되어서 향후 장기 대응 방안 제시는 물론, 미세먼지보다는 국민 체감도가 낮은 기후변화에 대해서도 지금까지와 유사한 역할을 해낼 수 있을지는 불확실하다. 또 녹색성장위원회나 미세먼지특위와 달리 심의기구가 아니라 자문기구이기에 최종적인 정책 채택 여부는 정부에 맡겨져 있다는 점은 한계로 작용할 수 있다. 다만 문재인 정부에서는 국가기후환경회의의 제안을 되도록 반영하겠다고 밝힌 상태라 문재인 정부 임기 중에는 정책 채택 가능성이 높기는 하지만 국가기후환경회의가 존속 기간이 5년인 한시 기구로 문재인 정부 이후 활동이 종결되는 2024년까지도 정부의 적극적인 수용이 어느 정도 가능할지는 알 수 없다.

4. 녹색 거버넌스 개선을 위한 도전과 과제

현재 우리나라의 녹색 거버넌스는 충분하다고 단정하기 어렵지만 그 나름으로 작동하고 있는 것으로 평가할 수 있다. 성별, 지역별, 연령별, 전문 영역별로 다양한 사람이 거버넌스 기구에 참여하도록 위원 구성이 이루어지고 위원회 논의를 위해 필요한 자료나 정보도 폭넓게 제공되는 편이다. 위원회 내부의 자료 공유는 물론이고 일반 국민에게도 해당 위원회 활동을 가늠할 수 있도록 관련 자료를 온라인 게시판이나 보도 자료를 통해 공개하고 있다. 위원회의 경우, 녹색위만이 아니라 모든 위원회 회의 시 위원들의 발언은 자유로우며 소수가 발언 기회를 독점하지 않고 모두가 공평하고 자유로운 발언을 할 수 있도록 운영하는 편이다. 위원회의 경우, 위원회 설립 근거 법을 통해 위원회의 역할과 지위를 숙지하고 운영 세칙에 대해서도 위원들이 공유한다. 녹색위는 심의 대상 계획들이 달성해야 할 기본 원칙을 설정하고 이를 관련 부처에 제공함으로써 결과의 생태적 건전성을 실현하기 위해 노력하고 있다.

국가기후환경회의에는 일반 시민 대표를 7명(28%) 위촉하여 일반 국민이 정책 결정에 참여할 수 있게 했다. 또 국민정책참여단을 설치하여 대표성 있는 일반 국민이 소통과 경청, 숙의와 공감을 기초로 정책을 논의하고 제안하도록 함으로써 국민 수용성과 정책 효과성을 확보할 수 있도록 했다. 국민정책참여단은 참여자 선출의 객관성과 공정성, 참여자들의 대표성, 숙의성을 확보할 수 있도록 선정 방법을 공개하고 운영 계획을 공표하며 참여자들이 지켜야 할 규칙과 경청 토의 규칙을 공유하여 참여자들이 진지한 자세로 활동에 임하도록 한다. 대표성 있는 일반 국민의 정책 참여는 공론화를 위한 기반이 된다.[15] 미세먼지에 대한 국민의 관심이 지극히 높은 데다, 다수의 환경 문제와 달리 기후변화나 미세먼지 문제는 일반 국민이 피해자일 뿐 아니라 배출원이기도 하기에 일반 국민의 정책 결정 과정 참여와 일상생활에서의 실천이 무엇보다 중요하다. 바로 이런 점 때문에 국가기후환경회의에서는 직접적인 시민 참여와 공론화가 가능하도록 정책참여단을 운영한다. 이런 방식은 녹색 거버넌스의 실현에 주요하게 이바지한다.

녹색위 운영 사례의 시사점은 녹색 거버넌스 기구의 설치가 자동으로 녹색 거버넌스 실현을 의미하지는 않는다는 것이다. 박근혜 정부에서는 '녹색성장 기본법'에 따라 녹색위를 구성했음에도 불구하고 서면

---

15 이러한 참여 방식 설계는 2017년의 신고리 원전 5·6호기 공론화 과정과 유사하다. 신고리 5·6호기 공론화위원회와 시민참여단 선정 방식 및 활동 내용에 대해서는 윤순진 (2018)을 참고하라. 신고리 5·6호기 건설 재개를 둘러싸고 공론화 방식으로 채택한 시민참여단의 구성과 운영은 우리나라에서 원자력발전 정책, 더 넓게는 에너지 정책과 관련해서 최초로 시도된 시민 참여 의사 결정 방식이다. 이미 신고리 5·6호기 공론화위원회가 생산해서 발표한 여러 자료와 기존 연구 결과들이 있는 데다 지면에 한계가 있어 구체적인 내용은 생략했다.

심의 외 실질적인 활동이 거의 없었다. 하지만 동일한 법적 기초에 따라 설치된 문재인 정부의 녹색위는 적극적인 활동으로 법에서 정한 역할을 다하기 위해 노력하고 있다. 이는 녹색 거버넌스를 정부가 얼마나 중요하게 생각하느냐의 문제와 함께, 참여 위원들이 녹색 거버넌스의 필요성과 중요성을 얼마나 깊이 인식하고 활동에 임하느냐와 관련되어 있다. 정부가 녹색 거버넌스를 중시한다면 녹색 거버넌스의 적극적인 실현을 위해 성별, 연령별, 지역별, 직업별 위원 구성을 고려하고 행정적으로나 재정적으로 위원회 활동을 지원하기 위해 심혈을 기울이게 된다. 문재인 정부에서는 박근혜 정부가 녹색위의 존재와 활동을 유명무실하게 한 상태에서 출발했기에, 8기 녹색위는 법적 위상에도 불구하고 최고 녹색 거버넌스 기구로서의 역할에 대한 인식과 기대가 낮은 상태에서 활동했고, 그렇기 때문에 재정적인 어려움은 물론 관련 부처들로부터 충분히 존중받지 못하는 상황을 경험하기도 했다. 하지만 녹색 지향성을 가진 위원들을 성별, 연령별, 지역별, 분야별로 고루 위촉했고 위원들이 자신의 역할을 다하기 위해 노력함으로써 녹색 거버넌스에 기여할 수 있었다.

무엇보다 정부나 일반 국민이 경제성장을 우선시하는 경향이 지배적인 상황에서 녹색위는 물론 다양한 거버넌스 기구가 생태적 건전성을 실현하는 데는 한계가 있다. 녹색 거버넌스의 충분한 실현은 그 사회 전반의 녹색 지향성과 맞물려 있다. 하지만 역으로 바로 이런 사회 상황에서 정책 결정자들이 녹색 가치를 조금이라도 진전시켜 나가기 위해서는 그만큼 거버넌스 기구들의 활동이 중요하기도 하다. 현재 우리나라의 대표적인 녹색 거버넌스 관련 기구로는 녹색위, 지속위, 미세먼지특위, 국가기후환경회의 등이 있는데 이들의 역할과 활동이 중첩되면서 효율성과 효과성 저하나 통합성 부족 문제가 제기되고 있다. 지속 가능 발전과 녹색 성장은 전체와 부분의 관계에 있다. 녹색 성장은 지속 가능 발전의 일부이다. 하지만 현재 녹색위는 국무총리실 소속이며 지속위는 환경부 소속으로 위상이 전도되어 있다. 지속 가능 발전은 잘 알려진 대로 경제 발전과 환경보전, 사회적 형평성을 균형 있게 고려해야 하기에 환경부 산하 위원회로서는 지속 가능 발전의 관점에서 다른 부처의 정책과 지속 가능성을 조율하는 데 한계가 있다. 녹색위는 녹색 성장과 기후변화, 에너지 관련 계획을 심의하는 역할을 하지만 법적 위상에 비해 존재감이 낮은 상태이며 최고 거버넌스 기구임에도 지속위에 비해 광범위한 의제를 다루지 못한다. 또 현재의 미세먼지특위나 국가기후환경회의는 기본적으로 5년간 운영하는 것으로 되어 있을 뿐 아니라 미세먼지에 초점을 맞추고 있어서 미세먼지와 유관한 기후변화 문제를 심도 있게 다루기 어려운 상태이다.

현재 전 세계는 기후 위기에 직면해 있으며 기후 위기 극복을 위한 에너지 전환의 시대를 맞고 있다. 지금의 법과 제도, 계획과 정책 등은 기존 사회가 잘 작동하도록 틀을 지은 것으로 에너지 전환을 비롯한 사회적 대전환great transformation에는 미흡하거나 심지어 적대적이다. 앞으로 미세먼지를 비롯한 대기, 기후변화, 에너지를 포괄하면서 2015년에 유엔이 발표한 지속 가능 발전 목표를 충실하게 실현할 수 있는 녹색 거버넌스의 구현을 위해 현행 미세먼지특위, 지속가능위, 녹색위, 국가기후환경회의를 한데 묶어 더욱 실효성 있는 기관으로 재탄생시킬 필요가 있다. 그리고 현재의 거버넌스 기구들이 현세대의 단기적인 이익을 넘어 시간과 공간, 종의 경계를 더욱 확장해서 미래 세대와 지구 차원의 다른 생물종과 관련한 이해까지도 헤아릴 수 있는 숙의 과정을 거칠 필요가 있다. 녹색 거버넌스의 현주소를 통해 볼 때 현재 한국은 녹색 국가로 접어들었지만 여전히 가야 할 길이 먼 상태이다.

참고문헌 ■ ■

고재경·황원실. 2008. 「지방자치단체의 환경거버넌스 평가지표에 관한 연구」. ≪한국
　　사회와 행정연구≫, 19(1), 113~140쪽.

국가기후환경회의. 2019a. 「국가기후환경회의 출범 2년 차 2020년 주요 업무 계획(안)」.
　　워크숍 자료(2019.11.20).

_____. 2019b. 「국민이 만든 미세먼지 대책 국가기후환경회의 국민정책 제안」.

_____. 2019c. 「미세먼지 문제 해결을 위한 국민정책참여단 구성 및 운영계획」. 국민
　　정책참여단 출범식 자료(2019.6.1).

_____. 2019d. "위원회 구성". https://www.ncca.go.kr (검색일: 2019.11.20).

녹색성장위원회. 2018.4.19. "지속 가능한 미래를 준비하는 녹색성장위원회가 되겠습
　　니다"(보도 자료).

_____. 2019.5.17. "제9기 녹색성장위원회 제1차 회의"(보도 자료).

윤순진. 2006. 「IT와 환경거버넌스: IT를 활용한 시민참여 확대방안의 모색을 중심으
　　로」. ≪환경논총≫, 44, 121~149쪽.

_____. 2007. 「생태민주주의의 전망과 과제: 중·저준위 방사성 폐기물 처분장 입지선
　　정과정에 대한 평가를 바탕으로」. ≪ECO≫, 11(2), 207~245쪽.

_____. 2009. 「저탄소 녹색성장의 이념적 기초와 실재」. ≪ECO≫, 13(1), 219~266쪽.

_____. 2015. 「우리나라 원전 거버넌스의 과제와 방향」. ≪환경법과 정책≫, 14, 1~
　　48쪽.

_____. 2018. 「원자력발전정책을 둘러싼 사회갈등 해결을 위한 쟁점과 과제: 신고리
　　5·6호기 공론화에 대한 평가를 중심으로」. ≪경제와사회≫, 118, 49~98쪽.

이상헌. 2005. 「지속가능발전위원회의 지속 가능성 제도화 평가: 한탄강 댐 갈등 조정
　　사례를 중심으로」. ≪동향과전망≫, 64, 154~184쪽.

정규호. 2002. 「지속 가능성을 위한 도시 거버넌스 체제에서 합의 형성에 관한 연구: 녹
　　색서울시민위원회 사례로」. 서울대학교 대학원 박사학위 논문.

조명래. 2003. 「녹색거버넌스기구로서 녹색서울시민위원회에 관한 연구」. ≪지역개발
　　학회지≫, 15(3), 1~23쪽.

최병대 외. 2002. 『거버넌스의 이해』. 서울: 대영문화사.

Agyeman, Julian. 2005. *Sustainable Communities and Challenge of Environ-
　　mental Justice*. New York: New York University Press.

Dryzek, John S. 1990. *Discursive Democracy: Politics, Policy and Political Sci-*

ence. Cambridge and New York: Cambridge University Press.

_____. 1996. "Political Inclusion and the Dynamics of Democratization." *American Political Science Review*, 90, pp.475~487.

_____. 1998. "Political and Ecological Communication." in John S. Dryzek and David Schlosberg(eds.). *Debating the Earth: the Environmental Politics Reader*. New York: Oxford University Press.

Dryzek, John S., Christian Hunold, David Schlosberg, David Downes and Hans-Kristian Hernes. 2002. "Environmental Transformation of the State: The USA, Norway, Germany and the UK." *Political Studies*, 50(4), pp.659~682.

Pierre, Jon and Guy Peters. 2000. *Governance, Politics and the State*. New York: St. Martin's Press.

토의 민주주의를 활용한
녹색 사회로의 전환

김도균

1. 투표 중심 민주주의에서 대화 중심 민주주의로

선거로 대표를 선출하고 그 대표가 정치를 대리하는 대의 민주주의 representative democracy는 인구 규모가 큰 현대 국가에서 국민의 의사를 정치에 반영하는 효과적인 방법이며 현대 민주주의의 주류 모델로 자리잡았다. 대의 민주주의 모델은 사회 갈등을 반영한 경쟁적 정당 체계 competitive party system에 기반이 있기 때문에 정치의 책임성을 훼손하지 않으면서도 능률성을 확보할 수 있다(바버, 1992: 16). 주권자는 이 모델을 통해 정책 결정 과정에 참여하여 경쟁하는 정당과 정치 엘리트들이 만들어낸 대안 가운데 하나를 선택한다. 정부 및 의회를 구성하고 해산할 수 있는 권력이 보통 사람에게 있기 때문에 정치 엘리트와 전문가에게 예속되지 않으면서도 이들의 특별한 재능을 공적인 일에 사용할 수 있다.

대의 민주주의는 인구 규모가 크고 복잡한 의사 결정이 수반되는 현대사회에서 성공적인 정치 모델이다. 하지만 정치인에 대한 낮은 신뢰, 다원주의적 정책 결정 과정에서의 기업 및 엘리트의 특권적 위치, 미디어 및 가짜 뉴스에 의한 선거 과정의 왜곡, 대중 사이에 널리 확산된 정치적 무관심 등으로 인해 그 정치적 정당성을 위협받고 있는 것 또한 사실이다. 대의제가 일반 시민의 의견을 제대로 반영하지 못하는 것은 물론 바람직한 결과 또한 만들어내지 못하고 있는 것이다. 간단히 말해 현대 대의 민주주의는 과정과 결과, 모두에서 신뢰를 얻지 못하고 있다(장동진·송경호, 2006). 따라서 1990년대 이후부터 대의 민주주의가 안고 있는 '민주주의 결핍democratic deficit' 문제를 해결하거나 보완하는 정치적 실험으로서 '토의 민주주의deliberative democracy'에 대한 관심이 꾸준히 높아지고 있다.[1] 토의 민주주의는 시민들이 공적 논쟁 과정에 직접 참여함으로써 정치 엘리트들이 장악한 현재의 대의 민주주의에 균열을 가하고, 치자와 피치자 동일시라는 민주주의의 이상을 재활성화하려는 정치 프로젝트이다.

　토의 민주주의는 정치 엘리트 및 관료, 영향력이 강한 이익집단 중심의 정책 결정 경로를 벗어나 일반 시민 및 다양한 관련 당사자의 의견을 폭넓게 반영할 수 있다는 측면에서 바버(1992)가 말한 '강한 민주주의strong democracy'라고 할 수 있다. 토의 민주주의는 '투표 중심vote-centric' 민주주의에서 '대화 중심talk-centric' 민주주의로의 전환을 강조한다(장동

---

[1]　국내에서는 deliberative democracy를 숙의 민주주의, 심의 민주주의, 토의 민주주의 등으로 번역하고 있다. 옥스퍼드 영어사전에 따르면 deliberative에는 discussion과 consideration 두 개념이 복합적으로 들어 있다. 즉, deliberative는 어떤 일에 대해서 토론을 통해 심사숙고한 후에 결정하는 과정 전체를 의미한다. 따라서 고립된 개인적 성찰이 아니라 참여자들이 토론을 통해 심의나 숙의에 이르는 과정을 표현하는 개념인 토의 민주주의가 번역어로 적절하다(오현철, 2018: 13).

진·송경호, 2006에서 재인용). 유권자들의 산술적 합산인 다수결 중심의 투표보다 정보 공유와 토론을 중심으로 한 토의 과정이 다양한 의견을 공적 논쟁에 참여시키는 데 더 유리하다는 것이다. 또 '토의로의 전환deliberative turn'은 다수의 전제에 의한 소수 집단의 소외를 막고 정의justice를 더욱 확장된 형태로 적용할 수 있게 해준다. 즉, 다수의 결정에 어떠한 실질적인 영향력을 행사할 수 없는 사회적 소수자 집단을 공적 논쟁에 참여시킴으로써 과정(절차)과 결과의 측면에서 사회정의를 증진할 수 있다(장동진·송경호, 2006에서 재인용).

우리 사회에서 토의 민주주의에 관심을 보인 것은 참여정부를 표방한 노무현 정부 시절부터이지만, 국가의 중요한 정책 결정 과정에 본격적으로 도입되고 대중에게 널리 알려진 계기는 '신고리 5·6호기 공론화위원회'(2017년 7월)부터라고 할 수 있다. 문재인 정부는 원자력발전 정책을 둘러싼 첨예한 사회 갈등의 해결 방법으로 '공론 조사deliberative opinion polls'라는 시민 참여형 토의 방법을 적극 활용했다. 공론화위원회라는 토의 과정을 통해 신고리 5·6호기 원전 건설 문제의 사회적 합의를 이끌어내겠다는 정부의 발표는 찬성과 반대 양 진영으로부터 정치적 부담을 회피하려는 전략이라고 비판받았다. 또 토의 과정을 통해 최종 권고안으로 '건설 재개와 함께 향후 원전 축소'라는 절충안을 제안하면서 양 진영 모두에 아쉬운 결과를 확인해야만 했다. 이러한 비판과 한계에도 불구하고 신고리 5·6호기 공론화위원회는 성공적인 실험으로 평가되고 있으며(윤순진, 2018), 2017년 박근혜 대통령 탄핵으로 대변되는 '촛불 혁명' 이후 높아진 시민의 정치 참여 의식과 맞물리면서 사회 갈등의 해결 방안으로 지방정부에서도 적극 활용하고 있다.

특히 토의 민주주의는 산업자본주의 사회에서 경제성장과 시장 논리로 인해 주변화될 수 있는 환경 불의, 미래 세대 및 자연에 대한 문제를 민주주의라는 정치제도를 통해 해결할 수 있다는 점에서, 한국 사회를 녹색 사회로 전환시키고자 하는 환경론자들이 새로운 정치적 상상력으로 주목하고 있다(김명식, 2009: 44; 구도완, 2018: 96; Dryzek, 2000: 140). 경쟁적 다원주의 사회에서 환경 문제는 이익과 생존, 이념과 가치 등이 충돌하는 갈등의 장이다. 따라서 의견 일치를 이루는 것이 쉽지 않을뿐더러 어느 한쪽이 일방적으로 승리할 수도 없다. 환경 갈등은 결국 현실적인 협상을 통해 해결할 수밖에 없으며 이것이 갈등을 물리적 폭력이 아닌 대화와 협상, 제도 등 평화적 방법으로 해결하려는 민주정치의 강점이다. 이 장에서는 환경 갈등의 민주적 해결 방식으로서 토의 민주주의의 가능성과 한계를 지역사회의 공론 조사 사례(대전 월평공원공론화위원회, 서산시 자원회수시설공론화위원회)를 통해 경험적 수준에서 확인하고자 한다.

2. 토의 민주주의와 공론 조사

토의 민주주의라는 개념을 창안한 조지프 베셋Joseph M. Bessette은 토의 민주주의를 "의사 결정의 핵심 과정으로 폭넓고 개방된 공적 논의를 취하는 민주주의의 형식"으로 정의했다(이관후, 2018에서 재인용). 그리고 토의 민주주의를 공공 정책의 의사 결정 과정에 적극적으로 도입하려 했던 에이미 거트먼Amy Gutmann과 데니스 톰프슨Dennis F. Thompson은 토의 민주주의를 "시민 또는 시민의 대표들의 의견이 도덕적으로 불일치할 때 상호 수긍할 만한 결정에 도달하기 위해 지속적으로 함께 궁리하는 것"으로 정의했다(이관후, 2018에서 재인용). 민주주의의 정당성 관점에서 숙의를 검토한 코언(Cohen, 1997: 67)은 "관련된 이들이 공적 숙의를 통해 스스로를 통치"하는 것으로, 김명식(2009: 67)은 "관련된 이들의 대화와 토론을 통해 의사 결정을 해야 한다는 정치 이념"으로 정의했다. 이러한 정의들은 토의의 참여 주체로 정치 엘리트 및 정부 관료, 전문가뿐만 아니라 일반 시민까지 포함한다. 일반 시민 또한 공공선을 논의하고 추구할 만큼 충분한 이성과 행위 능력이 있을 뿐만 아니라 토의 과정을 통해 개인의 생각과 선호하는 바를 바꿀 수 있음을 전제하고 있다. 토의 과정은 개인의 합리적 선택에 기반을 둔 선호 총합적 의사 결정을 넘어 공적 가치에 기반을 두고 숙고하는 의사 결정이 가능하다는 점을 강조한다.

　　토의 민주주의의 전통은 시민 간의 자유로운 토론을 강조한 고대 그리스 시대로까지 거슬러 올라갈 수 있다. 근대에 들어서는 대표적인 보수주의 철학자 에드먼드 버크Edmund Burke와 대표적인 자유주의 철학자 존 스튜어트 밀John Stuart Mill도 숙의와 토론의 중요성을 강조했다(유병선 외, 2018: 11). 현대에 들어 토의 민주주의의 철학적·이론적 토대는 독일 비판 이론을 계승한 위르겐 하버마스Jürgen Habermas가 제공했다. 하버마스의 토의 민주주의는 그가 독창적으로 만들어 사용한, 체계와 생활 세계system and life-world, 양자를 연결하는 공론장public sphere, 그리고 공론장의 의사소통 방식으로 의사소통의 합리성commutative rationality이라는 개념과 맞닿아 있다(장동진, 2012: 93; 장준호, 2015). 하버마스의 생활 세계가 언어적 의사소통 행위를 매개로 한 사회 구성원들의 일상적인 삶의 영역을 지칭한다면, 체계는 권력과 화폐를 매개로 작동하는 행정(국가)과 경제의 영역을 의미한다. 하버마스는 체계의 침투로 생활 세계가 위축되는 것을 생활 세계의 식민화colonization of the life world로 규정하고, 체계의 침투로부터 생활 세계를 지키는(생활 세계의 탈식민화) 방안으로 의사소통의 합리성에 기반을 둔 공론장의 활성화를 강조했다. 여기서 공론장은 공적 문제를 토론할 수 있는 사회적 공간이며, 하버마스는 외부의 강제 없이도 개인의 주관적 견해를 극복하고 타당한 주장의 상호 인정(의사소통의 합리성)을 통해 더 좋은 공론을 형성할 수 있다고 강조했다(하버마스, 2011: 28; 장준호, 2015; 장동진, 2012: 123; 오수미·진상현, 2015). 생활 세계의 구성원, 즉 일반 시민에게 공적 토론에 참여할 만큼의 충분한 의사소통 능력이 있다는 것, 그리고 그러한 공적 토론이 자유롭고 민주적인 사회를 지키는 방안이라는 하버마스의 주장은 토의 민주주의의 주요한 이론적 토대가 된다.

하버마스는 토의 민주주의의 구체적인 모델을 제안하기보다는 일반 시민에게도 공적 토론에 참여할 수 있는 충분한 이성적 능력이 있으며, 토의 과정을 통해 민주주의가 더 확고해지고 활성화될 수 있음을 이론적으로 논증했다고 할 수 있다. 반면에 피시킨(2003)은 특정 이슈를 중심으로 현실적 합의를 이끌어낼 수 있는 토의 방법으로 공론 조사를 설계하고 제안했다.[2] 공론 조사는 고대 아테네 민주주의의 현대적 모델로서, 어떻게 공적 토론을 현실적으로 제도화할 것인지에 초점을 맞추어 개발되었다(피시킨, 2003; 장동진, 2012: 135). 또 하버마스가 말한 생활 세계의 공론장이 현실 사회에서 토론이 가능하도록 제도화된 것이라고 볼 수도 있다. 즉, 피시킨의 공론 조사는 하버마스가 말한 자유롭고 평등한 토의가 이루어지는 '이상적 대화 상황', 그리고 깊이 있는 토의는 시민사회 전체가 아닌 소규모 토의 포럼에서만 가능하다는 현실을 감안한 제안으로 볼 수 있다.

통상적인 여론조사가 일반 국민(혹은 유권자)이 어떤 이슈를 얼마나 알고 있느냐와 상관없이 '현재 생각하고 있는 바what the public thinks'를 확인

---

2   공론 조사를 '숙의 여론조사'라고 번역하기도 한다(장동진, 2012: 134).

하는 수단이라면, 공론 조사는 만약 해당 이슈를 깊이 생각할 수 있는 토의 과정을 거친다면 '어떻게 생각할 것인가what the public would think'를 확인하는 수단이다(피시킨, 2003: 155). 공론 조사를 위해서는 전체 시민이나 유권자를 대변할 수 있는 '대표성' 높은 '작은 공중mini-public'을 구성하는 것이 중요하다. 통계학 용어로 표현하면, 모집단(일반 시민)을 대표할 수 있는 표본 집단(작은 공중)을 구성하고 이 표본 집단을 중심으로 토의를 진행하는 것이다. 토의의 중심이 되는 작은 공중은 무작위표본추출random sampling로 구성하기 때문에 토론 참여자(작은 공중)로 선택될 확률이 모두 동일하므로 정치적 평등의 조건을 충족한다. 그리고 그렇게 선택된 참여자가 대면 토론에 집중할 수 있기 때문에 토의 조건 또한 충족한다(피시킨, 2003: 30~31). 이는 아테네 직접민주주의에서 추첨으로 배심원을 뽑던 제도와 유사하다(피시킨, 2003: 30). 또 공론 조사는 참여자들이 토의 과정에서 자신의 관점을 성찰해 기존에 선호하던 바를 변경하는 '선호 전환preference transformation' 효과를 이끌어낸다(오현철, 2018: 124에서 재인용). 선호 전환 효과는 토의 과정 참여 이전과 이후 자신의 선택을 변경할 수 있는 높은 성찰성을 의미하는 것으로 선호 전환이 없다면 공론 조사는 무의미하다(정규호, 2002: 3; 윤순진, 2018). 공론 조사는 참여자들이 개인의 선호를 공적인 관점에서 변경하게 함으로써 사회적 합의를 이끌어낼 수 있다.

구체적인 공론 조사의 진행 방식을 정리해 보면, 〈표 13-1〉과 같다. 우선 무작위표본추출로 선정된 표본 집단을 대상으로 1차 여론조사를 실시한다. 이후 1차 조사 결과의 의견 분포 및 인구통계학적 특성(지역, 계층, 성별, 세대 등)을 반영하여 시민참여단, 즉 작은 공중을 구성한다. 다음으로 참여 의사를 밝힌 참여자들에게는 이슈와 관련한 찬반 양측의 주장과 근거가 담긴 자료집을 제공하고, 내용을 습득할 수 있는 일정

표 13-1 | 공론 조사 설계와 진행 방식

단계	내용	설명
1	1차 (설문) 조사	• 무작위표본추출로 선정된 표본 집단을 대상으로 1차 조사 실시.
2	공론 조사의 표본 확보	• 1차 조사의 표본 집단을 대상으로 공론 조사 초청(작은 공중). • 인구통계학적 특성을 반영한 작은 공중(시민참여단) 구성.
3	쟁점에 대한 정보 제공	• 참여 의사를 밝힌 사람들에게 이슈에 대한 균형 있는 정보가 담긴 자료집을 전달하고 내용 습득 시간 부여.
4	소그룹 토론	• 면대면 토론. 참여자들은 소그룹으로 나뉘어 사안에 대해 토의.
	패널과의 질의응답	• 토의의 결과로 나온 질문들을 주제로 실무자/전문가 패널과 함께 질의응답.
5	2차 (설문) 조사	• 토의 과정을 거친 참여자들의 의견 취합. • 1차 조사와 동일한 설문 문항 사용.
	공론 확정	• 2차 설문 조사 결과에 기반하여 공론 확정.
6	결과 보도	• 미디어를 통한 결과 보도.

자료: Center for Deliberative Democracy(2020)를 재구성.

시간을 준다. 이후 소집하여 시민 참여자들은 소그룹 및 패널과의 면대면 토의를 진행한다. 면대면 토론이 끝난 후 1차 설문 조사와 동일한 문항으로 2차 설문 조사를 실시한다. 따라서 2차 조사에는 참여자들이 토의 과정에서 자신의 선호를 바꾸는 선호 전환 효과가 반영되며, 1차 조사 결과와 다르게 나타나는 2차 조사 결과를 '공론'으로 정의할 수 있다(오현철, 2018: 124에서 재인용).

오현철(2018: 128)은 공론 조사는 정치적 의사 결정 과정에 다음과 같은 긍정적 전환점을 제시한다고 보았다. 첫째, 이해관계가 얽힌 문제를 결정할 때 예상되는 사회적 갈등을 예방할 수 있다. 둘째, 국가정책을 결정할 때 큰 부담을 안게 되는 정치인과 관료의 짐을 덜어줄 수 있다. 셋째, 시민은 정책 결정 과정에 참여하고 자신들의 결정에 스스로 따르는 방식으로 민주 시민의 의무를 다할 수 있다. 물론 일반 국민이 참여하는 토의 민주주의 방식을 통한 의사 결정이 반드시 도덕적으로나 정치적으로 올바를 것이라고 장담할 수 없으며 대규모 국민국가의 대의민주주의를 대신할 수도 없다. 공론 조사와 같은 토의 민주주의 방법은 국민에게 실질적인 토의 기회를 제공함으로써 국민 선호의 집단적 조작을 막을 수 있을 뿐만 아니라 민주주의 결핍의 문제를 안고 있는 현대 민주주의에 새로운 활력을 불어넣을 수 있다.

3. 지역 공론 조사 사례: 대전광역시와 충청남도 서산시

대전에서는 도시공원의 개발과 보전을 둘러싸고, 서산시에서는 가연성 생활 폐기물 처리시설(소각장) 설치를 두고 갈등이 빚어졌다. 두 지역 모두에서 환경 문제를 놓고 찬성과 반대 진영이 충돌한 것이다. 이에 따라 두 지역에서는 공론 조사를 추진했고 대전은 '월평공원공론화위원회'를, 서산시는 '자원회수시설공론화위원회'를 구성했다.

1) 의제 및 쟁점

(1) 대전 월평공원공론화위원회

월평공원(서구 도솔산) 문제는 대전시가 장기 미집행 도시공원 지정 해제(도시공원 일몰제)의 대안으로 '월평공원 민간 특례 사업'을 추진하면서 불거졌다.[3] 이 민간 특례 사업은 월평공원 용지에 공원을 조성한 후 지

---

3   도시공원 일몰제는 정부나 지방자치단체가 공원 설립을 위해 도시계획시설로 지정한
    뒤 20년이 넘도록 공원을 조성하지 않으면 도시공원에서 해제하는 제도이다(월평공원
    공론화위원회, 2018: 16). 대전 월평공원은 20년 이상 장기 미집행 시설로 일몰제에

방정부에 기부하는 것을 조건으로 비공원 시설 설치를 인정하는 사업 방식이다.[4] 구체적으로 전체 사업 지역의 77%는 공원 시설로 23%는 비공원 시설로 개발하는데, 비공원 시설로는 대규모 아파트(2722채) 건축을 제안했다. 즉, 민간 건설업자가 아파트 건설 수익에 대한 보상으로 공원을 조성하는 것이다.

지방정부가 민간 특례 사업을 추진하면서 도심 숲인 월평공원을 지키려는 지역 주민(도솔산 대규모 아파트 저지를 위한 주민대책위)과 지역 비정부기구NGO를 중심으로 한 시민대책위(월평공원 대규모 아파트 저지 시민대책위)가 66일간 천막 농성 및 138일간 1인 시위를 했다. 반면에 찬성하는 주민(월평공원 잘 만들기 주민추진위원회), 토지 소유자(월평공원 토지소유자 협의회), 사업 추진 기업 쪽에서는 아파트 건설 수익으로 공원을 조성하는 것이 현실적인 방안임을 강조했다. 초기 민간 특례 사업을 지방정부가 시민의 의견 수렴 없이 행정 주도로 추진하면서 지방정부와 주민, 주민과 주민 사이의 갈등을 유발하고, 정책의 수용도 또한 크게 떨어지는 측면이 있었다. 대전시의회의 중재와 새롭게 당선된 허태정 시장(민선 7기, 2018년 7월)이 공론 조사를 통해 시민 의견을 수렴하고, 수렴된 의견을 민간 특례 사업 추진에 적극 반영하겠다는 의지를 표명하면서 공론화위원회가 출범했다.

월평공원공론화위원회의 핵심 논의 사항은 '민간 특례 사업의 추진 가부'였다. 즉, 계속 추진할 것인지, 중단하고 다른 방법을 찾을 것인지

따라 2020년 7월 1일부터 공원 용지에서 자동 해제된다.

4 도시공원 일몰제 대상인 월평공원은 대전의 주요 하천인 갑천과 유등천 사이의 도솔산을 중심으로 하는 도시공원으로 갈마지구, 정림지구, 도마지구로 구분된다. 전체 면적은 399만 4734제곱미터(120여만 평)로 대전의 허파로 불릴 정도로 녹지와 생태계가 잘 보전된 도심 공원이다(월평공원공론화위원회, 2018: 11).

표 13-2 | 월평공원 민간 특례 사업 추진 찬성과 반대 측의 주요 주장

구분	찬성	반대
환경	• 도심 공원인 월평공원은 주변 생태 자원과 연결성이 낮은 관계로, 동식물의 분포 면에서 생태적 가치가 크게 높지 않음. 다만 도심에 위치해 공익적 기능이 있는 거점 생태, 녹지 축으로 보전이 필요한 도심 숲임. • 아파트 건축에 따른 훼손 지역(비공원 시설) 이외의 공원 지역에 대한 생태적 복원과 자원 관리가 필요함.	• 도심 생태계의 보고(야생동물 800여 종 서식). • 대전의 허파이자 미세먼지 정화기임. • 대규모 토목공사로 인한 진동, 분진 및 월평정수장 오염 문제 발생. • 암반(복운모화강암)의 특징으로 인해 자연방사능 물질의 대기 유출. • 신규 도로 건설이 불가능한 지형으로 인한 교통 혼잡 문제 발생.
재정	• 비공원 시설 수익으로 공원 조성. 재정이 부족한 지방정부가 선택할 수 있는 현실적인 방안.	• 대전시가 공원 일몰제에 대비해 6대 광역시 중 유일하게 적립한 녹지 기금 1650억 원으로 충분히 월평공원을 매입할 수 있음.
미래상 (대안)	• 비공원 시설(23%)을 제외한 지역을 공원(77%)으로 개발. • 민간 특례 사업은 아파트를 짓기 위해 공원을 훼손하는 것이 아니라 공원을 지키기 위해 아파트를 짓는 것임.	• 온전한 월평공원 보전. • 일몰 대상 지역의 도시공원 조성을 위한 중앙정부의 지원. • 도시자연공원구역제도, 임차공원제도 등 다른 제도의 활용.
기타	• 사유재산권의 침해.	• 월평동 산성, 마봉재 보루, 도솔산 보루 등 인근 역사문화 자원 훼손. • 개발(33.8%)보다는 보전(56.8%)해야 한다는 시민 의견(2018년 6월, 대전MBC 여론조사).

자료: 월평공원공론화위원회(2018: 27~71)를 재구성.

였다. 찬성과 반대 진영은 공론 조사에 참여하는 시민참여단에 환경, 재정, 미래상(대안)을 중심으로 자신들의 논거를 제시했다(월평공원공론화위원회, 2018: 51~71). 민간 특례 사업 반대 진영은 월평공원(도솔산)은 높은 생태적 가치와 함께 미세먼지 정화 기능, 대규모 토목공사로 인해 발생할 수 있는 진동과 분진, 자연방사능 유출, 아파트 건설 이후 교통 혼잡 등의 문제를 지적했다. 찬성 쪽 또한 도심 숲으로 보전할 필요가 있다는 점은 인정했으며, 토목공사로 인한 생활환경 문제에는 뚜렷한 대안을 제시하지 못했다. 재정 부문에서는 반대하는 쪽이 대전시가 그

간 공원 일몰제에 대비해 적립한 1650억 원의 녹지 기금을 적극적으로 활용할 것을 주장했으며, 찬성하는 쪽은 부족한 지방정부 재정을 민간 투자로 해결해야 한다는 주장만을 견지했다. 대안으로 반대쪽에서는 도시 재생을 위한 중앙정부의 재정 지원 활용, 그리고 장기적으로 공원 내의 사유 재산을 매입해 임대하는 방식으로 공원 일몰제를 해결할 수 있는 도시자연공원구역제도, 임차공원제도를 활용할 것을 제시했다. 반면에 찬성 쪽은 비공원 시설의 수익으로 공원을 건설하는 방식이 효과적임을 재차 강조했다.

(2) 서산시 자원회수시설공론화위원회

서산시는 기존에 사용하던 쓰레기 매립장의 잔여 용량이 줄어들면서, 그 대안으로 가연성 생활 폐기물을 소각 처리하기로 결정하고, 2012년부터 자원 회수시설(소각장) 설치를 추진했다. 그 후 소각장 설치와 입지를 둘러싸고 지역사회가 찬성과 반대로 나뉘어 6, 7년간 갈등을 지속했다. 여러 고비 끝에 최종 입지를 선정했지만 환경운동 단체와 인근 주민들이 강하게 반대해 원활한 추진이 불가능한 상태였다.[5] 이에 새롭게 취임한 맹정호 시장(민선 7기, 2018년 7월)이 공론 조사를 통해 원점부터 재검토하겠다는 의지를 표명하면서 서산시 자원회수시설공론화위원회가 출발했다.

공론화위원회의 핵심 의제는 '서산시 자원 회수시설 설치 사업(양대동 광역 생활 폐기물 소각시설)의 계속 추진 여부'였다(서산시 자원회수시설공론

---

[5] 계획(2012년 11월)을 수립한 후 공모 방식으로 입지 선정 과정을 진행했지만, 입지선정위원회는 주민 의견 수렴 및 홍보 부족 등의 이유를 들어 입지 선정을 원점부터 재검토해야 한다는 의견을 제출했다(2015년 12월). 그 후 재공모 과정을 거쳐 양대동(827, 828번지)을 입지로 최종 결정했다(2017년 12월).

화위원회, 2019: 17~71). 소각장 건설에 찬성하는 쪽에서는 매립 및 전처리 시설에 비해 소각이 효율적일 뿐만 아니라 생활 쓰레기를 안정적으로 처리하기 위해서는 자체 시설이 필요하다는 점을 강조했다.[6] 반면 반대하는 쪽에서는 '쓰레기 감량화 사업'을 통해 쓰레기의 발생량을 줄일 수 있으며, 현재의 위탁 처리 비용과 1000억 원 수준의 소각장 건설 비용을 고려할 때 급하게 추진할 필요가 없다고 주장했다. 찬성 측에서는 소각장 입지 선정을 법과 제도에 따라 서산시로부터 독립적인 입지선정위원회에서 적법하고 공정하게 진행했기 때문에 문제가 없다고 주장했다. 하지만 반대 측에서는 소각장 주변의 생태환경 훼손 우려가 있으며, 입지 지역이 군사시설 보호 지역이어서 문제가 있다며 맞섰다. 특히 생태계 보호, 주민 건강, 하천에 미칠 환경 악영향 등을 들어 부적합 판정을 받은 장동 지역과 최종 입지 지역인 양대동이 바로 인접해 있다는 사실을 들어 입지 선정에 설득력이 약하다고 지적했다.

소각장 가동으로 발생할 수 있는 대기오염, 다이옥신 유출 등의 환경 문제와 관련하여 찬성 측은 기술로 해결할 수 있다고 주장하는 반면, 반대 측은 현재도 화력발전소와 석유화학공단으로 인해 대기오염이 심각한 수준이라며 소각장 가동은 이를 더욱 심화시킬 것이라고 우려했다. 소각장 설치 반대 측은 대안으로 생활 폐기물을 감량할 수 있는 전처리시설 도입을 주장했다. 전처리시설은 예산 절감은 물론 소각장 설치를 반대하는 입지 지역 주민들을 설득할 수 있는 합리적인 방법일 뿐만 아니라 정부의 '자원순환 기본계획'에도 부합한다는 것이다. 반면에

---

6 전처리시설은 가연성 고형 폐기물을 수분과 불연성 성분을 제거하고 분쇄한 후에 선별 및 건조 과정을 거쳐서 비성형 또는 성형 상태의 고형물로 생산하는 시설이며, 여기서 생산된 고형연료는 시멘트 공장, 제지 공장 등에서 연료로 활용할 수 있다(서산시 자원회수시설공론화위원회, 2019: 28).

표 13-3 | 서산시 자원 회수시설 계속 추진에 대한 주장

구분	찬성	반대
소각장의 필요성	• 현재 매립시설의 부족으로 민간 소각업체에 전량 위탁 처리하고 있음. 위탁 처리 비용 상승률을 감안하면, 향후 지방 재정에 상당한 부담이 됨. • 또한 현재 외부 업체에 의존하는 방법은 쓰레기 대란을 불러올 위험이 있음. 즉, 안정적인 처리를 위해 소각장 건립이 필요함. • 현재 국내에서 운영되는 소각시설은 186개이며 소각이 매립 및 전처리(SRF) 방법과 비교해 가장 효율적인 방법임.	• '쓰레기 감량화 사업'으로 소각 대상 쓰레기를 줄이면 소각장이 필요하지 않음. • 위탁 처리 비용은 소각장 건립 비용(1000억 원)과 비교하면 높은 비용이 아니며 위탁업자와 잘 협상하면 안정적으로 처리할 수 있음. • 현재 급하게 소각장을 건설해야 할 필요가 없음.
입지 선정의 문제	• 법과 제도에 따라 적법하게 진행('폐기물 처리시설 설치촉진 및 주변지역지원 등에 관한 법률'). • 서산시가 간섭할 수 없는 독립적인 '입지 선정위원회'에서 최종 입지 선정.	• 최종 입지로 선정된 양대동(827, 828번지)은 부적합 판정을 받은 장동(470-1번지)과 매우 가까운 지역. 즉, 장동 지역에 대한 부적합 판정 사유(보전 가치 높은 농지, 주민 건강, 생태계 보호, 도당천 및 간월호 악영향, 공군 제20전투비행단 부대 운영 저해 등)는 동일하게 양대동에도 적용 가능. • 특히 소각장 인근에 공군 제20전투비행단이 있어 양대동 일대는 '군사기지 및 군사시설 보호' 지역임. 따라서 연막 및 증기를 유발하는 시설은 설치할 수 없을 뿐더러 사고 발생의 원인이 될 수도 있음.
소각장 건설에 따른 환경 문제	• 대기오염, 다이옥신 유출 등의 환경 문제는 '굴뚝 원격 감시 장치' 등과 같은 환경 관리 시스템으로 해소할 수 있음.	• 실제 소각장 운영 사례를 보면 대기오염 없이 소각하는 것은 불가능할뿐더러 현재도 서산시는 화력발전소 및 대산공단으로 인한 대기오염 문제가 심각한 수준임.
대안	• 소각장 건립이 가장 현실적인 방안임. 환경부의 「생활 폐기물 전처리시설 설치 지침」에 따르면 전처리시설 설치 대상지는 '매립시설 확보 또는 확장이 어려운 지역이거나, 매립시설 사용 기간 연장이 필요한 지역'으로 함. • 전처리시설에서 발생하는 고형연료의 판매처 확보가 어려울 뿐만 아니라 고형연료 건조 시 악취 발생. • 현재 정부는 전국을 권역화하여 가연성 폐기물을 소각 처리하되 소각 시 발생하는 열을 재이용할 수 있는 자원 회수시설 설치를 권장하고 있음.	• 소각장이 아니라 생활 폐기물을 감량화, 자원화할 수 있는 전처리시설 도입. 즉, 쓰레기의 양을 줄이는 방향으로 정책 전환 강조. • 자원순환 기본계획(2018~2027년)에 따르면 전처리를 의무화하고 직매립을 금지하는 방향으로 자원순환 정책이 계획되어 있음. • 현재 양대동의 환경 종합 타운을 전처리시설로 전환하면 토지 매입비, 시설비가 별도로 들지 않을 뿐 아니라 소각장 반대를 주장하는 양대동 주민들을 설득할 수 있음.

기타	• 소각 시 발생하는 열에너지로 인근 지역 전기 공급. • 어린이 물놀이 시설, 찜질방, 목욕탕 등 주민 편익시설 제공.	• 20년간 소각장을 운영해 온 강원 동해시는 전처리시설이 더 합리적이라고 판단하여, 환경부 지원으로 전처리시설 설치 중. • 환경부는 현재 2027년까지 전국 30개 지자체로 확대하려 하고 있음.

자료: 서산시 자원회수시설공론화위원회(2019: 17~71)를 재구성.

찬성하는 쪽에서는 전처리시설을 통해 나오는 고형연료의 판매가 원활하지 않을 수도 있으며, 고형연료 건조 시 발생하는 악취, 그리고 현재의 서산시 상황을 고려할 때 전처리시설과 관련한 중앙정부의 지원을 받기 어렵다는 점, 쓰레기 소각 시 발생하는 열을 재이용할 수 있는 자원 회수시설 설치가 오히려 정부 정책에 부합한다는 점을 강조했다.

2) 진행 과정과 권고안

(1) 대전 월평공원공론화위원회[7]

월평공원공론화위원회는 출범(2018년 7월 27일)부터 권고안 제출(2018년 12월 21일)까지 5개월 동안 활동했다. 월평공원 공론화 과정은 크게 3단계로 나뉜다. 1단계에서는 '민간 협의체'를 구성하고 갈등 영향 분석과 공론 조사 과정을 설계했으며, 2단계에서는 공론화위원회를 구성하고, 3단계에서는 실질적인 토의 과정을 진행했다. 공론화 과정의 1단계를 주도한 민간 협의체(2017년 12월 19일)는 공론화위원회가 출범하기 8개월 전에 구성했으며, 여기에는 대전시 관계자 2명, 시민사회단체 관계자 3명 (대전충남녹색연합, 대전환경운동연합, 대전참여자치시민연대) 등 총 5명이 참여

---

7 월평공원공론화위원회(2019)에 기초해 재구성했다.

그림 13-1 | 월평공원 공론 조사 진행 과정

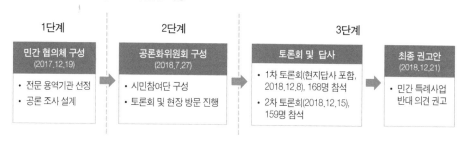

했다. 민간 협의체는 공론화위원회가 출범하기 전에 공론 조사를 위한 전문 용역 기관을 선정하여 공정하고 투명한 토의 과정을 설계하는 역할을 맡았다.

실제 공론 조사가 진행된 2단계에서는 공론화위원회가 주도적인 역할을 맡았다. 공론화위원으로는 변호사 1명, 대학교수(도시공학, 사회학, 경영학, 행정학) 4명 등 총 5명이 참여했다. 1단계의 민간 협의체보다는 중립적인 관련 전문가들이 주로 참여했으며 위원회는 이해관계자들의 의견을 수렴하기 위해 '이해관계자 협의체'와, 공론 조사 전 과정을 공정하고 투명하게 진행하기 위해 '검증단'을 운영했다. 이해관계자 협의체에는 찬성과 반대 측에서 추천한 각 4명이, 검증단에도 양측에서 추천한 각 1명이 참여했다. 공론화위원회는 숙의 토론회에서 시민참여단이 논의하게 될 의제를 직접 선정하지 않고, 별도의 시나리오 워크숍(2018년 9월 29일)을 통해 자연환경, 재정, 미래상(대안) 등의 3가지 영역을 설정했다.[8] 시나리오 워크숍에는 찬성 측(6명), 반대 측(6명) 인사뿐만 아니라 학생(중학생 2명, 대학생 4명)과 일반 시민(6명)이 참여했다. 특히 중

---

8 시나리오 워크숍은 주로 지역사회 수준에서 어떤 발전 계획을 입안했을 때 미래에 나타날 수 있는 환경, 사회, 기술의 문제점을 검토하고 해결 방법을 제시하는 숙의 방법으로, 관련 이해 당사자들의 토론을 통해 의견을 수렴한다.

학생 2명을 참여시켜 미래 세대의 의견을 반영하려 했다.

공론 조사의 핵심은 토론회에 참여하여 권고안을 제안할 시민참여단을 구성하는 일이다. 시민참여단은 일종의 '작은 공중'으로 대전 시민(모집단)의 통계학적 대표성을 확보하는 것은 물론, 필요한 객관적 정보를 제공받고 충분하게 숙의할 수 있어야 한다. 또 시민참여단의 구성원들에게는 토의를 통해 자신의 선호를 변경할 수 있는 성찰적 태도가 필요하다. 시민참여단은 지역, 연령, 성별, 의견(찬성·반대·중립) 등의 변수를 고려하여 유선 RDDRandom Digit Dialing 방식(104명)과 무선 RDD 방식(131명)으로 선정했으며 총 235명으로 구성했다.[9] 초기에는 유선 RDD 방식만을 사용하려 했지만, 휴대전화가 보편화된 현실을 고려할 때 유선으로만 선정된 시민참여단의 대표성 문제가 강하게 제기되어 무선 RDD 방식을 함께 사용했다. 토의 과정은 현지답사를 포함해 두 번의 토론회를 진행했으며, 현지답사와 함께 진행한 1차 토론회에는 선정된 235명 가운데 168명(71.5%)이, 2차 토론회에는 1차 토론회에 참여한 168명 가운데 159명(94.6%)이 참여했다. 두 번의 토론회에 모두 참석한 159명에게만 최종 투표권을 줌으로써 토의성을 강화했다.

공론화위원회는 시민참여단을 대상으로 '월평공원 민간 특례 사업 계속 추진 여부'를 묻는 설문 조사를 두 차례 실시했다. 첫 번째 조사는 1차 토론회 직전에, 두 번째 조사는 최종 권고안을 만들기 위해 개최한 2차 토론회 말미에 진행했다. 1차 조사에 참여한 시민참여단의 의견 분포는 '계속 추진(찬성)' 37.5%, '추진 중단(반대)' 32.1%, '중립(모름, 무응답)' 30.4%였다. 이러한 분포는 찬성, 반대, 중립 의견을 고려하여 시민참여단을 선정했기 때문에 나타난 자연스러운 결과라고 할 수 있다. 그런데

---

9 RDD는 무작위로 생성된 전화번호를 이용한 전화 여론조사 방식이다.

표 13-4 | 토의 과정 참여 전후의 의견 변화   (단위: 명, %)

구분	계속 추진	추진 중단	중립	합계
토의 과정 참여 전	63(37.5)	54(32.1)	51(30.4)	168(100.0)
토의 과정 참여 후	60(37.7)	96(60.4)	3(1.9)	159(100.0)

자료: 월평공원공론화위원회(2019: 11).

두 번의 토론회와 현지답사를 경험하면서 극적인 변화가 나타났다. 찬성 37.7%, 반대 60.4%, 중립 1.9%로 찬성과 반대가 22.7%포인트 차로 벌어졌으며, 중립 의견이 현저하게 줄었다. 결국 월평공원공론화위원회는 최종 설문 조사를 바탕으로 '월평공원 조성과 관련하여 민간 특례 사업을 추진하지 말 것'을 권고했다.[10]

(2) 서산시 자원회수시설공론화위원회[11]

자원 회수시설 공론화 추진 계획을 수립한 날(2018년 9월 30일)부터 4개월 18일 후 공론화위원회의 권고안이 제출되었다(2019년 2월 18일). 공론화 과정은 크게 2단계이다. 1단계에서는 공론화위원회를 구성하고 서산 시민을 상대로 한 여론조사와 시민참여단 모집을 했으며, 2단계에서는 두 번의 토론회를 열고 현장 방문을 한 차례 하여 실제 공론 조사가 이루어졌다. 공론화위원회는 위원장 1명을 포함해 위원 16명으로 구성했으며, 위원 선정은 전문성과 지역사회의 폭넓은 여론을 반영하기 위해 학계(대학교수), 변호사, 정당인, 시의원, 언론인, 기업, 환경 단체, 지역 이익 단체 및 주민 조직 등 다양성을 고려했다.[12] 공론화위원

---

10 월평공원공론화위원회 권고문(2018년 12월 21일).

11 서산시(2019)에 기초해 재구성했다.

그림 13-2 ｜ 서산시 자원 회수시설 공론 조사 과정

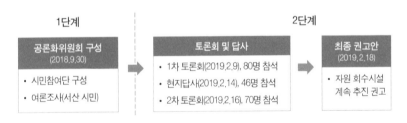

회는 핵심 기구로서 의제 설정 및 운영, 숙의 과정 설계, 최종 권고안 작성 등 공론 조사 전 과정을 총괄했다.

공론화위원회는 서산 시민을 상대로 여론조사를 했다(2018년 12월). 이 여론조사를 통해 현재 추진하는 공론화를 인지하는 정도, 소각장 설치 계속 추진에 대한 찬성과 반대 의견, 시민참여단 참여 의사를 확인했다. 조사 결과, 공론화 추진 사실을 '알고 있다'(57.3%)라는 응답이 '모르고 있다'(42.7%)라는 응답보다 14.6%포인트 높았다. 소각장 설치에 대해서는 '반대'(34.8%), '찬성'(21.5%), '판단 유보'(26.7%), '잘 모르겠다'(17.0%) 순이었다. 이 여론조사 결과만 놓고 보면 서산 시민들은 대체로 공론화 추진 사실을 인지하고 있으며 소각장 설치를 반대하는 의견이 우세한 것으로 보인다.

공론 조사의 핵심이라고 할 수 있는 시민참여단은 유선 RDD 방식으로 연령, 지역, 성별, 의견(찬성·반대·중립) 등 4개의 변수를 고려하여 총

---

12 위원의 구체적인 분포는 다음과 같다. 대학교수(2명), 변호사(1명), 정당인(더불어민주당 1명, 자유한국당 1명, 바른미래당 1명, 정의당 1명), 시의원(2명), 언론인(1명), 환경 단체(서산태안환경운동연합 1명, 서산시 지속가능한발전협의회 1명), 지역 단체(농업경영인회 1명, 대한적십자사 서산지구협의회 1명, 서산시이통장연합회 1명, 서산상공회의소 1명).

표 13-5 | 숙의 과정 참여 전후의 의견 변화　　　　　　　　　　　　　(단위: 명, %)

구분		계속 추진	추진 중단	중립	합계
토의 과정 참여 전		21(31.3)	27(35.0)	22(33.8)	70(100.0)
토의 과정 참여 후	계속 추진	20	8	13	41(54.3)
	추진 중단	1	19	9	29(45.7)

자료: 서산시(2019: 75).

105명으로 구성했다. 이들은 전문가 및 이해 당사자의 주장을 청취하는 토론회(2회)와 현지답사(1회)에 참여했다. 대전 사례처럼, 시민참여단이 토의 과정을 거치지 않고 최종 투표에 참여하는 것을 방지하기 위해 1차 토론회 불참자는 2차 토론회에 참여할 수 없도록 했다. 다만 현지답사가 평일에 진행된 점을 감안하여 현지답사 불참자도 2차 토론회에 참여할 수 있도록 했다. 즉, 두 번의 토론회에 모두 참여해야만 최종 투표권을 주는 방식으로 숙의성을 강화했다. 시민참여단 105명 가운데 80명(76.2%)이 1차 토론회에 참여했으며, 1차 토론회에 참여한 80명 가운데 46명(57.5%)이 현지답사에, 70명(87.5%)이 2차 토론회에 참여했다. 전체 시민참여단 105명을 기준으로 최종 투표 참여율은 66.7%였다.

　시민참여단은 자원 회수시설에 대한 찬성(31.3%), 반대(35.0%), 중립(33.8%) 의견을 균형 있게 포함하여 구성했다. 토론회 두 차례, 현지답사 한 차례를 통해 학습과 토의를 경험한 참석자들은 최종 투표에서 자신들의 의사를 표명했다. 최종 투표 결과, 자원 회수시설 '계속 추진(찬성)' 41명(54.3%), '추진 중단(반대)' 29명(45.7%)으로 8.6%포인트 차로 계속 추진하는 것으로 결정했다(〈표 13-5〉).[13] 이러한 결과는 서산 시민들

___

13　다른 연령대에 비해 20대와 30대의 참여 비중이 너무 낮아 이들에게 가중치를 부여했다. 즉, 최종 합계는 가중치를 부여한 값이며, 가중치를 부여하기 전에는 찬성 58.6%, 반대 41.4%였다(서산시, 2019: 75).

을 상대로 한 여론조사와 다를 뿐만 아니라 토의 과정에 참여하면서 개인의 선호가 변화했음을 보여준다. 변화된 부분을 구체적으로 살펴보면, 토의 과정 참여 전에 '계속 추진' 의사를 표명했던 21명 중에서 1명만이 '추진 중단'으로 이동한 반면, '추진 중단' 의사를 지녔던 27명 중에서 8명이 '계속 추진'으로 이동했다. 그리고 중립 또는 판단 유보 상태였던 참여자 22명 중에서 13명이 '계속 추진'으로 이동했다. 즉, 전체적으로 토의 과정 참여 전에 '추진 중단', '중립' 의사를 보였던 참여자들 가운데 상당수가 '계속 추진'으로 선호를 변경했다고 볼 수 있다. 공론화위원회는 시민참여단의 의견을 모아 '서산시 자원 회수시설 설치를 계속 추진할 것'을 시장에게 권고했다.[14]

4. 가능성과 한계

민주주의는 스스로가 옳다고 확신하지 못하는 사람들을 위한 정치체제라고 할 수 있다(샤츠슈나이더, 2008: 17). 따라서 나와 다른 관점과 가치, 이해를 만날 준비가 되어 있어야 하며 문제의 해결은 현실적인 타협 혹은 합의 과정임을 수용해야 한다. 토의 민주주의는 시민의 직접 참여와 공적 숙의를 강조하는 것이지 보통의 시민과 직접민주주의를 신화화하는 것이 아닐뿐더러 현대 국가의 대의 민주주의를 대체할 수 있다고 주장하는 것도 아니다. 대의 민주주의가 갈등의 완벽한 해결책이 아니듯 토의 민주주의 또한 완전한 방법이 아니다. 토의로의 전환은 공공 문제에 대한 의사 결정을 피상적 수준의 개인의 선호 총합이 아니

---

14 서산시 자원회수시설공론화위원회 권고문(2019년 2월 18일).

라 합리적인 집단 토의 과정에 따라 판단할 것을 강조한다. 토의 민주주의는 오히려 현대 국가의 대의 민주주의에 대한 효과적인 보완재로 양립할 수 있을 뿐만 아니라 현대 민주주의의 정당성을 강화하는 데에도 기여할 수 있다.

두 지역의 사례를 검토한 결과, 환경 갈등의 해결에 토의 민주주의 방법의 가능성을 다음과 같이 확인할 수 있다. 먼저 토의 민주주의적 접근이 지역사회의 첨예한 환경 갈등에 대한 사회적 합의를 이끌어낼 수 있다는 것이다. 앞서 검토한 두 사업은 지방정부의 강력한 추진 의지에도 불구하고 반대하는 시민과 NGO의 저항으로 실제 추진이 어려운 상황이었다. 반대하는 시민 또한 지방정부가 절차의 정당성을 내세워 사업을 강행한다면 이를 막을 실질적 방법이 없었다. 즉, 장기 교착 상태를 벗어나 서로 인정할 수 있는 합의점을 찾아야 하는 정치적 조건에 놓여 있었다. 이러한 가운데 대전시에서는 시의원들이, 서산시에서는 새롭게 당선된 환경운동가 출신 시장이 적극 중재에 나서 공론 조사를 추진했다. 공론 조사에 참여하기로 결정한 찬성과 반대 진영 모두, 사안의 여론 지형을 고려해 볼 때 자신들의 승리를 장담할 수 없지만 객관적 근거에 기반을 둔 토의 과정을 거친다면 자신들의 주장이 더 많은 시민의 동의를 이끌어낼 수 있을 것으로 판단했다. 즉, 시민들이 직접 공적 논쟁에 참여한 공론 조사는 양쪽 모두가 수용할 수 있는 사회적 합의를 이끌어내는 민주적 방법이며, 따라서 그 결과도 진영 논리를 벗어나 높은 수용성을 보였다고 할 수 있다.

다음으로는 시민참여단에 참여한 시민들의 높은 토의성과 성찰성을 확인할 수 있었다. 참여한 시민들이 책임감을 갖고 성실하게 토론에 임하며, 이성적으로 토론함으로써 자신의 선호를 변경할 수 있는 성찰성을 보여주는 것이 토의 민주주의 성공의 핵심 요건이다. 두 사례에서 참여 시민들은 책임감 있게 토론회에 임했다. 선정된 시민참여단의 70% 이상이 1차 토론회에 참여했으며, 현장에서의 질의와 토론이 매우 밀도 있게 진행되었다. 특히 이 두 사안은 시민참여단의 선택에 따라 사업 추진 또는 중단이 결정되는 상황이었기 때문에 더 높은 집중력을 불러일으킨 측면이 있다. 즉, 참여단의 의견을 정책 결정 과정에 반영하겠다는 지방정부의 약속이 토론회에 대한 집중력을 높인 것으로 보인다. 또 숙의 과정 이후 개개인의 선호가 변화할 수 있다는 사실을 분명하게 보여주었다. 토론 전후에 참여자들의 의견 변화가 뚜렷하게 관찰되었으며, 이러한 변화가 최종 선택에 결정적인 영향을 미쳤다. 평등한 사람들 사이의 자유로운 이성적 토론에서는 다른 사람들에게 받아들여질 수 있는 상호성의 원칙하에서 자신의 주장을 전개하며, 이러한 토론 과정이 개인의 확증 편향을 벗어나도록 유인한 것으로 보인다.

동시에 다음과 같은 한계점 혹은 보완점을 확인할 수 있었다. 무엇보다 인구통계학적으로 대표성 높은 시민참여단을 구성하는 데 문제점이 드러났다. 이를 위해 두 사안은 지역, 연령, 성별, 의견(찬성·반대·중립) 등을 고려하여 무작위표본추출 방법을 사용해 시민참여단을 구성했다. 문제는 시민참여단을 추출하는 방법으로 유선 RDD와 무선 RDD를 둘러싸고 벌어졌다. 유선전화 사용이 줄어들고 무선전화 사용이 보편화되면서, 무선전화를 통한 여론조사가 더 높은 정확도를 보이는 것이 현실이다. 그런데 현행법의 틀에서는 선거와 관련된 여론조사를 제외하고는 안심번호(무선전화를 암호화한 번호) 사용이 불가능하다. 즉, 지역 수준에서 무선 RDD 방식으로 시민참여단을 구성하는 것이 현실적으로 매우 어렵다.[15] 안심번호가 없는 상황에서 무선으로 시민참여단을

---

15 신고리 5·6호기 공론화 과정에서는 선거관리위원회에서 무선전화 안심번호를 받아

구성하려면 전 국민을 대상으로 전화를 걸어 대전 또는 서산 시민인지를 확인하고 표본을 추출해야 한다. 따라서 시간과 비용이 더 커질 수밖에 없다. 특히 서산시처럼 인구 규모가 작은 도시에서 무선 RDD 방식으로 시민참여단을 추출하려면 참여단 구성에만 막대한 예산이 소요될 수 있다는 것이 전문 조사 업체의 견해이다(서산시, 2019: 21). 이러한 현실적 어려움 때문에 서산시는 유선 RDD 방식만으로 시민참여단을 구성하기로 합의했다.

반면에 대전에서는 유선 RDD 방식만을 사용한다면 시민참여단의 대표성이 심각하게 훼손될 수 있음을 민간 공원 특례 사업 추진 반대 진영에서 강하게 제기했다. 공론화위원회가 비용 문제를 들어 유선 RDD 방식으로 시민참여단을 구성하자 반대 진영은 시민참여단 선정의 대표성을 확보할 수 없다는 이유를 들어 공론화 과정 참여를 거부하기에 이르렀다. 그 후 여러 차례 이해관계자 협의를 거쳐 새롭게 무선 RDD로 추가된 시민참여단과 이미 유선 RDD로 뽑은 시민참여단을 반반으로 하여 새로운 시민참여단을 구성하고, 이들이 토의 과정에 참여하는 것으로 최종 합의했다. 대표성 높은 시민참여단을 구성하는 데는 비용의 문제뿐만 아니라 서산시처럼 인구가 적은 도시는 젊은 층의 토론회 참여율이 상대적으로 저조하다는 문제점도 드러났다. 따라서 최종 투표에서 1인 1표가 아닌 가중치를 주는 방법으로 이를 해소했지만, 일대일 토론, 집단 숙고라는 토의 민주주의의 원칙을 놓고 볼 때 다소 아쉬움이 남는다고 할 수 있다.

다음으로는 공론 조사의 의제가 찬성과 반대라는 극히 제한적 선택으로만 한정되었다는 것이다. 이러한 이유는 두 사례가 사업 초기 혹은

_____

여론조사를 하고 표본을 추출했다. 이후 선거관리위원회는 선거 목적 외에는 안심번호 제공이 불가하다고 결정했다(서산시, 2019: 21).

계획 단계에서 다양한 시민의 의견을 수렴하는 과정으로 공론 조사를 한 것이 아니라, 이미 갈등이 상당히 진행된 상태에서 그 갈등을 해소할 수단으로 공론 조사를 선택했기 때문이다. 시민참여단에 계속 추진 또는 중단만을 선택하도록 함으로써 다양한 대안 또는 제3의 길이 토의의 대상에서 제외된 측면이 있다. 또 공론화 과정과 일반 시민 사이의 소통이 부족했다. 대면 토론, 집단 숙의는 실제 참여하는 시민참여단을 중심으로 진행하지만, 찬성과 반대의 논거를 시민들에게 전달하고 시민사회도 공론장에서 논의하도록 하는 것이 중요하다. 시민들이 직접 참여하지 않는다 하더라도 관련 내용을 학습하고 주변 사람과 의견을 공유하는 과정이 필요한 것이다. 공론화 과정이 시민사회의 공론장으로 확산되어야 그 결과가 한정된 시민참여단만이 아닌 시민 전체의 수용으로 전환될 수 있다.

투표 중심의 대의 민주주의가 안고 있는 문제점을 극복하기 위해 토론 중심의 민주주의로의 이론적·실천적 전환을 시도하는 것이 토의 민주주의이다. 우리 사회의 토의 민주주의는 그 가능성을 확인하는 초기 단계에 있다. 정치인의 지혜, 경제인의 경영 능력, 관료의 행정 능력이 그들의 경험과 비례한다는 일반적 사실을 받아들인다면, 시민의 토의 역량 또한 이와 크게 다르지 않다. 시민들 또한 토의 민주주의에 대한 지속적인 경험을 통해 공적 문제를 숙고할 수 있는 역량이 성장한다는 것이다. 민주적 대화라는 문화적 습관은 단시간에 완성될 수 없다는 것이 그간의 역사적 경험이다.

참고문헌 ■ ■

구도완. 2018. 『생태민주의: 모두의 평화를 위한 정치적 상상력』. 대구: 한티재.

김명식. 2009. 『숙의민주주의와 환경』. 서울: 철학과현실사.

바버, 벤저민[바아버, 벤자민(Benjamin R. Barber)]. 1992. 『강한 민주주의: 새 시대를 위한 참여적 정치』. 박재주 옮김. 서울: 인간사랑.

샤츠슈나이더, E. E.(E. E. Schattschneider). 2008. 『절반의 인민주권』. 현재호·박수형 옮김. 서울: 후마니타스.

서산시. 2019. 『서산시 자원회수시설 공론화 백서』.

서산시 자원회수시설공론화위원회. 2019. 「서산시 자원회수시설 공론화 시민토론회 자료집」.

오수미·진상현. 2015. 「하버마스의 의사소통행위이론에 기반한 원자력 갈등 분석: 삼척시와 고흥군 사례를 중심으로」. ≪한국정부학회 2015년도 학술발표논문집≫, 1, 179~203쪽.

오현철. 2018. 『토의민주주의』. 전주: 전북대학교 출판문화원.

월평공원공론화위원회. 2018. 「월평공원 공론화 숙의 토론회 자료집」.

_____. 2019. 「월평공원 민간특례사업 공론화 결과보고서」.

유병선·곽현근·김덕진·이정림. 2018. 「대전광역시 경청·소통 시민참여행정 발전방안 연구」. 대전세종연구원.

윤순진. 2018. 「원자력발전정책을 둘러싼 사회갈등 해결을 위한 쟁점과 과제: 신고리 5·6호기 공론화에 대한 평가를 중심으로」. ≪경제와사회≫, 118, 49~98쪽.

이관후. 2018. 「Deliberative Democracy의 한국적 수용과 시민의회: 숙의, 심의, 토의라는 번역을 중심으로」. ≪현대정치연구≫, 11(1), 189~219쪽.

장동진. 2012. 『심의민주주의: 공적 이성과 공동선』. 서울: 박영사.

장동진·송경호. 2006. 「심의민주주의의 주체에 대하여: 대표자, 위원회, 시민사회를 중심으로」. ≪사회과학논집≫, 37(2), 45~59쪽.

장준호. 2015. 「시민사회의 이론적 단층: 헤겔과 하버마스를 중심으로」. ≪한독사회과학논총≫, 25(3), 195~220쪽.

정규호. 2002. 「지속가능성을 위한 도시 거버넌스 체제에서 합의형성에 관한 연구: 녹색서울시민위원회를 사례로」. 서울대학교 대학원 박사학위 논문.

피시킨, 제임스(James S. Fishkin). 2003. 『민주주의와 공론조사』. 김원용 옮김. 서울: 이화여자대학교출판부.

하버마스, 위르겐(Jürgen Habermas). 2011. 『의사소통행위이론』. 장춘익 옮김. 파주: 나남출판사.

Bessette, Joseph M. 1980. "Deliberative Democracy: The Majority Principle in Republican Government," in Robert A. Goldwin and William A. Schambra (eds.). *How Democratic Is the Constitution?* Washington, DC: American Enterprise Institute for Public Policy Research.

Center for Deliberative Democracy. 2020. "Deliberative Polling." https://cdd. stanford.edu/2015/deliberative-polling-1-pager/ (검색일: 2020.2.20).

Cohen, Joshua. 1997. "Deliberation and Democratic Legitimacy." in James Bohman and William Rehg(eds.). *Deliberative Democracy: Essays on Reason and Politics.* Cambridge and London: The MIT Press.

Dryzek, John S. 2000. *Deliberative Democracy and Beyond: Liberals, Critics, Contestations.* New York: Oxford University Press.

Gutmann, Amy and Dennis F. Thompson. 2004. *Why Deliberative Democracy?* Princeton: Princeton University Press.

지역사회 조직화를 통한 녹색 사회 이행

구자인

1. '지속 가능한 지역사회', 이상과 현실 사이의 괴리

'지속 가능한 지역사회'는 1992년 리우회의 이후에 전 지구적으로 형성된 '오래된 가치'에 해당한다. 하지만 그 후에 무엇이 변했나? 우리 사회는 그러한 가치와 약속에서 어느 정도 진전이 이루어지고 있나? 그렇지 않다면 그 원인은 무엇인가? 특히 인간 삶의 터전으로서 지역사회 community[1]에서는 어떤 변화가 일어나고 있는가? 긍정적인 변화의 단초를 생활 주변에서 발견할 수 있는가?

이런 질문에서 우리가 자유로울 수 없는 것은 그만큼 긍정적인 변화가 보이지 않는다는 증거이기도 하다. 주민 참여가 여전히 배제된 지역

---

[1] 이 글에서 언급하는 '지역사회'는 주민 삶의 공간으로서 마을 단위에서부터 읍면동, 시군구 수준까지로 본다(김정섭·정유리·유은영, 2017: 7). 영어로는 흔히 공동체라고 좁게 번역하는 '커뮤니티(community)'에 해당한다.

개발 사업, 지역의 전통적인 순환경제를 파괴하는 시장경제, 지방소멸론이 언급될 정도로 강력한 중앙집중 권력구조 등 본질적인 변화는 오히려 없다는 평가도 가능하다. 지방자치제 부활 30년에도 불구하고 지역사회에 기반한 풀뿌리 주민자치의 힘은 오히려 쇠퇴하고 있다고도 할 수 있다. 특히 농촌 지역에서는 이러한 경향이 더욱 뚜렷하다.

지역마다 생활 밀착형 의제가 등장하고 주민들이 문제를 제기하는 직접 행동이 널리 확산되기 시작한 것은 분명하다. 1990년대 초중반의 소각장·매립지 반대운동으로 대표되는 주민환경운동은 중요한 사회운동으로 등장했다. 한편으로는 님비NIMBY로 치부되기도 했지만 '우리 마을의 문제가 결국 모두의 문제'라는 인식이 확산되고 사회문제 해결과 기술 발전의 계기가 되었다. 일부 자치단체에서 진보적 단체장, 의원들이 새로운 정책을 도입하는 등 지역 간의 정책 차별성도 나타났다. 이런 과정에서 우리가 최근에 쉽게 접하는 마을만들기와 주민자치, 사회적 경제, 평생학습, 유기농업, 대안학교 등의 활동이 시작되었다. 초기에는 대안적 실천의 한 유형에 불과했던 움직임이 이제는 주민 주도의 활동이자 정부 정책의 중요한 영역이 되었다.

이런 흐름은 1980년대 민주화 운동의 성과이고, 이제 절차적 민주주의는 정착되었다고 평가한다. 또 주민 참여와 민관협치, 자치분권, 균형 발전, 공동체 등의 '사회적 가치'가 정부 정책에 빠르게 도입되어 왔다. 민간 운동의 성과가 중앙정부 정책으로 흡수된 결과인 셈이다. 하지만 역으로 관료 사회의 정책 선(라인)을 따라 행정기관 주도로 시행하다 보니 처음의 큰 취지는 사라지고 '사업'만 남았다. 행정기관의 '칸막이'가 민간의 칸막이를 오히려 강화하는 결과로 나타난 셈이다.

이처럼 풀뿌리 주민운동으로 시작되었던 다양한 활동이 한편으로는 정부 정책에 포섭되면서, 한편으로는 '오래된 미래'의 가치를 실현하는 좋은 사례로 확산되고 있다. 행정과 민간은 서로 대립하면서도 일부 자치단체에서는 상호 협력 모델을 기초로 선진 사례를 보여주기도 한다. 그러나 일부 좋은 사례가 오래 지속되지도 못하고, 다른 지역으로 확산되는 속도도 너무 느리다. 사회구조 문제에 대응할 만큼의 큰 흐름을 형성한 것도 아니고, '지속 가능한 지역사회'의 모델이라고 할 정도의 자치단체도 찾기 어렵다.

이 장은 녹색전환을 위한 다양한 이행 방안 중에서 지역사회, 특히 농촌을 통한 이행 전략을 제시하는 것을 목적으로 한다. 주로 필자의 농촌 현장 활동과 지자체 정책 참여 경험에 기반하여 제시할 것이다. 하지만 모든 것을 포괄할 역량이 있는 것도 아니고, 또 그럴 수도 없기에 하나의 제안일 뿐이다. 또 다양한 전략과 이행 방안이 있지만 모두 지역사회로 수렴되어야 할 성격이기에 중복되는 내용이 많을 수밖에 없다. 이 글을 기초로 지역사회에서 토론과 논의가 활발히 전개되기를 기대한다.

2. 지역사회 녹색전환의 접근 관점

1) 지역사회의 구조적 현실

한국의 근대화와 경제성장 과정의 기본 특징은 도시와 농촌의 불균등 발전이다. 지역 불균등 발전의 구조 속에서 글로벌 경제에 지속적으로 포섭되어 왔다. 경제의 성장은 총량적 측면일 뿐이고, 저출산과 고령화, 양극화 등의 사회문제는 광범위하게 퍼져 있다. 전 세계에서 유례를 찾기 힘들 정도로 급속했던 도시화 현상은 농촌 사회 해체를 동반

했다. 농촌 지역은 인간 사회와 자연의 순환 고리가 끊어졌으며, 자연은 기계화가 진전되면서 생산수단이자 착취의 대상으로 바뀌었다. 급격한 인구 감소에 따른 과소화와 자연 파괴(자원 약탈)가 나타났고, 최근에는 지방소멸론까지 부각되고 있다. 도시는 도시대로 자연을 보호 관리의 대상으로 보고, 인근 농촌 지역을 약탈했다. 농촌과 도시의 지역사회 문제는 결국 '동전의 양면'과 같이 서로 얽혀 있는 셈이다.

한국 사회의 자본주의화, 근대화, 도시화가 진전되면서 농촌 사회도 급변했다. 자급적이고 자치적인 사회로서 크고 촘촘한 순환 고리가 작동하던 농촌은 국가와 시장, 도시에 의존하는 사회로 전락했으며, 작고 단절된 고리만 남게 되었다. 자연과의 관계는 부분적이고 단절적인 상황이 되었다. 비록 봉건적인 신분제가 억압적으로 작용했지만 자연과 공생하던 농촌 사회는 급격하게 파괴되었다.

이 모든 과정은 국가정책이 주도한 결과였고, 지역(주민)의 선택은 근본적으로 배제되었다. 지금도 지역사회의 희생을 강요하는 국가 전략이 대규모 개발 사업, 경제개발 전략, 물가 정책 등 다양한 부문에서 시행되고 있다. 한국 사회 전반의 구조적 문제이기에 개별 실천을 통해 극복하기가 쉽지 않다. 재벌과 관료, 언론 등의 기존 권력은 강고하다. 이런 강고한 구조 속에서 탈출구를 찾기란 쉽지 않다.

그러나 탈출을 위한 빈틈은 항상 있기 마련이고, 그런 빈틈은 의외로 자주 생긴다. 소위 진보 정권(대통령, 단체장)이 등장하고 주민들의 자치력이 조직될 때 이런 빈틈은 확장된다. 지역사회는 이런 기회를 최대한 찾아내고 적극 활용할 수 있다. 녹색전환이란 가치는 이런 과정에서 지역사회 내에 둥지를 틀 수 있다.

지역사회에는 다양한 문제가 중첩되어 나타나고, 이를 해결하기 위한 작은 움직임이 무수하게 등장한다. 하지만 지역사회 문제를 구조적으로 해결할 수 있는 수단은 많은 경우 행정에 집중되어 있다. 짧은 지방자치 역사에서 지역 주민 스스로 조직하고 동원할 수 있는 자원은 한정되어 있다. 이런 점에서 정부의 정책을 분석하는 것은 매우 중요하다. 기존 정책에서 쉽게 드러나는 문제점이자 근본적으로 반성해야 할 문제점으로 다음 세 가지를 들 수 있다.

첫째는 접근 관점의 문제이다. 지역사회 문제의 근본적 해결을 모색해야 한다. 현재는 지역사회를 둘러싼 구조적 현실을 무시하고, 지나치게 임기응변적인 사업에만 집중하고 있다. 전국 어디서나 볼 수 있는 ① 낮은 지방자치 의식, ② 인구 급감과 초고령화, ③ 주민 생활권 공동화, ④ 열악한 소득 구조(양극화) 등은 구조적 문제에 해당한다. 이런 현실을 무시한 일시적 정책 사업의 시행, 단편적인 접근은 근본적인 해결이 가능하지 않은 미봉책에 불과하다.

둘째는 사업 방법론의 문제이다. 주민 역량 강화의 관점과 방법론을 빠르게 개선해야 한다. 흔히 '주민 주도, 상향식'과 '역량 단계별 지원 체계'를 강조한다. 하지만 ① 컨설팅 기관에 지나치게 의존하는 사업 계획 수립, ② 충분하지 않은 사전 준비 기간, ③ 주민들의 실제 필요를 반영하지 못하는 사업 지침, ④ 사업 완료 후에 모든 책임이 주민들에게 전가되는 현실 등 악순환이 계속되고 있다. 이런 현실 속에서 주민들의 '교육 피로'가 누적되고, 지역사회의 집단 역량 강화는 오히려 후퇴하고 있다.

셋째는 추진 체계 문제이다. 다양한 정책 사업의 전달 체계를 획기적으로 개선해야 한다. 현재의 지역사회 정책은 행정기관의 '칸막이' 속에서 시행착오를 반복하고 있다. 구체적으로 ① 민간 역량 강화 속도에 대한 배려 부족, ② 현장 밀착형 전문 조직의 부재, ③ 외부 전문가 컨설팅의 한계, ④ 행정 공무원의 순환 보직제 문제 등이 겹쳐 정책 전문성은 확보되지 않고, 민간 리더의 지나친 희생과 봉사에 의존하고 있다.

2) 지역사회 정책의 개선을 위한 4대 과제

이런 상황에서 지역사회 문제는 해결되지 않고, 악순환은 계속된다. 무엇을 어떻게 고칠 것인가? 필자는 현장 실천의 경험을 바탕으로 네 가지 핵심 과제를 제시한 바 있다.

첫째, 정책의 칸막이는 너무 높고 복잡하며 공무원의 현장 전문성도 부족하다. 그래서 컨설팅 기관을 통해 다양한 종합계획을 세우고 실행하지만 거의 작동하지 않는다. 다양한 정책 사업이 지역사회 현장과 유기적으로 연계되어야 근본 문제를 해결하고 성과도 도출할 수 있다. 현재는 정책 칸막이 속에서 개별 사업을 전달하는 방식이어서 정책 효과가 나타나지 않는다. 그래서 역량 강화와 생활환경 정비, 경제 사업 다각화, 공동체 회복 등의 다양한 정책은 수요자인 주민 관점에서 시행해야 한다. 이를 위해 행정조직 개편과 중간지원조직 설치 및 운영은 필수적이다. 기초자치단체마다 통합형 중간지원조직을 설치하도록 적극적으로 유도해야 한다. 또 보조사업과 위탁사업을 구분하면서 행정의 역할을 명확히 해야 한다.

둘째, 지역사회 현장에는 '일할 사람'(활동가, 전문가)이 너무 부족하다. 아주 많은 대규모 정책 사업이 매년 반복적으로 시행되고 있음에도 현장에는 역량 있는 현장 활동가가 남아 있지 않다. 일자리가 없는 것이 아니라 정책 칸막이 속에서 단발성으로만 시행하다 보니 활동가를 발굴하고 육성할 기회가 없는 셈이다. 주민 목소리에 귀 기울이고 행정 시스템도 어느 정도 이해하면서 상호 협력을 매개할 수 있는 활동가 양성이 시급하다. 이런 활동가의 전업적인 활동 공간으로서 중간지원조직을 우선 설치할 필요가 있다. 또 행정기관에 임기제 공무원 채용을 적극 장려하고, 공공성이 있는 민간단체에도 활동가들이 다수 활동할 수 있도록 좋은 일자리를 적극 제공해야 한다.

셋째, 민관협치의 제도적 기반이 취약하고, 주민자치 역량도 너무 부족하다. 자치 역량의 성장 기간을 고려하지 않고, 단발성 단위 사업에 집중하고 있다. '민관협치의 정책 시스템'이 우선 구축되어야 하겠지만, 궁극적으로 주민자치의 역량이 성숙하도록 지원해야 한다. 마을 주민들이 스스로 해결할 일과 외부의 지원을 받아 해결할 일을 구분하고, 읍면동 단위의 주민자치(위원)회 개편을 서둘러야 한다. 지방자치의 역사가 짧아 주민자치 역량의 성장은 더딜 수밖에 없으므로 주민자치 역량의 성장을 촉진할 수 있는 제도 정비가 시급하다. 주민자치(위원)회에 일정한 권한을 부여하고 지역사회의 대표성을 획득할 때 책임감도 증대된다. 전국적으로 급속하게 확산되는 주민총회에서 다루어지는 의제를 살펴보면 녹색전환의 가능성을 충분히 기대할 수 있다.

넷째, 지역사회 정책이 주민들의 '필요'를 반영하지 못하고, 정책 사이의 융·복합도 안 된다. 또 읍면동 주민 생활권 단위의 공간 계획도 없고, 주민 참여의 훈련 기회도 적다. 한국 사회 기초자치단체의 규모가 서구나 일본에 비해 너무 크고 마을 주민들의 목소리가 정책에 직접 반영되기 어려운 현실을 반영하여 읍면동 정책이 강화되어야 한다. 특히 농촌은 읍면 행정단위가 원래 지방자치단체였으므로 그런 역사적 현실도 반영하여 시군의 권한을 읍면으로 과감하게 이양해야 한다. 또 민간의 주민자치(위원)회를 실질적인 주민자치의 대표 조직으로 전환하여 다양한 정책 사업이 현장에서 융·복합되도록 해야 한다. 이를 통해 작은 성공 사례를 많이 도출해야 한다.

3) 주요 논점과 변론

지역사회의 녹색전환 이행 전략에서 앞서 말한 것과 같이 지역사회 정책에 주목하고 4대 핵심 과제를 도출하는 방법론에는 몇 가지 논점이 있다. 지역사회와 행정기관을 바라보는 관점까지 포함하여 다음과 같이 세 가지로 요약할 수 있다.

첫째, 현재의 지방자치단체(지방정부)를 어떻게 이해할 것인가? 본질적으로 '2할 자치'라 불릴 정도로 자치 권한이 취약하기에 국가의 대리인에 불과하다는 평가도 가능하다. 재정을 포함하여 대부분의 권한이 중앙정부에 집중된 상황에서 지방자치단체는 말뿐인 자치단체란 평가이다. 그럼에도 불구하고 대의 민주주의에서 주민 투표로 선출된 권력이 통치하고, '제왕적 단체장'이라고 할 정도로 자율성이 상당하다는 주장도 있다. 또 전국의 몇몇 자치단체가 선진적인 정책을 시행하여 주목받는 것을 볼 때 가능성을 과소평가할 수 없다. 여기에 문재인 정부에서 발표한 자치분권종합계획(2018년 8월 24일)에 비추어보면 시대적 대세로서 앞으로 더욱 과감하게 권한 이양이 이루어질 것으로 기대한다. 앞으로 펼쳐질 자치분권의 지평을 고려할 때 지방자치단체를 통한 녹색전환의 이행 전략은 구조적 문제를 극복하는 데 상당한 힘이 될 수 있다.

둘째, 시장경제의 개입력을 어느 정도로 평가할 것인가? 글로벌 시장경제가 구축된 상황에서 지방자치단체는 기본적으로 시장경제에 대항할 힘이 없다는 비판이다. 로컬푸드나 사회적 경제정책으로 지역 순환경제 블록을 구축하려는 전략도 있지만 어디까지나 보완책(미봉책)에 불과하다는 평가이다. 그럼에도 불구하고 그런 가능성조차 포기할 수는 없고, 오히려 시민사회의 성장 속도에 비례하여 확장될 수 있는 범위는 상당할 것이란 기대도 있다. 현실적으로 시장경제에 대항할 수 있는 경제 블록 구축까지는 쉽지 않을 것이다. 하지만 문재인 정부의 균형 발전과 공정경제 등 다양한 지역정책을 활용할 수 있는 역량은 전적으로 지역사회에 달려 있다. 특히 지역사회의 사회적 경제나 마을만들기, 먹거리 등 관련 영역이 칸막이를 극복하고 민간단체 협력 네트워크 역량을 발휘한다면 상당한 영향력이 기대된다. 강원 원주나 전북 완주, 충남 홍성, 경북 상주 등 일부 지역에서 작은 사례를 볼 수 있을 뿐이고, 우리가 아직은 제대로 경험하지 못한 가능성인 셈이다.

셋째, 소위 중간지원조직의 성격을 어떻게 이해할 것인가? 중간지원조직은 조례에 근거해 설치하는 집행 조직으로 공공성 사무를 행정기관 대신에 집행한다. 민관협치가 제대로 작동될 때 제 역할을 할 수 있는 조직이다. 하지만 현재의 지방자치 현실에서는 행정기관의 대리인에 불과하고, 주민 관점에서는 결국 '옥상옥'에 불과한 관료 조직이란 비판도 가능하다. 법률에 근거를 두고 설치된 상당수 중간지원조직이 이런 비판에서 자유롭지 못하기 때문이다. 하지만 반대로 지역사회에서 문제를 해결하기 위해 새로운 전략을 모색할 때 중간지원조직은 가장 효율적으로 취할 수 있는 선택이기도 하다. 전국의 선진 사례를 볼 때 공통점 중 하나로 중간지원조직 설치가 있다. 그러기에 중간지원조직 자체가 선악善惡의 문제는 아니며, 민관협치의 역량 수준과 제도적 맥락, 근무하는 상근자의 자세 등 변수가 매우 많다. 열악한 지방자치 현실과 주민자치 역량을 고려할 때 녹색전환의 이행 전략에서 반드시 선택해야 할 필요악必要惡이고, 당면 과제라고도 할 수 있다. 이 점은 지역별로 설치되어 있는 지속가능발전협의회의 제도적 성격, 위상 등과 관련해서도 매우 중요한 논쟁점이 된다.

3. 지역사회의 녹색전환 전략: 목표와 핵심 과제, 기본 전략

지역사회는 내부를 들여다볼수록 현실이 복잡하고, 문제 해결이 쉽지 않다는 것을 금방 알게 된다. 문제는 쉽게 드러나고, 이것을 지적하는 '평론가'는 많지만 실제 현장에 들어와 실천하는 사람은 너무 없다. 소위 성공 사례, 우수 사례라 불리는 경험이 전국적으로 산재해 있지만 이런저런 이유로 단절되는 경우가 많다. 결국 열심히 실천한 성과가 지역에 차곡차곡 축적되고, 더디지만 한 걸음씩 전진하는 전략을 선택해야 한다. 중간 디딤돌이 될 수 있는 목표를 세우고 접근해야 지치지 않고 오래갈 수 있다.

이런 점에서 행정기관과 민간이 함께 협력하여 지역사회 정책을 주도하는 '민관협치(거버넌스)'의 관점은 누구도 거부할 수 없는 시대적 대세로 자리 잡았다. 행정기관은 민간의 주장을 귀담아들어야 하고, 민간도 학습을 통해 합리적 주장을 해야 한다는 것이다. 권력의 '기울어진 운동장'으로 인해 '대등한 협력 관계 구축'은 '시간과의 싸움'이 될 것이다. 여기에 자치분권과 균형 발전, 사회 혁신 등의 큰 흐름이 있고, 비록 각개약진 중이지만 다양한 민간 운동도 전개되고 있다.

행정기관과 민간이 '대등한 협력 관계'를 구축하면서, 정책을 공동으로 생산하고(정책위원회), 공동으로 집행하면서(중간지원조직), 지역사회 문제에 공동으로 대응하자는 전략은 논리적으로 거부할 수 없는 명분이다. 물론 여기에는 다양한 세부 과제가 있고, 현실적으로 '다른 쪽'에 대한 오래된 오해와 낙인(선입견)도 작동한다. 그럼에도 어느 정책 영역이든 이런 민관협치의 정책 시스템을 구축하고, 나아가 행정기관도 민간도 '칸막이'를 극복하여 협력 관계를 구축할 때 지역사회 문제가 해결되기 쉽다는 것은 분명하다. 지금까지의 지역사회 정책, 지역주민운동

그림 14-1 ㅣ 지역사회 녹색전환의 목표: 민관협치의 정책 시스템과 10대 과제

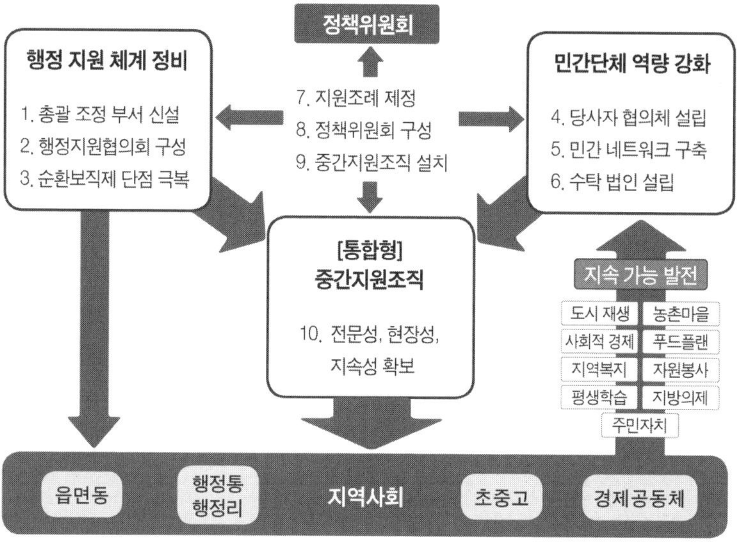

행정 지원 체계 정비

1. 총괄 조정 부서 신설
2. 행정지원협의회 구성
3. 순환보직제 단점 극복

정책위원회

7. 지원조례 제정
8. 정책위원회 구성
9. 중간지원조직 설치

민간단체 역량 강화

4. 당사자 협의체 설립
5. 민간 네트워크 구축
6. 수탁 법인 설립

[통합형] 중간지원조직

10. 전문성, 현장성, 지속성 확보

지속 가능 발전

도시 재생	농촌마을
사회적 경제	푸드플랜
지역복지	자원봉사
평생학습	지방의제
주민자치	

읍면동 │ 행정통 행정리 │ 지역사회 │ 초중고 │ 경제공동체

의 참여 경험에서 보자면 〈그림 14-1〉과 같이 10대 과제로 요약할 수 있고, 각각에 대해 간략하게 살펴보자면 다음과 같다.

1) 행정 지원 체계 정비

과제 1: 총괄 조정 부서 신설(지정)

칸막이로 나뉘어 있는 다양한 지역사회 정책 영역을 총괄 조정할 수 있는 전담 부서가 설치되어야 한다. 행정안전부가 조직 관리 지침을 변경(2018.5)하여 이제는 '과' 신설도 비교적 자유롭게 되었다. 기존의 직렬 중심, 중앙부처 업무 라인 중심에서 벗어나 자치단체 특성에 맞게끔 지역사회 정책의 전담 '과'를 신설할 필요가 있다. 지속 가능한 발전이나 녹색전환은 모든 부서에 걸쳐 있는 정책이므로 초기 단계의 정책 효

율성 측면에서라도 전담 부서 설치가 핵심 과제에 해당한다.

과제 2: 행정지원협의회 구성

개별 정책만으로는 녹색전환의 목표를 달성하기에 무리가 있기 때문에 관련 부서 사이의 업무 협조 체계를 강화해야 한다. 지역사회 정책에서 녹색전환과 연계성 높은 정책 분야는 지방의제와 마을만들기, 사회적 경제, 주민자치, 도시 재생, 평생학습, 지역복지 등의 영역이다. 이들 분야는 ① 주민과의 직접 접촉이 많고, ② 업무 자체가 융·복합 성격이 강하며, ③ 중간지원조직 설치를 요구받고 있다는 점에서 공통점이 있다. 이들 분야를 중심으로 행정지원협의회를 구성하고 정기 회의를 개최하며 업무 연계성을 높여야 한다. 필요하면 이들 부서의 팀장이나 주무관을 전문직위로 정하고, 또 5년간 인사이동의 내부 순환이 이루어지는 '전문직위군##'으로 묶는 것('지방공무원 임용령' 제7조의 3항)도 한 방법이다.

과제 3: 순환보직제 단점 극복

행정기관의 순환보직제 문제는 민간의 관점에서는 핵심 과제에 해당한다. 행정에 대한 불신을 심화하고 민관협력을 저해하기 때문이다. 이러한 단점을 극복할 수 있는 제도적 장치로 크게 직위공모제 확대, 필수보직 기간 2년 준수, 전문직위제(전문관) 확대, 임기제·개방형 공무원 채용 등 네 가지가 있다. 자치분권종합계획(2018년 8월 24일)에도 순환보직제의 문제점을 인식하고 개선하겠다는 내용이 들어 있다. 최근에 유행하는 '읍면동장 주민 추천제'는 직위공모제의 한 형태이다.

2) 민간단체 역량 강화

과제 4: 민간의 당사자 협의체 설립 지원

지역사회 문제(과제)의 당사자 역량은 계속 강화되어야 하고, 나아가 당사자들이 모여 설립하는 협의체도 매우 중요하다. 당장의 정책 사업 추진 경험이 전수된다는 점에서 효과적이고, 현장의 문제를 발굴하고 공동으로 해결할 수 있는 역량을 근본적으로 강화한다는 점에서도 중요하다. '주민 주도, 상향식'은 이러한 조직을 통해 실현할 수 있다. 지역사회 문제의 당사자로서 주민 스스로 상호 협력을 통해 문제를 해결하려는 시도는 매우 중요하고, 행정기관은 이를 적극 장려해야 한다.

과제 5: 민간단체 협력 네트워크 구축

행정기관에서 지원협의회를 구성하여 상호 협력해야 하듯이 민간도 마찬가지로 칸막이를 극복하고 협력 체계를 구축해야 한다. 다양한 정책 영역의 당사자 협의체가 모여 협력 네트워크를 구축해야 행정기관에 대한 대항력도 높아지고, 활동 성과도 축적되면서 계속 전진할 수 있다. 하지만 행정보다 칸막이가 더 심각한 것이 민간이라는 평가도 있다. 물론 행정기관이 이렇게 분열하도록 만들었고, 민간은 그대로 따라갔던 측면이 강하다. 하지만 민간단체 스스로 이런 문제를 반성하면서 지역사회에서 상호 협력하는 네트워크를 구축하고 자치 역량을 강화해야 한다는 필요성을 공유해야 한다. 역설적으로 민간이 협력할수록 행정기관은 스스로의 역할에 충실할 수 있다.

과제 6: 민간 네트워크 법인 설립

다양한 민간단체 사이의 협력 네트워크가 발전하면 법인 설립도 적극 모색해야 한다. 현실적으로 지역사회 정책의 다양한 중간지원조직을 민간에 위탁하고자 해도 수탁 법인이 없는 것이 큰 문제이다. 지속가능발전협의회도 지금까지 매년 1년짜리 보조사업 형식으로만 지원받아온 것을 크게 반성해야 한다. 행정은 '정책 인큐베이팅'이란 관점에서 민간 스스로 지역 문제를 자주적으로 해결할 수 있도록 네트워크를 구축하고 법인까지 설립할 수 있는 기회를 적극 제공해야 한다. 이런 상호 노력이 있어야 지역사회의 다양한 문제가 중장기적 관점에서 구조적으로 해결될 수 있다.

3) 민관협치의 제도적 시스템 구축

과제 7: 기본 조례 제정

모든 정책 영역마다 '행정과 민간의 약속'인 사업 조례가 필요하고, 나아가 민관협치의 관점에서 다양한 지역사회 정책을 총괄할 수 있는 기본 조례 제정도 필요하다. 기본 조례에는 행정의 총괄 조정 부서, 행정지원협의회, 정책위원회, 중간지원조직 등 민관협치의 제도적 기구들이 필수적으로 포함되어야 한다. 기본 조례가 포괄하는 정책 범위는 자치단체 특성에 따라 다양할 것인데, 세부적으로는 시기에 따라 유연하게 변경할 수 있도록 해야 중복 설치를 피할 수 있다. 기본 조례에 대한 상위 법률의 근거는 아직 미약하지만 자치 입법권 관점에서 지방자치단체가 자주적으로 접근해야 한다.

과제 8: 정책위원회 구성

민관협치의 기본 시스템은 정책의 공동 생산과 공동 집행이다. 지금까지의 위원회는 대부분 행정기관의 '거수기' 역할을 하는 경우가 많았다. 형식적으로만 있을 뿐 실제 작동하지 않거나 부분적인 사업 검토만 할 뿐이었다. 지역사회 정책의 모든 영역을 다루는 것에 무리가 있다면 기본 조례에 따라 설치된 위원회만이라도 민관협치형으로 구성하여, 정책 토론과 심의를 하고 자문기구로서 기능할 수 있도록 해야 한다. 기존에 개별 사업에 따라 설치한 위원회는 재평가하여 통폐합하는 방향으로 유도하는 것이 바람직하다. 녹색전환 측면에서는 아무래도 지속가능발전위원회가 가장 대표적인 민관협치 위원회로서 위상을 설정하고 그에 걸맞은 역할을 해야 할 것이다.

과제 9: 중간지원조직 설치와 운영

중간지원조직은 조례에 근거하여 설치해야 제도적 위상이 강화되고 전문성과 안정성, 지속성도 확보할 수 있다. 기존의 보조 사업 방식으로는 사업의 공백기가 발생하고, 전문 인력 확보도 어려우며, 업무 연속성도 확보하기 어렵다. '행정 사무'라는 공공성을 명확하게 인정하여 지속적인 예산 지원을 명확히 하고, '민간위탁'의 근거도 명시하여 민간이 책임감을 가지고 운영할 수 있도록 해야 한다. 중간지원조직의 민간 위탁에 관한 제도 개선도 계속 필요하지만 설치 근거가 우선 명시되어야 한다. 지속가능발전협의회가 법령에 근거를 둔 조직이라고는 하지만 예산 체계에서 중간지원조직으로서의 위상이 불명확하고 보조사업으로 지원하는 방식은 빨리 개선해야 한다. 경기 수원시의 지속가능도시재단 사례를 깊이 분석하고 시사점을 얻어야 한다.

과제 10: 중간지원조직의 전문성, 현장성, 지속성 확보

결국 10대 핵심 과제의 종점은 중간지원조직을 전문성, 현장성, 지속성에 기반하여 운영할 수 있도록 하는 것에 있다. 앞의 9개 핵심 과제가 선결되어야 중간지원조직으로서 제대로 역할을 수행할 수 있기 때문이다. 현재의 지방자치 수준에서 중간지원조직의 설치 및 운영이 가장 우선시해야 할 당면 과제라는 관점에서 제안하는 것이다. 하지만 단순히 예산만 있으면 가능하다는 발상은 매우 단편적이다. 또 중간지원조직이 이런 역할을 단기간에 수행할 수 있으리라고 과도하게 기대할 수도 없다. 민관협치의 정책 시스템 구축을 꾸준하게 추진하면서 인재 유치와 역량 강화를 병행하고, 여러 시행착오를 수정하는 과정에서 녹색전환의 가치가 조금씩 정착되고 작은 성과도 축적되면서 큰 변화를 기대할 수 있다.

4) 지역사회 녹색전환의 출발점 혹은 계기

녹색전환을 위한 지역사회 정책의 핵심 과제를 앞에서와 같이 열 가지로 정리할 수 있다. 이런 과제는 모든 정책 영역에 공통적이며, 그만큼 지역사회의 민관협치 역량은 취약하다. 녹색전환의 가치를 누가 어떻게 주장하고 확산해 가야 할까? 어떤 점에서 출발의 계기를 찾아야 할까?

지역사회마다 주민 역량이나 행정 의지, 상호 신뢰 등의 수준은 차이가 크다. 이런 상황에서 녹색전환을 모색하는 출발점 혹은 계기도 지역사회마다 다양하다. 때로는 우연히 나타날 수도 있고, 때로는 오랜 활동이 축적되어 어느 날 갑자기 나타날 수도 있다. 하지만 지방자치 전통이 취약하고 민간 역량이 부족한 지역사회, 농촌에서는 그 계기를 어떻게 확보할 것인지를 의식적으로 기획해야 한다. 자연 발생적으로 그 계기가 만들어지는 것이 아니기에 좋은 정책 환경을 조성하는 것도 한 방법이고, 민간 운동이 서로 협력하여 전략적으로 접근하는 것도 한 방법이

그림 14-2 | 전북 진안군의 농촌 마을만들기 흐름: 시간 축에 따른 사업과 활동의 확장 개념도

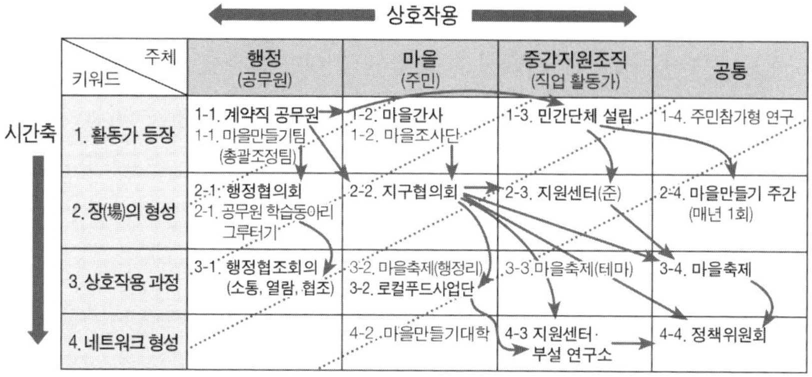

상호작용

주체 / 키워드	행정 (공무원)	마을 (주민)	중간지원조직 (직업 활동가)	공통
1. 활동가 등장	1-1. 계약직 공무원 1-1. 마을만들기팀 (총괄조정팀)	1-2. 마을간사 1-2. 마을조사단	1-3. 민간단체 설립	1-4. 주민참가형 연구
2. 장(場)의 형성	2-1. 행정협의회 2-1. 공무원 학습동아리 그루터기	2-2. 지구협의회	2-3. 지원센터(준)	2-4. 마을만들기 주간 (매년 1회)
3. 상호작용 과정	3-1. 행정협조회의 (소통, 열람, 협조)	3-2. 마을축제(행정리) 3-2. 로컬푸드사업단	3-3. 마을축제(테마)	3-4. 마을축제
4. 네트워크 형성		4-2. 마을만들기대학	4-3 지원센터·부설 연구소	4-4. 정책위원회

시간축

1. 각각의 사업 및 실천 사례는 다양한 측면을 동시에 가지고 있지만 주된 역할 중심으로 위치 부여.
2. 각각의 사업/활동 비중은 시기에 따라 다르지만 주로 왼쪽 위에서 오른쪽 아래로 중심이 이동.

다. 전북 진안군의 농촌 마을만들기 활동 경험으로 보자면(具滋仁, 2013) 크게 〈그림 14-2〉와 같은 4단계로 진전되는 것으로 정리할 수 있다.

1단계: 활동가의 등장

지역사회 문제 해결을 위해 누군가가 등장하여 녹색전환의 단초가 되는 문제 제기를 하는 것이 출발점이다. 개발 사업에 대한 반대운동 형식으로 민간에서 등장하는 경우가 많다. 이 경우에는 이슈가 사라지면 활동 자체도 흩어지는 것이 보통이다. 그리고 민간단체에 채용된 활동가가 성장하며 다양한 이슈에 문제 제기를 하는 경우도 있다. 지역 기반이 취약한 상태에서 '이슈 파이팅'으로 끝나는 경우가 많고, 생계 문제로 지속성이 떨어지는 경우도 많다. 이와 달리 진안군 사례는 계약 직 공무원이 주어진 재량권을 활용하여 다양한 행정 사업을 통해 지역 사회를 조직화한 성격이 강하다. 이후에 다양한 활동가가 등장하지만 초기 단계를 평가하자면 그렇다. 어느 경우이든 활동가가 등장하여 지

역사회를 들여다보면서 문제를 제기하는 것이 녹색전환의 출발점이 될 것이다. 농촌 사회에서는 진안군과 같은 방식을 의도적으로 기획할 수 있고, 그런 정책을 민간에서 행정에 적극 제안할 수도 있다. 최근에는 중간지원조직에 채용된 전업 활동가가 길게 보며 활동할 수 있는 정책 환경이 확대되고 있다.

2단계: 공론장의 형성

활동가가 등장해도 단발성 이슈에 매몰되면 다음 단계로 나아갈 수 없다. 녹색전환의 가치를 둘러싸고 본질적인 내용을 토론할 수 있는 공론장公論場을 형성하고, 이를 전문적으로 다룰 수 있는 조직을 만들어야 한다. 개인이 지역 문제를 해결하는 데는 한계가 명확하므로 공동 학습과 토론, 합의의 과정을 일상적으로 담당할 수 있는 공론의 장이 중요하다. 농촌 사회에서는 이런 공론장이 너무 부족하고 주민 참여를 위한 정책 토론회조차 형식적인 경우가 많다. 지역의 신문사, 지방의회, 문화원, 중간지원조직 등은 이런 공론장을 수시로, 그것도 연속적으로 개최해야 공론이 형성된다. 지역사회에 이런 공론장이 너무 부족하다는 문제의식을 많은 사람이 공유하는 것이 필요하다. 주도하는 그룹은 협의회나 포럼 같은 형식일 수도 있고, 지역 학회와 같은 성격일 수도 있다.

3단계: 상호작용의 과정

다양한 그룹이 모여 '생각의 차이'를 극복하기 위한 상호작용을 일상적으로 전개해야 한다. 지역 문제에서는 가치관의 차이가 때로는 강렬하게 부닥치고, 때로는 쉽게 드러나지 않는다. 최근 들어 농촌 사회에서는 선주민(토박이)과 후주민(귀농귀촌인) 사이의 가치 충돌이 극심하다. 지역 발전의 목표와 방법론을 둘러싸고 대립 전선이 명확하게 형성되어 있다. 개발과 보전의 충돌이 대표적이고, 속도와 규모에 있어서도 선주민은 '천천히, 조금씩' 타협책을 강조하는 반면에 후주민은 '전면적으로 지금 당장'을 주장한다. 후주민은 대개 '머리로 배운 지식', '수입된 가치'가 아무래도 앞선다. 땅의 사람(선주민)과 바람의 사람(후주민)이 서로를 존중할 수 있는 상호작용 과정이 전제되어야 지역 현장에 뿌리내린 가치가 새롭게 형성될 수 있다. 이런 상호작용은 극심한 갈등을 수반할 수도 있지만, '누구나 다를 수 있고 공존해야 한다'라는 가치에 합의하는 과정 자체가 가장 중요한 출발점이 될 것이다.

4단계: 연대와 협력의 네트워크 형성

상호작용을 반복하면서 신뢰 관계가 형성되는 그룹들 사이에서는 자연스럽게 네트워크가 발전한다. 기존에 제시된 좁은 이슈에서 한 걸음 더 나아가 사회적 가치(녹색전환)에 대한 논의로 진전하기 시작한다. 스스로의 가치와 활동을 객관화하면서 상대와의 관계 속에서 문제 해결 방식을 더욱 근본적으로 찾기 시작한다. 이런 과정이 발전하면 또 다른 네트워크가 출현하기도 한다. 아쉽게도 한국 지역사회에서 이렇게까지 발전된 사례는 찾기가 쉽지 않다. 협동조합의 전통이 오래된 원주시, 로컬푸드 운동으로 유명한 완주군, 민관협치의 새로운 풍토를 만들어가는 홍성군, 풀뿌리 농민운동의 전통이 강한 상주시 정도가 아닐까 한다. 물론 읍면 단위로는 좀 더 많은 사례가 있고, 지금도 새롭게 등장하고 있다. 다만 정책 결정의 기초 단위인 시군 차원의 사례가 중요한데 그만큼 드물기 때문에 의식적으로 시도해야 한다.

이렇게 4단계의 경로를 밟아 계단식으로 발전한다는 주장은 필자의 경험에 따른 것이다. 지역마다 하나의 단계를 도약하는 기간은 매우 다르고, 중간에서 후퇴하는 사례도 있다(오히려 더 많다). 정책이나 활동 영역별로도 발전 속도가 조금씩 다르지만 전체적으로 보자면 큰 격차는 없다. 결국 지역사회 풀뿌리 민주주의의 발전 정도를 반영할 수밖에 없기 때문이다. 현 단계의 지방자치 현실을 보면 이러한 발전 단계조차도 지역별로 불균등하게 전개될 것으로 예상된다.

지역사회가 집합적으로 선택하는 전략이나 발전 방향에 따라 그 결과는 매우 다를 수밖에 없다. 그렇다면 녹색전환의 전략을 선택하는 지역사회는 어디에서 어떻게 등장할 것인가? 결국 많은 지역사회가 녹색전환의 방향을 선택하도록 우호적인 정책 환경을 조성하고 민간의 주장에 시민권을 부여하는 중앙정부 역할이 필요하다. 민간단체 활동가들은 그런 '신호'를 활용하여 지역사회를 설득할 명분과 도덕성을 확보할 것이다. 특히 농촌에서는 우호적인 정책 환경과 신호가 더더욱 중요하다.

4. 지역사회 조직화의 경로와 이행 전략

1) 녹색전환의 경로: 지역 특성에 따른 전략적 선택

30여 년에 불과한 지방자치 역사에서 우리는 지역별로 다양한 경험을 축적하고 있다. 최근에는 지역별 차이가 예전보다 훨씬 두드러지게 나타나는 경향이다. 자치단체의 규모(인구, 면적 등)가 지나치게 크다 보니 성과의 축적 정도나 발전 속도가 충분하지 않은 것은 분명하다. 또 자치단체의 홍보성 정책이 대두되어 실제 현장과의 괴리도 많이 보인다. 그럼에도 그런 차이가 생기고, 또 그 간격이 벌어지고 있는 것도 명확하다. 다음과 같이 몇 가지 유형으로 구분할 수 있다.

① 진보적 단체장, 행정 주도형

대의제 민주주의를 통해 선출된 단체장이 진보적 의제를 제기하고 행정기관의 정책을 통해 일정 정도의 성과를 도출하는 경우에 해당한다. 서울시와 몇몇 자치구, 경기 수원시·시흥시, 광주 광산구 등 도시 지역에서 많이 나타난다. 행정기관 자체가 지역사회에서 가장 큰 권한을 가지고 있기에 외형적인 성과도 빨리 나타난다. 다만 읍면동 행정단위까지, 주민의 일상생활에까지 침투하는 데는 결국 시간이 걸릴 수밖에 없다. 또 단체장이 연임하지 못하는 경우에는 중간에 단절되기도 한다.

② 주민, 민간단체 주도형

지역 주민들의 자발적 활동을 통해 지역사회의 새로운 모델을 보여주는 경우이다. 이런 사례는 기초자치단체 차원에서는 원주시 한 곳 정도로 매우 드물다. 다만 농촌 지역의 면 단위 활동에서는 2000년대 들어 좋은 사례가 다수 등장하고 있다. 충남 홍성군 홍동면, 아산시 송악면, 전북 남원시 산내면, 충북 제천시 덕산면, 충북 옥천군 안남면, 전북 완주군 고산면 등이 대표 사례이다. 대개는 대안학교가 있고 귀농귀촌인이 밀집되어 있다는 공통점이 있다.

③ 전업 활동가 주도형

중간지원조직 상근자나 임기제 공무원까지 포함하여 민간 활동가들이 의식적인 실천을 통해 지역사회의 변화를 모색하고 일정 정도의 성과를 도출한 사례도 있다. 행정기관과는 일정한 협력 관계를 형성하여 활동을 전개하거나, 계약직 공무원으로 행정기관에 의식적으로 채용되어 지역사회 조직화를 시도하는 방식이다. 전북 진안군·장수군·완주군이 이런 사례에 해당하고, 도시 지자체에서도 이런 사례가 최근에 다수 등장하고 있다. 이런 사례를 체계적으로 분석한 결과의 하나로 중간지원조직 설치 주장이 널리 확산되었다고 볼 수 있다.

녹색전환의 이행 경로에서 앞의 세 가지 유형은 동시에 실천할 수도 있고, 우선 어느 한 유형에 집중할 수도 있다. 다만 지역사회 현실을 객관적으로 분석하면서 의식적인 선택과 실천이 중요하다는 것이다. 녹색전환이란 가치가 이를 의식적으로 실천하려는 활동가의 등장이 출발점이 되어 공론장 형성, 상호작용 과정, 협력 네트워크 구축 등의 경로를 밟으며 확산되고 심화된다고 할 때 이를 위한 '전략적' 선택은 꼭 필요한 셈이다.

2) 녹색전환의 기본 관점과 전략: 보완적인 내발적 발전

어느 경로가 되든지 지역사회가 주도하는 '내발적內發的 발전endogenous development'의 관점이 가장 중요하다. 내발적 발전은 전 세계 지역 개발 사례 분석을 통해 지역 외부의 자원(국비, 도비, 기업 지원금)을 유치하여 지역을 발전시키려는 외발적 발전外發的 發展을 비판하면서 등장한 개념이다. 이러한 관점에 대해 최근에는 농촌 등 지역사회 내부의 인적·물적 자원이 취약하고 국가 제도의 관료 시스템이 강하게 작동하는 지방자치 현실, 글로벌 경제에 포섭되어 자율성이 부족한 지역 경제 등의 현실을 고려하여 '신내발적 발전 전략'도 강조된다. 주로 지역 외부와 연계해야 성공 가능성이 높다는 관점으로 '보완적인 내발적 발전 전략'이라고도 한다. 어느 경우나 지역사회 내부의 주체 형성이 가장 중요하고, 활동의 성과가 지역에 축적되면서 선순환하는 구조를 만들어야 한다는 점을 강조한다.

다만 녹색전환 측면에서 보자면 농촌 사회에서 '가치와 현실' 사이의 충돌은 훨씬 더 극명하게 드러날 수 있다. 흔히 기업 유치나 국비 공모 사업 확보와 같은 공약이 선거철마다 난무하고, 또 그런 후보가 여전히 당선되는 현실을 볼 때 녹색전환의 가치가 농촌 사회에서 얼마나 어떻게 공감대를 확보할 수 있을지 우려된다. 이 점은 녹색당의 지역 토대가 여전히 취약하고 확산되지 않는 현실에서도 충분히 확인된다. 이 점은 역으로 녹색전환의 가치가 '수입된 이데올로기'가 아니라 지역사회 현실에서 도출되는 가치여야 한다는 것을 보여주기도 한다. 한국 농촌 사회의 오래된 전통과 연결되고, 현장 실천의 경험 속에서 숙성된 새로운 가치가 정립될 필요가 있다는 주장이다. 이처럼 새로운 가치와 지역 현실 사이의 균형점을 적절하게 모색하면서 돌파하는 이행 전략이 더더욱 필요하다. 이런 점에서 다음과 같은 네 가지를 지역사회에서 빨리 합의할 수 있는 기본 전략으로 제안한다. 녹색전환이란 가치의 내용 측면보다 이행 전략의 관점 통일을 염두에 두었다.

(1) 지역자치와 지역자급 강화(커먼즈)

녹색전환 전략으로 지역의 자치와 자급이란 관점을 우선시해야 한다. 일시적으로 외부 자원을 동원하는 전략을 선택할 수 있겠지만 결국에는 지역 스스로의 자치 역량을 높이고 외부에 덜 의존하는 지역사회를 지향해야 한다. 생태학적으로 보더라도 외부에 의존하는 지역사회는 항상 불안정하고, 그래서 자치적이지도 않다. 여기서 자급이란 농산물을 포함한 유형의 자원만이 아니라 사람 자원, 화폐 자원을 모두 포함한다(具滋仁, 2003.3). 이렇게 자치와 자급의 관점에서 지역사회의 녹색전환이란 이행 전략으로 나아가게 되면 활동의 성과가 지역사회에 조금씩 축적되면서 더 밝은 미래를 기약할 수 있다. 이런 관점과 활동 속에서 지역사회에 '우리 모두의 미래'라는 물적 토대와 의식commons이 비로소 형성될 수 있다.

(2) 지역 주체의 형성과 횡적 연대

농촌 같은 지역사회에는 녹색전환을 주도할 주체가 형성되어 있지 않다. 일부 민간단체가 고군분투하고 있지만 성장하거나 확산되는 속도는 너무 더디다. 현재의 지방정치 현실을 들여다보면 암담하다 싶을 정도이다. 가장 큰 원인은 행정기관의 '칸막이'가 민간에도 세워지면서 작은 힘들조차도 연대협력하지 않기 때문이다. 전통적인 마을 공동체도 그러하고, 시민사회단체 활동도 마찬가지이다. 시민사회단체협의회 등 많은 단체가 일시적인 '이슈 파이팅'에만 익숙하고 생활상의 대중운동으로 나아가지 못하고 있다. 그런 점에서 지역사회에 뿌리내린 튼튼한 지역협동조합이 절실하다. 생활상의 필요와 경제적 전략을 연계하여 다종다양한 협동조합들이 포도송이(클러스터)처럼 종횡으로 상호협력하는 전략이 필요하다.

(3) 읍면동 주민 생활권 단위의 주민자치 운동(마을만들기) 활성화

결국 공간적으로 주민 생활권인 읍면동 단위가 중요하고, 생활 세계를 방어하고 강화하려는 주민자치 운동(마을만들기)이 활성화되어야 한다. 녹색전환이란 가치도 주민 생활 속에서 공감대를 확보하고 자치운동으로서 정착되어야 오래갈 수 있다. '부엌에서 세상을 본다'라는 가치를 존중해야 '땅에 뿌리내린 지혜'로 발전할 수 있다. 지나치게 가치 지향적인 사회운동은 지역사회에서 뿌리내리기 어렵다. 지역사회의 주인공으로서 주민들이 전면에 등장해야 변화의 큰 흐름이 형성된다. 그래서 당사자 운동이 중요하고, 읍면동 주민 생활권 단위로 접근해야 활동 성과도 축적될 수 있다. 서울 마포구의 '성미산' 그룹이 성미산 지키기 운동을 통해, 또 충남 홍성군 홍동면 풀무학교 그룹이 유기농업 운동을 통해, 옥천군 안남면 지역발전위원회 그룹이 어머니학교 운영을 통해 지역사회에 뿌리내리고 일정한 성과를 거둘 수 있었던 것처럼 말이다.

(4) 중앙정부와 광역의 '정책적 유도' 적극 활용

현재의 지방자치 현실에서 지역사회 내부의 민간 활동만으로 성과를 거두고 확산하기에는 한계가 분명 있다. 그래서 이런 움직임을 지지하고 장려하는 중앙정부 및 광역 차원의 '정책적 유도'가 매우 중요하다. 녹색전환의 가치를 지지하는 '좋은 신호'가 외부에서 계속 발신되면 지역사회 내부에서 활동하는 사람들의 활동 명분은 훨씬 커진다. 최근 들어 사회적 가치와 민관협치, 자치분권, 균형 발전 등의 가치가 강조되고 중간지원조직 설치 및 운영, 정책 융·복합, 읍면동 주민자치회 전환, 공동체, 사회적 경제 등의 정책이 등장하는 것은 분명 좋은 신호이다. 지역사회에서 이런 가치와 정책을 적극 활용하면 행정기관과 주민을 설득하기가 더욱 쉽다. '보완적인 내발적 발전'의 관점에서도 이런 신호는 지역사회에 큰 도움이 된다.

3) 녹색전환의 '우연한' 계기 활용 방법론

녹색전환은 어느 날 갑자기 전면적으로 등장하는 것이 아니다. 우연한 기회에 작은 계기를 통해 시작되는 경우가 많다. 출발 당시에는 잘

모를 수도 있고, 몇몇 사람만이 인지하는 작은 변화의 시작점일 수도 있다. 일부는 '전략적' 관점에서 이러한 우연한 계기를 적극 활용하면서 접근할 수도 있다. 지역사회는 '가치 지향적'인 사람보다 오랫동안 묵묵히 함께 살아온 사람을 더 신뢰한다. 스스로의 생계를 독립시키고, 그 기반 위에서 활동하는 생활인이 직업 운동가보다 더 신뢰받는다. 이런 상황의 지역사회 안에서 일상적인 생활 운동을 전개하면서 우연찮게 찾아온 계기를 잘 활용해야 패러다임 전환으로 나아갈 수 있다. 이와 관련해 몇 가지 예시를 들어보고자 한다.

(1) 개발 사업의 반대운동에 길게 보면서 결합

앞에서 당사자 운동으로서 지역 주민환경운동(마을만들기)의 활성화가 중요하다고 강조했다. 대개 주민 조직화는 각종 개발 사업에 대한 반대운동이 계기가 되기 쉽다. 국책 사업이란 명분으로 대규모 공공개발 사업이 여전히 많고, 대자본의 지역 시장 침투가 일상적으로 일어나는 현실에서 반대운동의 계기는 수시로 등장한다. 문제는 정부나 자본 세력이 이런 반대운동에 '분열 전략'으로 대응하는 것이 일반적이고, 그 때문에 지역사회가 양분되는 결과가 나타난다는 것이다. 이렇게 되면 주민들이 조직화되는 것이 아니라 오히려 분열되고 갈등이 심각해져 그다음을 기약할 수 없는 상황으로 이어진다. 반대운동 자체는 저지하는 것으로 성공할 수 있어도, 주민들 사이의 갈등이 심각해지면 그다음은 시도조차 힘들 수도 있다. 주민 조직화가 한 걸음 더 진전되고 강력해질 수 있다면 그다음을 기약하며 적절하게 '타협'하는 전략도 선택할 수 있을 것이다. '당장의 성공'에만 집중하는 것이 아니라 '길게 보며 성장'하는 전략이 더 필요하다는 주장이다. 평생을 지역사회에서 살아야 하는 주민일수록 '차선에 타협'하는 전략을 우선시할 필요가 있다. 지나치게 선명한 가치를 내세우는 사람은 겉으로는 정의롭게 보일 수 있지만, 결과적으로 '그들은 떠날 사람'이란 관점에 서면 동의하기 어렵게 된다. 이 점이 지역사회 주민 조직화의 어려움이자 지금까지 많이 놓쳤던 관점이다.

(2) 사회적 가치를 반영한 국비 공모사업 사전 준비

중앙정부가 주도하는 다양한 국비 공모사업이 있다. 이 중에는 사업 취지에 국한해 보면 사회적 가치를 반영한 대형 공모사업도 많다. 도시 재생 뉴딜(국토교통부), 생활SOC(행정안전부), 신활력플러스(농식품부), 커뮤니티케어(보건복지부) 등의 사업이 그러하다. 공통적으로 민관협치의 관점에서 중간지원조직 설치 및 운영, 행정 전담부서 설치, 임기제 공무원 채용, 민간 주도성 등을 강조한다. 이런 공모사업은 어느 자치단체나 몇 개씩 시행하기 마련이고, 대개는 지역사회가 충분히 준비되지 않은 상태에서 선정하고 착수한다. 그래서 이런 사업을 사전에 준비하는 학습모임을 조직하거나 중간지원조직 상근자로 들어가는 등 사업에 개입할 여지는 매우 많다. 공모사업에 이미 선정된 후에 참여하면 복잡한 이해관계가 작동하기 시작하여 새롭게 조직하기가 쉽지 않다. 이런 공모사업을 미리 준비하면서 지역사회를 조직하고 녹색전환 가치를 확산시킬 수 있는 계기는 아주 많다. 지역사회 활동가는 이런 기회를 쉽게 놓친다. 지역사회 전체를 보는 학습 활동이 지역사회 내에서 훨씬 더 활발해져야 하고, 그렇게 되면 이런 공모사업을 사전에 준비하거나 사후에 결합해서라도 활용할 기회가 더욱 많아진다.

(3) 주민자치회 전환 과정을 활용한 권한 확보

행정안전부(주민자치형 공공서비스 추진단)가 시범 실시 중인 주민자치회 전환 사업은 앞으로 더욱 빠른 속도로 확대될 예정이다. 물론 도시 지역에 비해 농촌은 수용 속도가 많이 느릴 것이다. 전통적인 이장 제도와 맞물려 소위 '권력 싸움'의 여지가 많아 조심스러울 수밖에 없기 때문이다. 또 읍면동장을 개방형 공무원으로 민간인을 채용하거나(전남 순천시 낙안면, 경북 의성군 안계면 등) 일반 공무원 중에서 주민 추천제로 선정하는 방식도 빠르게 확산 중에 있다. 기존 공무원 사회의 저항이 분명 있지만 시범 사업 형태로라도 도입해야 할 필요성에는 충분히 공감하고 있다. 이와 병행하여 주민 주도의 읍면동 발전 계획 수립, 주민 다수가 참여하는 주민총회 개최도 풀뿌리 민주주의 차원에서 매우 고무적인 현상이다. 이미 시행 중인 주민참여예산제의 실효성을 강화하면 직접민주주의 정착에 크게 기여할 것이고, 여기에 녹색전환의 가치는 자연스럽게 결합될 수 있다. 문재인 정부의 자치분권종합계획(2018년 8월 24일)은 이러한 흐름을 더욱 촉진할 것이다. 초기에는 시행착오와 갈등 사례도 많겠지만 주민 생활권 단위의 발전 계획 수립과 주민총회 개최를 계속 반복하면 결국에는 지역에 뿌리내린 주민들의 생활 운동으로서 녹색전환의 가치는 뿌리를 내릴 것이다. 이런 점에서 주민자치회 전환 정책은 매우 중요하고, 녹색전환의 계기를 확보하는 전략 차원에서라도 모든 지역에서 학습운동을 강력하게 전개할 필요가 있다.

(4) 진보적인 선출직 단체장 활용

주변에서 쉽게 접할 수 있는 '우연한' 계기는 진보적인 단체장이 등장하여 녹색전환의 가치를 지향하는 정책을 도입하는 경우이다. 한국 사회는 이런 사례가 흔한 편이고, 이런 경우에 일부는 표면적이기는 하지만 정책 패러다임의 큰 전환이 이루어진다. 어느 정도의 성과주의는 피할 수 없지만 풀뿌리 주민자치 운동이 오랫동안 실현하지 못한 정책을 단기간에 전면적으로 도입할 수 있다. 민간도 정책 수립이나 추진 과정에 적극 참여하면서 녹색전환의 내용을 적극 반영할 계기로 충분히 활용할 수 있다. 문제는 민간 활동가의 관료제 행정 시스템 경험이 부족하기에 '무엇을 할 것인가'에 집중하여 '누구를 통해 어떻게 추진할 것인가'라는 전략적 관점을 놓치기 쉽다는 것이다. 좋은 가치 지향의 정책이라 하더라도 관료 사회에 휘둘려 좌초되기 쉽다. 그래서 임기제 공무원 채용이나 중간지원조직 설치를 강력하게 요구하고 관철해야 한다. 앞에서 민관협치형 정책 시스템으로 10대 핵심 과제를 강조한 것도 이 때문이다. 또 단체장도 지역사회 풀뿌리 활동을 통해 성장하면서 선출된 경우는 드물고, 활동 경험이 있다 해도 관료 사회의 핵심 과제를 제대로 파악하지 못한 채 당선되기에 초기 몇 년간은 시행착오를 반복한다. 가장 바람직한 것은 평소에 학습모임을 만들어 녹색전환의 가치를 공동으로 숙지하고, 주민자치 운동을 통해 성장하는 그룹 속에서 당선자가 나오도록 하는 것이다. 선출직 단체장이 혼자 독주하지 않도록 평상시에 정책 집단을 만들어야 한다.

(5) 녹색 가치 지향의 귀농귀촌 활동가 등장

농촌 사회에서는 최근 귀농귀촌인(후주민)과 토박이(선주민) 사이의 갈등이 심각한데, 이는 대개 가치 지향의 차이 때문이다. 귀농귀촌인 다수가 지향하는 가치는 도시와 달리 '자연과 더불어', '이웃과 함께'라는 농촌다움에 있다. 농촌 주민은 어쩌면 '떠날 수 없어 남아 있는', '굽은 나무'라고도 표현할 수 있다. '땅의 가치'를 믿고 살아왔지만 국가와 세상에 '배신당한' 마음을 깊이 간직한 사람들이다. 귀농귀촌인은 가치 지향 측면에서 녹색전환의 수용 속도가 훨씬 빠르다. 그런 녹색 가치 지향의 활동가 한 명이 등장한다는 것은 농촌에 매우 소중한 일이다.

문제는 그런 가치를 지역사회에서 어떻게 제기하고 동의를 얻느냐에 있다. 훨씬 더 쉬운 언어로 농촌의 시간 감각에 맞추어 더 천천히 접근해야 '땅의 사람'이 될 수 있다. 절망의 벽을 넘어 '푸르게 절망을 다 덮을 때까지' 담쟁이 잎 수천 개를 이끌고 결국 그 벽을 넘겠다는 자세가 필요하다(도종환, 「담쟁이」).

5. 녹색전환의 선도 자치단체 사례 만들기

앞에서 제시한 다양한 이행 전략은 관점에 따라 강조점이 많이 달라질 수 있다. 출발점은 여러 곳일 수 있으며, 이행 과정에서는 다양한 주체가 서로 충돌하거나 협력할 것이다. 하지만 지방정치 측면에서 보자면 지방자치의 기초 단위인 시군구에서 새로운 '자치단체 모델 만들기'에 우선 집중할 필요가 있다. 예를 들어 스페인의 몬드라곤이나 이탈리아의 볼로냐, 캐나다의 퀘벡처럼 녹색전환의 희망을 가까이에서 눈으로 보여줄 수 있는 자치단체 사례가 매우 중요하다.

선도 사례 만들기를 위해 중앙정부나 광역자치단체의 '정책적 유도' 역할이 중요하다. 녹색전환이란 새로운 용어에 패러다임 전환까지 내세우는 상황에서 지역사회의 동의를 얻기가 쉽지 않기 때문이다. 아무리 '옳은 소리'라도 지역사회의 문화적 맥락과 결합하면 달라진다. 녹색전환의 가치를 전달할 수 있는 훨씬 '세련된' 언어와 방법론을 개발해야 한다. 진안군의 마을만들기, 귀농귀촌 정책도 초기의 시행착오를 극복하며 동영상, 카드 뉴스, 만화, 동화, 연극 등 다양한 문화적 접근을 중시했다.

중앙정부의 '정책적 유도' 측면에서는 민관협치의 제도적 시스템 정비가 특히 중요하고 시급하다. 지역마다 차이가 있지만 지속가능발전협의회가 설치된 것이 대개 20년쯤 되었는데, 그 성과가 왜 이렇게 '초라'한지 그 원인을 냉정하게 진단해야 한다. 결국 제도 정비에 집중하지 못한 채 가치 지향의 의제만 무성하게 제기하고 보조사업에만 의존한 탓이 크다. 지역사회에 필요한 활동은 많이 해왔지만 남아 있는 현장 활동가는 소수에 불과하다. 중앙정부와 광역자치단체일수록 제도적 시스템 정비에 훨씬 집중해야 한다. 그래야 지역사회에 다양한 이행 주체가 등장해 활약할 수 있는 무대를 만들 수 있다.

나아가 좋은 자치단체 모델을 만들기 위해서라도 지역사회의 다양한 실천 성과들이 축적되고 '튼튼한 진지'가 될 수 있도록 '읍면동 단위 모델'을 만들어야 한다. 마을 단위의 작은 소공동체만으로는 '외로운 섬'이 되기 쉽다. 읍면동 단위로 축적된 직접민주주의의 힘을 시군구 단위의 민관협치 정책 시스템으로 발전시키는 전략이 필요하다. 글로벌 시대에 강고하게 구축되어 있는 구조적 현실 속의 빈틈을 뚫고 선진 사례를 하나라도 더 만들어야 한다. 또 그런 사례가 지역마다 튼튼히 뿌리를 내리고 '민들레 씨'처럼 널리 퍼져나가야 한다. 이런 점에서 '우호적인 정책 환경의 하향식 정비'와 '풀뿌리 현장 실천에서 성장하는 상향식 요구'가 적절하게 조화를 이루어야 작은 선진 사례도 빠르게 전파될 수 있다.

참고문헌 ▪ ▪ ▪

구자인. 2019. 「농촌마을, 르네상스는 올까?」. 농업농촌의길 2019 조직위원회. "농업 농촌의 New Wave, 르네상스는 올까?" 심포지엄 자료집(2019.11.12), 81~106쪽.

구자인·유정규·곽동원·최태영. 2011. 『마을만들기, 진안군 10년의 경험과 시스템: 더디가도 제대로 가는 길』(창조적 도시재생 시리즈 20). 안양: 국토연구원.

김정섭·정유리·유은영. 2017. 「농촌 지역사회 발전 접근방법의 유형과 실천 과제」. 한국농촌경제연구원(기본과제).

충남연구원. 2018. 『충남의 미래 2040: 우리는 어디로 갈 것인가?』. 홍성군: 그물코.

具滋仁. 2003. 「日本における農山村社会の歴史的変遷と持続可能性に関する研究」. 鳥取大学大学院 連合農学研究科 박사학위 논문(미간행).

_____. 2013. 「韓国鎮安郡における福祉社会開発の事例研究」. 日本福祉大学アジア福祉社会開発研究センター(미간행).

4부
녹색전환을 위한 환경현안 대응

GREEN TRANSFORMATION

기후변화와 저탄소 녹색전환[*]

진상현

1. 녹색전환과 기후변화

어떤 나라가 친환경 녹색 국가인지, 아니면 반환경 회색 국가인지를 판단하려는 시도는 국제기구와 학자들에 의해 여러 차례 진행된 바 있다. 대표적으로 유엔 지속 가능 발전위원회UNCSD: The United Nations Conference on Sustainable Development는 국가별 환경 성과를 평가하기 위해 1996년에 '지속 가능 발전 지수SDI: Sustainable Development Index'를 발표했으며, 2001년에는 핵심 지표 57개를 선정했다. 비슷한 시기인 1999년 세계경제포럼WEF: World Economic Forum은 '환경 지속성 지수ESI: Environmental Sustainability Index'

---

[*] 이 글은 진상현·황인창, 「기후변화 협상에서 한국의 위치와 방향: 국가별 온실가스 배출특성에 기반한 군집분석 및 전망」, ≪한국정책학회보≫, 23권 4호(2014) 및 오수미·진상현, 「한국 산업화 과정의 '탄소 고착화' 분석: 이명박 정부의 저탄소 녹색성장을 중심으로」, ≪한국정책과학회보≫, 20권 3호(2016)를 재구성한 것이다.

를 개발했으며, 2001년부터 세계 각국에 대한 평가 결과를 발표하고 있다. 이로써 세계경제포럼의 환경 지속성 지수는 국제 비교를 통해 개별 국가의 친환경성을 판단할 수 있는 평가 체계로 자리 잡게 되었다. 최근에도 유엔에서는 기존의 '새 천년 개발 목표MDGs: Millennium Development Goals'를 비판적으로 승계해 2015년 총회에서 '지속 가능 발전 목표SDGs: Sustainable Development Goals'를 채택할 수 있었다. 이러한 과정을 통해 확정된 유엔의 지속 가능 발전 목표는 17개의 세부 목표로 구성되어 있다(진상현, 2007; 김고운 외, 2019).

이처럼 국가 차원의 녹색전환을 드러낼 수 있는 지표가 여러 가지 존재하기는 하지만 가장 많은 관심을 받을 뿐만 아니라 중요한 기준으로 간주되는 지표 가운데 하나가 바로 기후변화 대응과 관련된 온실가스 배출량이다. 세계적으로 기후변화의 징후들이 심각한 국제 환경 문제로 등장하면서, 현재 지구온난화는 인류의 생존 문제로 받아들여지고 있다.[1] 2019년 9월 유엔총회에서 스웨덴 출신의 16세 소녀 그레타 툰베리Greta Thunberg가 미래를 망치지 말라고 호소한 연설은 기성세대의 정치인들에게 경종을 울릴 수 있었다(연합뉴스, 2019.9.24). 물론 '기후변화 대응climate action'은 유엔의 지속 가능 발전 목표 가운데 13번째로 포함되어 있다.

이처럼 국제사회와 선진국이 일찍부터 친환경 녹색전환과 기후변화 문제에 관심을 보인 반면, 후발 개도국이었던 한국은 한발 늦게 환경 문제에 관심을 갖게 되었다. 즉, 1980년대의 비약적인 경제성장과 더

---

[1] 최근 들어서는 지구온난화(global warming)라는 애매한 문구 대신에 '지구 가열(global heating)'이라는 표현으로 경각심을 높여야 할 뿐만 아니라, 기후변화(climate change)가 아니라 '기후 위기(climate crisis)' 혹은 '기후 비상(climate emergency)'이라는 용어를 사용해야 한다는 제안이 나오고 있다(≪중앙일보≫, 2019.9.22).

불어 심각한 공해 문제에 직면하면서 환경 정책을 하나씩 마련할 수 있었다. 1990년대 이후로는 전담 부처인 환경부를 설립하고, '환경정책기본법'을 제정했으며, 예방 수단인 환경영향평가제까지 마련할 수 있었다. 그럼에도 불구하고 당시까지만 해도 국제 환경 문제인 기후변화에는 여전히 미온적인 태도를 취했다. 그렇지만 2008년 취임한 이명박 대통령은 대한민국의 미래 60년 국가 비전으로 '저탄소 녹색 성장'을 제시하며, 적극적인 기후변화 대응을 국제사회에 약속했다. 10여 년 전의 과거 정권인 이명박 정부의 녹색 성장이 중요한 이유는 문재인 정부에서 논의되는 녹색전환과도 밀접한 관련이 있기 때문이다. 즉, 이전까지만 해도 환경 단체들이 주장한 친환경 녹색 담론을 정부가 공식 의제로 받아들인 본격적 출발점이 '저탄소 녹색 성장'이기 때문이다.

그렇다면 과연 이명박 정부는 한국을 고탄소 회색 성장에서 저탄소 녹색 성장으로 전환시키는 데 성공했는지 검토할 필요가 있다. 즉, 지금의 대한민국이 대표적인 녹색 국가라고 국제사회에서 당당하게 자부할 수 있는지에 대해 꼼꼼히 따져볼 필요가 있다. 왜냐하면 이전 정권의 성과에 대한 평가를 바탕으로 문재인 정부 저탄소 녹색전환의 방향을 제시할 수 있기 때문이다. 그렇지만 이명박 정부는 요란한 광고에도 불구하고, 저탄소 녹색 국가로 전환하는 데 성공하지 못한 것으로 판단된다. 이렇게 평가하는 이론적 근거는 '탄소 고착carbon lock-in'이라는 개념이다. 이 장에서는 '탄소 고착'이라는 이론과 개념을 이용해서 한국의 기후변화 관련 녹색전환의 경로를 검토하고자 한다(오수미·진상현, 2016).

2. 저탄소 녹색전환의 과거: 탄소 고착과 녹색 성장

1) 탄소 고착화와 한국

'탄소 고착' 개념은 2000년에 처음 제시되었다. 이는 지금의 사회체제가 기술적·제도적 고착으로 인해 화석연료 중심의 고탄소 시스템에서 벗어나지 못하는 상태라고 주장하는 흥미로운 이론이다. 탄소 고착은 석탄이나 석유를 포함한 화석연료를 이용하는 설비들에 의해 산업구조가 기술적으로 고착되었을 뿐만 아니라 경제·사회 체제라는 제도 차원에서도 고탄소 시스템에 고착화된 현상을 설명한 가설이다(Unruh, 2000).

이러한 '탄소 고착'이 비교적 최근에 만들어진 개념임에도 불구하고 지금까지 흥미로운 연구 결과들을 도출하고 있다. 예를 들어 중국 정부가 저탄소 기술과 관련해서 여러 가지 정책적 노력을 기울였음에도 불구하고 화력발전이 지속적으로 늘어나면서 결국 탄소 고착화가 진행되었다는 논문이 발표된 바 있다(Karlsson, 2012). 반대로 미국은 석탄 같은 고탄소 화석연료를 이용함에도 불구하고, 전력 부문에서 탄소 고착이 일어나지 않았다는 연구도 흥미롭다(Carley, 2011). 국내에서도 마찬가지로 '탄소 고착'이라는 개념을 활용해서 유사한 분석을 시도했던 연구 결과가 발표된 바 있다(채영진·노건기·박중구, 2014). 즉, 한국의 전력 산업도 시장·소비자·기업·제도라는 측면에서 탄소의 고착화가 진행되었다는 것이 연구 결과이다. 이 연구는 한국을 포함한 여러 나라를 대상으로 탄소 고착화를 분석했다는 측면에서 의미가 있다. 그렇지만 이들의 연구는 몇 가지 측면에서 한계도 있다. 먼저 이 연구의 탄소 고착화 분석은 국가별 정책 및 현황에 대한 '정성적 기술'에 머물 뿐이지 수치 데이터를 활용한 '정량 분석'이 제대로 이루어지지 않았다. 게다가 선행 연구들은 대부분 전력 분야에 국한해서 탄소 고착화 분석을 시도하고 있기 때문에 국가 전반의 탄소 고착을 파악하기에는 미흡한 실정이다.

그렇다면 이들 선행 연구를 발전시켜 국가 차원에서 한국의 탄소 고착화를 살펴볼 필요가 있다. 구체적으로는 탄소의 고착 여부를 판단하기 위한 정량 지표로 '탄소 집약도'를 이용할 것이다. '탄소 집약도carbon intensity'는 국내총생산 대비 온실가스 배출량을 의미하며, 환경 요인과 경제 요인을 동시에 고려함으로써 국가별 탄소 고착화의 정도를 보여주는 대표적인 계량 지표라고 할 수 있다. 그로 인해 탄소 집약도는 경제성장과 온실가스 배출량을 결합해서 탄소 고착화를 보여줄 수 있다는 측면에서 의미 있는 지표일 수 있다. 실제로 앞에서 살펴본 연구들도 대부분 고착화 지표로 탄소 집약도를 사용했다.[2] 이 절에서는 세계은행이 제공하는 '세계 발전 지표WDI: World Development Indicator'를 이용해 한국의 탄소 집약도를 살펴볼 것이다. 〈그림 15-1〉은 1960년 이후 한국의 탄소 집약도를 보여준다.

2) 과거 한국의 탄소 고착화

먼저 1980년대 이전까지만 해도 한국은 급격한 산업화와 더불어 빠

---

[2] 다만 탄소 집약도를 고착화의 지표로 분석하는 데는 한계도 있다. 왜냐하면 기후변화는 대기 중 온실가스 농도의 증가라는 절댓값의 환경 문제이기 때문이다. 즉, 경제성장 대비 온실가스 배출량이라는 탄소 집약도의 경우에는 상대적 개선을 보여줌에도 불구하고 더 빠른 경제성장이 이루어지면 여전히 지구온난화를 일으킬 수 있다. 그렇지만 아직까지 현실에서는 절대적인 온실가스 배출량 감축을 달성한 국가를 찾아보기 어려울 뿐만 아니라 탄소 집약도라는 상대적 탈동조화 성과를 거둔 선진국이 그나마 존재하기 때문에, 과거 한국의 성과와 한계를 직접적·가시적으로 드러낼 수 있다는 측면에서 유용한 지표일 수 있다.

그림 15-1 ㅣ 한국의 탄소 고착화 경향

자료: The World Bank(2019)를 재구성.

른 속도로 늘어난 온실가스 배출로 인해 심각한 탄소 고착화를 경험했
다. 다만 1960년대 전반기까지는 탄소 집약도가 비약적으로 증가했던
반면에, 1968년 이후에는 일시적으로 줄어드는 모습을 보였다. 이는
정부의 석탄 증산 정책으로 소비량이 늘어났다가, '주유종탄主油從炭'으
로 정책 기조를 변경한 덕분에 석유가 중심 에너지원으로 자리 잡으면
서 탄소 집약도가 줄어들었기 때문이다. 즉, 석탄이라는 저급 화석연료
에서 석유라는 고급 화석연료로 에너지 사용을 전환한 덕분에 한국의
탄소 집약도가 일시적으로나마 줄어들 수 있었다.

　1970년대 들어 탄소 집약도는 일정 수준을 유지했으며, 2차 석유파
동 이후인 1980년에 정점을 기록했다. 당시 빠른 속도로 경제성장이 진
행되고 에너지 다소비 산업이 급격히 성장했음에도 불구하고 탄소 집
약도를 비교적 일정 수준에서 유지할 수 있었던 데에는, 1, 2차 석유파

동을 겪은 뒤 정부에서 적극적으로 펼친 에너지 정책이 어느 정도 기여했을 수 있다. 실제로 정부는 석유의 해외 의존도를 줄이기 위해 에너지의 다원화를 추진했을 뿐만 아니라 에너지 절약을 포함한 수요 관리 정책도 적극적으로 추진했었다. 그럼에도 불구하고 중동에서 시작된 경제 특수와 중화학 공업의 비약적인 성장으로 1970년대 후반부터는 석유 소비가 다시 늘어나기 시작했다. 그 때문에 한국의 탄소 집약도는 1980년에 역사상 가장 높은 수치를 기록했다. 다행히도 한국의 탄소 집약도는 이후에 급격히 줄어들었다. 1980년대의 지속적인 고도성장을 고려했을 때, 에너지원의 다변화가 원인이었을 수 있다. 한편으로는 원자력의 도입도 탄소 집약도를 떨어뜨리는 데 어느 정도 기여했을 것이다.[3] 물론 에너지 절약 정책도 탄소 집약도를 떨어뜨릴 수 있었다. 즉, 1980년대에는 석탄 소비의 감소와 정부의 에너지 다원화 및 절약 정책으로 탄소 집약도가 낮아진 것이다(신의순, 2001).

1980년대와 비교했을 때 한국의 탄소 집약도는 1990년대 들어 감소 추세가 둔화되고 말았다. 이는 한국 경제가 큰 호황을 누리면서 에너지 소비 수준이 함께 증가했기 때문이다. 그렇지만 1997년의 외환 위기를 기점으로 경제가 심각하게 하락하면서 탄소 집약도는 크게 낮아질 수밖에 없었다. 이 또한 당시의 경제 상황에 기인한 것이며, 산업 부문에서 경제성장의 위축으로 인해 에너지 소비가 줄어들면서 나타난 결과라고 판단된다. 이후 한국의 탄소 집약도는 2000년대 들어 지속적으로

---

3 원자력발전이 전력을 생산하는 과정에서 온실가스를 배출하지 않기는 하지만, 국제사회에서는 안전성과 폐기물 처리 문제 때문에 저탄소 에너지원으로 인정하지 않는다. 즉, 원전은 탄소 시장에서 배출권 판매를 통한 경제적 혜택을 누릴 수 없는 상황이다. 그럼에도 불구하고 원자력발전소의 확대는 해당 국가의 온실가스 배출량을 줄일 수는 있다(타카노 사토시·진상현, 2017).

감소할 수 있었다. 이는 2004년부터 2008년까지 신新고유가 현상이 지속되고 기후변화 문제가 심각하게 등장하면서, 정부가 석유에서 천연가스 같은 청정 연료로 에너지를 전환했을 뿐만 아니라 환경 규제를 강화한 결과일 수 있다. 즉, 2000년대 탄소 집약도의 하락은 석유의 비중이 감소하고 천연가스와 원자력의 비중이 늘어난 데 따른 것이다(김성록 외, 2015).

정리하자면 1980년대 이후 한국 정부는 산업구조의 고도화뿐만 아니라 에너지원의 다변화 정책을 통해서 탈탄소화라는 성과를 거둘 수 있었다. 그렇다면 한국은 기술·제도 측면의 경로 의존성으로 인해 탄소 고착화가 발생한다는 기존의 가설에 배치되는 사례일 수 있다. 즉, 다른 나라에서 확인된 탄소 고착화 가설과 다르게 한국에서는 정부가 산업구조를 고도화한 덕분에 급격한 경제성장 과정에서도 탄소 고착이 심각하게 발생하지는 않은 것으로 판단된다. 게다가 1966년의 연탄 파동이나 1970년대 두 차례의 석유파동 같은 사건들은 정부로 하여금 에너지원의 다변화 정책을 추진하게 만들었다. 따라서 한국의 산업화 과정에서는 예상과 달리 '탄소 고착화'가 그다지 심각하게 진행되지 않았으며, 1980년 이후 지난 30년 동안 다른 선진국들과 마찬가지로 탄소 배출과 경제성장이 분리된 '탈동조화decoupling'가 어느 정도 진행될 수 있었다.

3) 이명박 정부의 탄소 고착

다음으로 한국이 저탄소 녹색 성장을 국제사회에 본격적으로 선언한 이명박 정부의 탄소 집약도를 살펴보면 다음과 같다. 즉, 〈그림 15-1〉에서 볼 수 있듯이 과거에는 한국의 탄소 집약도가 감소하는 추세였지만,

정작 이명박 정부가 출범한 2009년 이후에는 오히려 높아지는 양상을 보이고 있다. 다행히 2012년의 정권 말기에는 탄소 집약도가 약간 낮아지기는 했지만, 이명박 정부의 집권 이전보다는 여전히 높은 수준이었다. 정리하자면 한국에서는 이명박 정부의 출범 이후에 과거의 탈탄소화 경향과 역행하는 탄소 고착화가 진행된 것이다. 이명박 정부는 취임 첫해인 2008년에 야심 차게 '저탄소 녹색 성장'을 선언했지만, 정작 탄소 집약도 분석에 따르면 정책 목표 달성에 실패한 것으로 판단된다. 실제로 이명박 정부하에서는 탄소 배출량이 늘어났으며, 심지어 상대 지표인 탄소 집약도마저 크게 악화되고 말았다. 즉, 이명박 정부의 '저탄소 녹색 성장'은 사실상 실질적인 성과가 거의 나타나지 않았다.

게다가 과거에 한국이 의도하지 않았음에도 불구하고 에너지원의 다변화와 산업구조의 혁신을 통해서 탈탄소화를 우연히 달성했던 것과 달리 이명박 정부는 산업 고도화나 재생 가능 에너지의 확대에도 관심이 거의 없었다. 즉, 당시의 산업구조는 집권 전후로 그다지 변화를 보이지 않았을 정도로 고도화와 첨단화에 실패했을 뿐만 아니라, 실제로는 4대강 사업이나 토목 건설 같은 구시대적인 산업에 전력을 기울였다고 해도 과언이 아닐 정도였다. 물론 친환경 에너지원으로의 전환 노력도 제대로 기울이지 않았으며, 당시 진행한 재생 가능 에너지 보급 사업은 2004년에 노무현 정부가 신재생에너지 원년을 선언한 이후의 관성으로 추진되었을 뿐이다. 결과적으로 국내총생산 대비 온실가스 감축이라는 상대적 성과마저 달성하지 못한 것이다. 한마디로 이명박 정부의 저탄소 녹색 성장은 선전 문구에 불과했으며 실질적인 녹색전환이 아니었다. 심지어 기존의 탈탄소화 경향에 역행하는 결과를 초래했을 뿐이다.

3. 저탄소 녹색전환의 현재: 개도국, 신흥국 혹은 부유국

1) 온실가스 배출과 군집 분석

앞에서 '과거' 한국의 저탄소 녹색전환을 탄소 고착이라는 개념으로 살펴보았다면, 이번에는 '현재' 한국의 온실가스 배출 관련 실상을 확인해 볼 필요가 있다. 즉, 세계 184개국 가운데 저탄소 녹색 국가로서 한국의 지위와 위상을 살펴보고자 한다. 그래야 과거 한국의 모습에 대한 성찰과 현재 한국의 위치에 대한 이해를 토대로, 미래에 한국이 저탄소 녹색 국가로 전환하기 위해 나아갈 방향을 제시할 수 있기 때문이다. 이를 위해 '군집 분석cluster analysis' 기법을 활용하고자 한다(진상현·황인창, 2014).

한마디로 군집 분석[4]은 다변량 통계분석 가운데 하나이며, 다양한 자료를 이용해 몇 개의 집단으로 구분하는 분석 기법이라고 할 수 있다.[5] 흥미롭게도 기후변화라는 지구적 환경 문제에 직면하게 되자 국가별

---

[4] 구체적으로는 n개의 관측치를 대상으로 p개의 변수를 측정한 뒤, 이들 변수를 이용해 관측치 사이의 유사성 또는 거리를 판단해서 가까운 순서대로 군집을 형성하는 통계 기법이라고 할 수 있다. 이때 각각의 군집은 소속 관측치들 사이에서 유사성이 높은 반면에 다른 군집의 관측치와는 유사성이 낮도록 분류하는 원칙을 적용한다(임찬수 외, 2010).

[5] 이때 군집 분석에서의 관건은 집단 숫자의 결정이다. 그렇지만 군집 수의 결정은 연구자의 주관적 해석에 따라 달라지기 때문에 객관적인 과학의 영역을 벗어난다고까지 비판받을 정도이다. 다만 이러한 주관적 판단의 문제를 해결하기 위해서는 '2단계 군집 분석'을 활용할 수 있다. 즉, 2단계 군집 분석에서는 최적의 군집 수를 결정하기 위해 '베이지안 기준(Schwarz's Bayesian Inference Criterion)'을 사용한다. 따라서 베이지안 기준은 과거 군집 분석의 자의적인 군집 수 결정이라는 약점을 피할 수 있는 객관적 기준으로 활용되고 있다(박덕병·윤유식·이민수, 2007).

온실가스 배출 특성의 군집 분석을 시도하는 연구가 국내외에서 늘어나고 있다.[6] 이처럼 저탄소 기후변화 대응 관련 국가별 유형화에 관심이 높아지는 상황이므로, 이 절에서는 기후변화협약의 기준 연도인 1990년 이후의 184개국 대상 시계열 자료를 이용한 다년도 군집 분석의 결과를 간략히 살펴보고자 한다.[7] 한편으로는 한국이 소속된 국가 그룹인 경제협력개발기구OECD: Organisation for Economic Co-operation and Development 의 선진국뿐만 아니라 기후변화협약상에서 감축의무 부담이 제외된 비부속서 I 그룹을 대상으로도 동일한 군집 분석을 시행함으로써 좀 더 실질적인 측면에서 한국의 현 위치를 진단하고자 한다.[8]

---

6 예를 들어 국내에서는 경기도의 31개 시군을 대상으로 6개 분야의 온실가스 배출 특성 자료를 이용한 군집 분석을 토대로 4개 집단을 찾아내, 지역별로 차별화된 기후변화 대응 전략을 제시한 연구가 발표된 바 있다(최충익·고재경, 2010). 해외에서는 중소 규모의 관광 업체를 대상으로 이산화탄소 감축 활동을 군집 분석한 연구도 있고, 선진국을 대상으로 농업 부문의 온실가스 배출 특성을 토대로 유형화 작업을 한 연구도 있다(Coles, Zschiegner and Dinan, 2014; Kolasa-Wiecek, 2013). 한편으로는 탄소 배출과 경제성장 및 행복의 관련성에 착안해서 국가별 군집을 분석한 연구도 있으며, 103개국을 대상으로 온실가스 배출 특성 자료를 이용해 4개 집단으로 구분한 연구도 있다(Sulkowski and White, 2014; Alcantara, Duarte and Obis, 2003).

7 이를 위해 온실가스의 배출량 자료는 유엔기후변화협약(UNFCCC) 부속서 I 그룹인 선진국은 국가별 온실가스 인벤토리 보고서를 활용했으며, 비부속서 I 국가는 세계은행의 WDI 자료를 사용했다. 한편으로 군집 분석을 시행하기 위해서는 온실가스 배출량뿐만 아니라 경제·산업 특성을 반드시 함께 고려해야 한다. 이에 해당 국가를 설명하는 통상적 변수인 인구와 경제·산업뿐만 아니라 에너지와 온실가스라는 총 4개 자료가 분석에 포함되었다.

8 물론 한국이 온실가스 감축 의무에서 제외된 '교토의정서(Kyoto protocol)'는 2020년으로 만료될 예정이며, 이후로는 '파리협정(Paris Agreement)'을 바탕으로 선진국과 개도국 모두가 온실가스 감축에 동참해야 하는 상황이다.

2) 세계 국가 대상 군집 분석 결과

먼저 세계 184개국을 대상으로 분석한 결과, 국가별 유형은 4개로 확인되었다. 1군집(산유국)은 1인당 국내총생산GDP이 약 1만 달러인 국가이며, 농업의 비중이 상대적으로 작은 나라들이다. 이들 국가는 화석연료 의존도가 높을 뿐만 아니라 에너지 효율이 낮다는 특징이 있다. 그로 인해 1군집은 1인당 온실가스 배출량이 가장 많은 그룹이다. 1군집에 속하는 국가로는 이라크·쿠웨이트·오만·사우디아라비아·베네수엘라 같은 석유 수출국이 대부분이다.

2군집(개도국)은 1인당 GDP가 약 5000달러인 국가이며, 농업 중심에서 벗어나 산업화를 어느 정도 추진하는 개발도상국이 중심을 이루고 있다. 이들 2군집 국가는 에너지 효율뿐만 아니라 탄소 집약도가 선진국과 저개발국의 중간 수준이며, 1인당 온실가스 배출량도 중간 정도이다. 2군집에는 중국·브라질·인도 같은 신흥국, 러시아·불가리아·폴란드·체코·헝가리 같은 체제 전환국, 한국·멕시코·칠레·이스라엘 같은 OECD 후발국이 포함된다.

3군집(후진국)은 1인당 GDP가 약 600달러인 국가이며, 산업구조는 농업 중심이다. 이들 나라는 에너지 효율이 매우 낮고 탄소 집약도가 높지만, 에너지 소비량이 적고 화석연료 의존도가 낮아 1인당 온실가스 배출량이 가장 적다. 3군집 국가는 캄보디아·콩고·코트디부아르·카메룬·가나·나이지리아 등으로 대부분 아프리카의 저개발국이다.

4군집(선진국)은 1인당 GDP가 약 3만 8000달러인 국가이며, 산업구조는 서비스업 중심이다. 4군집 국가는 에너지 효율이 가장 높을 뿐만 아니라 탄소 집약도까지 가장 낮지만, 에너지 소비가 많고 화석연료 의존도가 높아서 1인당 온실가스 배출량이 여전히 가장 많다. 4군집에 속한 국가는 미국·영국·캐나다·독일·프랑스·일본 같은 유럽연합 또는 OECD의 회원국이다.

3) 선진국 대상 군집 분석 결과

다음으로 한국은 국제사회에서 선진국으로 분류되기 때문에, OECD 회원국만을 대상으로 군집을 분석한 결과에 따르면 국가별 유형은 3개였다.[9] 이때 1군집(영미권 선진국)은 1인당 GDP가 약 4만 6000달러이며, 산업구조는 서비스업 중심의 나라들이다. 이들 국가는 대체로 에너지 효율이 낮을 뿐만 아니라 탄소 집약도가 높다. 또 인구 밀도가 대체로 낮고 1인당 온실가스 배출량이 가장 많다. 1군집에 속한 국가는 미국·호주·캐나다·뉴질랜드 등의 영미권 선진국이다.

2군집(유럽 선진국과 일본)은 1인당 GDP가 약 3만 8000달러인 국가들이며, 산업구조는 1군집처럼 서비스업 중심이다. 이들 국가는 에너지 효율이 가장 높고, 탄소 집약도는 가장 낮다. 덕분에 1인당 온실가스 배출량이 가장 적다. 독일·프랑스·스웨덴·영국 등의 유럽 선진국들이 해당되었으며, 비유럽 국가 중에서는 일본이 유일하게 포함되었다.

3군집(신흥 경제성장국)은 1인당 GDP가 약 1만 3000달러인 국가들이며, OECD 회원국 중에서는 제조업 비중이 상대적으로 높은 나라들이다. 이들 3군집 국가는 저효율의 에너지 소비구조를 갖고 있음에도 불구하고, 에너지 소비 수준이 상대적으로 낮아서 1인당 온실가스 배출량이 가장 적다. 3군집에 속한 국가는 한국·칠레·멕시코·이스라엘 같

---

9 2단계 군집 분석을 이용해서 OECD 회원국을 분석할 경우에는 단일 군집으로 분류되었기 때문에, 유형화하는 데 있어서 의미가 없었다. 이에 불가피하게 사람들이 구분해서 인식하기에 가장 좋은 3개의 유형으로 강제 분류했다.

은 OECD 후발국과 체코·폴란드·헝가리 같은 체제 전환국이다.

4) 비부속서 I 국가 대상 군집 분석 결과

끝으로 한국은 선진국임에도 불구하고, 기후변화협약에서 온실가스 감축 의무가 부여되는 부속서 I 국가에 포함되지 않았다. 이러한 비부속서 I 국가에 대해서도 군집 분석을 별도로 시행한 결과, 국가별 유형은 3개였다. 이때 1군집(개도국)은 1인당 GDP가 약 3200달러이며, 중국·브라질·인도 같은 신흥국들이 해당한다. 이들은 에너지 효율, 탄소 집약도, 화석연료 의존도 등이 중간 수준이며, 1인당 온실가스 배출량도 비부속서 I 국가들 중에서 중간 정도이다.

2군집(후진국)은 1인당 GDP가 약 600달러인 국가로 산업구조는 농업 중심이다. 이들 국가는 에너지 소비량 자체가 적을 뿐만 아니라 화석연료 의존도마저 낮아서, 비부속서 I 국가들 가운데 1인당 온실가스 배출량이 가장 적은 편이다. 아프리카 국가 대부분이 2군집으로 분류된다.

3군집(부유국)은 1인당 GDP가 약 2만 2000달러이며, 한국을 포함해 산유국·이스라엘·싱가포르 등의 부유한 국가들이 속한다. 이들 국가는 에너지 효율이 가장 높고 탄소 집약도가 가장 낮기는 하지만, 에너지 소비가 많고 화석연료 의존도가 높은 구조여서 1인당 온실가스 배출량이 가장 많다. 다만 비부속서 I 국가들 가운데 군집을 결정하는 핵심 변수가 1인당 GDP이기 때문에, 3군집에는 산유국뿐만 아니라 부유한 비산유국들이 함께 포함된다.

이상의 군집 분석 결과를 정리하면 다음과 같다. 한국은 1인당 국민소득이 3만 달러를 넘을 뿐만 아니라 OECD에 가입했기 때문에, 국제

사회에서는 선진국으로 통상 분류된다. 그렇지만 전 세계 184개국을 대상으로 온실가스 배출량을 포함해서 유형을 분석하면, 한국은 여전히 개도국으로 분류되는 상황이다. 다음으로 선진국만 별도로 분석한 결과에 따르면, 한국은 OECD 회원국 가운데 신흥 경제성장국에 포함된다. 끝으로 기후변화협약이라는 측면에서 온실가스 감축 의무가 없는 비부속서 I 국가들만 대상으로 분석한 결과에서는, 한국의 경우 부유국으로 분류되고 있었다. 한마디로 한국은 기후변화협약에 가입한 경제적 측면의 선진국임에도 불구하고, 아직까지 온실가스 감축에 적극적이지 않은 개도국, 신흥국, 부유국의 수준에 머물고 있는 실정이다.

4. 저탄소 녹색전환의 미래: 갈림길에 선 한국의 선택

1) 환경보전과 경제성장의 딜레마, 환경 쿠즈네츠 곡선

'현재' 한국의 위치를 확인하기 위해 군집 분석이라는 통계 기법을 사용했다면, '미래' 대한민국의 방향을 제시하기 위해서는 '환경 쿠즈네츠 곡선Environmental Kuznets Curve'이라는 개념을 활용하고자 한다. 한마디로 요약하자면 환경 쿠즈네츠 곡선은 경제성장으로 인해 환경오염이 심화된다는 기존의 학설에 반론을 제기하는 가설이라고 할 수 있다(Grossman and Krueger, 1991). 원래 쿠즈네츠 곡선은 경제성장과 불평등의 관계가 임계점을 지나면 완화되는 경향이 있음을 밝히는 데 사용하는 가설이다(Kuznets, 1955). 그렇지만 최근 들어서는 이를 경제성장과 환경오염으로 확장시켜 환경 쿠즈네츠 곡선으로 발전시킨 연구가 활발히 이루어지고 있다. 즉, 경제성장이 특정 지점을 지나면 환경을 개선하는 효과가 있다는 환경 쿠즈네츠 곡선에 대한 학계의 관심이 높아지고 있다. 그로 인해 여러 학자들이 다양한 지역과 각종 환경 분야를 대상으로 분석하는 실증 작업을 진행하고 있다. 그렇지만 아직까지도 가설이라고 불리는 이유는, 몇몇 유럽 국가에서 환경 쿠즈네츠 곡선이 존재하는 것으로 확인되기는 했지만 모든 나라와 모든 분야에 해당하지는 않는 것으로 밝혀졌기 때문이다. 게다가 한 나라에서조차 오염 물질에 따라 환경 쿠즈네츠 곡선이 각기 다른 형태를 보이는 것으로 확인되면서 논란을 빚고 있다. 심지어 국내에서도 특정 영역은 환경 쿠즈네츠 가설이 성립하지만 다른 영역은 성립하지 않는 실정이다(김지현·김미숙, 2008; 이정전, 2011; 김진웅·김원규·노영진, 2012).[10]

한 가지 흥미로운 점은 최근 들어 심각한 지구적 환경 문제로 인식되는 기후변화와 관련해서도 경제성장과 온실가스 배출의 관련성을 환경 쿠즈네츠 곡선으로 검증하려는 작업들이 국내외에서 활발히 진행되고 있다는 사실이다. 그렇지만 이들 연구도 다른 분야와 마찬가지로 분석 기간 및 대상 국가의 차이에 따라 환경 쿠즈네츠 곡선이 발견되었다는 논문뿐만 아니라 발견되지 않았다는 상반된 연구 결과가 공존하는 상황이다. 특히 그중에서도 전 세계 모든 국가를 대상으로는 환경 쿠즈네츠 곡선이 확인되지 않았던 경우에도, 고소득과 저소득 국가로 구분해

---

10 예를 들어 한강은 경제성장과 더불어 오염이 심각했지만, 임계점을 지나면서 국민들의 인식 개선과 물 관리 정책을 통해 지금은 수질이 상당히 개선된 상태이다. 대기오염과 관련해서도 과거에는 산업화와 더불어 이산화황에 의한 피해가 심각한 수준이었지만, 1988년 서울 올림픽 이후로는 수도권 대기오염 규제 덕분에 공기가 맑아졌다. 그렇지만 동일한 대기오염의 경우에도 자동차에서 발생하는 이산화질소는 농도가 낮아지지 않고 있으며, 미세먼지는 오히려 최근 들어 더 심각해지는 상황이다. 이처럼 국내에서도 환경 쿠즈네츠 곡선은 특정 지역, 분야, 영역에 따라 가설의 성립이 달라지는 것으로 정리될 수 있다(윤인주·한상연, 2010).

서 분석하면 성립한다는 논문도 흥미로운 연구 결과일 수 있다(김광욱·강상묵, 2007; Romero-Avila, 2008). 이러한 학계의 논의를 바탕으로 이 절에서는 환경 쿠즈네츠 곡선을 이용함으로써 한국이 저탄소 녹색 국가로 전환하기 위해 나아가야 할 미래의 방향을 제시하고자 한다.

2) 경제성장과 온실가스의 관계

먼저 경제성장과 온실가스 사이의 관련성을 간략히 살펴보기 위해 가로축으로 1인당 GDP, 세로축으로 1인당 온실가스 배출량을 설정해서 전 세계 국가를 평면에 분포시키면 〈그림 15-2〉와 같다.[11] 이때 경

그림 15-2 ┃ 경제성장과 온실가스 배출

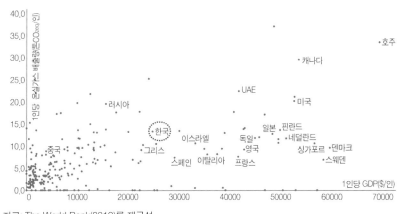

자료: The World Bank(2019)를 재구성.

---

11 〈그림 15-2〉에서도 세계은행의 WDI가 이용되었다. 다만 온실가스 배출량은 통상적으로 최근 자료가 3년 이전의 추정치라는 한계가 있다. 게다가 2019년 현재 세계은행의 국가별 온실가스 배출량은 한국의 경우 2014년, 전 세계 국가의 경우에는 2012년 데이터까지만 제공하고 있다.

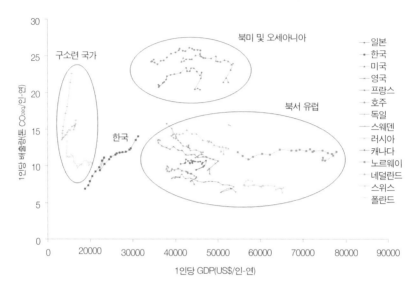

그림 15-3 ㅣ 주요국의 경제성장과 온실가스 변화 추이(1990~2010년)

제성장이라는 측면에서 한국은 선진국과 개도국의 중간에 위치하며, 온실가스라는 측면에서는 북유럽 국가와 영미권 국가의 중간에 자리 잡은 것으로 확인되었다. 즉, 한국은 급격한 경제성장 덕분에 생활수준이 유럽 국가에 근접했지만 산업화 과정에서 온실가스 배출량이 크게 늘어났으며, 이는 한국과 유사한 남유럽뿐만 아니라 경제수준이 훨씬 높은 북유럽 국가들보다도 1인당 배출량이 많을 정도이다. 그나마 다행이라면 한국은 아직 영미권 선진국에 비해 1인당 배출량이 낮은 편이다. 다만 이처럼 특정 시점의 그래프는 국가별로 현재의 위치에 대한 정보만을 제공해 줄 뿐이지, 과거의 진행 경로를 파악하는 데에는 유용하지 못하다는 단점이 있다. 이에 주요국을 대상으로 경제성장과 온실가스의 변화 경로를 시계열 자료로 살펴볼 필요가 있다.

〈그림 15-3〉에서 나타난 바와 같이, 주요국의 온실가스 배출과 경제

그림 15-4 | 경제성장과 온실가스 배출 경로

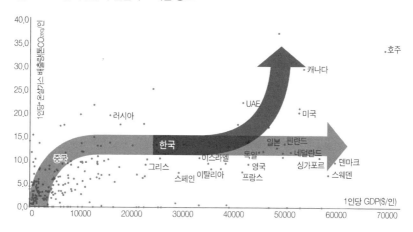

성장 관련 경로는 크게 네 가지로 구분할 수 있다. 첫 번째는 영미권 선진국이 보여준 변화로, 경제성장과 더불어 1인당 온실가스 배출량이 높은 수준에서 안정화된 경로이다. 두 번째는 북서 유럽 및 일본이 보여준 변화로, 1인당 온실가스 배출량이 낮은 수준에서 안정되었을 뿐만 아니라, 심지어 감소하는 추세까지 보이는 경로이다. 세 번째는 체제 전환국들이 보여준 변화로, 자국의 경제력에 비해 1인당 온실가스 배출량이 대단히 높은 특징이 있으며, 옛 소련의 붕괴와 더불어 시작된 동유럽의 경기 침체와 관련된 경로이다. 네 번째는 한국이 보여준 변화로, 대부분의 개도국들이 취하는 경로이다. 즉, 1인당 온실가스 배출량이 선진국에 비해 아직은 높은 편이 아니지만, 급격한 경제성장으로 1인당 온실가스 배출량이 빠른 속도로 늘어나는 국가들의 경향이다.

결과적으로 한국은 현재 1인당 온실가스 배출량이라는 측면에서 이미 유럽 선진국 수준에 도달한 상태이다. 이때 환경 쿠즈네츠 곡선과 관련된 〈그림 15-4〉를 보면 한국은 향후 영미권 국가의 경로를 택할지,

아니면 북서 유럽 국가의 경로를 택할지를 결정해야 하는 갈림길에 위치한 상황이다. 이때 한 가지 우려되는 부분은 과거의 시계열 변화를 검토해 보면, 한국은 영미권 국가의 경로를 선택할 가능성이 높다는 사실이다. 따라서 기후 위기의 시대에 저탄소 녹색 국가로 전환하려면, 한국은 강력한 정치적 의지와 체계적인 정책을 토대로 온실가스 감축 사업을 일관되게 추진해야 할 것이다.

5. 저탄소 녹색전환을 위한 제언

이 장에서는 한국이 저탄소 녹색전환과 관련해 과거에 어떤 길을 걸어왔으며, 현재 국제사회에서 차지하는 위치가 어디이며, 미래에 어떤 방향으로 나아가야 하는지를 살펴보았다. 1980년 이전까지는 탄소 의존적인 경제성장의 특성을 보였지만 이후로는 탄소 집약도가 서서히 감소한 것으로 나타났다. 즉, 최빈국을 벗어나 개발도상국으로 도약한 이래 산업의 고도화라는 성장 전략과 석유파동 이후 에너지원의 다변화 정책 덕분에 한국은 탄소 집약도를 꾸준히 낮출 수 있었다. 정리하자면, 별도의 저탄소 기후변화 대책을 수립하지 않았음에도 불구하고 경제성장과 더불어 온실가스의 탈동조화가 자연스럽게 진행된 것이다.

그렇지만 이명박 정부는 2008년에 '저탄소 녹색 성장'을 선언하며 국제사회의 주목을 받았음에도 불구하고, 예상과 달리 탄소 집약도가 거꾸로 늘어나고 탄소 의존적이던 과거로 역행하고 말았다. 이처럼 역설적인 결과가 나타난 이유는 두 가지 측면에서 설명할 수 있다. 먼저 이명박 정부가 겉으로만 저탄소를 선언했을 뿐이라는 주장이다(진상현, 2013). 많은 시민단체와 환경론자들이 제기하는 비판으로 타당한 지적이기는 하지만, 탄소 고착화의 결과를 충분히 설명하지 못하는 한계가 있다. 즉, 녹색 포장에 불과했다면 적어도 과거 정도의 수준이나 경향이 유지되었어야 할 텐데, 실제로는 탄소 집약도가 늘어났던 부분은 이들의 비판만으로는 설명이 부족할 수 있다.[12] 다음으로는 예기치 못한 국제 상황이 이명박 정부의 탄소 고착화에 영향을 미쳤을 수 있다. 예를 들어 2008년의 세계 금융 위기뿐만 아니라 그로 인한 유가 하락 덕분에 에너지 다소비형 경제성장이 시장 메커니즘에서 작동한 결과일 수 있다.[13] 즉, 이명박 정부의 미약한 기후변화 대책에 비해 세계 금융 위기와 유가 하락이라는 외부 요인이 더 큰 영향력을 발휘하면서 실제로는 탄소 고착화가 진행된 것으로 판단된다. 이명박 정부는 '저탄소 녹색 성장'이라는 바람직한 목표를 제시했음에도 불구하고 진정성이 없었을 뿐만 아니라 국제적 여건으로 인해 오히려 거꾸로 고탄소 회색 성장의 길을 걸었다.

다음으로 현재의 한국이 추구하고 있는 저탄소 국가의 실태도 그다지 바람직하지는 않다. 한국은 이미 국민소득 3만 달러의 선진국 반열에 올라섰음에도 불구하고, 기후변화라는 측면에서는 아직까지도 전세계 국가들 중에서 여전히 개발도상국인 것처럼 행동하고 있다. 특히 OECD 회원국만을 대상으로 유형을 구분했을 때에도 한국은 다른 선진국처럼 친환경 녹색전환을 추구하기보다는 여전히 경제성장에만 관

---

12 당시 탄소 고착화가 진행되었다고 해서, 이명박 정부가 일부러 고탄소 정책을 추진했다고 할 수는 없다. 왜냐하면 적어도 표면적으로는 온실가스 목표 관리제나 탄소 배출권 거래제 같은 기후변화 대책을 도입했기 때문이다(진상현, 2013, 2019).

13 현행 환경부 산하의 온실가스종합정보센터는 회귀분석을 통해서 2010년 배출량 증가의 45.6%가 GDP 증가 때문이라고 발표한 바 있다. 결과적으로 이 시기에 한국의 기업과 경제는 세계 금융 위기를 맞아 에너지 다소비의 고탄소 회색 성장을 선택한 것으로 판단된다(온실가스종합정보센터, 2013.2.22).

심 있는 신흥국으로 분류되는 실정이다. 심지어 온실가스 감축 관련 의무 부담을 지지 않는 국가들 중에서도 친환경 국가로 분류되는 것이 아니라 여전히 경제 중심의 부유국으로 분류되고 있었다. 한마디로 한국의 현재도 저탄소 녹색 국가라기보다는 경제성장 중심의 발전 국가라고 판단된다.

끝으로 한국의 미래와 관련해서도 환경 쿠즈네츠 가설을 바탕으로 의미 있는 제안이 이루어질 수 있었다. 즉, 지금의 한국은 기후변화 대응이라는 측면에서 정확히 갈림길에 서 있기 때문에 몇 가지 정책을 도입하는 것만으로는 저탄소 녹색전환을 달성할 수 없는 상황이다. 따라서 북서 유럽 국가들처럼 '생태 근대화론ecological modernization'에 바탕을 두고 경제체제 및 산업구조의 전환뿐만 아니라 국토 공간의 재배치와 교통 체계의 재편이라는 근본적·단절적 변화가 이루어져야 한다. 구체적으로는 기후변화 같은 외부 효과를 반영하는 탄소 비용 또는 세금의 부과뿐만 아니라 신재생에너지에 대한 획기적인 지원 같은 정책들이 필요할 수 있다. 마찬가지로 자동차 중심의 도시 구조를 친환경의 저탄소 교통·주거 체계로 전환하는 혁명적 작업도 필요할 것이다. 한편으로는 중독에 가까운 값싼 전기료의 환상에서도 벗어나야 할 것이다(안승만, 2019; 진상현, 2019).

2015년 12월 유엔이 주재하는 기후변화협약 당사국 총회가 프랑스에서 개최되었다. 당시 총회에서 전 세계 정상들은 기후변화라는 지구적 환경 문제를 해결하려면 지구의 평균온도 상승을 섭씨 2도 이내에서 막아야 할 뿐만 아니라 1.5도 목표까지 달성하기 위해 노력하자는 '파리협정'을 체결했다. 당시 총회에는 박근혜 대통령도 참석했으며, 한국은 온실가스 배출량을 2030년까지 전망치 대비 37% 감축하겠다는 목표를 제시했다. 다만 박근혜 정부가 제시한 목표는 해외의 탄소 시장을 통해서 배출권을 구입하는 방식의 허구적인 전략이 상당 부분을 차지하고 있었다. 다행히도 문재인 정부는 무책임한 해외 감축분을 국내 저감으로 전환해 한국의 기후 책임성을 강화하겠다고 발표한 바 있다 (환경부, 2018.6.28).

그렇지만 문재인 정부도 몇 가지 측면에서 한계가 있다. 먼저 박근혜 정부의 허점을 보완하기는 했지만, 이 역시도 환경 단체들이 요구하는 1.5도뿐만 아니라 국제사회가 제시한 섭씨 2도 목표에 대단히 미흡한 실정이다.[14] 게다가 문재인 정부 고유의 저탄소 녹색전환 정책이 특별히 제시되지 않았다는 한계도 있다.[15] 심지어 문재인 대통령은 2018년 10월 국제회의에 참석하기 위해 덴마크를 방문한 자리에서 지속 가능 발전과 기후변화 대응에 소홀했다고 고백했음에도 불구하고, 아직까지 실질적인 개선은 보여주지 않고 있다(진상현, 2019; 청와대, 2018).

2016년 헌정 이래 초유의 대통령 탄핵을 통해 출범한 문재인 정부의 대선 구호는 "나라를 나라답게"였다. 기후변화 대응 및 저탄소 녹색전환이라는 측면에서 한국은 과거에도 그랬고 지금도 마찬가지로 책임 있는 국가의 모습을 보여주지 못하고 있다. 박근혜 정부의 무책임을 약간 보완했다는 사실에서 그나마 위로를 얻을 수 있겠지만, 기후 악당

---

14 사실 '파리협정'에서 제시된 섭씨 2도 및 1.5도의 목표와 관련해서는 한국뿐만 아니라 세계 각국의 정책이 불충분하다는 비판의 목소리가 높아지고 있다. 예를 들면 모든 회원국은 '감축 기여 목표(INDC: Intended Nationally Determined Contribution)'를 유엔에 보고하고 있는데, 세계 각국이 목표를 달성해도 지구온난화를 막지 못하는 것으로 추정되고 있다(≪머니투데이≫, 2015.11.3).

15 대통령 선거 공약집에서는 11번째 약속인 '지속 가능한 대한민국'의 하위 항목에서 '신 기후 체제에 대응하는 에너지 거버넌스 구축'을 제시하고 있다. 그렇지만 이 공약에서는 환경 문제 관련 조직 개편과 배출권 거래 제도 전담 부서의 조정이라는 행정 체계 논의만 언급했을 뿐이지 기후변화 대응과 관련된 구체적인 정책은 거의 포함하지 않았다(더불어민주당, 2017).

국가라는 오명에서 벗어나기에는 여전히 미흡한 수준이다(≪세계일보≫, 2019.12.10). 문재인 정부는 남은 임기 동안 검찰 개혁만큼이나 환경 개혁에도 관심을 기울여서, 진정한 저탄소 녹색 국가로의 전환을 위한 초석을 놓아야 할 것이다.

참고문헌 ■ ■

김고운·신인철·이윤혜·김묵한·김상일·번미리·이신해·조권중·조항문. 2019. 「서울 지속가능발전목표 2030 지표체계 구축과 평가 방안」. 서울연구원.

김광욱·강상묵. 2007. 「환경효율과 국제무역: 환경쿠즈네츠 곡선과 오염피난처 가설 연구」. ≪자원·환경경제연구≫, 16(3), 511~544쪽.

김성록·윤준상·임채성·장석익. 2015. 「한국산업의 연계구조 변화에 관한 연구: 1995년~2009년」. ≪한국산학기술학회논문지≫, 16(1), 335~345쪽.

김지현·김미숙. 2008. 「경기도 지역의 환경쿠즈네츠곡선 가설검증: 대기오염물질을 중심으로」. ≪환경논총≫, 47, 141~155쪽.

김진웅·김원규·노영진. 2012. 「우리나라 CO2 배출량의 경제적 요인 분석」. ≪에너지경제연구≫, 11(1), 87~119쪽.

더불어민주당. 2017. 『나라를 나라답게: 4대 비전, 12대 약속』. 제19대 대통령선거 더불어민주당 정책공약집.

≪머니투데이≫. 2015.11.3. "온실가스 감축 목표 이행 시, 2100년 지구 온도 2.7도 상승".

박덕병·윤유식·이민수. 2007. 「이단계 군집분석에 의한 농촌관광 편의시설 유형별 소비자 선호 결정요인」. ≪마케팅과학연구≫, 17(3), 1~19쪽.

≪세계일보≫. 2019.12.10. "기후 악당 한국 … 기후변화 대응 61개국 중 58위".

신의순. 2001. 『한국경제와 에너지정책』. 서울: 따님.

안승만. 2019. 「IPCC 기후정의 실현을 위한 국토·도시 관리」. ≪국토이슈리포트≫, 10, 1~8쪽.

연합뉴스. 2019.9.24. "당신들이 내 꿈 앗아가 … 환경 소녀 툰베리, 유엔서 격정 연설".

오수미·진상현. 2016. 「한국 산업화 과정의 '탄소 고착화' 분석: 이명박 정부의 저탄소
녹색성장을 중심으로」. ≪한국정책과학회보≫, 20(3), 141~169쪽.

온실가스종합정보센터. 2013.2.22. "2010년 국가 온실가스 배출량 9.8% 증가"(보도
자료).

윤인주·한상연. 2010. 「우리나라 대도시의 총생산과 환경오염의 관계에 관한 실증연
구: 환경쿠즈네츠 곡선의 활용」. ≪한국정책연구≫, 10(1), 249~263쪽.

이정전. 2011. 『환경경제학 이해』. 서울: 박영사.

임찬수·이시은·조민호·박선경. 2010. 「군집분석을 통해 본 G20 국가의 사회통합유형
화에 관한 연구」. ≪통계연구≫, 17, 125~135쪽.

≪중앙일보≫. 2019.9.22. "눈앞에 닥친 기후 위기 … 150개국 400만 명 비상사태 외쳐".

진상현. 2007. 「한국의 환경지속성에 관한 인식과 실제」. ≪한국정책과학회보≫, 11
(1), 179~208쪽.

_____. 2013. 「이명박 정부 '저탄소 녹색성장' 국정기조의 경로의존성」. ≪한국행정논
집≫, 25(4), 1049~1073쪽.

_____. 2019. 「한국 탄소 배출권 거래제의 규제포획에 관한 연구」. ≪환경정책≫, 27
(1), 181~215쪽.

진상현·황인창. 2014. 「기후변화 협상에서 한국의 위치와 방향: 국가별 온실가스 배출
특성에 기반한 군집분석 및 전망」. ≪한국정책학회보≫, 23(4), 115~145쪽.

채영진·노건기·박중구. 2014. 「한국 전력산업의 탄소 고착에 대한 역사적 분석」. ≪에
너지공학≫, 23(2), 125~148쪽.

청와대. 2018. "녹색 성장과 2030 글로벌 목표를 위한 연대(P4G) 정상회의" 기조연설
(2018.10.20).

최충익·고재경. 2010. 「지방자치단체의 온실가스 배출 특성과 기후변화대응 정책적 함
의」. ≪국토계획≫, 45(2), 261~273쪽.

타카노 사토시·진상현. 2017. 「기후변화협상에서 일본의 원자력 저탄소화 전략: 레짐
복합체 이론을 중심으로」. ≪환경정책≫, 25(1), 125~161쪽.

환경부. 2018.6.28. "2030 국가 온실가스 감축 목표 달성 전략, 새롭게 만들어갑니다"
(보도 자료).

Alcantara, Vicent, Rosa Duarte and Teresa Obis. 2003. "Regional Decomposi-
tion of CO2 Emissions in the World: a Cluster Analysis." *Revista Sociedad
y Economía*, 9, pp.7~26.

Carley, Sanya. 2011. "Historical Analysis of US Electricity Markets: Reassessing Carbon Lock-in." *Energy Policy*, 39(2), pp.720~732.

Coles, Tim, Anne-Kathrin Zschiegner and Claire Dinan. 2014 "A Cluster Analysis of Climate Change Mitigation Behaviours among SMTEs." *Tourism Geographies*, 16(3), pp.382~399.

Grossman, Gene M. and Alan B. Krueger. 1991. "Environmental Impacts of a North American Free Trade Agreement." National Bureau of Economic Research Working Paper 3914, NBER.

Karlsson, Rasmus. 2012. "Carbon Lock-in, Rebound Effects and China at the Limits of Statism." *Energy Policy*, 51, pp.939~945.

Kolasa-Wiecek, Alicja. 2013. "The Use of Cluster Analysis in the Classification of Similarities in Variables Associated with Agricultural Greenhouse Gases Emissions in OECD." *Village and Agriculture*, 1(158), pp.59~66.

Kuznets, Simon. 1955. "Economic Growth and Income Inequality." *The American Economic Review*, 45(1), pp.1~29.

Romero-Avila, Diego. 2008. "Questioning the Empirical Basis of the Environmental Kuznets Curve for CO2: New Evidence from a Panel Stationarity Test Robust to Multiple Breaks and Cross-dependence." *Ecological Economics*, 64(3), pp.559~574.

Sulkowski, Adam and D. Steven White. 2014. "Emitting Happiness? Using Model-Based Cluster Analysis to Group Countries by Wealth, Development, Carbon Emissions, and Happiness." *Social Science Research Network*, Working Papers Series(March 31, 2014).

The World Bank. 2019. "World Development Indicators." https://databank.worldbank.org/source/world-development-indicators (검색일: 2019.11.25).

Unruh, Gregory C. 2000. "Understanding carbon lock-in." *Energy Policy*, 8, pp.817~830.

녹색 사회를 위한 미세먼지 저감 정책

심창섭

1. 장거리 대기오염

미세먼지와 오존 등은 인간이 화석연료를 에너지원으로 본격 사용한 후 역사적으로 대기 환경에 가장 큰 영향을 미친 오염 물질이다. 동아시아에서는 과거 황사yellow dust가 대표적인 장거리 이동 대기오염 물질로 분류되어 왔다. 그러나 20세기 말 중국 경제가 본격적으로 성장하면서 석탄 등의 에너지 사용이 폭증함으로써 미세먼지는 현재 동아시아에서 가장 심각한 장거리 이동 오염 물질이 되었다. 특히 2013년은 중국 베이징의 초미세먼지($PM_{2.5}$) 농도가 한때 세제곱미터당 1000마이크로그램을 초과하여 세계보건기구WHO의 기준을 40배 이상 초과하는 역사적 재난을 겪었으며(Zhang et al., 2019) 매년 100만 명이 넘는 중국인의 조기 사망을 초래한 것으로 알려졌다(2010년 기준)(Rovnick, 2013.4.5). 이는 중국이 대기오염 정책의 대대적 전환을 본격적으로 추진하는 계기가 되었다. 현재 중국에서 발생하는 미세먼지의 영향은 국내 미세먼지 저감 정책의 중요한 현안이 되었다.

국외의 영향과 함께 우리나라 미세먼지의 국내 원인은 좁은 국토에 비해 각종 산업, 교통, 에너지, 농축산 등 다양한 오염 물질 배출원이 집중되어 있는 현실과 무관하지 않다. 오랜 기간의 국내 대기 환경 관련 정책의 추진에도 불구하고 매년 에너지 사용과 오염 물질 배출 사업장의 증가로 인해 전국 차원의 미세먼지 및 전구물질 배출량의 뚜렷한 저감 성과가 없다.

이 장에서는 한국의 미세먼지 실태와 현안, 최근의 미세먼지 오염 특성과 변화에 대해 논의하고자 한다. 또 21세기 한국의 미세먼지의 전망과 관련해 어떠한 부분의 노력이 미세먼지 개선과 궁극적인 국가 지속가능 발전에 기여할 수 있는지를 논의하고자 한다. 또 중국이란 거대한 대기오염 발생원의 영향 권역에 들어 있는 우리나라가 향후 동북아 대기오염과 지구 기후변화라는 복잡한 외부 환경 변화 속에서 미세먼지에 적절히 대응하고 국가 대기 환경 개선을 달성하기 위한 주요 정책 방향을 제안하고자 한다.

2. 우리나라의 미세먼지의 실태와 특징

1) 미세먼지의 농도 변화와 원인

미세먼지는 크기에 따라 미세먼지(PM$_{10}$, 입자 지름이 10마이크로미터 이하)와 초미세먼지(PM$_{2.5}$, 입자 지름이 2.5마이크로미터 이하)로 구분한다. 미세먼지는 신체 내부의 여러 기관에 염증과 산화작용을 유발하는 것으로 알

그림 16-1 ┃ 서울의 (초)미세먼지 농도와 오존의 연평균 농도 변화

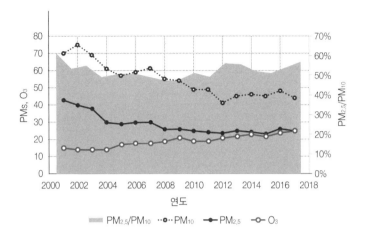

려져 있다. 이러한 병리학적 증거가 누적되어 2013년에 세계보건기구 산하의 국제암연구소IARC에서 미세먼지를 1군 발암물질로 지정했다 (Loomis et al., 2013). 보건학적으로는 지름이 약 1마이크로미터인 미세 입자의 인체 위해성이 가장 큰 것으로 알려져 있어 초미세먼지의 농도 추이를 관찰하는 것이 더욱 의미가 있다.

우리나라는 현재 1990년대와 2000년대 초반에 비해 미세먼지와 초 미세먼지의 농도가 눈에 띄게 개선되었다(〈그림 16-1〉). 예컨대 서울시 대기오염 농도 자료에 따르면, 2000년 서울의 미세먼지와 초미세먼지 농도는 각각 세제곱미터당 70마이크로그램, 43마이크로그램을 기록했 으나 2010년에는 세제곱미터당 49마이크로그램, 25마이크로그램으로 그 농도가 크게 개선되었다. 수도권 대기환경관리 기본계획 등에 따라 주요 배출 사업장 등을 시 외곽으로 이전시키고 천연가스 등 대기오염 물질 배출량이 적은 연료로 전환한 것이 일부 효과를 본 것으로 평가되 고 있다. 이에 따라 전국 연평균 시정visibility은 꾸준히 개선되고 있는 것

으로 나타났다. 그러나 전국 차원의 초미세먼지 2차 생성을 유발하는 질산화물NOx과 휘발성 유기화합물VOCs의 배출량은 줄지 않고 있다. 이러한 초미세먼지 전구물질 저감의 실패는 2010년 이후 미세먼지 농도가 더 개선되지 않는 주요 원인 중 하나라고 판단할 수 있다.

또 초미세먼지가 전국적으로 측정, 관리, 공개되기 시작한 2016년 이후 우리나라의 미세먼지는 고농도 시기(약 11월~이듬해 5월)와 평상 시기(6~10월)로 나눌 수 있는데, 평상 시기와 고농도 시기의 농도 차가 뚜렷하다. 환경부의 2016~2019년의 전국 측정 자료를 분석한 결과, 초미세먼지의 고농도 시기와 평상 시기의 평균 농도는 각각 세제곱미터당 29마이크로그램과 19마이크로그램으로 평균 10마이크로그램의 차를 보였다. 평균 세제곱미터당 10마이크로그램의 초미세먼지의 농도 차는 세계보건기구의 초미세먼지 연평균 권장 농도가 세제곱미터당 10마이크로그램임을 감안하면 보건학적으로 유의미한 수준이라고 할 수 있다. 특히 국립환경과학원 등의 발표에 따르면, 고농도 시기에 해당하는 2019년 3월의 전국 초미세먼지 농도는 세제곱미터당 45마이크로그램으로 관측을 시작한 후 최고치를 기록했다. 2018년 전국 연평균 초미세먼지 농도는 세제곱미터당 23마이크로그램으로 악화되지 않았으나 고농도 시기의 높은 미세먼지 농도와 이로 인한 시정 악화는 국민의 불안감과 스트레스를 키우고 있다.

최근 고농도 시즌의 미세먼지가 개선되지 않고 오히려 악화되는 경향을 보이는 이유가 미세먼지를 희석할 수 있는 바람이 약해졌기 때문이라는 주장도 있다. 실제로 2012년 이후 우리나라 연평균 풍속은 전국적으로 평년에 비해 꾸준히 약해진 것으로 나타났다(Kim et al., 2017). 이처럼 풍속이 약해지고 미세먼지 농도가 짙어지는 원인이 인간이 생성한 미세먼지로 인한 기후변화의 간접 영향과 관련이 있을 것으로 추정되고 있다(Kim et al., 2017).

미세먼지 2차 생성 정도의 지표 중 하나가 초미세먼지/미세먼지 비율인데, 〈그림 16-1〉에서 보이듯이 2010년 이후 $PM_{2.5}/PM_{10}$의 비율이 서서히 증가하는 것으로 나타났다. 또 미세먼지가 아닌 가스상 물질의 대기 중 화학반응으로 만들어진(2차 생성) 오존의 농도는 매년 조금씩 지속적으로 상승하는 것으로 나타났다. 이는 국내외의 정책이 미세먼지 자체의 배출 억제에 초점을 둔 것에 반해, 유기화합물과 질산화물, 황산화물 등에 기인한 2차 생성 물질을 줄이기 위한 효과적인 정책 수단 발굴과 이행은 제대로 이루어지지 못하고 있음을 보여준다고 할 수 있다.

전체 미세먼지 발생 원인 중 2차 생성 물질의 비율은 현재 약 75% 이상인 것으로 알려져 있다(환경부, 2019). 또 미세먼지의 입자 수number density는 2001년 우리나라에서 측정을 시작한 이후 꾸준히 상승한 것으로 나타났는데(노영민, 2018), 이러한 수 농도의 증가는 같은 미세먼지의 질량 농도에도 위해성이 악화될 개연성이 있어 향후 정부 정책이 환경 보건에 중점을 둔다면 미세먼지 2차 생성의 억제에 초점을 맞추어야 함을 강력히 뒷받침하고 있다.

2) 미세먼지의 국외 영향

우리나라 미세먼지 정책의 주요 쟁점 중 하나가 우리나라 미세먼지 농도에 중국이 얼마나 영향을 미치는지이다. 현재 많은 연구 결과가 축적되고 있는데 2019년 11월 한중일이 공동으로 발간한 보고서에 따르면 고농도 시기에 중국의 영향이 상대적으로 크고, 연평균으로는 국내 미세먼지에 미치는 중국의 영향이 약 32%에 이른다(2017년 기준)(환경부, 2019.11.20). 외부 영향이 계절별로 크게 변화하는 것은 동북아의 계절별

풍향이 확연히 다른 것과 함께, 난방 등 계절적인 에너지 소비량의 영향(석탄, 가스 연소 등)도 있는 것으로 알려져 있다. 가을, 겨울, 봄에는 주로 중국 대륙에서 한반도, 일본 방향으로 바람이 불지만 평상 시기인 여름철에는 몬순의 영향으로 서태평양에서 비교적 깨끗한 공기가 유입되므로 이런 현상이 계절에 따라 미세먼지 농도에 다르게 영향을 미친다.

중국 등 국외의 영향이 32% 정도로 큰 것을 감안하더라도 국내 저감의 필요성을 다시 한번 강조할 필요가 있다. 이는 중국이 최악의 미세먼지 농도를 기록한 2013년에 비해 중국 정부의 배출원 저감 노력 등으로 2017년 초미세먼지 농도를 33% 개선한 것(Zhang et al., 2019)을 부분적으로 반영한 것이라고 볼 수 있다. 향후 중국 정부의 노력은 지속될 것으로 전망된다. 따라서 국내 저감이 더욱 중요하다는 국민의 인식 전환이 필요하며 국민 스스로 미세먼지 저감을 위한 적극적인 참여가 필요하다.

3. 정부 정책의 대응 현황

미세먼지 저감 정책은 2019년 이전까지는 주로 기존에 알려진(대형 배출원, 교통 등) 주요 배출원을 줄이는 방향으로 진행되었다(〈그림 16-2〉). 2017년 이후 대표적인 정책 강화 방향 중 하나는 석탄 화력발전 부문과 교통 부문의 저감 정책 강화이다. 석탄 화력발전 부문은 2017년 미세먼지 관리 종합대책에서 노후 석탄 화력발전소 퇴출 등을 최초로 추진했으며 고농도 비상 상황 시에는 석탄 화력발전소의 가동률을 낮추거나 일부의 가동을 중지토록 하는 등 강력한 조치를 취하고 있다(관계부처 합동, 2019).

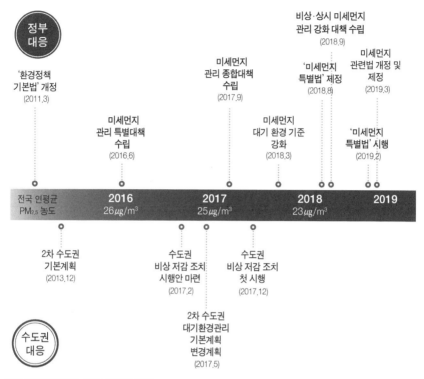

그림 16-2 │ 우리나라 주요 미세먼지 정책 연혁(2010년 이후)

자료: 한국환경정책·평가연구원(2019).

수송 부문에서는 경유차의 저공해차 인증제를 2018년 미세먼지 관리 강화 대책을 통해 폐지했으며, 2016년에는 실제 도로 주행 중의 질소산화물 배출 검사 제도를 도입했고, 노후 경유차 운행 제한을 점진적으로 확대하여 2019년에는 수도권을 중심으로 대기오염 물질을 상대적으로 많이 배출하는 차량(5등급)의 운행 제한을 추진하는 등 미세먼지 저감 정책을 점진적으로 강화하고 있다(관계부처 합동, 2019). 또 정부 재정 지원 측면에서는 친환경차 보급을 위한 보조금 정책을 확대하고 있으며, 수소차에 대한 투자도 확대하고 있다. 2019년에는 미세먼지를 사회 재난으로 규정하고 항만 지역의 미세먼지 저감을 위한 '항만지역 등 대기질 개선에 관한 특별법'을 제정하기에 이르렀다(관계부처 합동, 2019).

최근 들어, 국내외 암모니아와 암모늄에 의한 미세먼지 2차 생성량이 큰 것으로 밝혀짐에 따라(신동원 외, 2017), 2019년에는 최초로 농림축산식품부와 환경부가 미세먼지 저감을 위한 업무 협약을 맺었다. 농림부에서는 축산업 지역의 가축 분뇨에서 발생하는 암모니아 배출을 40% 줄이는 것을 목표로 축산 농가 등에 기술 지원을 하고 축사 환경 규제 기준을 강화하는 등 구체적인 저감 방안을 발표했다(관계부처 합동, 2019). 미세먼지, 기후변화 등 주요 환경 문제를 담당하는 주무 부처와 관련 부처 간의 효율적인 협업, 규제 주체로서의 지자체의 이행 능력 강화 등 거버넌스의 작동이 향후 미세먼지의 실효적 저감을 위한 핵심 요소가 될 것으로 보인다.

4. 미세먼지 저감을 위한 해결 과제와 정책 방향

1) 현재 해결이 필요한 것들

앞서 서술한 사실을 바탕으로 미세먼지 저감을 위한 핵심적 정책 과제를 논의하고자 한다. 첫째, 지역별 특성을 고려한 미세먼지 저감 정책이 필요하다. 최근 우리나라 고농도 미세먼지에 질산암모늄(NH_4NO_3)의 영향이 매우 큰 것으로 드러났다(≪동아일보≫, 2019.5.21). 질산암모늄은 농축산업과 하수와 폐수의 슬러지, 산업단지에서 배출되는 암모니아

NH$_3$와 주로 산업, 에너지, 교통 부문의 화석연료 연소에 의해 발생하는 질산화물NOx의 배출에서 기인한다. 휘발성 유기화합물VOCs 등은 복잡한 2차 생성에 관여하여 탄소 계열의 미세먼지 생성 등에 직간접으로 영향을 미친다.

이러한 2차 생성은 지역에 따라 앞서 언급한 전구물질의 화학적 질량비가 다르기 때문에 지역별로 질산화물, 암모니아, VOCs 등 미세먼지의 재료가 되는 물질(전구물질) 중 어떤 것을 우선 줄이는 것이 효과적인지 판단해야 한다. 즉, 지역에 따라 미세먼지 저감을 좌우할 조절 물질controling species이 다르게 존재할 수 있다는 것이다. 대기 중에서 일어나는 화학반응은 매우 복잡하나 이러한 화학반응에 의한 2차 미세먼지의 발생 원인을 정량적으로 규명하여 지역의 대기화학적 조성에 따른 저감 정책을 추진하는 것이 매우 중요하다. 2차 미세먼지 관련 정보를 얻기 위해서는 지역별 미세먼지, 전구물질의 농도와 배출량 정보는 매우 중요한 기초 자료가 될 수 있다.

따라서 미세먼지 정책이 실질적 효과를 보기 위해서는 결국 지역별 미세먼지와 전구물질 등 관련 화학종에 대한 정밀한 측정이 기본이 되어야 한다. 정확한 오염 물질 발생과 반응 등, 화학적 환경에 대한 정보 없이 임의적으로 저감 정책을 추진하면 지역적으로 미세먼지 농도 저감 효과가 미미하거나 일시적으로 증가할 수도 있다. 따라서 비용 효과적이고, 지역 차원의 미세먼지 해결 방안을 마련하기 위해서는 지역별 배출원과 주요 발생 원인 규명을 선행해야 한다. 또 미세먼지 저감뿐 아니라 오존 등 기타 대기오염 문제를 해결하기 위해 미세먼지 전구물질을 포함한 모든 대기오염 물질의 저감을 추진하는 것은 바람직한 정책 방향이라고 할 수 있다. 전구물질 등의 정밀한 측정을 기반으로 세운 정책은 위해성을 저감하기 위한 미세먼지 정책 방향에도 매우 필요하다.

둘째, 수송 부문에서는 지금보다 더 강력한 저감 정책이 필요하다. 2019년 '미세먼지 저감 및 관리에 관한 특별법'이 제정되면서 액화천연가스LNG 연료 차량에 대한 판매 제한이 해제되었다. 그러나 클린 디젤 정책은 2018년에 뒤늦게 폐지되어 2000년대 이후 미세먼지의 위해성이 큰 디젤 차량이 많이 보급되었으며 그에 따라 교통 부문의 미세먼지, 온실가스 저감에 어려움을 겪고 있다. 또 배출가스를 저감하는 디젤엔진 기술의 발전에도 불구하고, 저감장치DPF의 노후화에 따른 관리 문제와 요소수 주입에 따른 일시적 암모니아 배출의 영향도 있을 것으로 우려된다. 궁극적으로 디젤 차량의 적극적인 관리와 노후 경유차의 퇴출에 꾸준한 투자와 단속이 필요하다. 또 수송 부문에서 최근 미세먼지 종합대책에 반영된, 공해물질을 다량 배출하는 차량의 점진적 운행 금지 확대(5등급 차량) 등은 환경 위해성에 우선순위를 둔 정책으로서 매우 긍정적이라고 할 수 있다. 여기에 더해 항만 지역에 대한 특별법을 제정함으로써 황산화물 등 때문에 발생하는 항만 지역과 주변 지역의 미세먼지를 줄이는 것이 시급하다고 판단된다. 황산화물SOx에 기인한 미세먼지는 대기 중 잔존 시간이 길어 그 영향 범위가 상대적으로 넓을 수 있기 때문에 항만 지역의 황산화물 저감은 정책 효과가 크다고 할 수 있다. 이는 최근 미세먼지 종합대책(2019년)에 반영되어 정책 수단 발굴과 이행이 필요한 상황이다.

셋째, 산업단지의 배출 실태 파악과 관리가 필요하다. 현재 우리나라에는 총 6만 개에 이르는 배출 사업장이 있는데 국가 원격 감시 체계TMS: Tele-Monitoring System의 관리를 받고 있는 사업장은 대형 사업장의 극히 일부(전체의 약 1%)에 머무르고 있다. 현재 정부는 TMS 등 전국 주요 산단의 감시 체계를 강화할 계획이다(관계부처 합동, 2019). 이는 매우 시급한 사항인데 그 이유는 다음과 같다. 먼저 현재 산업단지 등 배출 사업장은 자발적으로 국가에 보고하는 체계로 되어 있어 허위 축소 보고를 할 소지가 있으므로 관리 감독을 제대로 하지 않으면 저감을 실천하기 어렵다. 실례로 한미 합동 조사 사업KORUS-AQ(2016년)에서 충남 서산 대산산업단지의 방향족 탄화수소(벤젠, 톨루엔 등)의 배출량이 국가 배출 목록에 따른 산출량보다 약 3배 이상 많을 것으로 추정되어(환경부, 2019) 이러한 유독 휘발성 유기화합물의 관리 감독과 실질적 저감 달성이 시급한 것으로 나타났다.

배출 사업장이 국내 미세먼지 발생의 가장 큰 원인으로 추정되지만 실시간 원격 감시 체계에 들어 있지 않은 중소 사업장(4·5종 사업장)은 매년 증가 추세에 있다. 따라서 늘어나는 감시망 밖의 사업장을 감시 체계에 포함시켜야 하며, 이러한 중소 사업장의 VOCs를 포함한 오염 물질 저감 장치의 개선과 보급을 정부 지원 우선순위에 두어야 한다. 미세먼지 2차 생성의 억제뿐 아니라 유독한 오존 농도의 상승을 억제하기 위해서이다.

넷째, 농축산 부문의 암모니아 저감이 필요하다. 학계에서는 오래전부터 농업 부문의 암모니아가 질산암모늄 등 미세먼지의 중요한 전구물질로 규명되었으나 국내에서는 오랫동안 암모니아가 악취 관리 대상으로만 인식되어 왔다. 암모니아는 암모늄NH_4^+ 형태로 무기질화되어 중국 등 국외에서 미세먼지의 구성 물질로 유입될 수도 있으며 국내 축산 분뇨 등으로부터 암모니아NH_3 형태로 발생된 후 암모늄 계열의 무기 화합물 형태의 2차 생성 미세먼지로 변환되기도 한다. 국외 연구 결과에 따르면 암모니아는 국내 미세먼지의 발생 원인 중 가장 큰 부분을 차지하는 것으로 알려졌다(Choi et al., 2019).

환경부에서 집계하는 암모니아 배출량은 현재 동원 가능한 통계자료를 사용하고 있으나, 배출계수 사용 등에서 불확실성이 있는 상태이고 온도 등 기상 요인에 민감한 암모니아 배출의 계절 특성을 제대로 반영하지 못하고 있다(신동원 외, 2017). 따라서 농촌 지역의 저감 대책을 마련하기 위해서 정확한 배출량의 산정이 중요하며, 농림축산식품부의 실질적인 저감 정책 수립과 이행이 시급하다. 선진국에서는 암모니아 의 장기 감축 목표와 적극적인 축산 폐기물 관리 방안을 실천하고 있다. 우리나라는 최근 농림축산식품부에서 암모니아 저감 방안을 발표 했으나(관계부처 합동, 2019), 현재 암모니아 측정이 국가 연구개발 사업 등으로 뒤늦게 시작되어 과학적으로 원인을 규명한 후 정책에 반영하 는 데는 다소 시간이 소요될 것으로 판단된다. 그러나 현재 매우 열악 한 축사 등 암모니아 배출원을 줄이기 위한 정부 투자는 비단 미세먼지 뿐 아니라 농촌 지역의 지속 가능성 향상과 수질 및 지하수, 토양의 환 경 개선을 위해서도 매우 중요하고 시급한 환경 정책 이슈이다.

2) 국민 인식을 반영한 정책 소통 강화 방안

미세먼지는 보건상의 피해를 유발하며, 다양한 배출원의 영향으로 미세먼지의 농도 저감이 단기간에 달성되기 어렵기 때문에, 미세먼지 에 노출되어 피해를 보는 국민이 정확한 정보를 이해하고 미세먼지 대 응 역량을 강화할 수 있게 하는 국가의 지원이 정책의 주요 방향이 되 어야 한다. 배출원 저감 정책의 이행은 사업장, 정부, 지자체로 이어지 는 다양한 이해 당사자의 참여가 필요하며, 미세먼지 사각지대의 해결 을 위해서는 장기적 안목으로 과학적 근거에 기반을 둔 지속적인 정책 추진이 매우 중요하다. 실례로 미국의 대표적 대기오염 지역인 로스앤 젤레스시는 1990년대에 현재의 우리나라와 비슷한 초미세먼지 농도(세 제곱미터당 약 29마이크로그램)를 기록했으나 2010년 이후 미국의 초미세먼지 대기 환경 기준(세제곱미터당 15마이크로그램)을 만족했다. 세제곱미터당 약 1마이크로그램을 저감하는 데에 1년 이상이 걸린 셈이다.

최근 한국환경정책·평가연구원이 실시한 미세먼지 국민 인식 조사에 따르면(심창섭 외, 2019), 미세먼지의 농도 및 정책에 대한 국민의 신뢰가 과거에 비해 점진적으로 향상되고 있음을 알 수 있다. 또 이러한 신뢰를 바탕으로 여전히 더 많은 미세먼지 관련 정보를 기대하는 것으로 나타났다. 그러나 국민은 여전히 미세먼지의 주원인이 중국 등 국외 요인이 큰 것으로 인식하고 있으며, 우리나라의 미세먼지 오염 정도가 실제보다 심각한 것으로 인식하고 있어 그 피해 의식이 크다. 이러한 피해 의식은 국민 스스로가 미세먼지의 가해자가 될 수 있다고 인식하는데에 도움이 되지 않기 때문에 각종 저감 정책 참여도를 떨어뜨리는 원인이 될 수 있다.

또 미세먼지에 대한 지나친 불안감은 경제 및 건강을 위한 활동을 위축시킬 수 있기 때문에 사회적으로도 바람직하지 않다. 따라서 우리나라의 미세먼지에 대한 정확한 인식과 정책 홍보, 정보의 소통을 강화할 필요가 있다. 또 국민이 미세먼지 정책을 이해하고 참여하도록 하기 위해서는 지역별 미세먼지의 원인과 실태, 효과적인 저감 수단에 대한 근거 있는 자료를 제시해야 한다. 현재 진행 중인 국가 미세먼지 연구개발 사업과 더불어 정부 차원의 꾸준한 자료 수집과 과학적 근거에 의한 정책 도구 개발은 장기적 관점에서 지속적으로 성과를 거두어야 할 것이다.

3) 추가로 고려해야 할 사안

앞서 논의한 핵심적 정책 과제 이외에 추가로 고려해야 할 사안은 다음과 같다. 첫째, 국가정책의 종합적인 가치판단에 대한 정리와 합의가 필요하다. 현재 환경 문제는 각 부처의 이해관계에 따른 산업 부문 국가 경쟁력 제고와 국토 관리, 국민 건강 등 다양한 이해관계에 따른 가치가 때로는 상충할 수 있어 이에 대한 가치판단 측면의 합의가 필요하다. 또 환경 문제 안에서도 가치가 상충할 수 있다. 예를 들어 폐기물의 재순환의 일환인 고형 폐기물 정책은 쓰레기 대란 같은 환경 문제를 해소하기 위해 장려할 수 있다. 그러나 고형 폐기물을 연료로 사용하면 미세먼지와 각종 유해 대기 화합물이 배출되어 국민 건강을 위협할 수 있다. 지속 가능한 자원 재활용과 국민 보건을 지키는 문제가 상충될 수 있는 것이다. 따라서 이들 정책의 우선순위를 전문가들과 부처 간 숙의를 거쳐 결정해야 한다. 이러한 논의가 없다면 담당관 및 정부의 기조에 따라 대기질의 정책도 일관성을 유지할 수 없고 성과를 달성하기 어렵다.

둘째, 장기 계획에 따른 일관성 있는 재정 투자가 필요하다. 2019년도 미세먼지 해결을 위한 추가경정예산은 약 3조 4000억 원에 이른다. 환경부는 이 중 약 62%에 달하는 2조여 원의 예산을 배정받았다. 그러나 큰 예산 규모에도 불구하고 자동차 등에서 발생하는 수송 분야의 공해물질 발생 저감에 과반의 예산이 배정되었다는 것은 그만큼 과학적 기반에 근거한 명확한 정책 수단이 제한되어 있다는 것을 증명한다. 우리나라 미세먼지 발생의 가장 큰 원인은 사업장 및 농축산 부문에서의 배출이기 때문이다. 이는 사업장의 배출 목록이 여전히 불확실해 사업장의 미세먼지 배출과 저감 수단에 대한 구체적인 대책이 여전히 부족함을 입증하는 것이다. 따라서 미세먼지 저감을 위한 재정 투자는 장기 계획에 따라 흔들림 없이 추진하고 재정 투자가 가능한 정책 수단을 발굴하는 것이 전체 재정 투자 규모보다 더 중요한 사안이라고 할 수 있다.

셋째, 상위 환경 정책과 개념에 부합한 정보에 근거한 정책을 추진해야 한다. 미세먼지 정책은 수많은 환경 정책 중 하나에 불과하다. 미세먼지 정책은 대기 환경 보전이란 상위 개념과 그보다 더 상위 개념인 국가 지속 가능성 제고 차원의 정책이 되어야 한다. 따라서 미세먼지 저감 정책은 국민의 건강을 담보할 수 있는 대기 환경 개선 차원이란 큰 틀에서 추진해야 한다. 즉, 미세먼지 저감은 오존 및 유해화합물질 HAPs 등의 저감과 동시에 추진하고 관리해야 하는 것이다. 또 플라스틱 소각 및 고형 폐기물 정책 같은 자원순환 이슈와도 밀접한 관련이 있는 만큼 미세먼지 정책은 장기적인 국가 지속 가능성을 제고하는 방향에서 설계하고 추진해야 한다.

우리나라와 중국은 현재 VOCs 배출량과 온실가스 배출량이 계속 증가하고 있다. 이것은 오존 등 기타 대기오염 물질의 증가를 불러오기 때문에 미세먼지 저감만으로는 충분한 환경 정책이 될 수 없다. 유럽과 일본의 다오염원-다효과MPME: Multi Pollutants Multi Effects 정책 방향처럼 다양한 대기오염 물질을 저감하여 대기 환경을 종합적으로 개선하는 방향으로 가야 하며 동시에 온실가스 정책을 함께하여 공편익co-benefit을 제고해야 할 것이다. 특히 최근 연구 결과에 따르면 중국의 미세먼지 저감 정책은 또 하나의 주요한 대기오염 물질인 오존의 대기 중 농도를 증가시키는 것으로 나타났다(Burrows, 2018.12.31). 즉, 미세먼지 전구물질인 질산화물NOx의 단편적 저감이 오히려 오존의 농도를 증가시키는 것이다. 따라서 미세먼지 정책은 반드시 복잡한 상호관계가 있는 대기오염 물질들을 고려한 '종합적인 대기오염 저감'이란 차원에서 관리해야 한다.

또 미세먼지 고농도 지역에 대한 면밀한 측정과 실태 관리를 통해 미세먼지에 노출되어 있는 어린이, 노약자 등 취약 인구와 해당 지역에 대한 관리가 시급하다. 예를 들어 석탄 화력발전소 및 주요 산업단지 부근, 항만 및 대형 축사 인근 지역은 정밀한 측정조차 제대로 이루어 지지 않아 해당 지역과 주변 지역의 실태를 개선하기 어려운 상황이다. 이러한 취약 지역에 대한 정책 우선순위는 환경 정의 등 좀 더 보편적 이며 지속 가능한 사회를 추구하는 환경 개념에 부합되는 방향으로 정 해야 한다.

5. 미세먼지 저감의 가시적 성과를 위하여

현재 우리나라의 미세먼지 농도는 선진국 중에서 가장 나쁜 수준이 며 이에 따른 국가적 손실로는 연간 1만 명 이상의 조기 사망이 잠정 추 정되고 있다(≪한국일보≫, 2019.9.24). 그러나 여기에는 사회, 심리 등 다 각적 손실에 대한 고려가 포함되어 있지 않으며, 어린이 등 장기적 건 강 영향에 대한 부분은 여전히 가늠하기 어려운 실정이다. 이는 지속 가능한 사회 발전을 저해하는 대표적 사례라 할 수 있다.

정부에서 수립한 미세먼지 관리 종합대책(2017년)의 주요 내용은 현 재 필요한 대부분의 주요 정책을 포함하고 있다. 그러나 대기질 개선에 대한 가시적 성과를 위해 몇 가지 추가하고 보완할 정책 수요는 다음과 같다.

첫째, 국내 대기오염 배출 저감에는 꾸준한 투자가 이루어져 왔지만, 미세먼지 2차 형성에 영향을 미치는 폭넓은 단기 체류 유기화합물VOCs 등 다양한 배출 물질과 중소 사업장, 비산 먼지 등 현재 상대적으로 불 완전한 배출원에 대한 정량적 배출 저감을 위한 집중 투자가 필요하다. 이를 위한 대기질 관측 및 검증에 종합적 투자가 따라야 한다.

둘째, 수도권 지역은 주로 교통 부문 등의 미세먼지 영향이 가장 큰 것으로 파악되고 있어, 경유차의 조기 퇴출과 경유차 판매를 적정 수준으로 억제하는 공격적인 정책이 필요하다. 동시에 전기차, 수소차 등 차세대 친환경 차량의 정착을 위한 실효적인 정부 투자 대책이 장기적으로 이행되어야 한다.

셋째, 우리나라의 미세먼지 문제는 미량 유해화합물질의 문제와도 연결되어 있다. 우리나라에서 배출되는 벤젠, 톨루엔 등은 이미 미세먼지를 발생시키는 주요 전구물질로 알려졌다. 이에 대한 건강 피해를 파악하고 대응하려면 전국적으로 다양한 대기오염 관측망을 갖추기 위한 투자가 기본적으로 필요하다.

넷째, 현재의 미세먼지 2차 생성 원인 규명 등을 위한 국가 연구개발 사업은 그 규모가 충분한 것으로 판단되나, 과학기술 투자는 다양한 분야에서 장기적이고 지속적으로 이루어질 필요가 있다. 선진국 사례에서도 이러한 대기오염 개선을 위한 기술 개발과 정책 지원의 선순환은 50년 이상의 지속적인 노력이 필요했다. 일관성 있는 정책 추진은 유엔의 지속 가능 발전 프레임에도 부합하는 것이라 할 수 있다. 끝으로 미세먼지 관련 취약 계층 지원 사업은 사업의 실효성을 위해 초기 보급뿐 아니라 관리에 대한 예산이 포함되어야 지속적 효과를 기대할 수 있을 것이다.

참고문헌 ■ ■

관계부처 합동. 2019. 「미세먼지 관리 종합계획(2020~2024)」(2019.11.1).
노영민. 2018. 「AERONET 선포토미터 데이터를 이용한 동북아시아 지역 대기 에어로

졸 종류별 광학적 농도 변화 특성 연구」. ≪한국대기환경학회지≫, 34(5), 668~ 676쪽.

≪동아일보≫. 2019.5.21. "오염물질 만나면 초미세먼지 되는 암모니아의 '독한 변신' 을 막아라".

신동원·주현수·서은주·김채윤. 2017. 「2차 생성 미세먼지 저감을 위한 암모니아 관리 정책 마련 기초연구」. 한국환경정책·평가연구원 보고서.

심창섭 외. 2019. 「미세먼지 통합관리 전략 수립 연구」. 한국환경정책·평가연구원 보 고서.

≪한국일보≫. 2019.9.24 「[주목받는 미세먼지 시즌제] 한 해 1만 2000명 미세먼지로 조기사망 … '고농도 기간 배출원 줄이자'".

한국환경정책·평가연구원. 2019. 「미세먼지 대응을 위한 유관기관 심포지엄」(2019.4.18).

환경부. 2019. 「KORUS-AQ 예비종합보고서」.

_____. 2019.11.20. "동북아 장거리이동 대기오염물질 공동연구 보고서, 최초 발간" (보도 자료).

Burrows, Leah. 2018.12.31. "China's War on Particulate Air Pollution is Causing More Severe Ozone Pollution." https://www.seas.harvard.edu/news/2018 /12/chinas-war-particulate-air-pollution-causing-more-severe-ozone-pollu tion (검색일: 2019.8.30).

Choi, Jinkyul, Rokjin J. Park, Hyung-Min Lee, Seungun Lee, Duseong S. Jo, Jaein I. Jeong, Daven K. Henze, Jung-Hun Woo, Soo-Jin Ban, Min-Do Lee, Cheol-Soo Lim, Mi-Kyung Park, Hye J. Shin, Seogju Cho, David Peterson and Chang-Keun Song. 2019. "Impacts of Local vs. Trans-boundary Emissions from Different Sectors on PM$_{2.5}$ Exposure in South Korea during the KORUS-AQ Campaign." *Atmospheric Environment*, 203, pp.196~205.

Kim, Hyun Cheol, Soontae Kim, Byeong-Uk Kim, Chun-Sil Jin, Songyou Hong, Rokjin Park, Seok-Woo Son, Changhan Bae, MinAh Bae, Chang-Keun Song and Ariel Stein. 2017. "Recent Increase of Surface Particulate Matter Concentrations in the Seoul Metropolitan Area, Korea." *Scientific Reports*, 7, article number: 4710.

Loomis, Dana, Yann Grosse, Béatrice Lauby-Secretan, Fatiha El Ghissassi, Véronique Bouvard, Lamia Benbrahim-Tallaa, Neela Guha, Robert Baan,

Heidi Mattock and Kurt Straif(International Agency for Research on Cancer Monograph Working Group IARC). 2013. "The Carcinogenicity of Outdoor Air Pollution." *The Lancet Oncology*, 14(13), pp.1262~1263.

Rovnick, Naomi. 2013.4.5. "China's Air Pollution is Causing Millions of Premature Deaths and an Expat Exodus." *QUARTZ*. https://qz.com/69852/chinas-air-pollution-is-causing-premature-deaths-and-an-expat-exodus/ (검색일: 2019.9.5).

Zhang, Qiang et al. 2019. "Drivers of Improved PM$_{2.5}$ Air Quality in China from 2013 to 2017." *Proceedings of the National Academy of Sciences of the United States of America(PNAS)*, 116(49), pp.24463~24469.

Zhao, Bin, Kuo-Nan Liou, Yu Gu, Qinbin Li, Jonathan H. Jiang, Hui Su, Cenlin He, Hsien-Liang R. Tseng, Shuxiao Wang, Run Liu, Ling Qi, Wei-Liang Lee and Jiming Hao. 2017. "Enhanced PM$_{2.5}$ Pollution in China due to Aerosol-cloud Interactions." *Scientific Report*, 7, article number: 4453.

자원순환을 위한
그린 액션과 그린 인프라

이소라

1. 폐기물의 역습

도시 내 중요한 환경 매체로는 물, 공기, 토양, 자원 등이 있으며, 이들 매체의 폐기물 문제는 모든 매체에 영향을 준다. 폐기물은 인간이 생존하기 위해 활동하는 과정에서 나오는 배출물이며, 이러한 배출물을 제대로 관리하지 않으면 미래 세대의 정주 환경을 오염시키고 자원·에너지 고갈로 인해 생존을 위협받을 수 있다.

쓰레기는 해마다 증가하고 있다. 그 이유는 무엇일까? 쓰레기는 인간 생활에서 나오는 배출물이므로 어떤 생활을 하느냐에 따라 그 배출물의 양과 종류가 달라진다. 쓰레기 증가의 직접 요인으로는 인구의 증가와 국내총생산GDP의 성장을 들 수 있다. 또 점점 다소비형으로 바뀌고 있는 현대인의 생활양식이 간접 요인으로서 더 크게 작용할 수 있다. 결국 인구 증가와 경제성장은 폐기물의 증가를 수반할 수밖에 없다.

2018년부터 쓰레기 문제가 사회문제로 대두되었다. 쓰레기 대란이라고 표현하기도 하는데, 쓰레기 대란이 발생한 원인은 무엇일까? 쓰레기 대란의 표면적 원인은 중국이 재활용 쓰레기 수입을 중단하겠다고 선언한 것이었으며, 그로 인해 우리나라뿐 아니라 전 세계가 쓰레기 처리 문제로 공황 상태에 빠졌다. 우리나라에서 처음 쓰레기 대란이 촉발된 곳은 서울과 수도권이지만 곧 전국적인 문제로 확대되었다. 또 처음 시작된 품목은 폐비닐이었지만 이후 재활용 쓰레기 전체의 문제로 확대되었다.

플라스틱은 무엇이 문제일까? 미세플라스틱, 플라스틱 폐기물 등이 해양생태계 등의 환경오염을 야기하고 있다는 것은 이미 국제 이슈가 되고 있다. 2010~2025년 전 세계 해양 쓰레기의 총량은 약 1억 5500만 톤에 달할 것으로 예측된다(Jambeck et al., 2015: 768~771). 그러면 우리나라 해양 쓰레기 문제는 얼마나 심각한 수준일까? 국내 해양 쓰레기 추정 발생량 약 18만 톤(해양환경공단, 2013) 중 약 7만 톤(해양수산부·해양환경공단, 2017: 18)이 수거되고 나머지는 수거되지 않고 있다. 수거된 쓰레기 중 54%가 플라스틱 쓰레기이다(관계부처 합동, 2019). 폐어망 등 못 쓰게 된 어구(고기를 잡는 데 쓰는 도구), 폐스티로폼·폐플라스틱이 다수를 차지하는데, 문제는 오염이 많이 되어 있기 때문에 재활용도 어렵다.

여러 쓰레기 중에서도 플라스틱이 왜 바다에서 많이 발견되는 것일까? 플라스틱은 자연 분해되는 데 100년에서 길게는 500년 이상이 걸릴 정도로 해양생태계에서도 거의 분해가 되기 어려운데, 이 오랜 기간 동안 누적되어 해류를 따라 이동하고 또 국경을 넘어 이동하고 있는 실정이다. 해양 쓰레기는 한번 해양으로 들어가면 회수하기가 매우 어렵다.

시민들은 플라스틱 쓰레기를 분리배출해서 재활용이 되는 것으로 아는데, 바다로 흘러갔다니 어떻게 된 일일까? 바다로 간 플라스틱은 어떤 쓰레기일까? 육상에서 바다로 유입되는 쓰레기는 평상시 하천을 통해 유입되거나 홍수 시에도 유입되고, 또 해변에서 투기된 쓰레기들이 바다로 유입되고 있으며, 그 양이 18만 톤 중 67% 정도에 이른다. 폐어구, 선박에서 발생하는 쓰레기, 양식용 폐부자, 항만 쓰레기가 나머지를 차지한다. 이처럼 다양한 경로로 쓰레기가 바다에 유입되고 있지만 홍수기에 하천을 통해 유입되는 양이 제일 많다. 그것은 모두 우리 일상생활에서 배출되는 플라스틱 쓰레기라고 볼 수 있다.

이런 오염 물질은 생태계 전체에 어떤 영향을 미칠까? 생명다양성재단과 영국 케임브리지대학 동물학과가 공동 조사한 「한국 플라스틱 쓰레기가 해양동물에 미치는 영향」 보고서에 따르면, 현존하는 바다거북은 100%, 해양 포유류는 54%, 바닷새 56%가 해양 쓰레기의 피해를 보고 있는 것으로 추정된다(생명다양성재단, 2019). 이 해양 쓰레기의 92%가 플라스틱이며, 체내에 들어가면 몸에 축적되고 배출이 어렵다. 또 바다에 살고 있는 프로클로로코쿠스*Prochlorococcus*라는 플랑크톤의 광합성과 산소 생성력을 저하시켜 생태계의 먹이사슬에도 영향을 준다(Tetu et al., 2019).

우리나라 생태계로 범위를 좁히면 어떤 위협이 될까? 평균수명이 150년인 바다거북이 매년 20마리 정도 폐사한 채 국내 연안에서 발견되는데 사망 원인은 대부분 플라스틱으로 인한 장폐색이다. 우리 인간의 평균수명은 늘어나는데 바다거북의 평균수명은 줄고 있는 것이다. 또 영국 맨체스터대학의 연구 결과에 따르면, 경기, 인천 연안의 미세플라스틱 농도가 전 세계에서 두 번째로 높다(Hurley, Woodward and Rothwell, 2018). 이 미세플라스틱을 어패류가 섭취하고 우리 국민이 이러한 어패

류를 섭취하게 되는 것이다. 이로 인해 수산물 등 어획량 감소와 수산물에 대한 불신으로 소비량이 감소하는 등의 영향을 줄 우려가 있다.

육상에서는 어떨까? 적정하게 처리되지 못한 플라스틱 쓰레기들이 불법 투기를 통해 쓰레기 산을 만들고 있다. 실제로 환경부(2019) 조사에 따르면 불법 투기 쓰레기 31만 톤 중 약 85%가 플라스틱을 포함한 가연성 쓰레기이다. 예전에는 플라스틱 쓰레기 하면 우선적으로 재활용 자원으로 인식했지만, 지금은 환경 파괴의 주범으로 우리의 시선이 바뀌고 있다. 폐기물 발생량이 지속 증가하는 상황에서 민간 폐기물 처리 시장 중심으로 부적정하게 처리하는 사례가 증가하고 재활용품, 사업장 폐기물 등의 민간 시장 처리 비용이 인상돼 불법 투기·방치 및 부적정 수출 등 사회적 문제가 끊임없이 대두되고 있다.

2. 자원순환 분야의 현안과 대응

우리나라 폐기물 발생량은 2018년 기준으로 하루 44만 6102톤이며 최근 5년간 13.5% 증가했다. 그중 생활 폐플라스틱류 발생량은 2018년 기준으로 하루 8848톤이며 최근 5년간 55.2%나 증가했다. 음식물류 폐기물 발생량도 최근 5년간 28.1% 증가했다. 1인 가구의 증가, 소비문화의 변화에 따라 폐기물 발생의 증가가 필연적임을 보여준다. 또 고령화에 따른 의료 폐기물 증가도 심각한 상황인데, 최근 5년간 57.3%나 증가했다(〈그림 17-1〉).

유럽을 비롯한 선진국은 자원순환에 관한 법률을 이미 시행하고 있었으나, 우리나라는 2018년에야 '자원순환기본법'을 제정해 시행하고 있다. 기존에 우리나라의 폐기물 관련 법은 안전 처리를 목적으로 했기

그림 17-1 | 국내 폐기물 발생량 증가 현황

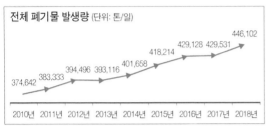

전체 폐기물 발생량 (단위: 톤/일)

음식물류 폐기물 발생량 (단위: 톤/일)

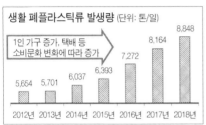

생활 폐플라스틱류 발생량 (단위: 톤/일)

의료 폐기물 발생량 (단위: 톤/연)

자료: 환경부 환경통계포털(2019)을 참고하여 작성.

때문에 자원순환이라는 새로운 개념을 적용하기가 어려웠다. '자원순환기본법'은 폐기물 발생을 최대한 억제하고 발생한 폐기물은 최대한 재사용하고 재활용해서 지속 가능한 자원순환 사회로 만드는 것을 목적으로 하고 있다.

정부의 제1차 자원순환기본계획(2018~2027년)은 어떤 취지이고, 어떤 내용을 담고 있을까? 먼저 '자원의 선순환으로 지속 가능한 순환경제를 실현하겠다'라는 비전을 제시하고 있다(관계부처 합동, 2018b). 순환경제는 생산-소비-폐기의 선형 경제구조를 순환형으로 전환하는 것을 의미한다. 그러기 위해서는 생산 단계, 소비 단계, 관리 단계, 재생 단계 등 자원 이용의 전 과정을 순환 이용 체계로 구축해야 한다. 또 폐기물 발생 저감을 최우선 목표로 하고 고품질 물질 재활용을 촉진하며, 지역별 폐기물 처리 최적화를 추진해야 한다.

쓰레기 종량제를 시행한 지 24년째이다. 재활용률도 세계 2위로 알려져 있는데, 실제로 잘되고 있을까? 양적인 부분을 본다면 많이 노력하고 있으며, 성과도 어느 정도 있다. 하지만 질적인 면을 보면 여전히 재활용 선별장에서 많은 잔재물이 나오고 있으며 그 잔재물은 소각하거나 매립한다. 이에 자원순환기본계획에서는 이러한 잔재물을 관리하기 위해 새로운 자원순환 목표를 제시했다. 바로 순환이용률이라는 개념인데 실질적인 재활용 비율을 목표로 삼는 것이다. 또 직접 매립된 양뿐만 아니라 간접 매립된 양도 관리하자는 측면에서 최종처분율이라는 개념을 도입했다. 제1차 자원순환기본계획에서는 원단위 폐기물 발생량의 20% 감축과 함께 순환 이용을 극대화하고, 최종 처분을 최소화하는 목표를 제시했다.

세계 각국은 플라스틱 저감을 위한 각종 정책을 펼치고 있다. 유엔환경계획의 자료에 따르면(UNEP, 2018), 아프리카 29개국, 아시아 10개국, 중남미 14개국, 유럽 22개국, 북아메리카 2개국, 오세아니아 6개국에서 비닐봉지 사용 금지 및 생분해성 비닐봉지 사용, 세금 부과 정책 등 플라스틱 감축을 위한 정책 및 법안을 발의했다. 특히 EU에서는 2030년까지 일회용 포장지를 재사용·재활용 포장재로 바꾸고, 일회용 플라스틱을 단계적으로 금지하겠다고 발표했다(연합뉴스, 2018.1.17). 또 일본에서는 1992년부터 유색 페트병, 이중 소재 마개 금지 등으로 재활용 효율을 높이는 정책을 시행하고 있다. 각국에서 시행 중인 대부분의 정책이 플라스틱의 절대 사용량을 감축하거나 플라스틱의 재활용 비율을 높이기 위한 자원순환 정책에 초점을 맞추고 있다. 우리나라에서는 재활용 폐기물 관리 종합대책을 수립하여 생산부터 재활용까지 각 순환 단계별 종합 개선대책을 마련했다(관계부처 합동, 2018a). 2030년까지 플라스틱 폐기물 발생량을 50% 감축하고 재활용률을 기존 34%에서 70%

그림 17-2 | 재활용 폐기물 관리 종합대책(2018년 5월 8일) 주요 내용

제조·생산 단계
- 제조 단계부터 재활용이 쉽게 생산, 재활용 어려운 제품은 단계적 퇴출
  음료수·생수 중 유색 페트병 비율: 36.5%(2016년) → 15.5%(2019년) → 0%(2020년)
- 생산자의 책임을 강화하여, 재활용 촉진을 위한 지원 확대

유통·소비 단계
- 과대 포장을 억제하고, 일회용품 사용은 획기적으로 저감
  2022년까지 일회용 컵 및 비닐봉지 사용량을 35% 저감

분리·배출 단계
- 올바른 분리배출 방법을 집중 홍보하고, 알기 쉬운 가이드라인 보급
  분리배출된 폐기물 중 재활용 불가능한 이물질 비율: 38.8%(2016년) → 10%(2022년)

수거·선별 단계
- 지자체 공공관리 강화, 비상대응체계 구축 등으로 수거 중단 재발 방지

재활용 단계
- 재활용 시장을 모니터링하고, 선제적 대응 체계를 구축
- 재활용 제품의 품질을 제고하고, 수요처를 대폭 확대

5개 순환 단계별
종합 개선대책

자료: 관계부처 합동(2018a)을 참고하여 작성.

까지 끌어올리기 위한 종합대책을 추진하고 있다(〈그림 17-2〉).

3. 그린 액션의 발전 방향

그린 액션Green Action은 자원순환 분야에서의 감량, 재사용, 재활용 등 일련의 참여 활동을 말한다(Yourdictionary, 2019). 친환경 생산·유통 체계 구축과 친환경 소비문화 확산을 위해서는 제도 개선뿐만 아니라 이해관계자들의 적극적인 그린 액션이 필요하다(〈그림 17-3〉).

플라스틱 사용을 줄이고 재활용하려면 어떤 정책이 필요할까? 세계 적으로 보면, 플라스틱, 특히 일회용 플라스틱 포장재를 줄이기 위해

그림 17-3 | 친환경 소비 · 생산 정책 및 그린 액션 추진 배경

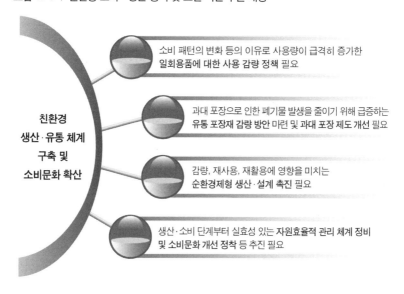

사용을 금지하는 규제 정책, 생산자나 소비자에게 부담금이나 세금을 부과하는 경제적 수단, 산업계와의 자발적 협약을 통한 민관 협력 방안들이 있다. 주로 아시아나 아프리카에서는 사용 규제 정책의 비율이 높고, 유럽 쪽은 경제적 수단이나 자발적 협약이 많다. 우리나라에서도 플라스틱 사용량을 줄이기 위해 사회적으로 노력하고 있다. 예를 들어 '커피숍 내에서의 일회용 컵 사용 금지', '대형 유통 매장의 일회용 비닐봉지 사용 금지'를 시행하고 있다. 이런 일상의 노력이 과연 도움이 될까? 커피숍 등 매장 내 일회용 컵 수거량은 2018년 7월 206톤에서 2019년 4월 58톤으로 약 72% 감소했다(환경부, 2019.8.6). 일회용 비닐봉지 사용량은 약 8개월간(2018년 10월~2019년 5월) 전년 동기 대비 약 1억 2600만 장(63.4%)이 줄었다(환경부, 2019.7.2). 사회적으로 많은 노력을 하고 있지만 편리함에 익숙해진 소비문화가 다시 불편한 쪽으로 돌아가는 것은

상당히 힘들다. 그러나 앞으로 일회용 배달 음식 용기를 줄여야 할 것이고, 과대 포장을 줄이고, 택배 포장재를 줄이는 등 산업계의 노력과 더불어 국민 역시 적극적으로 협조해야 할 것이다.

시민들이 분리배출을 하더라도 실제로는 재활용하지 못하는 경우가 있다. 이유는 무엇일까? 예를 들어 재활용품의 재질과 구조가 너무 다양하기 때문에 재질이 혼합된 재활용품은 실질적으로 별도의 재질로 구분하기 어려워 재활용이 어렵다. 페트병 하나만 보더라도 몸통과 뚜껑, 라벨이 각각 다른 재질로 되어 있는 데다 몸통에 색깔이나 잉크가 들어가 재활용하는 데 어려움이 있다. 환경부에서는 2019년 12월 25일부터 재활용이 용이하도록 하는 포장재 재질·구조 기준(포장재 등급 평가와 표시 의무화)을 시행하기로 했다(환경부, 2019.4.16).

이와 연계하여 우리나라에서는 유색 페트병 사용 금지 제도 도입을 준비 중이다. 2018년 음료업계와 자발적 협약을 맺었고, 2019년 12월 25일부터는 포장재 등급제를 의무화했다. 또 최근에는 유통·물류 업계와 자발적 협약을 맺어 유통포장재 감량 정책을 추진하고 있다. 정부는 유통업계와 함께 현장에서 얼마나 잘 적용되는지 검증한 후 2020년 하반기에 제도를 개선할 계획이다.

또한 우리나라는 생산자책임재활용(EPR: Extended Producer Responsibility) 제도를 초기에 도입한 나라 중 하나이다. 이러한 EPR 제도나 빈용기보증금제도 등에서 개선할 부분은 무엇일까? EPR 제도는 감량을 목적으로 설계한 제도라기보다는 제품의 재활용이 제대로 되지 않으면 생산자가 참여하여 재활용의 기반을 개선할 수 있도록 설계한 제도이다. EPR 제도의 앞 단계에서 감량 효과를 낼 수 있는 제도의 보완이 필요하다. 최근에 시행된 일회용 컵 사용 규제, 비닐봉지 사용 규제, 과대 포장 방지 대책은 감량 목적을 직접 달성할 수 있는 제도이고, 순환이용성 평가제도나 포장재 등급제는 감량 효과와 재활용 효과를 동시에 볼 수 있는 제도이다. 이런 제도가 정책 실효성을 거둘 수 있도록 하는 세심한 설계가 필요하다. 생산 단계에서 실제 재활용에 문제가 되는 요소와 사용량 조사 결과 감량이 안 되는 부분을 잘 파악해야 한다.

그리고 정부는 페트병 등 음료 용기나 일회용 컵에 대해 보증금제도 시행을 검토하고 있다. 감량 효과나 재활용 효과를 거둘 수 있느냐에 대해서는 반납 방법에 따라 다를 것으로 보이며, 초기에는 감량 효과도 있겠지만 나중에 소비자들이 익숙해지면 재활용 효과를 위주로 성과를 거둘 수 있을 것이다. 특히 해변 등 관광지에서 소비자가 일회용 컵 보증금을 되돌려 받기 위해 회수에 참여한다면 무단 투기를 방지하는 추가 효과가 생길 것이다.

영국의 컵클럽(Cupclub, 2019)처럼 컵을 재사용할 수 있는 시스템을 만들고 보증금제와 인센티브를 동시에 제공하는 것이 감량에 직접 효과가 있는 방법이다. 일회용 용기 사용을 줄이려면 다회용 용기의 세척, 회수, 납품 등을 전문으로 하는 업종이 새로운 산업으로 성장해야 할 것이다.

최근에는 쓰레기의 가치를 높이는 리사이클, 업사이클이 주목받고 있다. 리사이클, 업사이클이란 무엇이며 주목받는 이유는 무엇일까? '리사이클'은 쓰레기를 재활용하여 다시 그 용도에 준하여 활용하는 것이고, '업사이클'은 원래의 용도보다 가치를 높여 사용하는 것을 말한다. 예를 들어 핀란드에는 리팩RePack이라는, 40회 정도 사용할 수 있는 재사용 택배 포장지가 있다. 폐기된 리팩은 파쇄 처리되어 다른 플라스틱 건축 자재로 재활용되기도 하고, 또는 소가죽 손잡이를 붙여서 가방으로 업사이클링되어 팔리기도 한다. 이 업사이클링 제품은 인터넷에서 우리 돈 45만 원 정도에 팔리기도 한다. 최근에는 업사이클링 제품을 유럽의 왕족들이 사용하는 프리미엄 제품으로 인식하는 경향도 있다(RePack, 2019).

쓰레기로 인해 다양하게 발생하는 문제를 해결하기 위해서는 무엇을 선행해야 할까? 어느 나라도 쓰레기 문제에서 자유롭지 못하다. 일단 발생한 쓰레기를 처리하려면 아무리 잘하려고 해도 기술, 비용 면에서 한계가 있다. 그 때문에 무엇보다도 쓰레기를 적게, 깨끗하게 배출하려고 노력해야 한다. 이를 실천하려면 역시 환경 교육이 필요하다. 학교뿐만 아니라 직장 등 다양한 장소에서 지속적으로 교육해야 한다. 우리가 문화와 생활의 편리함에 익숙해지면 다시 불편한 쪽으로 돌아가기가 상당히 힘들다. 하지만 쓰레기 문제만큼은 불편하더라도 희생하는 자세가 필요하다. 서울 번화가를 걷다 보면 일회용 컵 모양의 쓰레기통을 볼 수 있는데, 이는 일회용 컵을 무단 투기하지 말고 이 쓰레기통에 버리라고 만들어놓은 것이다. 어떤 쓰레기통에는 빨대까지 꽂혀 있다. 하지만 의도와 다르게 이런 디자인 요소는 일회용 컵 사용을 줄이도록 유도하는 것이 아니라 오히려 익숙함을 조장할 위험이 있다. 반대로 이 경우에는 일회용품 사용을 줄이도록 하는 교육적인 디자인 요소가 들어가야 할 것이다. 최근 급증하는 일회용 배달 음식 용기를 줄일 대안도 마련해야 할 것이며, 과대 포장을 줄이고 택배와 같은 유통포장재를 줄이는 것도 산업계와 더불어 국민의 적극적인 협조가 필요한 부분이다.

기업은 친환경 경영, 자원순환 경영을 하려고 노력해야 한다. 정부는 이를 지원할 수 있는 다양한 제도, 또는 이행하도록 하는 규제들을 잘 만들어야 한다. 실질적으로 기업이나 국민의 의견을 들어보면 각자 많이 노력하고 있다. 그런데 이러한 노력과 의지가 연결되지 않고 단절되어 있다. 기업은 포장을 간소화하는 등 노력하고 싶지만 소비자가 만족하지 못할까 걱정하며, 국민은 친환경 소비 실천을 하고 싶은데 기업이 너무 과대 포장을 한다고 지적한다. 그린 액션을 통해 이처럼 서로를 불신하는 단절 고리를 찾아 연결하여 서로가 손잡고 한 방향으로 나아가는 모습으로 만들어가야 할 것이다.

4. 그린 인프라의 발전 방향

쓰레기 매립량을 줄이려는 노력은 세계적인 추세이다. 쓰레기 직매립은 무엇이 문제일까? 먼저, 쓰레기를 처리하는 방법에는 여러 가지가 있다. 재활용, 소각도 있고, 매립도 있다. 그중에서 폐기물을 매립장에서 바로 처분하는 것이 직매립이다. 이렇게 되면 매립장은 금방 차고, 재활용할 수 있는 자원도 그대로 땅에 묻히고 만다.

이런 쓰레기 직매립을 지양한다면 어떤 처리 방식이 좋을까? 매립하기 전에 재활용 단계를 거칠 수도 있고, 소각할 수도 있다. 여기서 재활용은 물질 재활용과 열적 재활용(에너지 회수)으로 나눌 수 있다. 물질 재활용은 다시 물리적 재활용과 화학적 재활용으로 나눌 수 있다. 예를 들어 플라스틱 폐기물을 물리적인 처리를 거쳐 다시 플라스틱 용도로 사용하면 물리적 재활용이고, 플라스틱을 열분해해서 석유계 연료 대신 사용하거나 섞어서 사용하면 화학적 재활용이다. 열적 재활용은 우리나라와 일본에서만 쓰는 용어이며, 다른 나라에서는 에너지 회수라고 한다. 그중 하나가 고형연료제품SRF: Solid Refuse Fuel, 즉 쓰레기를 선별해서 가연성 연료로 만든 뒤 연소하여 에너지를 회수하는 것이다. 쓰레기가 이러한 과정을 거치면 재활용 시설이나 소각시설에서 잔재물이 발생하는데 이것을 매립하면 발생하자마자 직접 매립한 것이 아니기 때문에 이러한 형태를 간접 매립이라고 부른다. 많은 유럽 국가에서는 유기 탄소 함량 3~5% 이상 폐기물의 직접 매립을 금지하고 있다(Van Eygen, Laner and Fellner, 2018). 이는 가능하면 가연성 쓰레기나 유기성 쓰레기를 전 단계에서 처리한 후 사후에 불연물만 반입할 수 있도록 하는 것이다. 즉, 유럽 국가의 쓰레기 처리의 기본 정책 기조는 여러 단계를 거쳐 마지막에 어쩔 수 없는 쓰레기만 매립하는 것이다.

우리 정부는 그동안 생활 폐기물 처리시설의 광역화·대형화 정책을 추진해 왔다. 그 이유는 무엇일까? 지자체는 생활 폐기물의 처리 주체이다. 그러나 생활 폐기물 처리시설이 필요하다고 해서 자체적으로 마구잡이로 짓다 보면 수가 늘어나고, 그에 따라 국비가 많이 투입될 수밖에 없다. 또 시설의 가동률이나 처리 효율이 떨어질 수도 있다. 결과적으로 쓰레기 처리 비용이 많이 들 수 있다. 그래서 가능하면 광역시도에서는 폐기물 처리시설을 공동으로 이용할 수 있도록 한다. 공동으로 이용하려면 광역화·대형화하게 된다. 서울시에서는 오랜 기간 주민들과 협의하여 2010년에 소각장의 공동 이용을 완전히 실시하게 됨에 따라 안정적으로 생활 폐기물을 처리할 수 있게 되었다.

소각장 등 폐기물 처리시설은 주민들의 반대로 건설하거나 증설하기가 쉽지 않다. 심지어, 건설한 후에도 가동하지 못하는 경우가 있다. 소각장 건설이나 증설로 인한 주민 갈등을 최소화하려면 어떤 대안이 필요할까? 주민들이 심하게 반대하는 것은 타 지역에서 들어오는 쓰레기 때문이다. 그래서 이러한 갈등을 최소화하려면 타 지역에서 반입되는 쓰레기를 최소화해야 한다. 타 지역에서 반입되는 쓰레기를 최소화하려면 발생원부터 철저한 분리배출을 하고 전처리나 선별을 통해 줄여나갈 수밖에 없다. 또 반입되는 쓰레기의 냄새 때문에 주민의 반대가 심한데, 음식물쓰레기 등이 종량제 쓰레기봉지에 혼입되지 않도록 지

그림 17-4 ┃ 회색 인프라와 그린 인프라의 개념

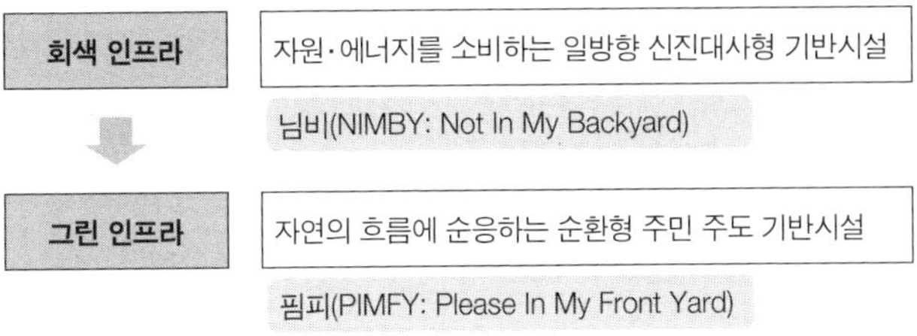

회색 인프라	자원·에너지를 소비하는 일방향 신진대사형 기반시설
	님비(NIMBY: Not In My Backyard)
그린 인프라	자연의 흐름에 순응하는 순환형 주민 주도 기반시설
	핌피(PIMFY: Please In My Front Yard)

자료: 현경학(2019)을 참조하여 작성.

자체에서 관리를 더 잘해야 할 것이다.

도시 내 폐기물 처리 인프라가 부족하면 불법 폐기물이 양산될 우려가 있으며, 님비NIMBY: Not In My Backyard 현상과 지역이기주의에 의해 지역 간 갈등이 심화될 수 있다. 회색 인프라Grey Infra를 자원과 에너지를 소비하는 일방향 신진대사형 기반시설이라고 한다면, 그린 인프라Green Infra는 자연의 흐름에 순응하는 순환형 주민 주도 기반시설이라고 할수 있다(〈그림 17-4〉).[1] 오스트리아 빈의 슈피텔라우 소각장, 일본의 무사시노시 클린센터(소각장)가 그린 인프라의 예이다.

슈피텔라우 소각장은 1987년 대형 화재 발생으로 가동을 중단한 후 친환경 소각장으로 리모델링되었다. 오스트리아 예술가 프리덴슈라이히 훈데르트바서Friedensreich Hundertwasser가 기피 시설이던 쓰레기 소각장을 '사람을 위한 예술, 자연과의 조화를 만들어가는 공간'으로 재탄생

---

1 그린 인프라란, 기존의 자원과 에너지를 소비형 일방향으로 신진대사 하는 회색 인프라에 반대되는 개념이다. 그린 인프라는 소규모 분산형, 다기능 상호연계형 및 시민 주도의 자연에 기반한 순환형 인프라이다. 또한 그린 인프라는 자원과 에너지 소비를 줄이고 물리적으로 생산하는 체제를 의미하며, 이를 사회경제적으로 뒷받침하는 교육, 행정, 법제도 등의 비구조적 부분도 포함한다.

시켰다. 소각열을 이용하여 6만 가구에 난방을 공급하고, 시설 관람에도 이용되며 친환경 폐기물 처리시설의 롤 모델이 되고 있다(국가환경산업기술정보시스템, 2019). 실제로 일본 오사카 마이시마 소각장은 훈데르트바서의 작품을 활용하여 슈피텔라우 소각장과 유사한 이미지를 갖추고 있다. 일종의 핌피PIMFY: Please In My Front Yard 시설로 활용되는 사례로 볼 수 있다.

30년 전에 건설된 소각장을 재건축한 일본 무사시노 시청 앞 클린센터는 인근 체육시설, 공원, 학교에 열을 공급하고 있다(武蔵野クリーンセンター, 2019). 클린센터 외관은 숲을 이미지화했으며, 미술관의 전시품을 감상하는 것처럼 쓰레기 처리의 전 과정을 관람할 수 있다. 센터 내 바에서는 무사시노 특산품인 생맥주와 시내의 셰어키친 '미돌리노'의 조리 식품을 맛볼 수 있다(Nippon Television Network Corporation, 2018.12.27).

신도시를 개발할 때는 환경기초시설과 인프라 구축이 필요하고 인구 증가에 따른 폐기물 처리시설의 확충이 필수적이나, 어떤 시설이 지속 가능한지에 대한 검토 없이 용량만 확충하는 실정이다. 지속 가능한 그린 인프라는 환경·경제·기술 관점에서 효율성 있게 운영이 가능한 모델이어야 한다. 또 미세먼지, 온실가스 등 국내외 환경 이슈에 대응하며 인근 지역 주민에게 다양한 편익을 제공해야 한다.

자원순환 관점에서의 그린 인프라는 주민들에게 환경 혜택을 골고루 나누어주고 환경 피해가 특정 대상(취약 계층)에게 몰리지 않도록 해야 하며, 오염 행위자가 오염 비용을 부담하도록 인프라 설계 시 고려해야 한다. 도시 내 회수 가능 자원을 최대한 순환시키는 모델이 자원순환 분야의 그린 인프라가 나아갈 방향이다.

5. 순환경제 사회로의 전환을 위하여

"쓰레기는 사라지지 않는다. 멀리 버려질 뿐이다"(≪한겨레≫, 2009.7.24)라는 한 기사의 헤드라인이 말해주듯이 우리가 버린 수많은 플라스틱 폐기물은 어딘가에 남아 우리를 역습한다. 2018년 4월, 중국의 재활용 쓰레기 수입 금지 조치 이후, 우리나라는 재활용 폐기물 대란을 겪었다. 재활용 폐기물 문제는 이제 국내만의 문제가 아니라 국가 간 문제로 번질 수도 있다.

우리나라는 1995년 쓰레기 종량제를 도입하여 쓰레기 발생량을 줄이고 분리배출을 성공적으로 정착시킨 바 있다. 또 2003년부터 '자원의 절약과 재활용촉진에 관한 법률' 시행령에 따라 생산자책임재활용 제도를 도입하여 2002년 대비 2016년 재활용량이 125% 증가했다(≪환경일보≫, 2018.9.20). 우리나라는 현행 제도를 끊임없이 보완하고 자원의 선순환을 위해 환경·기술·경제 측면의 기술개발 연구 로드맵을 구축해야 한다. 더불어 국민이 공감할 수 있는 관리 전략을 제시하고, 국제 사회 이슈에 대응해야 한다. 또 폐기물이 자원으로 거듭날 수 있도록 재활용 R&D 추진 및 공공관리를 강화해야 한다. 산업계는 순환경제, 친환경 설계, 자원의 효율적 생산 인식을 제고하고 재사용(리퍼) 및 업사이클링 산업을 육성할 수 있도록 힘써야 한다.

자원순환 부문에는 수많은 이해관계가 얽혀 있기 때문에 정책의 작용·반작용을 다방면으로 고려해야 한다. 다만 환경 정책이 실효성을 갖추기 위해서는 정부의 올바른 정책 제시와 더불어 이를 뒷받침할 국민과 산업계의 동참이 절대적으로 필요하다. 순환경제 사회로의 전환을 위해서 국가는 친환경 업체에 적극적인 지원과 포상을, 국민은 일회용품 줄이기 및 올바른 재활용 분리배출 동참을, 기업은 재활용이 용이

한 제품 및 친환경 제품 생산을 위한 자발적 참여를 실천해야 한다. 또 지자체는 폐기물 관련 그린 인프라 구축으로 지역 내 주민의 신뢰를 얻어야 한다. 정부, 지자체, 국민, 산업계의 하모니를 통해 순환경제 사회로 거듭나기를 기대해 본다.

참고문헌 ■ ■

관계부처 합동. 2018a. 「재활용 폐기물 관리 종합대책」.
_____. 2018b. 「제1차 자원순환기본계획(2018~2027)」.
_____. 2019. 「해양 플라스틱 저감 종합대책」.
국가환경산업기술정보시스템. 2019. "오스트리아 비엔나 슈피텔라우 소각장 운영현황". https://www.konetic.or.kr/infodb/new_facilities_view.asp?1=1&sort=C&gotopage=5&unique_num=3980 (검색일: 2019.10.1).
≪기호일보≫. 2015.10.14. "주민 참여·감시 눈길·녹색 성장 '덧칠' 클린센터 구축".
생명다양성재단. 2019. 「한국 플라스틱 쓰레기가 해양동물에 미치는 영향」. http://diversityinlife.org/?p=7579 (검색일: 2019.9.28).
연합뉴스. 2018.1.17. "EU, 2030년까지 '일회용 포장지를 재사용·재활용으로 바꿀 것'".
≪한겨레≫. 2009.7.24. "쓰레기는 사라지지 않는다 … 멀리 버려질 뿐이다".
해양수산부·해양환경공단. 2017. 「2017 해양쓰레기 관리 연차보고서」.
해양환경공단. 2013. 「제2차 해양쓰레기 관리 기본계획 수립연구」.
≪헤럴드경제≫. 2019.1.31. "쓰레기 보며 먹고 마시는 H이색 술집".
현정학. 2019. 「환경정의와 그린인프라, 그리고 그린뉴딜」. 환경정의연구소 그린인프라위원회 두 번째 포럼 발표집(미간행).
환경부. 2019. 「불법폐기물 관리 강화 대책」. 한국폐자원에너지기술협의회 2019년도 춘계 기술 WORKSHOP 자료집(미간행).
_____. 2019.4.16. "페트병 등 9개 포장재, 재활용 용이성 등급기준 개정"(보도 자료).
_____. 2019.7.2. "제과업체, 이제 1회용 비닐봉투 없어도 괜찮아요"(보도 자료).
_____. 2019.8.6. "다회용컵, 어디 있나요? 우리 다함께 써봅시다"(보도 자료).

환경부 환경통계포털. 2019. "주요환경지표: 자원순환". http://stat.me.go.kr/nesis/index.jsp (검색일: 2019.11.21).

≪환경일보≫. 2018.9.20. "'허울뿐인 재활용 실적' EPR 제도 개선 시급".

武蔵野クリーンセンター. 2019. "歷史・あゆみ". http://mues-ebara.com/about/history.php (검색일: 2019.10.1).

Nippon Television Network Corporation. 2018.12.27. "'ゴミ処理'間近で見ながらお酒,狙いは?" 〈日テレNEWS24〉. http://www.news24.jp/articles/2018/12/27/07412883.html (검색일: 2019.10.22).

Cupclub. 2019. "Making It Easy to Do the Right Thing." https://cupclub.com/page/about (검색일: 2019.9.15).

Hurley, Rachel, Jamie Woodward and James J. Rothwell. 2018. "Microplastic Contamination of River Beds Significantly Reduced by Catchment-wide Flooding." *Nature Geoscience*, 11, pp.251~257.

Jambeck, Jenna R., Roland Geyer, Chris Wilcox, Theodore R. Siegler, Miriam Perryman, Anthony Andrady, Ramani Narayan and Kara Lavender Law. 2015. "Plastic Waste Inputs from Land into the Ocean." *Science*, 347(6223), pp.768~771.

RePack. 2019. "About Us." https://www.originalrepack.com/about (검색일: 2019.9.2).

Tetu, Sasha G., Indrani Sarker, Verena Schrameyer, Russell Pickford, Liam D. H. Elbourne, Lisa R. Moore and Ian T. Paulsen. 2019. "Plastic Leachates Impair Growth and Oxygen Production in *Prochlorococcus*, the Ocean's Most Abundant Photosynthetic Bacteria." *Communications Biology*, 2, article number: 184.

UNEP[United Nations Environment Programme]. 2018. "Single-use Plastics: A Roadmap for Sustainability."

Van Eygen, Emile, David Laner and Johann Fellner. 2018. "Circular Economy of Plastic Packaging: Current Practice and Perspectives in Austria." *Waste Management*, 72, pp.55~64.

Yourdictionary. 2019. "Green Action." https://www.yourdictionary.com/green (검색일: 2019.9.15).

지은이(수록순)

최병두

대구대학교 지리교육과 명예교수, 한국도시연구소 이사장. 도시 공간 및 생태 환경 문제에 관심을 갖고 연구하고 있다. 주요 저서로 『초국적 이주와 환대의 지리학』, 『인문지리학의 새로운 지평』, 『희망의 도시』(공저), 『도시재생과 젠트리피케이션』(공저) 등이 있으며, 번역서로 『데이비드 하비의 세계를 보는 눈』 등이 있다.

구도완

환경사회연구소 소장. 환경운동, 생태 민주주의 등에 관심을 갖고 연구하고 있다. 주요 저서로는 『한국 환경 운동의 사회학』, 『마을에서 세상을 바꾸는 사람들: 생태적 대안운동을 찾아서』, 『생태민주주의: 모두의 평화를 위한 정치적 상상력』 등이 있다.

김수진

고려사이버대학교 외래 강사. 고려사이버대학교에서 에너지 기술 정책을 강의하고 있으며, 원자력 정책, 원자력 기술 위험과 윤리 문제, 원자력 정치와 민주주의 문제 등에 관심을 갖고 연구하고 있다. 주요 저서로 『기후 변화의 유혹, 원자력: 원자력 르네상스의 실체와 에너지 정책의 미래』(공저), 『지구화와 이주 그리고 생명평화』(공저)가 있다.

이상헌

한신대학교 글로벌비즈니스학부, 사회혁신경영대학원 부교수. 주요 연구 관심은 물과 에너지에 대한 정치생태학적 연구이다. 저서로는 『위험도시를 살다: 동아시아 발전주의 도시화와 핵 위험경관』(공편저), 『위험한 동거: 강요된 핵발전과 위험경관의 탄생』(공저), 『세상을 움직이는 물: 물의 정치와 정치생태학』, 『생태주의』가 있으며, 번역서로는 『발전과 환경위기: 새로운 환경이념의 모색』(공역), 『에코벤처: 환경, 시장으로 걸어들어 가다』(공역)가 있다.

하승수

변호사. 참여연대, 풀뿌리자치연구소 '이음', 투명사회를 위한 정보공개센터 등에서 활동했고, 녹색당 공동운영위원장, 비례민주주의연대 공동대표를 지냈다. 현재 세금도둑잡아라 공동대표로 활동하고 있다. 저서로 『배를 돌려라: 대한민국 대전환: 공생·공유·공정사회를 위한 밑그림』, 『삶을 위한 정치혁명: 시스템의 노예에서 시스템의 주인으로』, 『착한 전기는 가능하다: 우리가 몰랐던 전기 이야기』, 『나는 국가로부터 배당받을 권리가 있다: 생태적 전환과 해방을 위한 기본소득』 등이 있다.

김해창

경성대학교 건설환경도시공학부 교수, 녹색성장위원회 민간위원. 환경경제학자이자 소셜 디자이너(Social Designer)의 길을 걷고 있다. 주요 저서로는 『원자력발전의 사회적 비용: 에너지전환으로 가는 길』, 『작은 것이 아름답다: 슈마허 다시 읽기』, 『저탄소 대안경제론』, 『환경수도, 프라이부르크에서 배운다: 에너지자립·생태도시로 가는 길』 등이 있으며, 번역서로 『공해의 역사를 말한다: 전후일본공해사론』, 『안전신화의 붕괴: 후쿠시마 원전사고는 왜 일어났나』(공역) 등이 있다.

조공장

한국환경정책·평가연구원 선임연구위원. 주민참여와 합의형성을 키워드로 『환경평가제도 30년의 성과분석과 발전방향』, 『환경분야 공적개발원조(ODA) 사업평가 지침 마련을 위한 연구』, 『대규모 개발사업의 지속가능성 확보를 위한 예비타당성조사 제도 개선방안 연구』, 『사회영향평가 지표 개발 및 운영 가이드라인 마련 연구』 등의 연구를 수행했다.

박진희

동국대학교 다르마칼리지 교수, 에너지기후정책연구소 이사장. 재생에너지 정책과 과학기술 정책과 역사에 관심을 갖고 연구하고 있다. 주요 저서로 『환경운동과 생활세계』(공저), 『한국의 과학자 사회: 역사, 구조, 사회화』(공저), 『근대 엔지니어의 성장』(공저), 『근대 엔지니어의 탄생』(공저) 등이 있으며, 번역서로 『기후변화에 대응하는 재생가능에너지』 등이 있다.

김선희

국토연구원 국토환경·자원연구본부 선임연구위원, 국가물관리위원회 위원, 중앙투자심사위원회 위원. 국토 환경 및 자원 관리에 관심을 갖고 있다. 주요 연구 보고서로 「한국형 국토발전 실천전략 연구」, 「자원절약적 국토발전방안 연구: 국토·도시공간구조와 교통에너지 소비와의 관계를 중심으로」 등이 있으며, 주요 저서로는 『기후변화: 27인의 전문가가 답하다』(공저), 『생태도시로 가는 길』(공저) 등이 있고, 번역서로 『인구 감소와 지역 재편』(공역) 등이 있다.

추장민

한국환경정책·평가연구원 북한환경정보센터장, 대통령 직속 정책기획위원회 포용사회분과
위원, 국무총리실 산하 미세먼지특별대책위원회 위원. 환경 정의, 북한 및 중국의 환경 문제,
동북아 환경 거버넌스에 대해 연구하고 있다. 주요 저서로『한국의 환경정책』(공저),『환경
과 복지』(공저) 등이 있으며, 주요 연구 보고서로「환경정의 종합계획 마련 연구」,「미세먼
지 외교적 대응방안 연구」,「통일대비 북한의 환경문제 진단 및 환경개선을 위한 남북협력
방안마련 연구」,「한·중 권역별 대기오염 저감정책 비교 및 협력방안 연구(I·II): 이동·고정
오염원 관리 대책을 중심으로」등이 있다.

한상운

한국환경정책·평가연구원 선임연구위원, 한국환경한림원 정회원, 한국환경법학회 고문. 환
경 헌법 개정과 기후 정의 그리고 북한 환경에 관심이 있다. 주요 저서로『생태문명 생각하
기: 내 삶을 바꾸는 환경철학』(공저),『독일통일 총서 23. 환경 분야 관련 정책문서』(공저),
『국민이 원하는 통합물관리』(공저) 등이 있으며, 주요 연구 보고서로「영국의 통합환경관리
제도에 관한 연구」,「환경책임 및 환경보험법제 도입방안」,「환경정책기본법 개정」,「환경부
문 개헌의 법적 효과에 관한 연구」,「기후정의 실현을 위한 정책 개선방안 연구」등이 있다.

윤순진

서울대학교 환경대학원 교수, 한국에너지정보문화재단 이사장(비상임). 환경 에너지 문제
와 기후변화 문제를 환경사회학과 정치경제학적 관점에서 연구하고 있다. 국내외 학술지에
150여 편의 논문을 게재했으며 주요 저서로 Environmental Movements in Korea: A Source-
book(공저),『환경사회학: 자연과 사회의 만남』(공저),『메콩 유역 개발과 환경 협력의 딜레
마와 거버넌스』(편저) 등이 있고, 번역서로『에너지란 무엇인가: 석유·가스·전기 소비자를
위한 교양서』,『생태논의의 최전선』(공역) 등이 있다.

김도균

한국환경정책·평가연구원 부연구위원, 환경사회학박사. 환경오염의 사회 영향, 시민운동
및 민주주의에 관심을 갖고 연구를 해왔다. 주요 저서로는『환경재난과 지역사회의 변화: 허
베이스피리트호 기름유출사고의 사회재난』,『시민행동지수(HASK CAI)로 본 충청지역 시
민사회』, 논문으로는「환경재난의 장기적 사회영향: 허베이 스피리트호 기름유출사고 이후
7년의 시점에서 본 어촌마을」등이 있다.

구자인

충남연구원 연구위원 및 충남마을만들기지원센터장. 지속 가능한 지역사회에 관심을 갖고

현장 활동과 지역 연구를 병행하면서 2004년 12월부터 농촌에 정착했다. 전공은 농촌 개발, 내발적 발전론이고, 「마을만들기, 진안군의 10년 경험과 시스템」(공저) 등 농촌 마을, 민관 협치, 중간지원조직에 관한 글이 다수 있다.

진상현

경북대학교 행정학부 부교수, 공공문제연구소 겸임연구원. 에너지 및 기후변화 정책에 관심을 갖고 연구하고 있다. *Energy Policy: Economic Effects, Security Aspects and Environmental Issues*, 『한국의 미래 에너지 전략 2030』, 『기후 변화의 유혹, 원자력: 원자력 르네상스의 실체와 에너지 정책의 미래』 등을 공동 집필했으며, 『국제 에너지 정책론』, 『일본의 저탄소 환경정책』, 『탄소경제의 혁명』 등을 공동 번역했다.

심창섭

한국환경정책·평가연구원 연구위원. 미국 콜로라도 주립대학 객원교수, 미국 제트추진연구소(JPL) 연구원을 역임했다. 대기오염과 기후변화 문제 해결에 관심을 갖고 연구하고 있다. 주요 저서로는 *Exploring the Sources of Tropospheric Ozone*, 『전력수급기본계획에 따른 미래 대기질 영향과 대응을 위한 국제공동연구』 등이 있다.

이소라

한국환경정책·평가연구원 연구위원, 환경부 환경정책위원회 위원, 한국폐기물자원순환학회 국제부위원장. 자원순환과 순환경제에 관심을 갖고 연구하고 있으며, 주요 논문으로 "Evaluation and Development of Korea's National Plan for Resource Circulation towards a Circular Economy", 주요 연구로는 「순환경제로의 전환을 위한 플라스틱 관리전략 연구」, 「택배 등 유통포장재의 재사용 활성화를 위한 정책 지원방안 마련 연구」 등이 있다.

한울아카데미 2231

녹색전환
지속 가능한 생태 사회를 위한 가치와 전략

ⓒ 최병두 외, 2020

엮은곳 ┃ 환경부
지은이 ┃ 최병두·구도완·김수진·이상헌·하승수·김해창·조공장·박진희·김선희·추장민·한상운·
윤순진·김도균·구자인·진상현·심창섭·이소라
펴낸이 ┃ 김종수
펴낸곳 ┃ 한울엠플러스(주)
편집 ┃ 이진경

초판 1쇄 인쇄 ┃ 2020년 6월 1일
초판 1쇄 발행 ┃ 2020년 6월 8일

주소 ┃ 10881 경기도 파주시 광인사길 153 한울시소빌딩 3층
전화 ┃ 031-955-0655
팩스 ┃ 031-955-0656
홈페이지 ┃ www.hanulmplus.kr
등록번호 ┃ 제406-2015-000143호

Printed in Korea.
ISBN 978-89-460-7231-2 93300(양장)
    978-89-460-6910-7 93300(무선)

※ 책값은 겉표지에 표시되어 있습니다.

* 이 연구사업은 환경부의 수탁 공모사업인 "지속가능한 한국사회의 녹색전환을 위한 전략 및 이행방안 마
련연구"(2019년 6월)의 일환으로 추진되었습니다.